KB261631

한국교회 2000

Anselm Kyongsuk Min

SOLIDARITY OF OTHERS IN THE TRIUNE GOD:
A Theology for the Reform of Korean Catholicism

© Benedict Press, Waegwan, Korea 2000

한국교회 2000
2000 초판
지은이: 민경석／펴낸이: 김구인

© 분도출판사(등록: 1962년 5월 7일·라15호)
718-806 경북 칠곡군 왜관읍 왜관리 134의 1
〈왜관 본사〉 (0545)970-2400 FAX.971-0179
〈서울 지사〉 (02)2266-3605 FAX.2271-3605
우편대체 계좌 : 700013-31-0542795
국민은행 계좌 : 608-01-0117-906

ISBN 89-419-0008-5 03230

값 10,000원

한국교회 2000
권위주의와 교회중심주의를 넘어서
봉사하는 교회를 위한 신학과 제안

민 경 석

분 도 출 판 사

"진정으로 교회는 가난하고 고통받는 이들 가운데서
가난하고 고통받는 교회 창설자의 모습을 알아뵙는다.
교회는 저들의 고통을 덜어주려 할 수 있는 일을 다하면서
저들 안에서 그리스도께 봉사하고자 노력한다.
그리스도는 '거룩하고, 무죄하고, 더럽혀지지 않았고'(히브 7.26),
죄를 몰랐으며(2고린 5.21),
오직 백성의 죄를 보속하기 위하여 오셨다.
그러나 그 품속에 죄인들을 껴안고 있는 교회는
거룩하면서도 동시에 항상 정화될 필요가 있으며
보속과 쇄신의 길을 끊임없이 추구하고 있다."

— 제2차 바티칸 공의회「교회에 관한 교의 헌장」8항 —

머 리 말

이 책은 교회, 특히 한국교회의 쇄신에 관한 것이다. 그렇기 때문에 쇄신이 필요한 부분에 대한 비판도 포함하고 있다.

우리가 사랑하는 교회를 비판한다는 것은 참으로 가슴 아픈 일이다. 필자는 교회 안에서 자랐고, 교회를 통하여 성부·성자·성령의 삼위일체이신 하느님, 그리스도의 삶과 고통과 부활, 그리고 그분이 가져다준 하늘나라의 기쁜 소식을 들었다. 젊을 때 몸담았던 예수회를 통하여 교회의 신학적·철학적·예전적·신비적 전통의 보화에 접하게 되었고, 역사의 시대적 징표 속에서 하느님의 뜻을 읽는 것을 배웠다. 로마 주교의 음성 속에서 사도 베드로의 음성을, 다른 주교들의 음성 속에서 다른 사도들의 음성을, 그리고 그러한 사도들의 음성 속에서 그리스도의 음성을 들을 수 있도록 배웠고, 세상 끝까지 함께하신다는 그리스도의 약속대로 주일마다 기도하는 "하나요 거룩하고 보편적이고 사도적인 교회"는 역사의 온갖 풍랑 속에서도 꿋꿋하게 모든 죄인을 품어줄 수 있는 거룩한 어머니 교회sancta mater ecclesia라고 믿고 사랑하게 되었다.

그런데 나이 스물이 넘어 철이 들기 시작할 무렵 제2차 바티칸 공의회라는 역사적 사건이 발생했다. 교회에서 가장 권위있는 가르침의 주체인 공의회는 전혀 예기치 못했던, 실로 놀랄 만한 집단적 자기반성을 통하여 폐쇄적이요 권위주의적이었던 교회의 과거를 반성하고, 세계와 문화와 타종교, 그리고 무엇보다도 평신도에게 스스로를 개방하면서, 죄인들로 구성된 교회는 항상 보속과 쇄신의 길을 추구해야 할 것을 선언했다. 교회는 거룩하다. 그러나 교회는 거룩하기만 한 것은 아니다. 그러기에 교회도 타락한 인간의 모든 약점과 역사의 모든 모순의 자국을 지니고 있다. 하느님과 인류의 일치의 성사인 교회는 더 효율적인 성사가 되기 위하여 항상 개혁되어야 한다(Ecclesia semper reformanda). 교회의 약점을 알면서도 교회를 사랑하고, 교회를 비판하면서도 성령의 현존을 믿는다면, 아니 교회를 사랑하기 때문에 교회가 더 교회답기 위하여 교회를 비판하고 그러면서도 교회의 앞날에 대한 희망과 신뢰를 잃지 않는다면, 이것이 곧 성숙한 신앙이요 성년의 믿음이라 할 것이다. 신자들은 어린아이들의 순진한, 무비판적 신앙을 초월해야 한다. 제2차 바티칸 공의회를 통하여 천주교회는 영원히 유년의 순진함을 잃고 싫든 좋든 신앙의 성년기에 들어섰다.

제2차 바티칸 공의회 이후 필자는 공의회의 개방적 시각에서 교회의 쇄신에 기여하고자 나름대로 여러 가지로 노력해 왔다. 1970년 한국 주교단과 루뱅 대학교와 메리놀회의 지원으로 서강대학교 사회조사연구소가 착수한 한국 천주교회 종교사회 조사연구에서, 필자는 한국 천주교회의 초기부터 1960년대에 이르기까지 교회를 지배한 신관·세계관·인간관의 특징을 분석·비판하고, 그 결과를 1971년 서강대학교 사회조사연구소를 통하여 『한국 가톨리시즘의 정신 풍토』라는 소책자 형식으로 출판했다.[1] 1970년에 도미한 이후 철학과 신학을 공부하고 가르치면서도 미국교회와 미주 교포 공동체의 일에 계속 관여해 왔다. 1980년부터 1990년까지 북캐롤라이너 주 샬로트의 교포 공동체의 발전을 위하여 노력했고, 샬로트 교구 주최의 사회정의 운동·재일치 운동에도 참여했으며, 1987년부터 4년 동안 미주 한인 정의평화위원회의 위원으로 해마다 강습회를 개최하여 교회의 사회교리를 전파하는 데 힘을 썼고, 1992년에는 많은 헌신적 동료들과 함께 교포 평신도의 독립된 전국 조직인 미주 한인 가톨릭 평신도연합을 창설하여 해마다 신앙 강습회를 개최하고 연간年刊『만민의 빛』*Lumen Gentium*을 출판함으로써 교포교회의 쇄신을 위하여, 특히 성직자들의 권위주의와 평신도의 수동적 자세를 타파하기 위하여 나름대로 헌신했다고 생각한다. 또 몇 안되는 평신도 신학자로서 많은 대중 강연과 투고를 통하여 평신도의 의식 향상에 기여하고자 노력했다. 이 책은 이러한 실천을 통한 반성과 그동안의 신학 수업의 결과라고 할 수 있다.

---

[1] 이 글은 정주성 신부 은경축 기념문집 『보라 이 사람을!』(가톨릭출판사 1984) 349-443에 다시 실렸고, 종교사회 조사 전체는 William Biematzki, 임진창, 민경석 공저 *Korean Catholicism in the 1970's* (Maryknoll, NY: Orbis, 1975)에 요약·출판되었다.

이 책은 교회의 쇄신에 관한 것이라고 말했다. 교회 쇄신은 참으로 절박하다. 또 교회 쇄신을 위한 비판 중에는 그 표현이 너무 솔직해서 때로는 과격해 보이는 부분도 있을 것이다. 그러나 그것을 평신도 신학자 한 사람의 불평으로 무시한다면 참으로 곤란한 일이다. 비록 표현은 필자 개인에 속한다 치더라도 그 내용은 헤아릴 수 없이 많은 뜻있는 평신도의 오랫동안 쌓이고 쌓인 한과 분노와 건설적 제안임을 양해하고, 큰 인내와 더 큰 겸허와 아주 큰 사랑으로 읽고 묵상하고 반성해 주기를 필자는 요청한다. 많은 성직자들도 평신도의 비판을 경청하고, 모든 권위주의로부터 평신도를 해방하여 세계의 구원을 위한 교회의 사업에 저들과 함께 평등하게 동역자*sunergoi*로서 참여하는 성숙을 보여야 할 것이다.

이 책에 실린 글들은 1장을 제외하고 모두 여러 잡지에 이미 출판되었던 글들이다. 이 책을 위하여 몇 군데 수정하거나 증보한 곳도 있음을 밝혀둔다. 미국 신학 전문지에 실렸던 몇 개의 논문을 제외하고 나머지는 모두 대중적 성격의 글들이다. 교회 쇄신의 여러 측면을 포괄적이고 체계적으로 다루기 위하여는 마땅히 포함되었어야 하면서도 이 책에서는 다루지 못한 제목과 문제들이 아쉽게도 너무나 많다. 우선 급한 대로 부족하나마 있는 것을 출판하고 더 포괄적인 토의는 다음 기회로 미루고자 한다. 또 글 사이에 어느 정도 중복이 있는 것에 대해서도 독자들의 너그러운 양해를 구한다. 비슷한 청중들을 상대로 절박하다고 생각되는 몇 가지 생각들을 강조하다 보니 중복을 피할 수 없게 되었다. 그리고 이 책에는 미주 교포교회와 교포사회에 관련된 글들이 몇 개 실려 있다. 미주 교포교회의 문제들은 결국 한국교회의 문제들이요, 교포사회의 다문화적 갈등은 세계화 시대의 한국에도 참고가 되리라는 생각에서 그대로 실었다. 도움이 되기를 바란다. 미주 한인 교포교회를 포함한 한국 천주교회의 쇄신에 헌신하고 계신 모든 평신도·수도자·성직자 들께 이 책을 삼가 바친다.

1999년 7월 31일, 성 이냐시오 축일에
미국 남가주 클레어만트Claremont 대학원 종교학과에서
민 경 석

셋째 마당

평신도는 교회의 사명을 위하여
성직자들의 권위주의로부터 해방되어야 한다

넷째 마당

교회는 세상의 해방과 구원을 위하여
교회중심주의로부터 해방되어야 한다

원문 출처

② 교회는 회개해야 한다: 2000년에 즈음한 요한 바오로 2세의 제언
『사목』 195(1995년 4월) 74-87; 『만민의 빛』 3(1995~1996) 17-38.

③ 그리스도의 몸 안에서 남들의 연대: 분단시대의 그리스도론
"Solidarity of Others in the Body of Christ: A New Theological Paradigm", *Toronto Journal of Theology* 12,2(1998), 239-54.

④ 성령의 화해 속에서 남들의 연대: 분단시대의 성령신학
1998년 4월 17~19일에 미국 Marquette 대학교에서 열린 성령론에 관한 국제 심포지엄에서 "Solidarity of Others in the Power of the Holy Spirit: Pneumatology in a Divided World"란 제목으로 발표되었던 논문의 번역으로 1999년 4월 30일에 연세대학교 연합신학 대학원에서도 같은 제목으로 발표된 바 있다.

⑤ 종교 다원화 시대의 신앙과 남들의 연대: 분단시대의 타종교관
"Dialectical Pluralism and Solidarity of Others: Towards a New Paradigm", *Journal of the American Academy of Religion* 65,3(Fall 1997), 587-604; 「종교다원주의의 역학과 해방의 실천」 『신학사상』(1998년 겨울호) 206-35; 1997년 5월 23일 서울 민중신학회 춘계 모임에서 발표되었음.

⑥ 남들의 연대의 화신으로서 그리스도와 교회: 분단 한국의 신학적 도전
"From Tribal Identity to Solidarity of Others: Theological Challenges of a Divided Korea", *Missiology* 27,3(July 1999), 335-45와 「남들의 연대로서의 교회: 21세기를 향한 새로운 교회론의 모색」 송기인 신부 회갑 기념 논총 『역사와 사회』(현암사 1997) 580-600.

⑦ 남들의 연대 속에 평등성과 다양성: 제2차 바티칸 공의회에 의한 평신도와
사목자의 관계
정주성 신부 회갑기념 논문집 『천주교의 오늘과 내일』(성요셉출판사 1992)
284-308; 『만민의 빛』 1(1993) 80-107.

⑧ 평신도가 원하는 사제의 모습: 미주 평신도 70인이 주교님들께 보내는 공
개서한
『만민의 빛』 1(1993) 10-22.

⑨ 죄를 고백하는 교회: 미국교회의 성추문 사건과 그 교훈
The Korean-American Journal of Florida 78(June 1, 1994; 한국어 주
간지).

⑩ 평신도는 각성하자
『사목』 212(1996년 9월) 42-51.

⑪ 성직자의 권위주의와 그 초극
1999년 4월 24~25일에 우리신학연구소 주최로 서강대학에서 "한국 가톨
릭 교회, 이대로 좋은가? 그리스도론과 교회의 권위주의"를 주제로 열린 제
2차 학술 심포지엄에서 "미주 교포교회 내의 권위주의와 가톨릭의 권위주
의적 풍토"라는 제목으로 발표되었음.

⑫ 교회의 사회교리와 신앙인의 과제
『평화신문』(미주판, 1989년 10월 1일, 15일, 22일자).

⑬ 한국 천주교회와 지역감정
『만민의 빛』 4(1997~1998) 7-16.

⑭ 통일시대의 시민정신과 그리스도교
『통일 희년』(1998년 12월) 7-13.

⑮ 다민족·다문화 사회에서 어떻게 그리스도를 따를까?
강성도 엮음, 『폭동이냐 항쟁이냐? 로스앤젤레스 4·29 사태에 대한 신학
적 조명』(캘리포니아: 태평양 연회 한인 연합감리교 협의회 1994) 58-81;
『만민의 빛』 2(1994) 98-123.

제2차 바티칸 공의회 문헌
약어표

전례	「거룩한 전례에 관한 헌장」	*Sacrosanctum Concilium* (SC)
교회	「교회에 관한 교의 헌장」	*Lumen Gentium* (LG)
계시	「하느님의 계시에 관한 교의 헌장」	*Dei Verbum* (DV)
사목	「현대 세계의 사목 헌장」	*Gaudium et Spes* (GS)

미디어	「매스 미디어에 관한 교령」	*Inter Mirifica* (IM)
일치	「일치 운동에 관한 교령」	*Unitatis Redintegratio* (UR)
동방	「동방 교회에 관한 교령」	*Orientalium Ecclesiarum* (OE)
주교	「주교들의 교회 사목직에 관한 교령」	*Christus Dominus* (CD)
수도	「수도 생활의 쇄신 적응에 관한 교령」	*Perfectae Caritatis* (PC)
양성	「사제 양성에 관한 교령」	*Optatam Totius* (OT)
신도	「평신도 사도직에 관한 교령」	*Apostolicam Actuositatem* (AA)
선교	「교회의 선교 활동에 관한 교령」	*Ad Gentes* (AG)
사제	「사제의 직무와 생활에 관한 교령」	*Presbyterorum Ordinis* (PO)

교육	「그리스도교적 교육에 관한 선언」	*Gravissimum Educationis* (GE)
타종교	「비그리스도교에 관한 선언」	*Nostra Aetate* (NA)
종교자유	「종교 자유에 관한 선언」	*Dignitatis Humanae* (DH)

교회는 항상 개혁되어야 한다
Ecclesia Semper Reformanda

1

교회 개혁의 신학적 고찰

"때가 차서 하느님 나라가 다가왔습니다. 회개하고 복음을 믿으시오"(마르 1.15). 이 말은 마르코 복음에 기록된 예수의 최초의 말씀이며, 동시에 예수의 모든 가르침과 실천의 내용을 요약한 말이기도 하다.

하느님 나라와 회개

"하느님 나라가 가까이 왔습니다." 하느님이 통치하시는 나라, 모든 악의 세력이 정복된 우주질서, 하느님의 뜻과 계명이 최상의 가치로 인정되고 삶의 모든 조건과 인간의 모든 관계 속에 구체화되는 새로운 사회: 이 나라가 가까이 오고 있고, 이미 예수의 치유·설교·행적 중에 볼 수 있게 드러나고 있다. 하느님 나라의 궁극적 완성은 물론 종말론적으로만 가능하다. 역사가 끝나고 "새로운 하늘과 새로운 땅"에서 죽음·슬픔·울부짖음·고통 등 "옛것"이 사라질 때(묵시 21.4), 모든 것이 하느님께 완전히 종속되어 하느님께서 "모든 것 안에 모든 것이"(1고린 15.28) 될 그때, 하느님의 통치와 하느님의 뜻은 궁극적으로 완성될 것이다. 그렇다고 세상 종말까지 수동적으로 가만히 기다리고만 있으라는 뜻은 결코 아니다. 바로 그러한 종말이 예수님을 통하여 이미 이 세상에서도 시작되었고 특히 그분의 부활을 통하여 결정적으로 확인되었으니, 죄많은 옛 생활을 청산하고 새로운 종말론적 삶을 지금부터 살라는 것이다.

그리스도적 삶의 본질이라고 할 수 있는 하느님 나라를 위한 종말론적 삶은 몇 가지 측면을 지니고 있다. 그것은 첫째로 모든 일에 있어서 하느님의 주권主權을 인정하는 것이다. 우리의 삶은 전적으로 하느님께 의존하는 삶이다. 우리는 하느님으로부터 와서 하느님께로 가기로 되어 있다. 우리의 삶의 중심은 따라서 하느님이어야 된다. 그러기에 모든 계명 중의 계명은 바로 "모든 마음", "모든 생명", "모든 힘"을 다하여 하느님을 사랑하라는 것이고(신명 6.5), 무엇보다도 "하느님 나라와 그 의로움"(마태 6.33)을 구하는 것이며, "사람에게보다 오히려 하느님께 복종하는 것"(사도 5.30)이다. 우리는 "하느님과 재물을 함께 섬길 수 없다"(마태 6.24). 우리의 믿음과 바람과 사랑의 궁극적 대상은 주권자이신 하느님뿐이다. 우리 자신을 믿기에는 우리의 존재는 너무 죄스럽고, 우리 자신을 신뢰하기에는 우리의 존재는 너무 우발적이며, 우리 자신을 사랑하기에는 우리의 존재는 너무 비천하다. 우리는, 또 어떤 피조물도, 우리를 구원할 수 없다. 오직 하느님만이 우리의 구원이다. 우리는 삶의 모든 것을 하느님의 자비로우신 주권과 안배에 맡기면서 오직 하느님 나라를 위하여 살아야 한다. 유한한 피조물(그것이 또 하나의 인간이든, 재물이든, 권력이든, 사회체제이든, 또는 교회이든)의 여하한 신격화나 우상숭배도 용인될 수 없다.

둘째로, 하느님의 주권을 인정한다는 것은 구체적으로 하느님의 완전하심(마태 5장)과 자비로우심(루가 6장)을 본받아 이웃을 사랑하는 것이다. 하느님은 악한 이에게나 선한 이에게나 똑같이 햇빛을 주시고, 의로운 이나 의롭지 못한 이에게나 똑같이 비를 내려주신다. 또 하느님은 은혜를 모르는 이에게나 악한 이에게도 자비로우시다. 하느님의 아들딸이 되기 위해서는 어버이 하느님의 너른 마음을 본받아야 한다. 우리를 사랑하는 사람들을 사랑하는 것은 "죄인"들도 하는 일이요 "세리"들도 하는 일이다. 하느님의 뜻을 따라 하느님 나라를 위하여 사는 이들은 우리를 저주하는 원수들까지도 축복하고 사랑할 줄 알아야 한다. 하느님 나라의 사랑은 배타적 사랑이 아니라 절대적·포괄적 사랑이다.

이러한 포괄적 사랑을 거스르고 인간을 인간으로부터 갈라놓아 결국 인간을 하느님으로부터도 소외시키는 요인은 세 가지, 즉 율법주의적 자만과 권력의 오만과 재물에 대한 탐욕이다. 모든 형식주의와 제도주의를 포함하는 율법주의는 "계명만 지키면 된다. 따라서 계명에 없으면 안해도 된다. 마음에는 없더라도 벌이 무서워 계명이니까 한다. 또 계명을 지켰으니 나는 착하고 공로가 많고 천당에 간다. 거기에 비하여 다른 이들은 '죄인'이요 지옥에 간다. 또 남에게 나는 착한 사람임을 보여야 한다"는 식으로 사람들을 자만에 빠뜨리고 서로 갈라놓으며, 율법에 대한 지식을 독점함으로써 하느님의 이름을 팔아 남을 억누르는 계급을 만들어놓는다. 하느님의 진정한 뜻을 무시하고 이웃 사랑을 기피하며 오히려 이웃을 억누르는 수단으로 만들어낸 교묘한 방법이 바로 율법주의이다. 인간을 위해 존재해야 할 안식일을 인간의 목적으로 삼아 인간을 억압하는 율법주의에 대한, 특히 율법의 기득권자들인 율법학자, 바리사이파, 사제들에 대한 예수님의 분노는 바로 이러한 율법주의를 겨냥한 것이다(마태 23장).

인간을 소외시키는 둘째 요인으로 권력의 오만을 들 수 있다. 인간은 누구나 권력과 명예를 통하여 자신을 절대화·우상화하고 남을 억누르기를 좋아한다. 권력과 명예를 얻기 위하여 온갖 부정·사기·모함·전쟁·살인·고문도 사양치 않는다. 예수도 사막에서 권력의 유혹을 받았고, 유태인 해방절에 즈음하여 오천 명 군중을 먹이고 나서 그들이 그를 왕으로 추대하려는 움직임도 경험했다고 성서는 적고 있다(요한 6장). 제자들 사이에서도 또 초대교회 공동체 안에서도 권력을 위한 논쟁과 투쟁이 있었다. 권력욕과 명예욕에 대한 예수의 응답은 확고하게 자기비허, 남에 대한 봉사, 자기희생의 길을 택하는 것이었다. 하늘 나라에서 가장 위대한 이는 아이처럼 겸허한 사람이다(마태 18.4). 이 세상 통치자들은 권력으로 백성을 억압하지만, 하느님 나라를 추구하는 이들은 다른 가치관을 가지고 살아야 한다. 예수는 봉사받으러가 아니라 봉사하러 왔고, 많은 이들을 위하여 자기 목숨을 대속물로 내놓은 것처럼, 높은 이가 되고자 하는 이는 남들의 종이 되어야 하고, 첫째가 되고자 하는 이는 남들에게 봉사하며 그들을 위하여 스스로를 희생해야 한다(마태 20.25-28). 그리스도를 따르는 이들은 명예를 탐해서는 안된다. "스승"·"아버지"·"지도자" 등의 존칭은 포기해야 한다. 아버지는 하늘에 계신 아버지 한 분뿐이요, 스승이나 지도자도 그리스도 한 분뿐이며, 제자들은 모두 평등한 형제자매이기 때문이다(마태 23.8-11). "자기를 높이는 사람은 낮아지고 자기를 낮추는 사람은 높아질 것입니다"(마태 23.12). 이 진리의 원천과 모형은 바로 예수 그리스도의 일생이다. 그러기에 초대교회는 하느님의 모습*morphe*을 가졌지만 스스로를 비우고 종의 모습을 취하여 인간이 되었으며 스스로를 낮추어 십자가에 달려 죽기까지 순종하신 그리스도를 하느님께서 높이 들어올리고 주님으로 삼으셨음을 찬양하고 있다(필립 2.6-11).

인간을 서로 갈라놓는 셋째의 큰 요인은 재물에 대한 탐욕이다. 인간은 물질적인 존재로서 의식주의 기본생활 이외에도 아플 때 치료를 받으려면, 교육을 받고 보람있는 문화생활을 하려면, 또 남들에게 지배당하지 않고 떳떳한 생활을 하려면, 어느 정도의 재물이 필요하다. 재물은 한편으로는 우리의 가장 근본적인 삶의 욕구충족에 필수적 요건이요, 문화생활과 사회생활에 있어서 보람있고 떳떳한 삶의 수단이기도 하다. 그러기에 우리는 물질을 추구하지 않을 수 없다. 그러나 우리는 재물을 추구하는 과정에서 수단으로서의 재물의 중요성을 넘어 소유와 축적 자체에서 삶의 궁극적 안정과 보람을 찾고자 함으로써, 한편으로는 우리 자신을 물질의 노예로 전락시키고 재물을 우상화하며, 다른 한편으로는 우리 자신을 우리의 욕구 속에 폐쇄시켜 남들의 인간적 욕구에 무관심하게 되고, 나아가서 인간적 유대의 상징이어야 할 물질을 남들을 억압하는 수단으로 사용하는 것도 서슴지 않는다. 물질에 대한 정당한 요구가 물질에 대한 탐욕으로 변한다. 하느님의 주권과 물질에 대한 탐욕은 병존할 수 없다. 그래서 하느님과 재물은 함께 섬길 수 없다고 하고, 부자가 천국에 들어가는 것은 낙타가 바늘구멍을 통과할 수 없듯이 불가능하다는 것이다. 예수는 착한 사마리아인의 비유(루가 10.25-37), 어리석은 부자의 비유(루가 12.13-21), 산상설교(마태 6장), 부자와 라자로의 이야기(루가 16.19-31), 부자 청년의 이야기(루가 18.18-27), 자캐오의 이야기(루가 19.1-10), 씨뿌리는 이의 비유(마르 4.19), 최후심판의 비유(마태 25장) 등에서 삶에 대한 지나친 불안과 집착을 떠나 모든 것을 하느님의 자비에 맡기고, 고통받는 남들에게 마음의 문을 열어 그들을 동정하고 그들과 나눔으로써 하늘에 보화를 쌓고 영원한 삶을 얻을 것을 설교하고 있다.

예수의 삶, 죽음, 부활을 통하여 우리에게 확정적으로 다가오고 있는 하느님 나라를 위한 종말론적 삶은 이처럼 하느님의 주권에 모든 것을 맡기고 하느님의 무한한 자비를 본받아 모든 율법주의적 자만, 권력의 오만 그리고 재물에 대한 탐욕에서 해방되어 참된 겸허와 봉사와 나눔의 삶을 살 것을 우리에게 요

청한다. 이것이 곧 "회개하고 기쁜 소식을 믿는" 것이다. 회개*metanoia*(conversion)
란 일상생활 속에서 우리가 범하는 특정한 죄나 과오를 반성하고 다시 반복하
지 않도록 결심하는 것은 물론이려니와, 한 걸음 나아가서 그러한 특정한 죄악
이나 과오의 근원이 되는 우리의 기본적 인생관, 가치관, 삶의 전체적 방향과
경향, 삶의 중심을 통째로 바꾸어 근본적으로 새로운 목적, 새로운 중심, 새로
운 가치관을 추구함으로써 새롭게 태어나는 것을 의미한다. 아무리 주일미사에
빠지지 않고 고백성사를 자주 보며 교회의 모든 신심활동에 열심히 참여한다고
하더라도 삶의 기본적 방향에 변화가 없다면, 여전히 형식주의적·제도주의적
자만과 남에 대한 지배욕과 명예욕, 그리고 이기주의적 물질주의에 사로잡혀
있다면, 그러한 행동은 진정한 회개의 지표라고 볼 수 없으며, 또 회개 없는
외형적 신심만을 강조하는 교회는 참된 그리스도의 교회라고 할 수 없다.

회개란 인간이 만들어낸 제도·권력·재물을 절대화하는 인간중심주의에서
하느님 나라 중심주의에로 삶의 기본 방향을 바꾸는 것이지만, 그것은 동시에
피조물로서의 인간의 진실과 본연의 자세에로 돌아오는 것을 의미하기도 한다.
모든 인간들은 잘났건 못났건, 부자이건 가난하건, 권력이 많든 적든, 먼지에
서 왔고 먼지로 돌아갈 운명을 타고났다. 인간 존재의 근원적 허무성과 우발성
앞에 인간은 누구나 평등하다. 인간의 모든 것은 가장 기본적 의미에서 인간이
창조한 것이 아니라 인간에게 주어진 것이다. 인간의 생명 자체도, 또 삶의 사
회적·역사적·상호의존적 구조도 모두 주어진 것이다. 어느 특정한 개인이나
특정 집단이 창조하거나 스스로의 힘으로 성취한 것은 이미 그러한 노력 이전
에 이미 "주어진" 여건에 의하여 가능해진 것이고 그러한 능력 자체도 주어진
것이다. 그러한 주어진 여건이나 구조나 능력에 비하여 우리만의 노력이나 공
헌은 무한히 미소한 것이다. 신학적으로 표현한다면 우리의 삶 자체도, 그러한
삶의 구조나 여건도, 우리의 모든 능력도 하느님의 안배의 결과요 특정한 목적
을 위한 하느님의 선물이다. 인간의 모든 것은 — 제도도 법률도, 권력도 명예
도, 재산도 재능도, 기회도 건강도 — 가장 근원적 의미에서 우리 자신의 아무
런 공로도 없이 또 그러한 공로 이전에 이미 주어진 은총의 선물이며, 또 모든

것은 인류의 공동선을 위하여 삼위일체이신 하느님의 삶에 참여하기 위한 종말론적 과정의 한 부분으로 주어진 것이다. 또 인간의 생명은 어떠한 제도보다도, 어떠한 권력보다도, 어떠한 재물보다도 더 고귀하고 중요하다. 성령의 권능으로 성자 예수 그리스도와의 신비로운 일치와 연대 속에 창조되고 구원되고 성화되어 하느님 어버이의 영광에 참여토록 불림을 받았기 때문이다. 이것이 인간의 본연本然이요 도리道理이다.

타락한 삶은 바로 이러한 본연과 도리를 어기는 것이다. 인간이 만들어놓은 제도·권력 그리고 재물을 절대화하는 것은, 첫째로 하느님의 주권을 무시하고 피조물을 신격화·우상화함으로써 하느님으로부터 스스로를 소외시키고, 둘째로 제도의 횡포·권력의 오만 그리고 재물에 대한 탐욕에 스스로를 종속시킴으로써 하느님을 위하여 태어난 자기 자신으로부터 스스로를 소외시키며, 공동선을 위하여 주어진 제도·권력·재물을 지배와 억압의 수단으로 사용함으로써 함께 살기로 태어난 남들로부터도 스스로를 소외시키는 것이다. 모든 죄악은 하느님으로부터의 소외, 자신으로부터의 소외, 또 남으로부터의 소외의 세 가지 소외를 동시에 필연코 수반한다. 인간의 존재론적 구조상 이 세 가지의 소외는 상호의존적이며 어느 하나도 홀로 존재할 수 없다. 하느님에 대한 죄는 곧 이웃에 대한 죄를 통하여 역사적으로 구체화되고, 이웃에 대한 죄는 곧 하느님에 대한 죄로서 신학적·초월적 의미를 지닌다. 그리고 이 두 가지의 죄는 죄의 주체로서의 자신에 대한 죄를 내포한다. 또 같은 맥락에서 볼 때 하느님에 대한 사랑은 이웃에 대한 사랑으로 구체화되어야 한다. 그리고 이것이 곧 자신을 올바로 사랑하는 것이기도 하다.

바로 이러한 이유로 하느님 나라를 위한 회개는 하느님의 주권과 보편적 사랑을 무시하는 율법과 제도, 권력과 재력의 횡포의 희생자들, 즉 율법의 동일성의 체제에서 "남"으로 배척받고, 권력에 억눌리고, 인위적 빈곤에 시달리는 모든 고통받는 이에 대한 자비의 실천으로 구체화되어야 한다. 하느님 나라에서의 영원한 생명의 척도는 그리스도의 이름으로 예언을 한 것도, 마귀를 쫓아낸 것도, 기적을 행한 것도 아니요, 그리스도와 함께 먹고 마신 것도, 그의 설교를 들은 것도, 그를 "주님, 주님" 부르는 것도 모두 아니다(마태 7.21-23; 루가 13.25-27). 그것은 율법·권력·재력의 희생자들인 불쌍한 이웃들에게, 굶주리고 목마르고 헐벗고 병들고 감옥에 있는 이들에게 자비를 실천하는 것이다. 그것이 곧 그들 안에 계신 주님을 섬기는 것이기 때문이다(마태 25.31-40). 고통받는 이들에 대한 자비는 해도 좋고 안해도 좋은 선택 사항이 아니고 꼭 해야 되는 구원의 필수조 건이다. 그러기에 하느님 나라의 도래는 언제나 가난하고 배척되고 고통받는 이 들에 대한 "우선적" 배려와 결정을 요청하고, 그 "기쁜" 소식은 일차적으로 불 쌍한 이들에 대한 기쁜 소식이요 이차적으로는 그들에게 자비를 베푸는 이들에 대한 기쁜 소식이며, 그렇지 못하고 제도주의·권위주의·물질주의에 빠져 남 들을 배려하지 못하는 모든 이기주의자에게는 "슬픈" 소식이기도 하다. 가난한 이들과 나누지 못했던 부자 청년, 라자로에게 무관심했던 부자, 자비를 실천하 지 않은 모든 이에게는 하느님 나라의 도래는 분명히 "슬픈" 소식이다. 예수는 "가난한 이들에게 기쁜 소식을", "묶인 이들에게 해방을", "눈먼 이들에게 광명 을", "억눌린 이들에게 석방을", 다시 말하여 "은총의 해"를 선포하러 왔고(루가 4.18-19), 그러기에 그것은 지금 가난하고 굶주리고 우는 이들에게는 기쁘고 행복 한 소식이었지만, 지금 부요하고 배불리 먹고 웃는 이들에게는 불행한 소식이었 다. 그들이 굶주릴 날이 올 것이고 슬피 울 날이 올 것이기 때문이다(루가 6.20- 25). 하느님 나라의 도래는 이처럼 종말론적 가치의 전도顚倒와 운명의 뒤바꿈을 요구한다. "첫째가 될 말째들이 있고 말째가 될 첫째들이 있을 것이기"(루가 13.30) 때문이다. 하느님은 교만하고 권세있고 부요한 이들을 권좌에서 물리치고 빈손으로 내보내시며, 하느님을 두려워하고 보잘것없고 배고픈 사람에게는 자 비를 베풀어 그들을 높여 올리고 좋은 것으로 채워주신다(루가 1.50-54).[1]

---

[1] 하느님 나라에 대한 해석과 개념과 그 윤리적 요청에 대하여 최근의 몇 가지 저서만을 소개한다면 다음과 같다: Bruce Chilton, *Pure Kingdom: Jesus' Vision of God* (Grand Rapids, MI: Eerdmans, 1996); Joachim Gnilka, *Jesus of Nazareth: Message and History*, trans. Siegfried S. Schatzmann (Peabody, MA: Hendrickson, 1997), 80-159; E. P. Sanders, *The Historical Figure of Jesus* (London: Penguin Books, 1993), 169-204; John P. Meier, *A Marginal Jew: Rethinking the Historical Jesus*, II (New York: Doubleday, 1994), 237-506.

그리스도적 실존으로서의 회개의 변증법

예수는 공적 생활의 모두를 하느님 나라의 도래를 선포하고 고통받는 이들의 고통을 덜어줌으로써 하느님 나라의 도래가 "기쁜" 소식임을 구체화하는 데 보냈다. 예수는 제자들에게도 똑같이 하느님 나라의 기쁜 소식을 말과 실천으로 선포할 것을 명했다(마태 9,35; 마태 10,7-8). 이것은 지금의 그리스도 신자들에게도, 하느님의 백성인 교회에도 해당되는 말이다. 그리고 하느님 나라의 기쁜 소식을 선포한다는 것은 우리에게 무엇보다도 먼저 회개할 것을 요청하고 있다.

그리스도인에게 하느님 나라는 항상 다가오고 있다. 따라서 그리스도인은 그 것이 슬픈 소식이 아닌 기쁜 소식으로 맞이할 수 있도록 항상 준비해야 하며, 이 준비가 바로 회개라 할 수 있다. 회개는 한 번으로 끝나는 것이 아니고 항상 계속되는 것이다. 삶의 모든 순간이 "주의 날"이요 "바로 지금이 구원의 날이다"(2고린 6,2). 그리고 회개는 끊임없는 긴장과 투쟁을 내포하고 있다. 그것은 "낡은 것과 새로운 것"(2고린 5,17)의 싸움이요, "암흑과 광명"(에페 5,8)의 투쟁이며, "지상의 것들과 천상의 것들"(골로 3,1), "낡은 인간과 새 인간"(골로 3,10), "육체의 욕망"과 "성령의 지도"(갈라 5,17)의 갈등과 긴장을 의미한다. 그것은 율법주의적 자만과 제도의 종살이에서 하느님의 자녀로서의 해방된 삶을 찾아가는 과정이며(갈라 4-5장; 로마 8,15), 모든 억압적 차별에서 해방되어 유대인도 그리스인도, 노예도 자유인도, 남자도 여자도 없이, 그리스도 안에서 "모두 하나"(갈라 3,28)가 되려는 노력이고, 서로 지배하고 억압하려 하지 않고 "사랑으로 서로에게 종이 되려는"(갈라 5,13) 투쟁이다. 그것은 십자가에 죽으신 그리스도와 함께 죄와 세상에 죽고 부활하신 그리스도와 함께 새 생명으로 하느님을 위하여 사는 것을 의미하며(로마 6장), "마음과 생각이 새롭게 되어 하느님의 형상대로 창조된 새 사람으로 갈아입는 것"(에페 4,24)을 요구한다. 또 다른 표현을 쓴다면 그 것은 과거와 미래, 폐쇄와 개방, 지배와 봉사, 자기 사랑과 하느님 사랑, 인간 중심주의와 하느님 나라 중심주의의 갈등이요 투쟁이다. 그것은 무엇보다도 모든 것을 자신의 뜻·욕망·신분·집단에 종속시키려는 동일성 체제의 횡포에서 해방되어 그러한 집단에서 배척받은 모든 "남"들의 일치와 연대를 도모하는 모든 노력을 뜻한다. 이것은 곧 긴장이요 갈등이며 투쟁이다. 인간이 이미 모든 죄악에서 완전히 해방된 존재라면 인간의 삶은 오직 그러한 해방의 누림으로 축복받은 삶일 것이다. 또 인간이 죄스러운 현재 속에 만족한다면 거기에는 어떠한 긴장도 갈등도 투쟁도 없을 것이다. 회개의 삶은 완전히 해방된 삶도 아니요, 또 현재에 자만하는 삶도 아니다. 회개의 삶은 긴장과 갈등과 투쟁을 내포하며, 이것이 곧 그리스도적 삶의 역학이요 변증법이다. 회개의 갈등이 없는 삶은 그리스도적 삶이 될 수 없다. 회개의 긴장이 없는 삶은 곧 죽은 삶이다.

그리스도적 회개는 두 가지로 구분할 수 있다. 하나는 개인적 회개요, 또 하나는 집단적·단체적 또는 공동체적 회개이다. 마치 현대신학에서 개인적 죄와 사회적 죄(또는 구조악)를 구별하듯 개인적 죄에 대한 회개를 개인적 회개라고 할 수 있고, 사회적 죄에 대한 회개를 집단적 또는 공동체적 회개라고 할 수 있다. 여기서 간단히 개인적 죄와 사회적 죄를 구분해 보자. 개인적 죄란 개인의 자유와 인식의 한계 내에서, 다시 말하여 개인이 나쁜 줄 알고도 자유의지로 범한 죄로서, 그에 대한 책임은 개인적 책임이며 개인적 책임의 출발점은 바로 개인의 회개라고 할 수 있다. 또 그것은 개인적 능력의 결과이기 때문에 그러한 죄악의 결과도 개인적 차원을 넘지 못한다. 예를 들어 한 개인이 상점에 들어가서 물건을 훔쳤다면, 그리고 그 개인이 그것을 그릇된 일로 알고도 아무런 강박도 없이 자유의지로 그것을 저질렀다면 그것은 개인적 죄요, 그 결과도 그 물건이 대단히 비싸다 하더라도 그 규모에 있어서 개인적 차원을 초월하지 않는다. 거기에 비하여 어느 집단이 집단적으로 어떤 행동이나 규칙이나 법률이나 제도가 나쁜 것인 줄 알고도 집단의 능력으로 그것을 저질렀을 경우, 그 결과는 집단적이고 사회적이며, 그러한 죄악은 사회악 또는 구조악이라고 부를 수 있다. 예를 들어 어느 국가가 나쁜 짓인 줄 알면서 고의적으로 공권을 이용하여 야당을 탄압할 목적으로 언론과 집회의 자유를 극도로 제한한다면, 또 어느 특정 지역이나 계층이나 종교에 특혜를 줄 목적으로 법을 개정하거나 행정적 조치를 취한다면, 그것은 공권남용이라는 사회악이요 그 결과도 개인의 차원을 훨씬 넘어 온 사회에 불행을 가져온다. 그리고 거기에 대한 책임은 일차적으로 공권력의 책임이지만 이차적으로 그러한 공권남용을 허용한 온 사회의 책임이요 그것은 또한 사회 전체의 회개를 요청한다.

교회 내외를 막론하고 윤리적 책임을 따질 때 우리는 개인적 책임만을 윤리적 책임으로 생각하고 사회 또는 공동체 전체의 집단적 책임은 소홀히하는 경우가 많다. 개인적 죄에 있어서는 그 책임을 분명히 특정 개인에게 추궁할 수 있지만, 법률이나 제도나 구조적 관행은 그 책임의 소재가 불분명한 탓도 있을 것이다. 그러나 이러한 이유로 집단적 책임 추궁을 소홀히한다는 것은 대단히 위험한 일이기도 하다. 그것은 개인의 차원을 훨씬 넘어 온 사회에 불행을 야기하는 사회악을 모르는 체하는 것이요, 개인적 죄악의 사회적 맥락과 조건을 구성하는 사회악을 무시함으로써 결국은 개인적 죄에도 무관심하게 되는 결과를 가져온다. 그리고 사회악의 책임 소재도 생각처럼 그렇게 불분명한 것만은 아니다. 개인적 죄의 책임이 개개인의 고립적 책임이라면, 사회악의 책임은 그 사회 또는 집단을 형성하고 있는 개개인들의 연대적 책임이라고 할 수 있다. 나 혼자서는 할 수 없는 일이 너무나 많다. 법을 고치는 것도, 제도를 고치는 것도 혼자서는 할 수 없다. 그러나 나 혼자서 할 수 없다고 책임을 포기하는 것은 핑계에 지나지 않는다. "나 혼자서" 못하는 것은 "우리가 함께" 연대적 협력을 통하여 할 수 있기 때문이다. 정치적 연대를 통하여 법도 고칠 수 있고 제도도 고칠 수 있으며 때로는 혁명도 할 수 있다. 연대적 책임이라고 하여 집단 구성원이 모두 평등하게 책임진다는 것은 물론 아니다. 책임은 능력에 비례하는 것이요 따라서 능력이 더 클수록 책임도 그만큼 더 커지게 된다. 그러나 사회악은 어느 특정인의 고립적 책임을 능가하는 연대성과 사회성을 지니고 있어서 오직 모든 구성원들의 연대적 책임을 통해서만 제거되거나 개선될 수 있고 따라서 사회 전체의 연대적 회개를 요청한다 할 수 있다.[2]

가톨릭 교회는 전통적으로 윤리에 있어서는 개인적 책임을 강조했고 신심생

---

[2] 개인적 죄(personal sin)와 사회적 죄(social sin)의 구별과 그 의미에 관한 필자의 상론 참조: *Dialectic of Salvation: Issues in Theology of Liberation* (Albany, NY: The State University of New York Press, 1989), 104-15.

활에 있어서도 개인적 고백과 개인적 회개를 강조해 왔다. 그러나 지난 20여 년 동안 가톨릭의 사회교리는 해방신학의 영향 밑에 사회윤리에 있어서 사회악 또는 구조악도 인정하고 강조하기에 이르렀다. 비록 가톨릭 사회교리의 구조악 개념에는 아직도 문제점이 없지 않지만,[3] 적어도 그러한 개념이 윤리신학의 정당한 범주로 인정된 것만은 크게 환영할 일이라 할 것이다. 그러나 그러한 개념을 교회 공동체 자체에 적용한다는 것은 드문 일이요 어려운 일이다. 그리고 여기에는 두 가지 이유가 있다. 구조악이나 사회악의 개념을 교회에 적용한다는 것은, 첫째로 하나의 공동체로서 교회 내에도 신자나 성직자 개개인의 과오를 초월하는 교회 공동체 자체의 전통·규정·인습·사고방식에 개선되어야 할 잘못이 있을 수 있음을 인정하는 것이요, 둘째로 그것은 그러한 집단적 과오를 고치고 공동체를 쇄신하는 주체로서 성직자들이라는 특수계층을 초월하는 교회 전체의 연대책임을 묻는 것이기 때문이다. 이 두 점에 있어서 가톨릭 교회의 전통은 모두 장애물로 작용해 왔다고 할 수 있다. 전통적으로 교회는 그리스도 의 몸으로서의 교회의 신성성을 강조해 왔고, 교회에 잘못이 있다면 그것은 성직자나 신자들 개개인의 잘못으로 국한되어 이해되었으며,[4] 교회 자체의 인간적 전통·인습·제도·사고방식의 결함을 인정하는 데는 극히 인색했다고 할 수 있다. 게다가 교계주의적으로 인식된 교회론에 있어서 교회 전체에 대한 책임과 권리는 성직자에게 집중되었고, 따라서 평신도를 포함한 공동체 전체의 연대적 책임은 상상할 수도 없었다.

그러나 제2차 바티칸 공의회 이후로 적어도 이론적으로는 사회악의 개념을

---

[3] 바티칸 사회교리에 내포된 사회악의 개념에 대한 필자의 상론 참조: *Dialectic of Salvation*, 118-38.

[4] 예를 들어 1943년에 발표된 비오 12세의 회칙 *Mystici Corporis Christi*, 66항 참조. 라너 같은 신학자도 개인 신자들이 아무리 죄인이라도 교회 자체는 거룩하다는 전통적 가르침을 비판하면서 개인, 특히 공적 대표자들의 죄가 가르침과 성사와 교회법에 나타난 교회의 객관적·제도적 성성(聖性)에 미치는 영향을 고려할 때, 또 이런 의미에서 교회의 개인 구성원 뿐 아니라 교회 자체도 죄가 있다고 말할 수 있다고 주장하지만, 그도 모든 구성원이 공동으로 책임지는 교회 자체의 구조악 개념에는 이르지 못하고 있다. Karl Rahner, *Theological Investigations* 6 (London: Darton, Longman & Todd, 1969), 253-92 ("The Church of Sinners"와 "The Sinful Church in the Decrees of Vatican II") 참조.

교회 공동체에도 적용하고 교회 구성원 모두의 연대책임과 집단적 회개의 필요성을 제기할 수 있는 근거가 마련되었다고 볼 수 있다. 제2차 바티칸 공의회는 비록 아주 조심스럽게나마 교회의 과거의 잘못(예를 들어 교회분열, 개인주의적 신심, 성직자들의 권위주의 등)을 인정하고, "죄인들을 그 안에 품고 있는 교회는 거룩하면서 동시에 항상 정화의 필요성을 지니고 있으며, 끊임없이 보속과 쇄신의 길을 추구하고 있다"(교회 8)고 선언했고,[5] 교종 요한 바오로 2세도 특히 2000년 대희년을 맞이하여 온 교회의 양심성찰을 촉구하면서, 교회분열에 대한 책임, 이단자들에 대한 박해, 사회정의에 대한 무관심 등을 반성할 것을 권고하고 있다(제삼천년기 36). 또 제2차 바티칸 공의회 이후의 친교의 교회론은 교회가 하느님의 백성 전체임을 강조하고 평신도, 수도자, 성직자 들의 평등한 품위와 교회에 대한 공통의 책임을 선언함으로써 공동체 전체의 연대책임과 집단적 회개의 가능성을 열어놓았다.

지금 전세계는 자본주의에 의한 무자비한 세계화의 흐름 속에 엄청난 격동과 시련을 살고 있다. 부요한 나라와 가난한 나라의 차이는 더욱 심화되고, 가난한 나라에서의 빈부의 갈등, 부요한 나라에서의 인종과 문화의 갈등, 전세계적으로 민족과 종교와 문화의 갈등은 말할 수 없는 불안과 긴장을 조성하고 있다. 자본주의에 의한 세계화의 과정은 전인류를 과연 어디로 끌어가고 있는가? 그러한 과정을 비판하고 제어할 수 있는 지혜와 힘은 어디서 찾을 수 있을까? 이러한 세계화의 추세 속에서 한국사회도 그 나름대로의 진통과 위기를 겪고 있다. 경제위기를 극복하기 위한 기업들의 구조조정은 말할 것도 없이 시민단체들, 언론, 정치인들은 한국의 고질적 지역주의, 권위주의, 가부장제도 등의 병폐를 고치기 위한 법률개혁, 정치개혁, 의식개혁에 대한 토론으로 온 사회를 시끄럽게 하고 있다. 그런데도 교회 내부를 살펴보면 이러한 세계사의 흐름과 사회적 갈등에 대한 교회 나름의 응답에 대한 진지한 토론이나, 교회 자체의

---

[5] 물론 제2차 바티칸 공의회도 가톨릭 교회가 "죄인들의 교회"(Kirche der Sünder)임은 고백했지만 교회 자체가 "죄많은 교회"(sündige Kirche)임을 고백하지는 않았다는 비판을 받고 있다. Michael Becht, "Ecclesia Semper Purificanda: Die Sündigkeit der Kirche als Thema des II. Vatikanischen Konzils", *Catholica* 49:4 (1995), 239-60 참조.

전통이나 관행에 대한 집단적 반성이나 위기의식은 전혀 찾아볼 수 없을 정도로 모든 것이 태평스럽다. 한국 천주교회는 격동하는 세계와 사회에서 하느님 나라의 기쁜 소식을 전하고 있는가? 있다면 어떻게 전하고 있는가? 그 기쁜 소식의 구체적 내용은 무엇일까? 사회에는 구조조정, 정치개혁, 의식개혁 등이 필요해도 교회는 구조조정이나 전통의 개혁을 필요로 하지 않는가? 필요하다면 무슨 종류의 개혁이 필요한가?

한국 천주교회에는 예수님이 선포하신 하느님 나라의 소식이 기쁜 소식일까 또는 슬픈 소식일까? 한국 천주교회 안에서는 하느님의 주권이 진정으로 존중되는가? 모든 인간적인 것의 신격화와 우상화가 자취를 감추고 있는가? 교회는 하느님의 너르신 자비를 선포하고 실천하고 있는가? 교회는 스스로를 "하느님과 온 인류의 일치의 지표요 도구, 즉 성사"(교회 1)라고 부른다. 한국교회는 이 점에서 얼마나 효율적인 성사일까? 한국 천주교회는 율법주의, 제도주의로부터 얼마나 자유스러운가? 자신의 제도와 조직의 유지에 초연할 만큼 하느님을 신뢰하는가? 교회는 막강한 권력을 소유하고 있다. 그러한 권력이 과연 봉사의 수단으로 행사되고 있는가? 아니면 특정계급을 위하여 억압과 지배의 수단으로 악용되고 있는가? 교회는 또 막강한 재력을 소유하고 있다. 그러한 재력 역시 나눔과 사랑의 징표로 사용되고 있는가? 아니면 십자가에 매달려 돌아가신 예수의 제자답지 않게 영광과 사치와 자만의 수단으로 오용되고 있는가? 교회는 그 많은 강론과 피정에서 신자 개개인의 쇄신과 회개를 강조해 왔다. 그리고 이것은 계속되어야 한다. 그러나 이제는 교회 자체의, 공동체 전체의 집단적 자기반성과 집단적 회개도 공개적으로 토의할 때가 되지 않았을까? 그러나 이러한 집단적 성찰, 회개, 고백에 필요한 토론의 자유가 보장되어 있는가? 또 그러한 여론을 매개할, 교계로부터 비교적 자유로운 홍보매체가 존재하는가? 그리고 그동안 한국교회의 권위주의적 풍토에서 억압되었던 평신도의 적지 않은 한(恨)과 분노와 의견도 사목자들에게 국한되지 않은 하느님의 백성의 여론에 반영될 수 있는 기회가 마련되어 있는가? 하느님의 백성 전체로서의 집단적 회개와 반성은 교회 내의 자유로운 여론의 존재를 전제로 한다.

삼위일체 안에서 남들과 함께

이 책은 한국 천주교회 온 공동체의 반성과 회개와 혁신을 위한 신학과 제안들을 담고 있다. 필자는 먼저 다음 장에서 교종 요한 바오로 2세의 교서 「제삼천년기」에 대한 해설·분석·논평을 통하여 교회 안에 불고 있는 교회쇄신의 요청의 맥락과 내용을 소개하고자 한다. 교회쇄신의 요청은 어느 특정계층의 불만에 찬 절규가 아니요, 교회의 최고 권위가 추진하는 온 교회의 요청이다. 2000년 대희년을 맞이하면서 온 세계가 자본주의에 의한 세계화의 소용돌이 속에서 해방과 평화를 부르짖고 있는 지금보다 온 교회의 회개와 쇄신에 더 적절한 시기는 없을 것이다. 이 장과 다음 장에서 교회혁신의 성서적·신학적 이유와 맥락을 다룸으로써 교회혁신에 관한 일반적 서론으로서의 첫째 마당은 끝나고, 다음 마당부터는 교회혁신의 내용에 관한 필자의 본론이 전개된다.

둘째 마당에서는 우리 시대의 가장 큰 고민과 갈등을 분석하고 거기에 적절한 신학을 제시함으로써 교회혁신의 기초를 마련하고자 한다. 모든 혁신은 올바른 신학을 전제로 한다. 우리의 시대는 세계화의 시대이다. 세계화의 시대는 성·지역·문화·종교·종족 등이 서로 상이한 "남"들을 싫든 좋든 같은 경제적·정치적·문화적 공간에 집합시킴으로써, 한편으로는 강한 집단에 의한 약한 집단의 지배와 억압을 야기하고, 다른 한편으로는 그러한 억압과 지배로부터의 해방을 위한 소수집단들의 저항과 투쟁을 불러온다. 세계화의 시대는 어떻게 하면 우리가 서로 "남"들이면서도 남들의 정체성과 상이성을 존중하면서 서로 연대하여 "함께" 살 수 있는 최소한의 사회적 조건을 창출할 수 있는가의 문제와 고민을 던져주고 있다. 필자는 이러한 "남들의 연대"의 시각에서 그리스도교적 전통을 다시 점검하고, 그 속에서 성 아우구스티누스의 말대로 "가장 옛것이면서도 항상 새로운" 무엇을 발견하여 우리 시대가 요청하는 새로운 신학의 기초로 삼았다. 그 결과로 "남들의 연대"의 가장 심원한 신학적 원천이요 모형이며 가장 구체적 화신인 "그리스도의 몸"의 그리스도론, "남들의 연대의 영"으로서의 삼위일체론적 성령신학, 다양성 속의 인류의 연대성에 기초한 종교신학, 그리고 "남들의 연대"의 성사로서의 교회론과 거기에 맞는 교회직무론

등을 제시해 본다. 그리고 이러한 신학적 기초 위에 셋째 마당과 넷째 마당에서 교회쇄신에 관한 구체적인 문제들을 토의할 것이다.

교회개혁의 문제는 교회 내적인 문제와 교회 외적인 문제로 구분할 수 있다. 교회 내적인 문제는 교회의 자기인식의 문제요 교회 정체성의 문제이며, 더 구체적으로 이러한 정체성이 교회 내의 구조나 조직 속에 어떻게 구체적으로 실현되고 있는가의 문제이다. 교회의 자기인식과 교회 내의 실제적 인간관계 사이에는 아무런 모순이나 괴리가 없는가? 교회가 스스로를 본질적으로 위계주의 사회로 인식한다면, 교회 내의 집단간의 관계도 위계주의적으로 조직되어야 하고, 교회의 사명 완수의 책임도 모두 위계에 속하는 성직자들에게 집중된다. 그러나 교회가 본질적으로 직분은 다양하면서도 공통의 품위와 책임을 가지고 있는 하느님 백성의 공동체라면, 교회 내의 집단간의 관계도 직분의 다양성 속에 평등한 품위와 공통의 사명감을 반영하는 교회 나름의 "남들의 연대"를 실천해야 하고, 이에 어긋나는 모든 권위주의·성직주의·평신도의 수동적 자기 비허 등은 교회쇄신의 최대 장애물이 될 것이다. 그것은 바로 교회의 기본적 정체성의 문제요 교회의 사명 완수의 문제이기 때문이다. 제2차 바티칸 공의회 이후로 교회는 위계주의를 탈피하여 다양하면서도 평등한 하느님 백성의 공동체로 스스로를 이해하고 있다. 이러한 교회가 교회의 본질에 충실하고 교회의 공통사명을 효과적으로 수행하기 위하여 모든 성직주의와 권위주의로부터 평신도를 해방하고 그들로 하여금 교회의 사명 완수에 적극적으로 참여케 조치하는 것은 교회 내적 개혁의 가장 중요한 관건이다. 셋째 마당에서는 권위주의로부터의 평신도의 해방을 다루면서 그러한 해방에 장애가 되는 사목자와 평신도의 갈등 문제, 성직자들의 권위주의 문제, 평신도의 자각 문제 등을 한국교회와 미주 교포교회의 경험을 토대로 논의하고자 한다.

천주교회는, 그리고 특히 한국 천주교회는, 교회의 공직자들인 성직자들의 권위주의로 오래 전부터 특징지어졌다. 성직자들은 교회 내의 모든 책임과 권한과 특혜를 독점하는 하나의 특수계급을 이루어 왔고, 이러한 성직주의는 4세기의 콘스탄티누스 황제 시절부터 시작하여 1,000여 년 동안의 중세 봉건주의,

귀족주의 시대를 거치는 동안 더욱 강화되었으며, 지난 몇 세기 동안에는 근대 평등주의에 대한 반발로 더욱 자기옹호적·전투적 모습을 띠게 되었다. 이러한 귀족주의적 성직주의가 한국에 들어와서 유교적 귀족주의 토양에 이식됨에 따라 문화적으로 토착화되면서 그 권위주의적 성격이 더욱 농후하게 된 것은 극히 당연한 일이다. 그리고 이러한 성직자들의 권위주의는 한국에서도 이미 몇십 년 동안 뜻있는 성직자들이나 평신도에 의하여 큰 우려와 개혁의 대상으로 지탄되어 왔다. 봉건주의 사회에서 교육받은 유일한 계급인 성직자들이 교회의 모든 책임과 권리를 독점하게 된 것은 어느 정도 이해할 수 있는 일이다. 그러나 지금의 세계나 지금의 한국사회는 옛날의 봉건사회가 아니다. 성직자들에 못지않게, 또 많은 경우에 성직자들보다 더 교육받고 의식화된 평신도가 얼마나 더 성직자들의 권위주의를 그저 두고만 볼 것인지, 그렇지 않으면 그들도 하느님으로부터 받은 교회 내에서의 평등한 품위와 사명과 권리를 얻어내는 요란한 투쟁을 벌이게 될지는 한국교회가 당면한 하나의 시한폭탄이라고 해도 과언이 아니다. 평등주의적 현대사회에 있어서 권위주의는 교회 공동체를 분열시키고, 하느님 나라를 증거하는 교회의 사명 완수에 있어서 교회의 역량을 극도로 축소시킨다. 교회 내에서 권위주의는 시급히 타파되어야 한다.

　마지막으로 넷째 마당에서는 교회 외적인 문제, 즉 교회와 세계와의 관계에 있어서 개혁되어야 할 점을 토의하고자 한다. 교회와 세계의 상호관계는 역사적으로 많은 변화를 겪어왔다. 교회가 세속권력까지 지배하고 있던 중세에는, 세계는 교회에 종속되고 교회는 세계 위에 군림해야 하는 것으로 이해되었다. 교회에 종속되는 것은 곧 그리스도에게 종속되는 것이기 때문이다. 그러나 종교개혁, 계몽사상, 프랑스 혁명 이후 교회와 국가가 서로 분리되면서 서로의 독립된 영역을 인정하는 이원론적 사고방식이 파급됨에 따라 종교적인 것과 세속적인 것의 괴리가 생겨나면서 교회와 세계의 새로운 관계가 또한 모색되기 시작했다. 제2차 바티칸 공의회와 현대신학은 교회와 세계를 서로 종속되거나 그저 병존하는 관계로 보지 않고, 교회와 세계에 대한 더 깊은 신학적 인식을 통하여 교회 권위로부터의 "세계"의 독자성을 인정하고, 그러한 독자적 세계를 동시에 하느님 구원역사의 장場으로 이해함으로써 교회의 역할을 선포와 실천을 통하여 세계 안에서 활동하시는 하느님 나라를 증거하는 것으로 파악하고 있다. 교회는 그 자체가 하느님 나라도 아니요 그리스도도 아니다. 또 교회는 세계 밖에 존재하는 고립된 집단도 아니다. 교회의 역할은 세계를 스스로에게 종속시키고 지배하는 것이 아니고 세계 안에서 그 안에 역사하고 계신 하느님의 주권을 증거함으로써 모든 것을 하느님 나라에 종속시키는 것이다. 교회 내의 성직자들이 평신도에 대한 권위주의를 포기하고 평신도를 해방시켜야 하듯, 교회는 세계에 대한 권위주의와 교회중심주의에서 스스로를 해방하여 세계 안에서 활동하시는 하느님의 사랑과 평화와 정의에 봉사해야 한다. 교회의 모든 제도는 하느님 나라에 봉사하는 도구요 지표, 즉 성사가 되어야 한다.

교회중심주의로부터 해방되어 이 세계에서 하느님 나라에 봉사하고자 하는 교회에는 할일이 너무나 많다. 한국사회에서 교회의 특별한 관심을 요청하는 문제로 필자는 네 가지를 들고 싶다. 첫째로 교회는 정치·경제 문제에 민감해야 한다. 이것은 사회정의의 문제요 기본 인권의 문제이기 때문이다. 둘째로 교회는 한국 근대사의 가장 큰 추문이라고 할 지역주의와 지역감정의 치유에 앞장서야 될 것이다. 지역주의는 그리스도적 일치의 가장 악랄한 장애물의 하나이다. 셋째로 민주화되어 가는 한국사회에서 가장 절박한 의식개혁은 바로 "시민정신"의 배양이며, 그리스도적 사랑은 시민정신의 실천으로 구체화되어야 한다. 마지막으로 세계화 시대에 살고 있는 그리스도교 공동체는 다문화·다민족·다종교간의 평화와 대화의 문제에 무관심할 수 없다. 다민족 사회의 갈등은 무엇이며, 그런 갈등의 신학적 의미는 무엇일까? 필자는 넷째 마당에서 이 네 가지 문제를 집중적으로 다룰 것이다. 사회정의, 지역감정의 극복, 시민정신의 배양, 다민족 사회에서의 일치의 모색은 삼위일체이신 하느님 안에서 하나가 되기로 불린 다양한 집단이 모순 많은 역사 속에서 "남들과 함께" 살아가면서 "남들의 연대"를 구축해 가는 구체적 과정이다(한국에서의 여성차별 문제를 따로 다루지 못한 점을 유감으로 생각한다. 기회가 오기를 기대한다).

2

교회는 회개해야 한다:
2000년에 즈음한 요한 바오로 2세의 제언

인생과 시간

인간은 시간 속의 존재요 시간을 떠나서 존재할 수 없다는 것은 나이가 먹을수록 더욱 실감하는 바이다. 아무리 시간으로부터 독립하려고, 또 아무리 시간에 역행하려고 노력해도 별 수 없는 것이 인생이다. 문제는 어떻게 시간으로부터 탈출하느냐가 아니고 어떻게 시간을 구원할 수 있느냐일 것이다.

신학자들과 철학자들은 오래 전부터 시간에는 두 가지가 있다고 말해 왔다. 하나는 객관적·과학적 시간이요, 또 하나는 주관적·실존적 시간이라는 것이다. 객관적 시간이라는 것은 누구에게나 똑같은, 겉에서 재는 시간이다. 예를 들어 어제의 30분이나 오늘의 30분이나 3,000년 전의 30분이나 길이가 모두 같은 것이다. 이러한 시간은 그리스 말로 "크로노스"*chronos*라고 한다. 이것은 객관적·자연과학적 시간이다. 그러나 우리가 주관적으로 경험하는 시간은 그렇게 같기만 한 것이 아니다. 각 개인의 주관적 상황에 따라 같은 30분도 입시 합격자 발표 전의 30분이 다르고, 중대한 수술에 들어가기 전의 30분이 다르고, 휴일에 낮잠 자는 30분이 또 다르다. 이처럼 주관적으로 다르게 경험하는 시간 중에서 우리의 삶을 결정적으로 다르게 만드는 전환의 기회를 실존적 시간이라고 하고, 더 나아가서 그것이 신학적 의미를 지닐 때 그것을 "카이로스"*kairos*, 즉 구원의 때라고 부른다. 그것은 하느님께서 주시는 특별한 은혜의 기회로서 우리에게는 그것을 받아들일 것인가 아닌가 하는 결단의 시기이며 그 결단에 따라 우리의 운명은 달라지게 된다. 마르코 복음 1장 15절에 "때가 차서 하느님 나라가 다가왔습니다. 회개하고 복음을 믿으시오" 할 때나 고린토 후서 6장 2절에서 "알맞은 때에 네 청을 들어주었고 구원의 날에 너를 도와주었노라" 할 때의 "때"는 바로 이러한 은총의 기회, 결단의 시기, 다시 오지 않는 결정적 시기를 두고 하는 말이다.

인생에는 이러한 결정적, 결단의 때가 많다. 그리고 그 때를 포착하느냐 또는 놓치느냐에 따라 인생의 향방이 결정된다. 대학을 들어갈 때 무슨 대학을 선택할 것인가, 무슨 과를 전공할 것인가 우리는 결정해야 한다. 결혼을 할 것인가, 수도자가 될 것인가, 교구사제가 될 것인가? 또 누구하고 결혼할 것인가? 미국으로 이민을 갈까 말까? 이 사업을 할까 말까? 모두 중요한 선택이요 결정적 순간이며 우리 삶의 목적과 전체를 다시 한번 살피면서 삶의 방향을 결정하는 소중한 순간이다. 너무나 소중한 순간이기에 그러한 결정을 내리기에 앞서 생각도 하고 기도도 하고 때로는 피정도 한다.

이러한 소중한 순간 중에는 개인의 상황에 따라 다르게 주어지는 순간도 있지만 그 중에는 사회적으로 모든 이들에게 함께 주어지는 순간도 있다. 예를 들어 8·15 광복절은 모든 국민들에게 과거에 함께했던 압박과 설움의 삶을 상기시키고 다시는 그런 불행이 없도록 다짐할 것을 요구하는 순간이다. 특히 해마다 돌아오는 세말과 세모는 더욱 그렇다. 그것은 우리에게 우리의 삶은 무제한적인 삶이 아니요 시한부 인생임을 상기시키고, 반성과 회개를 통하여 새롭고 보람찬 삶을 살도록 요청하고 있다(물론 우리는 이러한 요청을 모르는 체하면서 살고 있는 경우가 대부분일 것이다).

이제 앞으로 일년이 지나면 2000년이 다가온다. 우리는 해가 바뀔 때마다 말할 수 없는 감회를 느낀다. 또 한 해가 지나는구나! 한 일도 없는데! 인생유수, 인생무상! 지난 1989년이 지나고 1990년대라고 하는 새로운 10년대가 다가왔을 때 우리의 감회는 더욱 착잡했고 무량했다. 그런데 앞으로 일년이면, 10년대나 또는 한 세기가 바뀌는 것이 아니라 자그마치 천년대가 바뀌어 제3의 천년대에 진입하게 된다. 가슴이 설레고 기대가 커진다. 천년이란 숫자는 대단히 상징적인 숫자이다. 그래서 묵시록 20장은 새로운 하늘과 새로운 땅이 마련되기 바로 이전의 1,000년 동안 그리스도께서 이 세상에 오시어 모든 악의 세력들을 정복하고 그동안 그분을 위하여 증언하고 순교한 신자들과 함께 세상을 다스리시는 기간을 말하고 있다. 소위 천년왕국설이다. 거기에는 세상 종말에 대한 두려움, 또 정의의 완전한 승리에 대한 희망 등이 섞여 있다. 그러기에 900년대에서 1000년대로 바뀔 때에도 구라파에서는 세상 종말에 대한 의식과 두려움으로 많은 사회적 불안과 여파를 겪었다고 한다. 1999년 12월 31일 밤 12시 그리고 2000년 1월 1일 0시를 기하여 뉴욕의 타임스 스퀘어에서 샴페인이 터질 때 과연 어떤 세상이 올지 궁금하다. 혹시 예수님께서 다시 오시는 것은 아닐까? 하늘과 땅은 얼마나 새로워질까? 새로운 천지개벽의 날은 올 것인가? 더 정의로운 때가 올까? 하느님께서 친히 우리의 눈물을 씻겨주시고 "다시는 죽음이 없을 것이고 슬픔도 울부짖음도 고통도 없을"(묵시 21,4) 그런 때가 올까?

요한 바오로 2세와 2000년의 의미

모든 교종 중에서 시간과 역사의 상징적이고 신학적인 의미에 가장 민감한 분이 바로 현 교종 요한 바오로 2세라고 하겠다. 그분은 20세기의 가장 억압받은 민족의 하나인 폴란드에서 태어나 젊은 시절에는 독일 나치 정권의 유대인 박해를 목격했고, 장년기에는 소련 공산주의의 무자비한 억압을 경험했으며 동시에 서구 자본주의의 물질주의적 폐해도 익히 알고 있다. 또 그는 추기경으로 있을 때까지도 철학을 강의하고 학회에서 논문을 발표하며 여러 저술을 통하여 현대사상의 흐름을 주시하고 비판할 정도로 가장 학자적인 교종 중 하나라고 할 수 있다. 현대를 역사의식의 시대라고 한다면 그는 무릇 모든 교종 중에서 역사의식에 가장 투철한 분이라 하겠다. 그런데 그분이 1994년 11월 10일 자로 「제삼천년기」*Tertio Millennio Adveniente*라는 교종교서를 발표하고, 다가오는 셋째 천년대의 의미와 그에 대한 온 교회의 준비를 위한 기도와 행동의 원리를 제시했다. 그분은 교종직에 취임할 때부터 2000년의 의미와 상징성에 그분 특유의 강한 집념을 가지고 있었다. 그래서 그는 이미 교종 취임 후 발표된 첫번째 회칙, 「인간의 구원자」(1979)에서 앞으로 다가올 2000년까지의 20년을 "새로운 대림절"이라고 불렀고, 이번의 교종교서에서도 지적했듯이(23), 2000년에 대한 준비가 그의 교종 재임 기간의 모든 활동과 결정을 해석하는 데 가장 중요한 "해석학적 열쇠"라고 할 정도로 2000년의 의미에 집착하고 있다 하겠다. 그러나 그것은 세상 종말에 대한 어떤 두려움이나 새로운 천년왕국설에 대한 호기심에서 나온 것이 아니고 오직 이 중대한 시기에 "성령께서 여러 교회에 하시는 말씀을 듣기"(묵시 2,7) 위함일 따름이다. 새로운 천년대가 곧 다가오는 이즈음에 성령께서는 교회와 세상에 무슨 말씀을 하시고 계신가? 그 말씀은 우리에게 어떤 회개와 실천을 요구하는가? 우리는 그 말씀을 들으려고 하는가?

바울로 사도는 갈라디아서 4장 4절에서 "때가 차자 하느님이 당신 아드님을 보내셨으며, 한 여인에게서 태어나게 하셨다"고 적었다. 셋째 천년대가 다가옴에 제일 먼저 생각해야 할 "때"는 바로 구원의 신비가 담긴 성자 강생의 이"때"임을 지적하면서 서두를 꺼낸 이 교서는 제1부에서 우리가 2000년을 기념하는 성자 강생의 구원사적 의미를 설명하고, 제2부에서는 2000년을 "위대한 희년" the Great Jubilee으로 이해하는 데 필요한 예비 개념인 "때"와 "희년"Jubilee의 의미를 밝혀준다. 제3부에서는 20세기의 역사상 하느님의 안배로 2000년 대희년에 대한 더 직접적인 준비였다고 볼 수 있는 여러 사건의 의미를 음미하면서, 특히 제2차 바티칸 공의회, 여러 지역별 대의원회의, 20세기 여러 교종의 업적, 교종들의 사회회칙, 바오로 6세 이후 교종들의 세계여행, 여러 성년聖年 및 1989년의 공산권 몰락 등을 열거하고 있다.

제4부에서는 대희년에 대한 더 구체적인 준비와 축하행사에 언급하면서 1994년부터 1996년에 이르는 제1단계, 1997년부터 1999년까지의 제2단계, 그리고 2000년의 축하행사로 끝나는 제3단계로 나누어 설명하고 있다. 제1단계는 전前예비단계라고 할 수 있는데, 이 단계의 기본 목적은 신자들에게 대희년의 의미와 가치에 대하여 교육하고 홍보하는 것이다. 그리고 이것은 대희년에 대한 준비로서 교회의 과거에 대한 양심성찰과 회개를 특별히 강조하게 될 것이다. 제2단계는 엄밀한 의미에서의 예비단계로서 1997년에는 예수 그리스도에 대한 묵상과 특히 신자들의 신앙과 증거를 공고히하는 데 첫째 목표가 있다. 1998년은 성령의 해로서 성령의 종말론적 활동에 초점을 두면서 희망과 교회 내에서의 일치의 중요성을 강조하게 될 것이다. 1999년은 성부의 해로서 사

랑과 가난한 이들에 대한 우선적인 선택을 기초로 현대문명의 위기에 대한 사랑과 정의의 응답, 그리고 종교간의 대화를 강조하게 될 것이다. 제3단계인 2000년의 축하행사에는 성지·로마 그리고 세계 각지의 모든 교회에서 삼위일체이신 하느님께 영광을 드리는 대축제가 개최될 것이며, 여기에는 특히 2000년에 로마에서 개최될 국제 성체대회와 모든 그리스도교 교파 대표들과 원한다면 다른 종교의 대표들도 참가하는 국제 종교회의의 개최가 포함된다.

그리고 마지막 부분인 제5부에서 이 교서는 과거의 선교 역사를 일별하면서 — 여기에 요한 바오로 2세는 19세기에 평신도가 한국에 그리스도교를 도입했음을 언급하고 있다(57) — 선교는 교회의 본질임을 강조하고 "모든 인류 역사의 열쇠요 초점이며 목표"(58)이신 예수 그리스도에 대한 선포는 계속되어야 하며, 이 점에 있어서 20세기에 태어나 21세기에 성년기에 들어갈 젊은이들에게 기대가 많다는 희망으로 끝맺고 있다.

예수 그리스도는 누구인가?

2000년의 대희년은 무엇보다도 예수 그리스도의 강생 2,000주년을 기념하는 데 그 목적이 있다. 이런 의미에서 요한 바오로 2세는 예수 그리스도에 대한 깊은 묵상으로 이 교서를 시작하고 있다.

요한 바오로 2세의 그리스도론은 많은 전통신학이 그렇듯이 강생의 그리스도론이라고 할 수 있다. 그리스도는 성부의 영원한 말씀이요 지혜요 형상이며, 만물은 그분을 통하여 창조되었고, 따라서 그분은 모든 피조물의 원리이며 원형이시다. 그분 자신이 육체를 취하사 사람이 되심으로써 피조물의 세계는 "혼돈"이 아닌 "질서"의 우주cosmos로 인식될 수 있고, 온 우주는 새롭게 되었으며, 그분을 통하여 성부께서는 천상천하의 모든 것을 하나로 만드는 계획을 실현하고 계시다(3).

그뿐 아니라 그리스도는 무엇보다도 하느님과 인간 사이의 유일한 중개자이며, 그분을 통하여 우리는 죄의 사함과 구원의 은총을 받았다. 그분은 볼 수 없는 하느님의 형상으로서 우리에게 성부의 사랑의 신비를 계시하며, 아담의 후예들에게 죄로서 잃었던 하느님의 모습을 복구시킨 완전한 인간이기도 하다. "강생을 통하여 성자는 어떤 의미에서 모든 인간과 하나가 되었으며", 그로 말미암아 인간의 본성은 말할 수 없는 품위를 얻게 되었다(4: 사목 22).

참 하느님이요 참 인간인 그리스도는 우주의 주님이실 뿐 아니라 역사의 주인이시기도 하다. "그분 안에 성부께서는 인간과 인간의 역사에 대한 확정적인 말씀을 하셨다"(5). 그분은 예언자들처럼 "하느님의 이름으로" 말씀하실 뿐 아니라 "육체가 되신 영원한 말씀 속에 말하고 계신 하느님 자신이시다"(6). 그리스도교의 시발점인 바로 이 강생으로 말미암아 그리스도교는 모든 다른 종교와 근본적으로 다르다 하겠다. 그리스도는 세계의 모든 종교들의 "유일하고 확정적인 완성"(6)이며 또한 만물의 시작이며 완성이기도 하다.

성자의 강생을 통하여 하느님께서는 우리에게 말씀만 하실 뿐 아니라 우리를 잃은 양처럼 찾아나서시기도 한다. 영원으로부터 말씀 안에 인간을 사랑하시고 아들의 모습대로 인간을 창조하신 하느님은 다른 조물들에게 보이지 않는 특별한 사랑을 인간들에게 보여주고 계시다. 그리고 그것은 십자가의 구원의 희생을 통하여 인간을 악과 죄와 죽음에서 구원하기 위한 것이다. 마리아의 몸에서 영혼과 육체를 취한 것은 바로 완전한 구원의 희생이 되기 위한 것이었다(7). 그리고 강생의 궁극 목적은 성령을 통하여 모든 인간들이 그리스도의 모습대로 성부의 아들딸이 되어 삼위일체이신 하느님의 내적 생활에 참여하게 하는 것이다(8).

위대한 희년 2000년

요한 바오로 2세는 이러한 강생의 그리스도론을 기초로 시간과 역사의 궁극적인 의미를 파악하고자 한다. 바울로 사도가 갈라디아서 4장 4절에서 "때가 차자 하느님이 당신 아드님을 보내셨다"고 했을 때 "때가 찼다" 또는 "완성됐다"는 말의 뜻은 무엇일까? 그것은 바로 영원한 하느님께서 강생을 통하여 역사와 시간 속에 들어오심으로써 시간은 완성되었다는 것을 의미한다. 이것보다 더 위대하거나 이것과 다른 완성은 상상할 수 없다. 시간의 완성은 끝없이 반복되는 우주의 순환이나 또는 영혼의 윤회 속에서 찾을 수 없고, 오직 성자를 통하여 우리에게 오시는 하느님 속에서만, 다시 말하여 오직 강생 속에서만 찾을 수 있다. 그것은 시간의 완성이란 오직 영원 속에, 즉 하느님 자신 속에서만 찾을 수 있기 때문이다. "시간의 완성에 들어간다는 것은 시간의 종말에 이르러 시간의 제한성을 초월하여 하느님의 영원 속에서 시간의 완성을 찾는 것을 의미한다"(9).

그리스도교 신앙에 있어서 시간은 근본적인 중요성을 지닌다. 세계의 창조나 구원의 역사도 모두 시간의 차원 속에서 진행되고 강생에서 그 궁극에 이르며 종말론적 재림에서 그 목표가 완성되기 때문이다. 강생을 통하여 시간은 하느님의 존재의 한 차원이 된다. 또 그리스도의 오심으로 "마지막 날", "마지막 시간" 그리고 "교회의 때"가 시작된다. 이러한 신학적 이유로 시간은 그저 객관적 시간이 아니고 실존적 시간인 카이로스의 의미를 지니게 되며, 시간은 은총의 "때"가 되도록 성화되어야 한다. 이런 의미에서 교회의 전례력은 대단히 중요하다. 그리스도는 시간의 주인이시며 그분의 강생과 부활을 통하여 모든 시간은 "시간의 완성"에 참여하게 된다(10).

구약시대의 희년의 관습도 이러한 신학적 맥락에서 쉽게 이해될 수 있을 것이다. 루가 복음 4장에는 예수께서 고향의 공회당에 들러서 "주님의 은총의 해"를 선포하는 이사야서 61장을 인용한 다음 "오늘 여러분이 듣는 데서 이 성서의 구절이 이루어졌습니다"라고 선언하는 장면이 나온다. 이것은 바로 희년의 본질이 시간 속에서 어떤 기념일을 반복하는 것이 아니고 가난한 이들에게 기쁜 소식을 전하고 억압받는 이들에게 해방을 가져다줌으로써 "주님의 은총의 해"를 선포하는 메시아적 사명의 완수에 있음을 시사하는 것이라 하겠다(11).

구약에는 7년째인 안식년과 50년째인 희년에는 밭을 놀려 거기에서 나오는 소출은 가난한 이들에게 주고, 빚은 탕감하고, 노예는 해방시키는 규정이 있었다. 이것은 하나의 사회교리의 시초로서 이 세상의 모든 재물은 궁극적으로 하느님의 것이며 모든 인류의 공동이익을 위하여 창조되었고 따라서 서로 나누어야 된다는 것, 모든 인간은 평등하다는 것, 그리고 약한 이들을 착취해서는 안 된다는 것 등 평등과 정의를 구체화하기 위한 당시의 방법이었다. 이를 통하여 누구나 억압에서 해방되어 새로이 출발할 수 있다는 기쁜 소식이 주어진 것이었다. 희년은 바로 이러한 "주님의 은총의 해"였다(12.13).

교회도 이러한 희년의 전통을 본받아 죄와 죄에 부수되는 벌을 면하여 주는 대사를 허락함으로써 매 25년, 50년 그리고 100년마다 "주님의 은총의 해"를 선포하는 성년聖年의 관습을 보전해 왔다(14). 또 개인생활에 있어서도 여러 가지 뜻깊은 기념일들이 경축의 대상이 된다. 생일 기념, 결혼 은경축, 서품 금경축 등이 그것이다. 그런가 하면 사회생활에서도 여러 가지 기념일 경축행사가 거행된다(15).

이런 관점에서 볼 때 그리스도 신자에게뿐 아니라 온 세계에 큰 의미를 지니는 그리스도의 탄생 2,000주년은 참으로 희년 중의 대희년으로 보는 것이 마땅하다 하겠다. 그리고 그것은 외적으로도 기쁘고 성대하게 경축되어야 할 것이다. 왜냐하면 그것은 볼 수 있는 육체를 통하여 우리에게 오신 구원의 하느님을 기념하는 것이기 때문이다(16).

희년에 대한 준비: 제2차 바티칸 공의회

요한 바오로 2세는 대희년에 대한 구체적인 행사나 준비에 앞서 20세기의 많은 사건들 속에서 대희년을 위한 하느님의 안배 과정을 식별하고자 한다. 그리고 이 점에 있어서 요한 바오로 2세는 제2차 바티칸 공의회를 하느님이 안배하신 대희년에 대한 더 직접적인 준비로 본다. 그 공의회는 그리스도와 교회의 신비에 초점을 두면서도 세상의 희망과 고민에 교회를 개방했으며, 교회생활의 모든 면에 있어서 공의회가 이룩한 쇄신의 업적은 참으로 위대한 것이었다고 아니할 수 없다. 공의회를 통하여 교회는 그리스도의 몸으로서의 자신의 신비의 깊이를 새로이 인식했고, 모든 이가 거룩한 생활에로 불렸음을 다시 확인했으며, 예전의 개혁·평신도·부제·사제 그리고 주교를 망라한 여러 소명의 촉진, 주교들의 유대성·다른 교파·다른 종교 그리고 교회 밖의 모든 이들에 대한 개방성, 종교자유의 원칙 그리고 선교적 사명의 재확인 등을 통하여 공의회는 역사상 유례없는 포괄적이고 깊이있는 쇄신을 단행한 것이었다. 그 가르침의 깊이와 표현의 신선함에 있어서 공의회의 가르침은 그 자체로 "새로운 시대의 선포"(20)라고 할 수 있을 것이다. 따라서 요한 바오로 2세가 "새로운 천년대를 준비하는 가장 좋은 방법은 제2차 바티칸 공의회의 가르침을 모든 신자 개인들과 온 교회의 생활에 가장 충실하게 적용하도록 우리의 결심을 새롭게 하는 것일 뿐이다"(20)라고 한 것도 과언은 아니다.

제2차 바티칸 공의회 이외에도 교종은 세계 주교 대의원회와 지역별 대의원회, 비오 10세를 위시한 20세기 여러 교종들의 정의와 평화를 위한 노력, 레오 13세로부터 시작되는 사회교리의 전통, 교종들의 사목적 세계여행, 여러 대륙에서의 특별 기념행사, 1989년의 공산권의 몰락 등을 대회년에 대한 하느님의 안배 속의 준비 과정으로 들고 있다.

희년에 대한 직접적 준비: 온 교회의 양심성찰과 회개

희년 준비를 위한 여러 행사의 구체적 계획은 각국 주교단의 대표들과 추기경들과의 자문을 거쳐 결정될 것이라고 전제하면서, 요한 바오로 2세는 이 준비 과정을 1994년부터 1996년까지의 제1단계, 1997년부터 1999년에 이르는 제2단계로 나누어 설명하고 있다. 이 단계들 중에서 특별히 주목할 몇 가지 사항만을 골라서 언급하고자 한다.

제1단계의 주요 목표는 대회년의 의미와 가치에 대하여 모든 신자들에게 홍보하고 교육하는 것이라 하겠다. 그리고 이 교육은 지식의 전달에 그치지 않고 성사생활과의 유기적 관련을 통하여 그리스도 안에 자신을 계시하신 하느님에 대한 신앙을 공고히하고, 종말론적인 그들의 희망을 유지시켜 주며, 이웃에 대한 행동하는 사랑의 열정을 다시 일으켜주는 계기가 되어야 한다.

희년은 하느님의 은총에 대한 찬미, 감사 그리고 기쁨의 특별한 계절이다. 특별히 하느님의 아들의 강생과 구원사업에 대한 감사, 그것을 통하여 나타난 하느님의 사랑에 대한 경탄과 신앙, 그리고 하느님과 온 인류의 일치의 성사로서 세워주신 교회와 성인들을 통하여 나타난 거룩한 삶의 업적에 대한 감사에 유념해야 한다(32).

그러나 대희년의 기쁨은 무엇보다 죄의 용서와 회개의 기쁨이어야 하며, 따라서 대희년 준비는 교회생활의 전반에 걸친 양심성찰과 회개의 결심을 포함해야 한다. 교회는 「교회 헌장」(8)의 지적대로 거룩하면서도 항상 정화되어 보속과 쇄신의 길을 가야 하는 죄인들의 교회이기 때문이다. 교회는 그리스도와 그 복음의 정신에서 이탈하여 신앙에 기초한 모범적 생활의 증거보다는 오히려 추태와 반증거적 삶에 빠졌던 죄스러운 과거를 특별히 반성해야 한다. 그리고 이 점에 있어서 교종은 대희년이 한 세기의 종말이 아닌 한 천년대의 종말을 기념하는 행사임을 고려하여 교회가 지난 1,000년 동안의 모든 죄과를 정직하고 용기있게 반성·회개함으로써 새로운 천년대의 도래를 준비할 것을 역설하고 있다(33).

특별한 회개의 결심을 요구하는 과거의 죄로서 요한 바오로 2세는 제일 먼저 교회분열의 죄를 들고 있다. 공의회의 「일치 교령」(3)의 고백대로 "때로는 양쪽 모두가 잘못이 있는" 교회분열은 첫째 천년대 동안에보다도 둘째 천년대 동안에 더욱 심화되었고, 그것은 그리스도의 뜻을 공개적으로 거역하는 것이요 세상에 대한 크나큰 수치이며, 복음을 증거하는 데 크나큰 걸림돌이 되어 왔다. 우리는 교회일치의 은총을 성령께 간구하면서, 재일치를 위한 구체적인 행동을 통하여 서로 더 가까워진 상태에서 대희년의 축제를 지낼 수 있도록 누구나 반성하고 새로이 결심해야 한다(34). 여러 교파의 그리스도 신자들은 교파의 차이에도 불구하고 여러 가지 핵심적인 면에 있어서 우리는 이미 하나라는 사실을 잊지 말고, 대희년을 위한 준비에 서로 협조함으로써 교회일치에 한 걸음 가까이 가는 계기가 되도록 힘써야 할 것이다(6).

우리가 크게 반성하고 회개해야 할 또 하나의 죄는 진리에 봉사하는 과정에서 상이한 의견을 관용하지 못하고 심지어는 폭력까지 사용하여 억압하려고 했던 일이다. 비록 당대의 제한된 시각에서 볼 때 그러한 행위가 정당하게 보일 수 있었고 또 많은 이들이 선의로 그런 일을 저질렀다 하더라도 그것은 심히 유감된 일이었음을 교회는 선언하지 않을 수 없다(35).

과거사를 떠나서 오늘의 교회가 특별히 성찰하고 회개해야 할 일도 많다. 그것은 현대세계의 여러 가지 악에 대한 교회의 책임감의 문제이다. 종교에 대한 무신론적 무관심, 인생의 초월적 의미의 상실, 생명과 가정 등 윤리문제에 있어서의 혼돈, 신학적 오류의 유포, 교도권에 대한 순명의 위기 등에 있어서 신자들은 무엇을 했는지 반성해야 할 것이다. 또 전체주의하에서의 기본 인권의 억압에 대한 많은 신자들의 판단력의 결핍이나 묵인, 그리고 엄청난 사회불의와 차별에 대한 많은 신자들의 책임 등도 대단히 유감스러운 일임은 숨길 수 없는 사실이다. 이 점에 있어서 "과연 얼마나 많은 그리스도 신자들이 교회의 사회교리의 원리를 알고 실천하는지 질문하지 않을 수 없다"(36). 그리고 "둘째 천년대 말엽에 교회에 주신 성령의 위대한 선물"(36)인 바티칸 공의회가 어떻게 받아들여지고 실천되었는지도 양심성찰의 대상이 된다. 성서의 중요성, 예전, 일치의 교회론, 은사의 다양성, 교회와 세상의 관계 등에 관한 가르침은 과연 올바로 이해되고 실천되었는가?

"순교자들의 피는 그리스도 신자들의 씨앗"이라고 한다. 초대교회와 마찬가지로 20세기의 교회도 많은 순교자를 배출했고 그것은 천주교뿐 아니라 그리스정교와 개신교에도 공통된 현상이다. 모든 순교자들이나 비록 피를 흘리지는 않았어도 신앙을 증거한 여러 성인들에 대한 기록은 보존되어야 하며 이 점에 있어서 다른 교파와의 협조도 필요하다. "아마도 재일치운동의 가장 설득력있는 형태는 성인들과 순교자들의 재일치운동이다. 성인들의 일치communio sanctorum는 우리를 분열시키는 어떤 것보다도 더 설득력을 지닌다(37). 그리고 대희년을 준비하는 오늘날 보편교회의 순교록을 현대화시키는 일과, 특히 결혼생활을 통하여 영웅적 덕행을 보인 평신도의 시성도 적극 추진하는 것이 필요하다 하겠다. 이 시점에 모든 교회가 그리스도께 드릴 수 있는 최대의 경의는 다양한 여러 성인들의 믿음, 바람 그리고 사랑의 열매 속에 활동하고 계시는 그리스도의 현존을 공적으로 드러내는 것이기 때문이다.

이외에도 대희년 준비 작업으로 각 대륙별 주교 대의원회의 개최를 들 수 있으며, 그리스도교와 다른 문화와 종교의 상봉 문제를 다루게 될 아시아 지역 주교 대의원회의 개최는 특별한 중요성을 띤다 하겠다. 불교와 힌두교는 구원의 종교이기 때문에 복음화에 대한 큰 도전이며, 따라서 대희년에 즈음하여 그리스도는 하느님과 인간 사이의 유일한 중개자요 세계의 "유일한 구원자"로서 다른 종교의 창설자들과 구별되어야 함을 명확하게 설명하는 것이 주교 대의원회의 절박한 임무라고 하겠다. 타종교 안의 진리는 그리스도의 진리의 반영이다(38).

희년과 삼위일체이신 하느님

제1단계에서의 의식과 마음의 준비를 기초로 제2단계에서는 더 엄밀한 의미의 준비작업을 하게 되며, 이 단계의 공통주제는 그리스도 중심의 삼위일체라고 할 수 있다. 1997년부터 1999년까지 3년에 걸치는 이 단계는 첫해에는 예수 그리스도, 둘째 해에는 성령, 셋째 해에는 성부께 대한 묵상을 그 주제로 한다.

첫해에 그리스도에 대한 묵상을 주제로 삼음은 참으로 당연한 일이다. 대희년은 바로 이 세상에 오신 성자의 강생과 구원을 경축하는, 특별히 그리스도론적인 성격이 있기 때문이다. 1994년 6월 13일과 14일에 열린 추기경들의 특별 회합에서 추기경들은 묵상의 주제로 구세주와 특히 가난한 이들에 대한 기쁜 소식의 선포자로서의 그리스도에 대한 새로운 인식, 강생과 성모로부터의 탄생에 대한 깊은 이해, 구원에 있어서 그리스도께 대한 신앙의 필요성, 성서 연구 등을 제안했다. 이와 함께 성사생활에 있어서 "신자생활의 기초"이며 "모든 그리스도 신자 사이의 일치의 기초"(가톨릭 교회 교리서 1271)인 세례성사를 새롭게 이해할 필요가 있다. 세례를 통하여 우리는 그리스도와 하나가 되기 때문이다. 교회일치의 입장에서도 이것은 대단히 중요한 점이다. 교파의 차이에도 불구하고 세례는 우리들을 그리스도 안에 하나로 결합시키며, 따라서 한 주님이신 그리스도를 "함께 쳐다보면서" 그분 안에 서로 더 가까워지려는 결심을 굳게 할 수 있을 것이다(41).

첫해의 모든 행사는 대희년의 제일 목표인 신자들의 신앙과 증거의 강화에 초점을 두어야 한다. 따라서 거룩한 생활에 대한 동경, 회개에 대한 열정 그리고 깊은 기도생활과, 특히 가장 빈곤한 이웃과의 유대를 통한 개인적 쇄신을 불러일으키도록 노력해야 한다. 여기에는 예수 그리스도나 구원의 신비에 대한 특별 신자교육이 필요하며, 「가톨릭 교회 교리서」에 대한 자세한 연구는 이 점에 있어서 대단히 도움이 될 것이다.

첫해의 묵상에서 결코 빼놓을 수 없는 분이 있다면 바로 성모 마리아시다. 그분의 태중을 통하여 말씀이 육체를 취하셨기 때문이다. 따라서 그리스도께서 우리 신앙의 중심이라는 사실은 또한 마리아의 역할에 대한 인식을 떠나서 이 해될 수 없다. 마리아에 대한 공경은 유일한 중개자이신 그리스도의 품위나 효력을 축소하지 않을 뿐 아니라, 마리아는 오히려 항상 우리들을 자기 아들에게로 인도하고 또 실천적 신앙의 모범으로서 생활의 영감을 제공한다 하겠다(43).

둘째 해는 성령과 그리스도의 제자들의 공동체 안에서의 성령의 역할에 대하여 묵상하는 시기이다. 대희년에는 성령론적인 측면이 있다. 왜냐하면 강생의 신비는 "성령의 힘으로" 이루어진 것이기 때문이다. 성령은 삼위일체의 신비 속에서 사랑의 위격이요 창조되지 않은 선물로서, 모든 선물의 영원한 원천이요 하느님의 자기 나눔의 직접적인 원리요 주체라고 할 수 있다. 하느님께서 자기를 나누시는, 자기를 주시는 행위의 정점이라고 할 수 있는 강생의 신비에 성령께서 참여하심은 참으로 당연한 일이다. 대희년을 준비하는 것도 또한 "성령 안에서"만 가능하다(44). 둘째 해의 제일차적 과제는 따라서 교회 안에서, 특히 성사와 다양한 은사를 통하여 활동하시는 성령과 역사 속에서 하느님의 나라를 건설하시고 그리스도 안에서 세상을 종말론적 완성에로 인도하시는 주체로서의 성령에 대한 새로운 이해라고 할 수 있다(45).

그리고 그 과제는 우리에게 삶의 궁극 목표를 잊지 않으면서 동시에 현세의 질서를 하느님의 뜻대로 변혁시키려는 매일매일의 결심을 굳게 해주는 "희망"의 덕행에 대한 더 깊은 이해를 포함한다. 요한 바오로 2세는 신자들이 "하느님 나라의 확정적 도래에 대한 희망을 새롭게 하고 매일 그들의 마음속에서, 그들이 속한 그리스도 공동체에서, 그들의 특수한 사회적 환경 속에서 그리고 세계의 역사 그 자체 내에서 하느님의 나라의 도래를 준비함으로써" 대희년을 맞이하기를 권고하고 있다(46). 그리고 이와 관련하여 우리 시대의 "희망의 징표"도 식별하고 감사하게 여길 줄 알아야 한다고 역설한다. 그러한 징표로서 교종은 생명에 봉사하는 과학의 발전, 환경에 대한 더 큰 책임의식, 정의·평화 운동, 다양한 민족들, 특히 남과 북 사이의 화해와 유대에 대한 열망을 들고, 교회 내에서는 은사활동과 평신도 촉진을 통한 성령에 대한 더 큰 관심, 교회 재일치에 대한 깊은 의지 그리고 다른 종교와 현대 문화와의 대화에 대한 관심의 증가 등을 들고 있다(46).

둘째 해의 모든 행사의 초점은 교회 내에서의 일치를 촉진하는 데 있다. 교회는 그리스도의 몸으로서 성령께서 주시는 다양한 은사로서 활동하고 성령 안에 일치를 보존한다. 그리고 이 일치는 교종의 사도적 직무 수행과 서로의 사랑을 통하여 보증된다. 이 점에 있어서 하느님의 백성은 더 성숙한 책임의식과 교회적 순명의 중요성에 대한 더 적극적인 의식을 가져야 할 것이다(47).

둘째 해에 있어서 성령의 힘으로 말씀을 잉태하시고 온 생애를 성령에 의해 사신 마리아는 무엇보다도 성령의 음성에 순종하는 여인으로, 침묵의 여인이며 희망의 여인으로, 가난한 이들의 희망을 표현해 준 여인으로, 또 하느님의 약속에 완전히 의지하는 모든 이들의 빛나는 모범으로 묵상되고 공경될 것이다(48).

준비의 마지막 해인 셋째 해는 그리스도를 이 세상에 보내시고 또 그리스도께서 그분께로 돌아가신 성부께 대하여 묵상하는 시기이다. 신자생활의 전부는 성부의 사랑 속에 아버지의 집으로 향하는 여정이다. 그리고 이 여정은 회개의 여정으로 죄로부터의 해방이라는 부정적인 측면과 윤리적 선의 실천이라고 하는 긍정적인 측면을 가지고 있으며, 이 점에 있어서 고해성사에 대한 깊은 이해가 요구된다 하겠다. 이 셋째 해에 강조해야 할 덕목은 따라서 신자들의 윤리생활의 종합이라고 할 수 있는 사랑이다. 하느님에 대한 사랑과 이웃에 대한 사랑으로 표현되는 사랑의 원천과 목적은 하느님 자신이시다(50).

이렇게 볼 때 가난한 이에게 기쁜 소식을 전하러 오신 그리스도를 상기하면서 가난하고 버림받은 이들에 대한 교회의 "우선적 선택"을 더욱 강조하지 않을 수 없다. "그 많은 투쟁과 인내할 수 없는 사회·경제적 불평등으로 특징지어지는 현대에 있어서 정의와 평화에 대한 투신은 희년에 대한 준비와 경축의 필요조건이다"(51). 이와 관련하여 요한 바오로 2세는 구약의 희년 정신을 본받아 신자들이 세계의 가난한 이들에 대한 대변자가 되고 많은 민족들의 미래를 위협하는 국제적 부채의 삭감이나 탕감을 제의할 것을 요구하고 있다.

희년 준비의 마지막 해는 특별히 두 가지 결심을 요청하고 있다. 그것은 세속주의와 타종교와의 대화의 도전에 응답하는 것이다. 기계문명이 가장 발전한 서구는 동시에 하느님을 잊음으로써 내면생활에 있어서 큰 빈곤을 경험하는 문명의 위기를 겪고 있으며, 이것은 그리스도 안에서만 달성될 수 있는 평화·유대·정의 그리고 자유의 보편적 가치에 기초를 둔 "사랑의 문명"을 통해서만 극복될 수 있다(52). 또 이 해는 종교간의 대화를 촉진하는 위대한 기회가 될 것이며, 이 대화에서 유대교와 회교는 특별한 중요성을 지닌다. 베들레헴, 예루살렘 그리고 시나이 산에서 세 종교의 역사적 모임을 주선하는 것도 고려중이다(53).

교서에 대한 소견과 교회를 향한 질문

필자는 위에서 요한 바오로 2세의 최근 교서의 내용을 비교적 상세하게 소개했다. 교서는 전체적으로 볼 때 삼위일체적 접근의 심원함이나, 역사 감각의 특출함이나, 성서적 개념의 적절한 사용이나, 또 이 모든 것의 논리적이고 일관성 있는 종합에 이르기까지 현 교종의 여러 교서, 회칙 그리고 다른 저술 중에서 가장 훌륭한 것들의 하나라고 할 수 있다. 교종의 다른 저술들에서 볼 수 있는 것처럼 여기에서도 교종 특유의 전통성과 현대성, 정체성의 긍정과 세계에의 개방성의 균형을 볼 수 있으며, 빈곤과 고통의 사회문제를 항상 잊지 않고 강조하는 그분의 모습을 볼 수 있다. 2000년이라고 하는 역사적으로, 신학적으로, 또 무엇보다도 상징적으로 대단히 뜻깊은 전환점을 맞이하여 전통적 교리의 재긍정과 온 교회의 양심성찰을 통하여 그리스도적 신앙의 대부흥과 쇄신을 기도하는 교종의 원대한 비전은 또한 참으로 영감적이라 아니할 수 없다. 본 교서가 깊은 신학적 묵상의 소산이듯이 독자들도 오직 깊은 묵상을 통해서만 교서의 진정한 의미에 접할 수 있을 것이다.

필자는 이 글을 끝내기 전에 교서에 대한 몇 가지의 신학적 소견을 제시하고 한국교회에 대하여 두 가지 질문을 던지고자 한다.

신학적으로 볼 때 본 교서는 몇 가지의 아쉬움을 남기고 있다. 첫째로, 교종의 그리스도론은 전통적 그리스도론 대부분이 그렇듯이 강생의 그리스도론이요 위로부터의 그리스도론이다. 그것은 강생의 실재성을 강조함으로써 하느님의 무한한 사랑, 성자의 자기비움 그리고 인성과의 완전한 결합을 통한 인류와의 유대를 특별히 중요시한다. 그러나 이러한 그리스도론은, 많은 현대신학이 비판하듯이, 예수의 구체적인 역사적 삶, 특히 가난한 이들과의 유대, 십자가에 처형됨 그리고 부활사건 등을 무시함으로써, 한편으로는 그리스도의 구원사업이 이미 강생 그 자체로 끝난 것 같은 인상을 주고, 다른 한편으로는 강생을 통하여 나타난 하느님의 사랑 자체도 역사적 구체성을 결여한 추상적인 것으로 남기가 쉬우며, 무엇보다도 라너Karl Rahner 신부가 얘기한 대로 단성론에 빠질 수 있는 위험을 항상 지니고 있다 하겠다. 요한 바오로 2세가 항상 강조하는 그리스도와 가난한 이들과의 유대를 위해서도 강생의 그리스도론은 십자가와 부활의 그리스도론으로 보강되어야 할 것이다. 아무리 우리가 기념하는 것이 강생의 2,000주년이요 죽으심이나 부활의 2,000주년이 아니더라도, 발타사르 신부가 얘기한 대로 말씀의 강생은 처음부터 수난과 부활에로 연결되고 거기에서 완성된 것인 이상, 수난과 부활을 떠난 강생 위주의 그리스도론은 무엇인가 부족한 점이 있다는 것을 지적하지 않을 수 없을 것이다.[1]

둘째로, 하느님의 안배 속에 희년에 대한 준비로 볼 수 있는 역사적 사건으로 요한 바오로 2세는 제2차 바티칸 공의회, 각종 대의원회의, 20세기의 교종들, 사회교리, 교황들의 사목적 세계여행, 여러 대륙에서의 특별 기념행사(예: 미 대륙 복음화 오백년제) 그리고 1989년의 공산권 몰락을 들고 있다. 여기에 열거된 대부분의 사건들의 내용에서 볼 수 있듯이 교종의 사고방식은 완전히 교회중심적 사고요 특히 교계중심적 사고라고 할 수 있을 것이다. 거기에는 교회의 대부분인 평신도의 관점이나 경험은 전혀 반영되지 않고 있으며, 20세기의 역사도 오직 교계의 입장에서 해석된 역사다.

희년에 대한 준비를 교계중심적 관점에서만 찾지 않고 그 반대로 20세기의, 특히 20세기 말엽의 정치·경제적 동향에서 찾았다면, 거기에는 필연코 현대가

---

[1] Hans Urs von Balthasar의 강생과 수난에 대한 심원한 묵상 참조: *Mysterium Paschale*, trans. Aidan Nichols, O.P. (Grand Rapids, MI: Eerdmans, 1990), 11-41.

안고 있는 모든 고민·갈등·충돌이 노정되었을 것이고, 그것은 동시에 그저 경축의 의미에서뿐 아니라 더 동적인 의미에서 희년의 역사적 도전과 그 신학적 의미를 부각시키는 계기가 되었으리라는 아쉬움을 금할 수 없다. 2000년에 강생과 구원의 의미를 되새기고 경축하는 것은 물론 필요하다. 그러나 지금의 자본주의의 세계화의 추세로 볼 때 2000년대는 무자비한 국제 경쟁에서 파생하는 비참과 비극의 세기일 수도 있다. 이러한 구체적인 세계사의 맥락 속에서 희년의 의미를 찾았다면 그 의미는 강생의 추상적인 경축행사가 아닌 고통중의 인간과 하나가 되시려는 강생의 뜻에 더욱 부합하는 것이 되지 않았을까 생각된다.

셋째로, 교종은 희년에 대한 준비로서 온 교회의 양심성찰을 권하고 있다. 전통적으로 자신의 잘못을 공개적으로 고백하기를 주저하던 교회가 이처럼 반성과 회개를 자청한다는 것은 참으로 긍정적인 사건이요 교회의 앞날을 밝게 만드는 획기적인 사건으로 크게 환영하지 않을 수 없다. 그러면서도 좀 석연치 못한 점이 있다면 그것은 교회분열의 죄와 이단에 대한 박해와 억압은 부각시키면서 다른 것은 가볍게 다루거나 언급도 하지 않았다는 것이다. 예를 들어 과거 500년 동안 교회가 서구 식민주의에 동조하여 제3세계의 착취에 참여했던 죄악은 아무데서도 언급이 없고, 나치 정권하에서의 유대인 대량학살에 대한 간접·직접의 책임은 불의와 배척이라는 일반적 범주 속에 막연하게 포함되어 있을 뿐이다. 그리고 또 한 가지 간과할 수 없는 죄악이 있다면 그것은 교회 안에서의 권위의 독점, 편중 그리고 남용이었다고 할 수 있을 것이다. 이 점은 제2차 바티칸 공의회도 간접적으로 시인한 사실이다. 얼마나 많은 평신도가 수세기 동안의 교계주의적 권위주의 밑에서 억압과 수모를 겪었는가? 그럼에도 불구하고 교종은 교계에 대한 순명의 필요성(47)과 교도권에 대한 순명의 위기(36)는 강조하면서 교계에 의한 평신도에 대한 억압에는 아무런 언급도 없다. 이왕 정직하고 용기있게 교회의 잘못을 고백하고자 하는 이 마당에 교회 내에서의 권위주의에 대한 솔직한 자백이 있었더라면 얼마나 시원하고 좋았을까 아쉬워하면서, 혹시 그러한 자백이 현실화되기 위하여는 또 천 년을 기다려야 되지 않을까 하는 우려에 우울해지기도 한다.

넷째로, 교회가 과거에 잘못한 적이 있었다는 것은 현재에도 잘못할 가능성이 있음을 말하는 것이다. 그리고 현재에도 잘못할 수 있는 가능성이 있다는 것은 곧 교회가 좀더 겸손해야 되고 자신의 오류 가능성에 대한 의식을 가지고 행동해야 함을 말한다. 교회는 일반적으로 과거의 죄는 어느 정도 인정하면서도 현재의 죄는 인정하기를 주저하는 경향이 있다. 예를 들어보자. 드 루박De Lubac 신부나 콩가르Congar 신부는 금세기의 가장 위대한 신학자들에 속한다. 그런데 다른 많은 이들과 함께 그들도 비오 12세 밑에서 교수정지, 출판정지 등의 박해를 받았다. 그러나 제2차 바티칸 공의회를 통하여 그들의 박해받았던 가르침은 교회 교도권의 가르침이 되었고, 두 분 다 근년에 들어서서 추기경으로 임명되는 영광도 누리게 되었다. 그러나 교회의 권위는 필자가 알기로는 한 번도 저들에게 공적으로 사과한 적이 없었다. 어쩌면 이번 교서에서 언급된 이단과 이설에 대한 탄압과 그에 대한 죄의 고백 속에 신학자들에 대한 탄압도 포함되었는지 모른다. 어쨌든 교회는 과거의 잘못만을 인정하지 말고 현재의 교회도 잘못할 수 있음을 크게 명심하여 현재에 있어서의 권위 행사에 항상 겸손한 마음으로 임하여 후에 회개할 필요가 없게 되어야 한다. 많은 희생자를 낸 다음에 후회하고 사죄한들 피해자들에게는 아무 도움도 되지 않을 것이다. 그리고 현대교회에 대한 비판도 겸허하게 경청할 줄 알아야 할 것이다. 교회가 과거의 잘못을, 그것도 몇 백 년 전의 잘못을 고백하는 것은 그리 어려운 일이 아닐지도 모른다. 왜냐하면 그것은 어떤 살아 있는 이들의 이해를 거스르는 것이 아니기 때문이다. 교회가 진정으로 잘못을 회개하고 고백할 용의가 있느냐의 시금석은 지금 살아서 교회에서 권위를 행사하고 있는 성직자들의 잘못도 고백하고 그들에 대한 비판도 허용하고 경청할 수 있느냐 하는 것이다.

다음에는 한국교회에 대하여 두 가지의 질문을 던지고자 한다. 첫째로 한국교회는, 다시 말하여 한국교회의 실권자들은, 제2차 바티칸 공의회의 가르침을 홍보하고 실천하기 위하여 어느 정도 노력했는지 한번 반성해야 할 것이다. 교서는 공의회를 "둘째 천년대 말엽에 교회에 주신 성령의 위대한 선물"(36)이라고 부르고, 공의회의 가르침의 실천이 희년에 대한 가장 좋은 준비라고 지적하면서(20), 공의회의 가르침이 어느 정도 이해되고 실천되고 있는지 성찰할 것을 권고하고 있다(36). 한번 반성해 보자. 교회의 사목자들 자신은 어느 정도 공의회 문서들을 읽고 연구했는가? 공의회의 가르침에 대하여 강론한 적이 있는가? 공의회 이전의 가르침이 사목자들의 권위를 유지하는 데 더 유리하기 때문에 공의회의 새로운 교회론이나 평신도론은 일부러 기피하는 것은 아닌가? 한국의 교회에서 아직도 트리엔트 공의회 문답이 인쇄되고 있음은 무엇을 의미하는가? 한국교회에서 공의회는 제대로 이해도 되기 전에 이미 망각되고 있는 것은 아닌가? 공의회 가르침의 홍보를 위해 온 교회 또는 온 교구에 걸쳐 사목자들과 평신도의 재교육을 계획할 수는 없는가? 교도권에 대한 순명을 그렇게 강조하는 교회가 최고 교도권의 표현인 제2차 바티칸 공의회의 가르침을 거의 묵살한다는 것은 여러 모로 역설적이라 아니할 수 없다.

둘째로, 교서는 사회교리의 중요성을 특별히 강조하고 있다. 교서는 정의와 평화에 대한 투신과 가난한 이들에 대한 우선적 선택이 희년에 대한 준비와 경축의 "필요조건"(51)이라고 강조하고, 우리의 특수한 사회 환경과 세계의 역사 속에서 하느님 나라의 도래를 준비함으로써 희년을 맞이할 것을 권고하면서 (46), "과연 얼마나 많은 그리스도 신자들이 교회의 사회교리의 원리를 알고 실천하는지 질문하지 않을 수 없다"(36)고 한탄하고 있다. 이 점에서 한국교회는 과연 어떠한가? 사목자 자신들이 얼마나 사회교리에 관심을 두고 연구하려 했는가? 한 번이라도 사회교리에 관하여 강론한 적이 있는가? 사회정의를 연구하고 실천하려는 동료 사목자나 평신도를 오히려 적대시하지는 않는가? 사회정의에 관심있는 평신도나 사목자들이 교회 안에서도 환영받지 못함은 무엇을 의미하는가? 교회가 중산층화함에 따라 교회의 지도자들도 교회의 내부적 사안에만 집념하고 교회 밖의 사회문제에 대하여는 무관심해지고 있는 것은 아닌가? 교회의 헌금 중 얼마가 가난한 이를 위하여 쓰이고 있는가? 그 많은 피정에서 교회의 사회교리는 왜 전혀 묵살되고 있는가? 모두 깊이 반성할 일이다.

삼위일체 안에서 남들의 연대:
교회 혁신을 위한 신학

③

그리스도의 몸 안에서 남들의 연대:
분단시대의 그리스도론

여러 가지 역사적 이유로 최근의 신학자들은 의도적으로 포괄적 신학보다는 지역적 또는 부분적 신학을 추구해 왔다. 이러한 신학들은 각각 특수한 집단의 경험 속에서 신학의 장소를 찾으려 했고, 특수한 종류의 "남"들 또는 "타자들" Others의 해방에 모든 관심을 모았으며, 때로는 다른 종류의 남들에게는 무관심하거나 또는 그들의 희생도 무릅쓰거나 또는 그들과 연대하되 자신의 안건을 기준으로 삼는 것이었다. 라틴아메리카의 해방신학은 경제적 의미에서의 남들의 해방, 여성신학은 — 흑인 여성신학이든 히스패닉 여성신학이든 또는 백인 여성신학이든 — 성적 의미에서의 남들의 해방, 소수민족 신학들은 민족적·인종적 의미에서의 남들의 해방, 다원주의 신학은 종교적 의미에서의 남들과의 관계에 각각 관심을 집중했다. 신학의 파편화와같이 보이는 이러한 현상에 대하여 우려의 목소리도 점증한 바 있으나, 일반적으로 신학자들의 지배적 관심은 차별성과 타자성이었고, 그것은 억압자로부터의 차별성뿐 아니라 같은 동료 희생자들로부터의 차별성도 포함하는 것이었다. 나는 남자가 아니고 여자다. 나는 백인이 아니고 흑인이다. 나는 앵글로계 미국인이 아니고 한국계 미국인이다.

해방신학적 전통을 중시하는 신학자로서 필자는 이러한 지역적 신학들의 그 나름대로의 역사적 필요성과 공헌을 충분히 이해한다. 이들 신학들은 남성중심의 서구신학과 서구 식민주의의 그릇된 제국주의적 보편성에 저항하는 역사적으로 억압받은 집단들의 자기긍정적 반응들이었고, 억압받은 집단들의 해방은 물론 서구 그리스도교의 비판적 각성에도 공헌한 바 크다고 할 수 있다. 하지만 필자는 이제는 억압받은 집단들이 더 의식적으로 또 더 조직적으로 상호연대하고, 특수성의 중요성을 부인하지 않으면서도 그것을 동시에 남들의 연대에로 지양할 수 있는 새로운 신학 모형을 추구할 때가 왔다고 믿는다.

필자는 현대신학의 새로운 모형으로 그리스도의 몸 안에서 남들의 연대Solidarity of Others in the Body of Christ를 제시하고자 한다. 제일 먼저 신학적 지역주의를 초월해야 할 여섯 가지 이유를 논의하고, 둘째로 새로운 신학 모형의 가장 중심적 범주로서 남들의 연대의 기초와 개념을 설명하며, 셋째로 가장 철저하게 그리스도적이고 가장 포괄적이며 그러면서도 남들의 연대 구축이라는 절박한 현대적 과업에 가장 적합한 은유로서 "그리스도의 몸"의 은유를 회복해 보고자 한다.

신학적 지역주의의 초극

근래의 신학적 파편화와 지역주의를 초극해야 할 이유에는 여러 가지가 있다. 첫째는 역사적 이유이다. 지역주의는 급격하게 과거의 유물이 되어가고 있다. 얼마 전까지만 하더라도 맥락의 특수성에 따라 특수한 신학이 정당화되어왔다. 그러나 지금은 모든 맥락들이 긴밀하게 상호의존적이 되어 하나의 맥락을 다른 맥락들로부터 그나름의 특수한 맥락으로 명확하게 구분한다는 것은 불가능하게 되었다. 전세계적 자본주의의 역학은 흑인이든 백인이든 한국인이든, 여자든 남자든, 아시아인이든 라틴아메리카인이든, 불교 신자든 회교 신자든, 인종·성별·문화·언어·종교에 관계없이 모든 인류를 경제적 착취·정치적 불안정·문화적 동질성·정신적 소외 그리고 삶의 전부를 상품화하는 전체주의적 상업주의의 상호의존적 운명 속에 몰아넣고 있다.[1] 기업 엘리트들에게는 말할

---

[1] 지구적 자본주의와 세계화 과정에 대한 분석 참조: Richard J. Barnet and John Cavanagh, *Global Dreams: Imperial Corporations and the New World Order* (New York: Simon & Schuster, 1995); Robert N. Bellah, "Changing Themes in Society: Implications for Human Services: Social Change and the Fate of Human Services", an address to Lutheran Social Services, San Francisco, April 28, 1995; Robert Gilpin, *The Political Ecomony of International Relations* (Princeton, NJ: Princeton University Press, 1987), 364-408; Paul Kennedy, *Preparing for the Twenty-First Century* (New York: Random House, 1993), 329-49; *Nation*, July 15/22, 1996 is devoted to an analysis of globalization; Willam Pfaff, *The Wrath of Nations: Civilization and the Furies of Nationalism* (New York: Simon & Schuster, 1993); Robert Wuthnow, *Christianity in the 21st Century: Reflections on the Challenges Ahead* (New York: Oxford University Press, 1993).

수 없는 풍요를 가져다주고, 여성들에게는 차별을, 중산층에게는 불안정을, 흑인들에게는 만성 실업을, 제3세계의 가난한 이들과 여성들에게는 착취를 가져다주는 것도 모두 세계적 자본주의의 역학이며, 같은 역학이 상이한 집단·문화·종교 들을 같은 정치 공간으로 불러들여 서로 경쟁하게 만들고 때로는 불공평한 조건 밑에서 서로 투쟁하게 만든다. 고통받는 주체들은 성, 인종, 지역, 문화, 종교에 있어서 서로 다를지 모른다. 그러나 그들은 모두 점진적으로 세계적 자본주의의 보편화하고 동질화하며 충돌을 유발하는 경향과 압력에 종속되고 있고, 이것이 바로 맥락 중의 맥락을 이루고 있다. 이 세계화의 맥락은 바로 상이한 집단들의 특수성 자체까지도 상호의존적으로 만들어놓았으며, 흑인 신학자 코르넬 웨스트의 표현대로, "우리가 망한다고 해도 우리는 함께 망한다".[2]

둘째는 정치적 이유이다. 맥락의 점증하는 상호의존성은 어느 특수한 집단도 다른 집단들의 협력 없이는 스스로를 해방할 수 없음을 의미한다. 흑인이든 히스패닉이든, 백인 여성이든 스페인계 여성이든, 아시아계 미국인이든 원주민 미국인이든, 어느 집단도 홀로 스스로의 해방을 쟁취할 수 없다. 오히려 그렇게 하려고 노력한다면 그 결과는 유감스럽게도 피억압 집단들이 기득권 집단에 의하여 조작되고 때로는 서로 대결하도록 희롱당하는 것이다. 모두가 힘을 모을 때도 불의한 법률이나 제도를 고친다는 것은 참으로 어려운 일이다. 하물며 서로 분열되고 서로 대결하면서 그렇게 한다는 것은 거의 불가능한 일이다. 상이한 집단들은 단순히 병존하면서 독자적 해방만을 추구하도록 허락받고 있지 않다. **함께** 해방을 추구하거나 서로에 **반대하여** 해방을 추구하느냐의 양자택일을 요청받고 있다. 억압의 맥락들 자체의 상호의존성은 스스로의 해방을 위해서도 실천의 연대를 요구한다. 또 웨스트가 적절하게 표현한 대로 "우리는 이 나라의 역사에 있어서 결정적인 교차점에 와 있다. 우리는 우리들을 분열시키고 치욕스럽게 하는 세력들과 싸움으로써 힘을 함께 모으거나 그렇지 않으면 따로따로 멸망하는 길밖에 없다".[3]

---

[2] Cornel West, *Race Matters* (New York: Random House, 1993; Vintage Books, 1994), 8.

[3] 위의 책 159.

셋째는 인간학적 이유다. 모든 인간적 주체는 존재의 구조상 내적 다원성을 지니고 있다. 어느 주체도 그것이 성이든 지역이든 계급이든 종교든 하나의 범주로 축소될 수 없다. 인간 존재는 본질적으로 사회적이며, 성·인종·지역·계급·종교 등 사회적 관계의 복수성을 필연적으로 지니고 있기 때문이다. 나는 남성일 뿐 아니라 한국인이며, 중류계급에 속하면서 그리스도인이기도 하다. 나라는 존재는 어느 하나의 범주나, 심지어는 상호분리할 수 있는 범주들의 집합체로도 축소될 수 없다. 만일 나의 계급이나 성별이나 인종이나 종교에만 모든 관심을 집중한다면 그것은 곧 최악의 정신분열증에 걸리는 첩경이 될 것이다. 제프리 에스커피어가 경직되고 물체화된 다문화적 동일성의 정치학에 대한 비판에서 지적했듯이 "우리는 누구나 서로 겹치는 동일성과 단체 소속의 망 속에서 태어났고", 따라서 우리는 다문화적 과제에 올바로 참여하기 위하여는 "사회적 동일성을 구분하는 지나치게 고정된 경계선을 포기하고 침투될 수 있는 자아가 되어야 한다".[4] 범주들의 상호의존성은 명시적으로 인정되어야 한다. 우리 시대의 요청은 범주들의 이러한 객관적 상호의존성을 바로 범주적 다양성을 지닌 주체들의 의식적 연대 행위로 승화시키는 것이다.

넷째는 방법론적 이유이다. 지금까지 각 지역 신학의 경향은 인간적 총체의 한 측면에만 집중하는 것이었다. 흑인신학은 인종에, 여성신학은 성과 심리학에, 라틴아메리카의 해방신학은 계급에, 제3세계의 신학들은 문화에, 다원주의 신학들은 종교에 각각 집중하는 모습을 보여주었다. 모든 측면들이 모두 똑같이 중요하거나 적절한 것은 아닌 이상, 어느 면에 있어서 어느 특정한 측면이 다른 측면들보다 분석적으로 더 중요하다고 주장하는 것은 얼마든지 있을 수 있는 일이다. 그러나 그 중의 하나라도 인간적 실존의 총체로부터 분리될 수 있다고 주장할 수는 없을 것이다. 바로 동일한 인간적 총체의 측면인 이상 측면들 사이에는 서로 분리될 수 없는, 철저한 상호의존성이 존재한다. 따라서 여성신학은 계급과 인종과 종교가 여성의 지위와 성차별에 미치는 영향에 무관

---

[4] Jeffrey Escoffier, "The Limits of Multiculturalism", *Socialist Review*, 21, 3 and 4 (1991): 64, 70.

심할 수 없고, 흑인신학은 계급과 가부장제도와 종교가 인종차별에 미치는 영향을 무시할 수 없으며, 모든 다른 측면을 제외하고 오직 한 가지의 측면과 접근방법을 절대화한다는 것은 순전히 하나의 형식주의요 특수주의라고 할 수 있다. 접근방법들의 상호의존성을 민감하게 인식하면서 다집단간의 연대에 대하여 그것이 함축하는 바를 적절히 전개하는 것도 대단히 절박한 과제이다.

다섯째는 윤리적 이유이다. 해방에 대한 요구는 오직 윤리적 요구로서만 그 정당성을 지니고, 윤리적 요청은 특수성에 대한 호소가 아닌, 공통적·보편적 인간성에 대한 호소로만 정당화될 수 있다. 단지 내가 남자니까, 또는 한국인이니까 또는 그리스도 신자니까 다른 이들도 나를 평등하게 취급해야 한다고 요구하는 것은 윤리적으로 정당치 못하다. 왜냐하면 그러한 주장은 여자들이나 다른 나라 사람들이나 다른 종교인들의 평등성을 부정하고 그들을 나의 차별성과 특수성에 종속시키는 것이기 때문이다. 이에 반하여 비록 내가 남자요 한국인이요 그리스도 신자이지만 나도 하나의 인간이요, 따라서 인간이면 누구나 공통의 인간성을 기반으로 주장할 수 있는 같은 인간적 품위를 지니기 때문에 다른 이들도 나를 평등하게 취급하라고 요구하는 것은 윤리적으로 정당하다. 나의 차이성이나 특수성은 나의 인간성이 구체적으로 존재하는 필연적 **양태**樣態이긴 하지만 나의 윤리적 주장의 **근거**는 될 수 없다. 특수한 존재 양태는 평등하게 존중을 받아야 되면서도 그렇지 못하고 모독된 공통의 인간성의 구체적 **지표**로서 봉사할 때 해방적일 수 있지만, 보편적 인간성의 희생을 요구하는 윤리적 요구의 **근거**로서 주장될 때는 그들은 억압적인 것으로 변한다.

어떠한 집단도 따라서 다른 집단을 희생하면서 해방을 얻을 수 있는 윤리적 권리는 소유하지 못한다. 궁극적으로 진정한 윤리는 모든 집단들이 공통의 인간성을 보호하고 배양할 수 있는 경제, 정치, 문화의 공통의 사회조건들을 함께 노력하여 창조할 것을 요청한다. 그것은 모든 특수성 속에서도 우리의 공통의 인간성을 인정하라는 부름일 뿐 아니라 우리가 인간이기 위하여 꼭 필요하고 오직 상호협력을 통해서만 창조할 수 있는 사회적 조건들을 함께 노력하여 생산하라는 부름이기도 하다. 모든 해방을 위한 투쟁의 목적은 고립 속의 각 집단의 해방이 아니고 인간으로서의 연대 속의 모든 집단의 해방이라야 한다. 모두가 자유롭지 않은 한 아무도 혼자서 자유로울 수 없으며, 모두는 상호해방의 작업에 참여하도록 또한 불림을 받고 있다.

신학적 지역주의를 초극하여야 할 마지막이고 가장 중요한 이유는 바로 신학적 이유이다. 그리스도론과 삼위일체론의 전통은 순전한 특수주의는 전혀 그리스도적일 수 없음을 말하고 있다. 그리스도적 신학은 언제나 창조와 죄악과 구원에 있어서 모든 인간과 모든 피조물들의 공통의 집단적 운명을 강조했고, 모든 이의 어버이인 하느님의 영광을 위하여 성령의 화해작업 속에 모두가 그리스도 안에서 일치와 연대를 이루도록 불리었음을 상기시켜 왔다. 우리의 모든 차이에도 불구하고 우리는 모두 같은 하느님의 공통의 자녀들이며 하느님의 원초적 모습인 그리스도의 자매·형제들이라는 인식은, 바로 친교와 연대를 창조함으로써 생명을 주는 성령의 일치적 활동에 대한 감각과 함께, 모든 올바른 그리스도 신학들의 본질적 특징이 되어야 할 것이다. 비록 어떠한 역사적 이유로 어느 특수한 신학이 억압받는 특정 집단의 해방을 그 목적으로 삼고 특정 집단의 경험을 토대로 한다 하더라도 모든 인류의 연대성의 보편적 차원을 잊지 않는 것은 결정적으로 중요하다 할 수 있다. 어느 특정 집단에만 한정된 신은 비록 그 집단이 억압받는 집단이라 하더라도 오직 하나의 부족신은 될지언정 그리스도교적 하느님은 아니다. 그러한 신에 대한 논설은 하나의 부족적 신화는 될지 몰라도 그리스도적 신학은 될 수 없다.

남들의 연대의 개념과 세계사적 요청

필자는 위에서 현대의 신학적 지역주의를 지양하여야 할 이유로 역사적·정치적·인간학적·방법론적·윤리적 그리고 신학적 이유 등의 여섯 가지를 제시했다. 다음에는 그러한 지역주의가 지양되고 승화되어야 할 남들의 연대의 개념에 대하여 부연하고자 한다. 우선 여기서 명백히 해주어야 할 것이 한 가지 있다. 필자가 원하는 것은 또 하나의 추상적으로 보편적인 신학을 모든 이에게 부과하려고 하는 것이 아니다. 그런 신학은 모든 이들에게 부과된다는 의미에서 보편적일지는 모르나 모든 이들의 요구나 경험을 반영하지는 않는다는 의미에서 추상적 신학으로 남게 된다.[5] 필자가 간청하는 바는 각 지역적 신학이 그 나름의 특수성 속에 뿌리를 견지하면서도 그 신학의 장소를 넓혀 다른 이들의 요구와 경험들도 껴안고, 자신의 특수성뿐 아니라 인간의 연대성에 대한 그 나름의 신학적 전망을 제공함으로써 더 구체적으로 보편적인 신학을 구축하는 데 협력하라는 것이다. 필자가 요청하는 바는 남들의 연대의 신학이다. 그것은 특수성에 뿌리를 박고 있는 한 "남들"의 신학이요, 그 맥락 감각이나 관심이나 목적에 있어서 같은 피조물로서, 동료 인간들로서, 그리스도 안의 자매와 형제들로서 남들에게도 손을 뻗치는 한 그것은 남들의 "연대"의 신학이다.

필자가 제안하는 신학은 따라서 특수성과 보편성의 "긴장"의 신학이기도 하다. 자기만족적 보편성의 신학은 특수성에 둔감한 제국주의적 신학이다. 자기만족적 특수성의 신학은 하나의 훌륭한 정치적 선전문이나 하나의 훌륭한 사회학적 분석은 될지 모르나 모든 지평 중에 절대적으로 포괄적 지평인 하느님과 하느님의 지평 속에서(sub ratione Dei)[6] 모든 것을 대상으로 하는 그리스도적 신학은 아니다. 우리가 필요로 하는 것은 타자성과 연대성의 긴장의 신학이요 그리스도 안에 계시된 하느님 안에서의 남들의 연대의 신학이다. 계급, 종족 그리고 성性 자체가 억압과 통찰의 중요한 원천인 한 각 지역 신학은 스스로를 포기하고 특수성과는 무관한 보편신학이 되려고 노력할 필요는 없다. 오히려 스스로를 잊지 않으면서 자기의식적·조직적 연대 속에서 남들에게 손을 뻗치고 남들의 연대의 신학에 그 나름대로 기여하도록 노력해야 할 것이다. 남들의 연대의 신학은 각 신학이 그 나름의 맥락 감각, 관심 그리고 목적을 확장하도록 노

---

[5] 특수성에 근거하지 않은 추상적 보편성에 대한 날카로운 비판: Iris Marion Young, "Polity and Group Difference: A Critique of the Ideal of Universal Citizenship", *Feminism and Political Theory*, edited by Cass R. Sunstein (Chicago: University of Chicago Press, 1990), pp.117-41.

[6] Thomas Aquinas, *Summa Theologiae*, I, 1, 7: "스스로가 하느님이기 때문이건 또는 그들의 원리와 목적으로서 하느님을 지향하기 때문이건, 신학은 모든 것을 하느님의 측면에서 다룬다"(Omnia autem pertractantur in sacra doctrina sub ratione Dei: vel quia sunt ipse Deus; vel quia habent ordinem ad Deum, ut ad principium et finem).

력한 결과의 산물이다. 다시 말하여 각 지역 신학은 동일성과 타자성, 특수성
과 보편성의 변증법을 살아야 하며, 그렇게 하다 보면 지역 신학은 더 보편화
될 것이고, 연대성은 더 구체적 성격을 띠게 될 것이다.[7]

특수성을 절대화하는 신학의 순전한 다원주의는 서구신학의 추상적·제국주
의적 보편주의에 대한 대안이 될 수 없다. 세계화 과정의 맥락이나 그런 맥락
속에서의 협력적 실천에 대한 요구나 범주들의 상호의존성은 그러한 다원주의
를 허락하지 않는다. 또 그런 다원주의는 윤리적으로 정당화될 수 없고 신학적
으로도 용납될 수 없다. 문제의 핵심은 서로서로를 각자의 타자성과 더불어 혼
자 있도록 그대로 내버려두어야 될 것인가 또는 내버려둘 수 있을까가 아니다.
우리가 같은 국가 공동체 안에서 공통의 사회 공간에 함께 살도록 강요되고 있
는 한 서로서로를 그대로 내버려둔다는 것은 불가능한 일이다. 오히려 그 반대
로 "함께" 사는 데 필요한 공통의 조건들에 합의하고 그런 조건들을 창조하는
데 서로 협력하도록 강요받고 있다. 함께 사는 데 필요한 조건들이란 한편으로
는 우리 모두의 삶을 풍요롭게 하고 화해롭게 하는 건설적 타자성을 촉진하고,
다른 한편으로는 우리를 고립시키고 분열시키는 파괴적 타자성으로부터 우리를
보호해 주는 법률·정책 그리고 구조 들을 말한다. 문제의 관건은 어떻게 하면
각 집단이 패권주의적 집단의 횡포와 지배에서 스스로의 타자성과 통전성을 보
호하고 유지하느냐 뿐이 아니고, 어떻게 하면 그러한 억압적 지배를 배제하고
공동선의 감각을 공고히할 수 있는 연대의 조건들을 창조하도록 함께 노력함으
로써 우리가 남들이면서도 동시에 "함께" 살 수 있느냐 하는 것이다. 어느 정
도의 공동체 감각이나 그런 감각이 법률과 구조를 통하여 구체화됨이 없이는
우리는 서로를 상호고립 속에 남겨두기는커녕 오히려 서로서로에 대항하여 싸

---

[7] 유대인적 입장에서 보편성과 특수성의 이러한 긴장을 강조하는 최근의 견해로서 Daniel
Boyarin, *A Radical Jew: Paul and the Politics of Identity* (Berkeley: University of California
Press, 1994)를 들 수 있다. 유대인들도 이제는 Diaspora에 살면서 정치적 패권주의를 포기하
고 남들과 함께 공간을 공유하는, 그러면서도 그들 나름의 문화적 정체성을 유지할 줄 아는
것이 상호의존의 현대세계가 요구하는 "디아스포라적 의식"이며 "디아스포라적 긴장"이라고
강조한다. 위의 책 228-60 참조. 그러나 필자는 이 책에는 아직도 "남들의 **연대**"에 대한 강
조가 불충분하다고 지적하고 싶다.

우고 투쟁하지 않을 수 없게 될 것이다. 흑인, 라티노 그리고 한국인들이 서로 죽이고 서로 파괴했던 1992년 4월 29일의 로스앤젤레스의 참극은 이 점에 있어서 많은 교훈을 주고 있다(15장 참조). "차별difference을 고집하는 것은 남들에 대한 무관심indifference(무차별)이나 또는 무관심보다 더 나쁜 결과를 낳는다."[8] "하나와 여럿"the one and the many의 정치적 문제는 아무도 피할 수 없다.[9] 차별의 정치politics of difference는 연대의 정치의 한 부분으로서만 가능하고 정당화될 수 있다. 순전한 다원주의에 대한 유일한 대안은 타자성을 긍정하면서도 그것을 동시에 연대에로 승화시키는 남들의 연대이다. 이러한 연대가 없다면 남 또는 타자에로의 탈근대적 전환은 주체에로의 근대적 전환과 마찬가지로 개인주의, 상대주의 그리고 허무주의에로 유도하고 말 것이다.[10]

연대의 문제는 국내정치와 국제정치에 모두 해당된다. 이것은 북미와 서구의 특혜적 국가들 안에서 살면서 신학을 하고자 하는 사람들에게 특히 절박한 문제라고 할 수 있다. 신학의 장소는 우리의 종족성이나 성별이나 계급뿐 아니고 우리의 이름으로 행동하는 정치적 집단들도 포함한다. 성별이나 종족이나 계급에 관계없이 한 국가의 모든 시민들은 그것이 선이든 악이든, 세계 평화에 도움이 되든 안되든, 다른 민족들의 해방을 촉진하든 방해하든, 그들의 국가가 국외에서 그들 국민의 이름으로 행한 모든 행동에 대하여 집단적으로 책임을 지지 않을 수 없다. 한 국가의 책임의 정도는 세계에서의 그 국가의 권력에 정비례한다. 21세기 문전에서 유일한 초강국으로서 세계적 정의와 창조세계의 보전에 대한 미국의 책임은 말할 수 없이 크다. 미국에 살고 있는 신학자들은 차

---

[8] Boyarin, 235.

[9] 미국 정치에서 "하나와 여럿"(the one and the many) 문제에 대한 통찰력 있는 최근의 토의: Martin E. Marty, *The One and the Many: America's Struggle for the Common Good* (Cambridge: Harvard University Press, 1997)과 *A National Conversation on American Pluralism and Identity: Scholars' Essays*, edited by the National Endowment for the Humanities (Washington, DC: National Endowment for the Humanities, 1994).

[10] 이 점에서 Jean-François Lyotard의 탈근대주의에 대한 예리한 비판: Seyla Benhabib, "Epistemologies of Postmodernism: A Rejoinder to Jean-François Lyotard", *New German Critique*, 33 (1984): 103-26; Peter Murphy, "Postmodern Perspectives and Justice", *Thesis Eleven*, 30 (1991): 117-32.

별성과 타자성의 이름으로 이러한 책임에 등을 돌릴 수는 없다. 여하튼, 절박한 세계적 상황에도 불구하고 많은 사회집단들이 각자 자기들만의 정체성과 차별성에 집념하고 있음에 비추어, 우리로 하여금 지역적 정체성을 초월하여 한 국가로서의 우리의 집단적 책임을 인정하고 실천하며, 세계에서 남들에 대한 우리의 집단적 행동의 결과에 대하여도 응분의 책임을 질 수 있게 하는 담론과 실천의 방법을 발견한다는 것은 참으로 절박한 일이라 아니할 수 없다.

탈근대주의의 담론에서처럼 필자는 "남" 또는 "타자"Other라는 말을 비판적 개념으로 사용하고 있다. 그것은 첫째로 윤리적 의미에서 주관적·집단적 동일성을 초월하고 그러한 동일성에로의 축소를 거부하며, 따라서 이론적 또는 실천적 전체화를 모두 거부하는 품위의 소지자로서 인간을 지칭한다. 그것은 폐쇄적 동일성의 체제의 이름으로 자행되는 모든 지배에 대한 비판을 내포한다. 둘째로 그것은 사회학적 의미에서 모든 사회적 동일성의 체제에서 배척된, 전체화적 축소의 희생자들, 즉 경제적으로 착취받고 정치적으로 억압되며, 문화적으로 박탈당하고 사회적으로 주변화된 모든 이들을 포함한다. 사회학적 의미에서의 타자성은 바로 윤리적 의미에서의 타자성의 부정에서 유래한다. 이렇게 볼 때 탈근대적 전환은 레비나스의 표현대로 단일성과 전체성에로의 축소주의적 강박을 느끼는 주체로부터 "남들의 얼굴"에로의 전환이다.[11]

"남"의 개념과 마찬가지로 "연대"의 개념도 풍요한, 서로 연관된 많은 의미를 지니고 있는 비판적 개념이다. 그것은 첫째로 존재론적 범주로서 모든 실재의 본질적 상호의존을 지칭하며, 인간적 실존의 기본적 사회성과 만물의 형이상학적 상호관련성을 모두 내포한다. 둘째로 그것은 역사적 범주로서 모든 국가와 삶의 모든 측면들이 상호의존화하는 과정을 지칭하며, 그러한 과정은 바

---

[11] 필자의 동일성과 타자성의 변증법과 남들의 연대의 개념에 대하여는 Emmanuel Levinas, *Totality and Infinity: An Essay on Exteriority* (Pittsburgh, PA: Duquesne University Press, 1969)에 의해 특별히 영향을 받았음을 지적하고 싶다. 필자의 Levinas에 대한 비판적 평가로는 필자의 논문 "Towards a Dialectic of Totality and Infinity: Reflections on Emmanuel Levinas", *The Journal of Religion*, 78:4 (October 1998), 571-92 참조. 탈근대주의의 타자에로의 전향의 신학적 의미에 대하여는 David Tracy, "The Divine Other of Liberation", *Cross Currents*, 46: 1 (1996), 5-16 참조.

로 우리 시대에 눈에 띄게 그리고 때로는 고통스럽게 전개되고 있다. 셋째로 그것은 윤리적 개념으로서 우리의 형이상학적·역사적 상호의존성을 우리 존재의 본질적 정의로서 또 우리의 공통의 운명으로 받아들이고, 그러한 상호의존성을 윤리적·정치적 연대의 의식적 행동으로 변형시키라는 도전과 명령을 내포한다. 넷째로 연대는 신학적 개념으로 우리의 어버이인 하느님의 자녀들로 그리스도 안에 성령의 힘으로 다시 태어난 모든 이들의 친교, 즉 코이노니아*koinonia*를 지칭하며 그것은 모든 이의 종말론적 소명이며 운명이기도 하다. 이렇게 볼 때 연대는 많은 것을 동시에 연상하게 하는 풍요한 개념이다. 그것은 동시에 형이상학적이고 윤리적이며, 동시에 사변적이고 실천적이며, 동시에 철학적 그리고 신학적 깊이를 지니고 있다. 그것은 또 친교에서부터 공동체, 연합 그리고 형이상학적 상호의존에 이르기까지 다양한 정도의 친밀성을 허용하고 있다.

이러한 모든 의미에 있어서 연대는 두 가지의 저항, 즉 개인주의에 대한 저항과 전체주의에 대한 저항을 내포하고 있다. "남"들의 상호의존의 한 양태로서 연대는 추상적 보편성이나 무차별적 전체성에 반대되며, 모든 것의 동일성에로의 축소를 의미하지 않는다. 그것은 구체적 보편성의 한 형태로서 전체화 없는 남들의 모임이다. 그러나 남들의 "상호의존"의 한 양태로서 연대는 자기를 절대화하는 개인들의 복수주의도 또한 아니다. 그것은 고립이나 경쟁이 아닌, 함께하는 타자성을 의미한다. (정치적) 연대의 구체적 형태는 미리 예측할 수 없다. 그것은 구체적 사회에서 상이한 집단간에 발생하는 상호의존의 구체적·사회-역사적 형태에 바로 달려 있기 때문이다. 그러나 과거의 경험은 연대가 되어서는 아니되는 몇 가지를 우리에게 알려준다. 그것은 지배집단의 단일 기준에 소수집단들이 동화되는 것*assimilation*을 의미해서는 안되며, 또 아무 집단도 그 정체성을 유지하지 못하게 하는 "녹이는 냄비"*melting pot* 속의 혼합*amalgamation*이 되어서도 아니되고, 그렇다고 최소한의 결집력도 없이 각 집단이 각자의 정체성만을 고집하는 순전한 다원주의가 되어서도 물론 안된다. 이러한 부정적 형태를 넘어서서 우리가 할 수 있는 유일한 것은 특정한 시기의 상호의존

의 구체적 변증법에 합당하게 함께 투쟁하는 것이요, 연대의 구체적 형태는 그
러한 투쟁과 변증법의 결과로 자연스럽게 나타나도록 내버려두는 것이다.[12]

여기서는 필자가 주창하는 바가 남들**과의** 연대solidarity **with** others뿐이 아닌, 남
들**의** 연대solidarity **of** others라는 것을 또한 강조하고 싶다. 남들**과의** 연대는 스스
로를 특혜적 중심에 놓고 그러한 규범적 시각에서 자기 집단의 해방을 최우선
과제로 삼으며, 그런 과제의 완수를 위하여 필요한 남들을 선택하고 그들과 연
대하려는 경향을 지닌다. 남들을 진정한 "타자"로 생각하지 않고, 그들과의 연
대도 자기 고유집단의 해방과 정체성의 실현을 위한 수단으로 생각할 뿐이다.
또 그것은 우리가 "가난한 이들"과 또는 "억압받는 이들"과의 연대를 말할 때
처럼, 남들을 우리의 특혜적 입장에서 **우리의** 지원을 필요로 하는 수동적 대상
으로 여기려는 경향이 있다. 이에 반하여, 남들**의** 연대는 어느 특정 집단의 중
심성도 배제하고 모든 필요와 요구를 모든 집단들의 연대의 맥락 속에서 평가
한다. 모든 집단들은 그 요구와 실천과 목적에 있어서 서로 의존적이며, 이러
한 상호의존과 연대의 관점에서 행동과 안건의 우선순위가 결정되어야 한다.
어떤 특정 집단도 특혜의 대상이 될 수 없다. 남들의 연대는 또 모든 집단들을
수동적 대상이 아닌 능동적 주체로 보며, 공통적 운명의 주체들로서 서로서로
에 대한 관심과 사업에 적극적으로 참여하여 남들의 상호연대를 실천하기를 기
대한다. 남들**의** 연대의 "의"는 주어 속격이요 목적어 속격이 아니다. 모든 남
들**과의** 연대는 아무도 특혜를 받거나 수동적일 수 없는 남들**의** 연대의 양상으
로 이해되거나 전환되어야 한다.[13]

---

[12] 이 점에서 필자의 견해는 Andrew Sung Park, *Racial Conflict and Healing: An Asian-
American Theological Perspective* (Maryknoll: Orbis, 1996), 특히 85-106의 견해와 비슷하다
고 할 수 있다.

[13] 남들의 연대에 대한 최근의 여성주의적 성찰로는 Jodi Dean, *Solidarity of Strangers:
Feminism after Identity Politics* (Berkeley: University of California Press, 1996) 참조. 남들의
연대의 개념에 대한 필자의 더 최근의 토의: "From Autobiography to Fellowship of Others:
Reflections on Doing Ethnic Theology Today", in Peter C. Phan and Jung Young Lee (eds.),
Journeys at the Margin: Toward an Autobiographical Theology in American-Asian Perspective
(Collegeville, MN: The Liturgical Press, 1999), 135-59 참조.

이러한 연대의 맥락을 전제로, 그리고 그러한 맥락 속에서만, 필자는 더 억압받는 이들에 대한 우선적 선택이라는 차별화의 원리를 도입하고자 한다. 억압받는다고 하여 모두가 똑같이 억압받는 것은 아니다. 어떤 집단은 더 받고, 어떤 집단은 덜 받는다. 더 억압받는 집단에게 관심을 더 집중하는 것은 당연한 이치다. 억압받는 이들이 억압자들로부터 긍정적 조치affirmative action를 요구하는 것이 정당하다면, 더 억압받는 이들이 덜 억압받는 이들로부터 우선적 배려를 요구하는 것도 정당하다 아니할 수 없다. 연대라고 하여 모든 이들을 추상적 평등성으로 축소시키는 것을 의미하지 않는다. 그것은 고통에 있어서 차별성에 주목하고 더 고통받는 이들에 대하여는 우선적 연대를 보여주는 것을 의미한다. 이것은 동시에 연대의 실천에 있어서 어느 정도의 복잡성을 인정하는 것을 말한다. 소수민족으로서 한국인들은 백인 여성들보다 더 고통을 받고 있다. 그러나 흑인들만큼 고통받고 있다고는 할 수 없을 것이다. 백인 여성들은 백인 남성들에 비하여 더 고통을 받지만 흑인 남성들만큼 고통받는 것은 아니다. 소수민족의 일원으로서 나는 피해자의 한 사람이다. 그러나 동시에 하나의 남성으로서 나는 가해자의 한 사람이기도 하다. 연대의 구체적 실천은 이러한 고통의 상대성에 주목하면서 자칫하면 무차별적·추상적 평등성을 주장하거나 집단이기주의에 빠지기 쉬운 상황에서 더 고통받는 이들에 대한 우선적 배려를 실천함으로써 정의를 구체적으로 추구할 것을 요구한다. 진정한 연대는 누가 더 고통을 받았고 따라서 누가 더 큰 배려의 대상이 되어야 하느냐에 대한, 피억압 집단간에 흔히 있을 수 있는 다툼을 초극하는 것을 의미하며, 덜 억압받은 집단들은 정직하게 덜 억압받았다고 인정하고, 더 억압받은 이들과 스스로를 동일시할 수 있는 관대함과 여유를 보일 것을 또한 요청한다.

필자는 비록 경제적 환원주의자는 아니지만, 어느 집단보다도 경제적 의미에서 가난한 이들이 우선적 선택의 대상이 되어야 한다고 생각한다. 경제적 억압은 여러 종류의 억압 중에서 모종의 우위성을 가진다. 물질적으로 가난한 이들은 기아, 질병, 무주택의 물질적 빈곤뿐 아니라 동시에 정치적 억압과 문화적 박탈의 고통도 함께 당한다. 이런 의미에서 경제의 범주는 보편적 범주이기도

하다. 경제는 누가 호화스럽게 살고 누가 비참하게 죽을 것인가를 결정할 뿐
아니라 정치권력과 문화적 기회의 분배도 결정한다. 경제적 범주는 경제적일
뿐 아니라 그 결과에 있어서 정치적이요 문화적이기도 하다. 바로 그렇기 때문
에 성, 종족, 지역, 종교에 기초한 억압도 그것이 경제적 형태를 취할 때 더욱
고통스럽게 된다. 물론 경제적으로 대등한 이들 사이에도 성, 종족, 지역, 종
교에 기초한 차별이 있을 수 있다. 그러나 그들이 경제적으로 대등함으로써 동
시에 대등한 정치적·문화적 권력도 소유하고 있다면, 그러한 "차별"은 결코
"억압"까지는 가지 못할 것이다. 진정한 경제적 평등은 모든 억압자들로부터
가장 강력한 억압의 도구를 박탈함으로써 비경제적 형태의 억압 속에 내재하는
고통의 심도를 근원적으로 축소시킨다.[14]

　더 억압받는 이들에 대한 우선적 선택은 각 집단이 그 나름의 신학을 만들고
그 나름의 안건을 준비하고 추구함에 있어서 자신들만의 요구와 경험들을 고려
하지 않고, 더 억압받는 이들의 경험과 요구도 적절히 고려하는 것을 의미한
다. 이것은 최소한으로는 더 억압받는 이들을 희생시키거나 그들에 반대하면서
까지 자기 집단만의 요구를 추구하지는 않는 것을 의미하고, 최대한으로는 억
압받는 집단간의 최대공약수를 찾아내어 그러한 공동선을 위하여 함께 노력함
을 의미한다. 어쨌든 더 억압받는 이들에 대한 우선적 선택이 해방을 위한 투
쟁에 있어서 집단 이기주의에 대한 지구적 견제책으로 작용해야 될 것만은 틀
림없다.[15]

---

[14] 주변화의 요소로서 정치경제의 최우선적 중요성에 대하여는 필자의 저서 *Dialectic of
Salvation: Issues in Theology of Liberation* (Albany, NY: The State University of New York
Press, 1989), 22-8; 필자의 논문 "The Political Economy of Marginality", *Journal of Asian and
Asian-American Theology*, 1:1 (1996), 82-94; National Conference of Catholic Bishops (USA),
Economic Justice for All: Pastoral Letter on Catholic Social Teaching and the U.S. Economy
(Washington, DC: U.S. Catholic Conference, 1986), para. 86 참조. 가난한 이들에 대한 우선
적 선택에 관하여는 필자의 *Dialectic of Salvation*, 70-2 참조.

[15] 신학에 있어서 더 억압받는 이들에 대한 우선적 배려의 예로 Susan Thistlethwaite's *Sex,
Race, and God: Christian Feminism in Black and White* (New York: Crossroad, 1989)를 들고
싶다. 저자는 백인 여성주의자이면서도 그녀의 방법론 속에 흑인 여성들의 경험을 고려하는
것을 강조하고 있다.

그리스도의 몸 안에서 남들의 연대

다음에는 그리스도교 전통의 심연에로 들어가 보자. 혹시 거기에는 가장 정통적으로 그리스도적이면서 동시에 여러 측면을 가진 이러한 남들의 연대의 개념과 도전을 가장 절실하게 전달해 줄 수 있는 어떤 상징이나 은유가 있지 않을까? 배척과 억압의 여러 가지 고통, 더 억압받는 이들에 대한 우선적 사랑, 해방과 포용에 대한 희망, 다양성 속의 인류의 연대, 인류의 고통과 연대를 위한 투쟁에 있어서의 승리, 남에게 개방할 수 있는 용기: 이 모든 것을 동시에 표현할 수 있는 은유가 있다면 그것은 무엇일까? 필자는 그리스도의 몸이라는 대단히 고전적인 은유가 바로 그런 은유라고 생각한다.

그리스도의 몸에는 네 가지의 차원이 있다. 육체적·그리스도론적·교회론적 그리고 삼위일체적 차원이 그것이다. 첫째로 몸이란 육체*soma (sarx)*의 차원을 말한다. 육체는 인간 존재의 기본적 물질성을 대표하며, 인간 존재의 구체성, 초라함, 피조성被造性, 연약함, 무상함 그리고 죽음의 필연성을 함축하고 있다. 육체는 동시에 인간 존재의 총체의 기본이기도 하다. 자연의 한 부분으로서의 인간, 성적·사회적·역사적·정신적 그리고 초월적 존재로서의 인간의 모든 측면이 육체성에 뿌리를 두고 있다. 이러한 삶의 전체의 구체적 표현으로서 바울로 사도는 "여러분의 몸을 산 제사로" 하느님께 바쳐 참된 예배를 드릴 것을 권고하고 있다(로마 12,1). 육체는 우리가 소유할 수 있는 무엇이 아니고 우리의 존재 자체다. 육체는 인간적인 모든 면에서 연대의 가장 구체적 지표라고 할 수 있다. 자연과의 연대, 역사 안에서 성적·사회적 남들과의 연대, 우리의 조상들과의 연대, 오직 우리가 육체를 통해서만 예배할 수 있고 오직 물질적인 표상을 통해서만 생각할 수 있는 전혀 타자인 하느님과의 연대: 이 모든 연대는 육체를 떠나서 구체화될 수 없다. 우리의 모든 기쁨과 슬픔도, 우리의 모든 희망과 절망도, 승리와 고통도 그리고 특히 억압과 배척의 모든 고통과 한恨은 육체 안에 가장 구체적으로 느껴진다. 육체는 다른 것들로부터 분리되어 고려될 수 있는 독립적·원자론적 존재가 아니고, 이미 세상 안에 존재하는being-in-the-world 인간적 실존의 구체적 총체를 지칭한다. 따라서 빈곤과 질병과 단명한

인생이 인류의 대부분의 운명이었던 시절에 많은 이들이 육체로부터 도피하고
자 했던 것도 이상한 일이 아니다. 그것은 육체가 이 세상에서 가장 싫은 모든
것들의 지표요 원천으로 경험되었기 때문이다. 그리스도교 전통에서는 육체*sarx*
는 또한 인간의 죄스러움, 성령에 대한 모든 저항, 남을 지배하고 착취하고 분
열시키고 파괴하려는 구원되지 않은 인간의 모든 경향들의 지표이기도 하다.
이런 모든 의미를 종합할 때 육체는 모든 유심론唯心論, 관념주의, 지성주의, 유
아론唯我論에 대한 영구한 예방책이기도 하다. 인간은 천사도 아니고 외딴 섬도
아니다.[16]

　그리스도론적 의미에서의 그리스도의 몸은 몸의 이러한 육체성을 제거하지
않고 승화시킨다. 그리스도론적 의미는 역사적 예수의 몸, 그리스도의 부활하
신 몸 그리고 그리스도의 우주적 몸의 세 가지를 포함한다. 첫째로 역사적 예
수는 그의 몸을 통해서 봉사하고 고통받고 십자가에서 못박혀 죽었다. 말씀이
육체가 되었다. 그의 봉사를 통하여 예수는 하느님 나라를 선포하고, 고통받는
몸들을 치유했으며 그들과 함께 먹고 마시면서 메시아 시대의 물질적 지표들로
그들에게 희망을 주었다. 하느님 나라의 도래는 바로 가난한 이에게 기쁜 소식
이요, 묶인 이들에게는 석방을, 눈먼 이에게는 광명을, 억압받는 이에게는 해
방을, 죽은 이들에게는 부활을 의미하는 것이었다. 사회에서 배척당한 이들의
편을 듦으로써 그 자신도 당대의 정치적·종교적·법률적 동일성의 체제에서
배척되어 "고통받는 종"으로서 죽음을 당했고, "그의 몸 속에 우리의 죄들을
스스로 지니었으며"(1베드 2.24), 그의 십자가의 고통과 울부짖음 속에는 역사의
모든 희생자들과 따돌림받은 이들의 고통과 울부짖음이 포함되어 있다. 그의

---

[16] 구약과 신약의 "몸" 개념에 대하여는 Hans Walter Wolff, *Anthropology of the Old Testament* (Philadelphia: Fortress Press, 1974), 10-80; Edward Schweizer, *The Church as the Body of Christ* (Richmond: John Knox Press, 1964), 9-40 참조. 몸의 의미에 대한 일반적 토의로는 Elisabeth Moltmann-Wendel, *I Am My Body: New Ways of Embodiment* (London: SCM Press, 1994); Sarah Coakley (ed.), *Religion and the Body* (Cambridge: Cambridge University Press, 1997) 참조. 몸의 여러 측면(개인적·사회적·우주적·신학적·교회론적 등)에 대한 간략한 설명으로 Karl Rahner, *Theological Investigations*, XVII (London: Darton, Longman & Todd, 1981), 71-89 ("The Body in the Order of Salvation") 참조.

고통받는 몸은 고통 속의 연대의 지표였다. 궁극적 남으로서 그의 십자가형은 동시에 모든 이론적·실천적 동일성의 체제에 대한 비판이었고 모든 역사적 환원주의에 대한 단죄이기도 했다. 십자가에 못박힌 그의 몸은 저항과 비판에 있어서 연대의 지표였다.[17]

말씀은 성부의 자기표현이며 상징이다. 예수의 몸이 저항과 연대의 지표로서 전인류를 위한 보편적 의미를 지닐 수 있는 것은, 그 몸이 위격적 결합unio hypostatica을 통하여 바로 그러한 말씀의 또한 자기표현이며 "진정한 상징"real symbol인 예수의 인간성의 가장 구체적 모습이 되었기 때문이다.[18] 바로 그 몸을 통하여 성자는 성부의 인류에 대한 구원의 의지를 선포하고 "세상의 죄"를 짊어지고 십자가에 죽기까지 성부께 순명함으로써, 한편으로는 인간적 실존의 비극적 심연에 동참하고 다른 한편으로는 인간에 대한 성부의 깊은 사랑을 드러내었다. "육체"가 되신 말씀의 구원사업이 십자가상의 죽음에서 그 정점을 이루었다면, 그 정점의 가장 감동적 상징은 바로 로마 병사의 창에 찔려 피와 물을 쏟아낸 예수의 "열려진 심장"apertum Cor이라고 할 수 있다(요한 19,34). 가톨릭 교회의 "예수 성심聖心 감사송"은 "주는 십자가에 달리신 외아들이 한 병졸의 창에 찔리시기를 원하셨으니, 천주의 풍후한 은혜의 보고divinae largitatis sacrarium이신 그 성심이 열리어, 우리에게 자비와 은총을 쏟아주시고, 우리를 사랑하심으로 끊임없이 불타오르는 그 성심이 믿음 깊은 이에게는 안식처가 되고, 회개하는 이에게는 구원의 피난처가 되셨음"을 찬미하며 감사하고 있다. 이런 의미에서 라너가 "올바로만 이해된다면, 예수 성심에 대한 신심은 그리스도교의 바로 본질에 속한다"고 한 말은 대단히 깊은 뜻을 지니고 있다고 할 수 있다.[19] 또 발타사르와 몰트만이 그리스도의 십자가 처형을 삼위일체적 사건으로 묵상하면서, "삼위일체의 교리에 대한 질료적 원리는 그리스도의 십자가요, 십자가의

---

[17] Jürgen Moltmann, *The Crucified God* (London: SCM Press, 1974), 65-75 참조.

[18] Karl Rahner의 "상징" 개념에 대하여는 그의 *Theological Investigations*, IV (London: Darton, Longman & Todd, 1966), 221-52 ("The Theology of the Symbol") 참조.

[19] Karl Rahner, *The Content of Faith: The Best of Karl Rahner's Theological Writings* (New York: Crossroad, 1992), 306.

인식에 대한 형식적 원리는 삼위일체의 교리이다"[20]라는 심원한 명제를 제시했을 때, 그 배후에는 인간적 비참과 연대의 상징인 예수의 육체성이 전제되었음은 물론이다.

둘째로, 그리스도의 부활한 몸은 종말론적으로 변형되어 현재에 국한되지 않은 보편적 의미를 지니고 있다. 그것은 구원과 재창조의 충만함의 지표요, 죄·죽음 그리고 고통에 대한 종말론적 승리를 의미한다. 성자의 부활한 몸으로서 그것은 모든 인류와 모든 창조세계의 앞으로 다가올 완전한 구원과 재창조의 원형이기도 하다. 그것은 세례를 통하여 우리가 그의 고통과 부활에 참여하기로 불림을 받은 새 아담의 몸이며, 우리가 그의 모습에 닮기로 되어 있는 성자의 몸이기도 하다(로마 6.3-11: 8.29). 부활한 그리스도의 몸은 그리스도 안에서, 또 그리스도와의, 모든 인류의 연대의 지표이며, 고통과 고통에 대한 승리에 있어서의 모든 인류의 연대의 상징이기도 하다. 그것은 우리의 공통의 종말론적 희망의 징표이다.

셋째로, 그리스도의 우주적 몸을 고려해 보자. 인류가 오직 그 한 부분을 이루고 있는 온 우주는 말씀을 통하여 또 말씀을 위하여 창조되었고, 그 영원한 말씀의 물질적 표현이요 표상이며 징표이다. 바울로에 의하면 온 창조세계는 허망으로부터의 해방과 부활한 그리스도에 의하여 이룩된 구원의 충만함에 참여하기를 갈구하고 있다(로마 8.19-22). 샐리 맥페이그는 우주를 하느님의 몸이라고 부른다.[21] 명시적으로 삼위일체적 시각에서 필자는 우주를 그리스도의 몸이라고 부르고 싶다. 우주는 그리스도를 통하여, 또 그리스도의 모상으로 창조되었고, 우주 안에서 육체를 취하여 우주의 한 부분이 됨으로써 우주와 깊이 연대한 분도 그리스도이며, 자연을 거스르는 인간의 많은 범죄를 통하여 침범되고 강간당할 때 자연도 그리스도의 고통에 참여하는 것이고, 자연이 새로운 하

---

[20] Jürgen Moltmann, *The Crucified God* (London: SCM Press, 1974), 240-1. Balthasar의 십자가에 대한 삼위일체론적 해석에 대하여는 그의 *Mysterium Paschale* (Grand Rapids, MI: Eerdmans, 1993), 136-40 참조.

[21] Sallie McFague, *The Body of God: An Ecological Theology* (Minneapolis, MN: Augsburg Fortress Press, 1993).

늘과 새로운 땅에서 그의 부활에 참여하기를 고대하는 것도 그리스도이기 때문이다.[22]

　교회의 전통 속에 잘 알려진 그리스도의 몸의 유일한 의미라고도 할 수 있는 교회론적 의미는 네 가지 차원을 지니고 있다.[23] 즉, 단체적 · 종말론적 · 연대적 그리고 성찬적 차원이다. 단체적 차원은 그리스도의 몸으로서의 교회를 지칭한다. 교회에 속하는 이는 그의 봉사, 고통, 십자가형 그리고 부활에 참여함으로써 머리이신 그리스도의 몸을 구성하고 그리스도의 생명을 통하여 살아간다. 그리스도 신자들은 은총과 생명의 유대 속에 그리스도와 "신비적으로 하나의 위격"mystice una persona을 이룬다.[24] 그들은 "육체 속에 예수의 죽음을 항상 지니고 다니면서 우리의 육체를 통하여 예수의 삶이 드러나도록 하며"(2고린 4.10), 그리스도의 몸인 교회를 위하여 "그리스도의 고난 속에 모자라는 바를 그들의 몸을 통하여 보충한다"(골로 1.24). 교회가 그리스도의 몸이라는 말은 동시에 교회에 대한 그리스도의 절대적 주권을 의미한다. 케세만의 말대로 "우리가 그리스도에 참여하기 때문에 교회의 구성원이 되는 것이지 그 반대로 교회의 구성원이기 때문에 그리스도에 참여하는 것은 아니다".[25] 따라서 많은 현대 신학자들과 제2차 바티칸 공의회 이후의 가톨릭 교회가 인정하듯이, 볼 수 있는 조직으로서의 교회와 그리스도의 몸 또는 신비체로서의 교회는 "이 세상에서 절대로 동일시할 수는 없다. 죄악으로 굳어진 가톨릭 신자의 경우에서처럼, 신비체의

---

[22] 우주적 그리스도에 관해서는 Jürgen Moltmann, *The Way of Jesus Christ: Christology in Messianic Dimensions* (San Francisco: Harper, 1990), 274-312; Schweizer, *The Church as the Body of Christ*, 57-74; Teilhard de Chardin, *The Phenomenon of Man* (New York: Harper, 1959); Karl Rahner, *Foundations of Christian Faith* (New York: Crossroad, 1978), 178-203 ("Christology within an Evolutionary View of the Word"); Matthew Fox, *The Coming of the Cosmic Christ* (San Francisco: Harper, 1988) 참조.

[23] 교회의 모습으로서 그리스도의 몸의 은유에 대한 고전적 토의로는 Emile Mersch, *The Whole Christ*, trans. John R. Kelly (Milwaukee: Bruce, 1938) and *The Theology of the Mystical Body*, trans. Cyril Vollert (St. Louis: B. Herder, 1951)와 Paul S. Minear, *Images of the Church in the New Testament* (Philadelphia: Westminster, 1960), 173-220 참조.

[24] Thomas Aquinas, *Summa Theologiae*, III, 19, 4.

[25] Ernst Käsemann, *Perspectives on Paul* (Mifflintown, PA: Sigler Press, 1996; SCM Press, 1971), 116.

완전한 성원으로서 그리스도의 생명을 실제로 살지 않으면서도 볼 수 있는 단체로서의 교회의 성원이 될 수 있듯이, 교회를 알지 못하면서도 은총과 사랑을 받고 있는 이교인이나 열심한 예비신자의 경우에서처럼, 그리스도의 교회라는 볼 수 있는 단체에 실제로 속하지는 않으면서도 그리스도의 생명을 진정으로 살 수 있다".[26] 그러나 몰트만이 지적한 대로 그리스도의 몸으로서의 교회는 명시적으로 그리스도를 따르는 이에게만 국한되어 있는 것은 아니다. 교회는 그리스도가 있는 곳이면 어디나 존재한다Ubi Christus, ibi ecclesia. 그리고 그리스도는 종말론적 심판관으로서 배고프고 목마르고 헐벗고 아프고 감옥에 갇힌 이들 사이에도 현존한다(마태 25장). 이것은 억압과 고통의 문제가 세계화되고 있는 현대의 모든 교회론이 특별히 고려해야 할 사항이다. 따라서 자신의 그리스도론적 본질과 사명에 충실한 교회는 그 경계선을 끊임없이 확장하여 제도교회 밖에서 그리스도의 삶을 살고 있는 모든 이들과 사회에서 배척당한 모든 이들과 함께 그리스도 안에서 "남들의 연대"에 참여하지 않으면 안된다. 고정된 정체성에 만족하는 교회는 진정한 교회일 수 없다. 교회의 정체성은 타자성의 변혁적 도전에 항상 민감하게 응답해야 한다.[27]

몸의 은유가 연대, 일치, 친교의 본질을 표현하는 데 효과적으로 사용되어 왔음은 이미 잘 알려진 사실이다. 연대란 각자가 상이한 역할을 행사하면서 동시에 그러한 상이성이 전체의 공동선에 봉사하며 서로와의 깊은 유대와 일치를 누리는 것을 뜻한다. 바울로 사도가 웅변적으로 표현했듯이, "몸은 하나이지만 여러 지체를 가지고 있으며, 몸의 지체는 여럿이지만 모두 한 몸이듯이, 그리스도도 그렇습니다. 우리 모두가 한 영 안에서 세례를 받아 한 몸이 되었습니다. 유대인이든 그리스인이든, 종이든 자유인이든, 모두가 한 영을 받아 마셨습니다"(1고린 12.12-13). 그리스도의 몸에 있어서 은사와 봉사직과 활동에는 여러

---

[26] Mersch, *The Theology of the Mystical Body*, 480. 볼 수 있는 교회 밖에서의 그리스도와의 일치의 가능성에 관한 가톨릭 교회의 공식 입장에 대하여는 제2차 바티칸 공의회의 「교회 헌장」, 14항, 15항, 16항 참조.

[27] Jürgen Moltmann, *The Church in the Power of the Spirit* (San Francisco: Harper, 1991), 126-9 참조.

가지가 있으나 거기에는 또한 하나이요 같은 성령, 같은 주님, 같은 하느님이 있어 모두에게 공동선을 위하여 일하도록 영감을 준다(1고린 12,4-7). 스스로를 절대화하거나 남을 배척하지 않고 몸의 공동선을 위하여 봉사함으로써 타자성은 축소되지 않고 보존된다. 은사의 다양성을 억압하는 모든 획일적 전체주의나 절대적 위계주의는 용납되지 않는다. 가장 중요한 것은 머리이신 그리스도와 생명이신 성령의 주권이며 거기에 봉사하는 모든 신자들의 보편 사제직이다. 또 그리스도의 몸의 지체들은 같은 그리스도와 같은 성령의 생명에 의하여 살아가는 생명 공동체로서 그들 사이에는 이 세상에서의 어떤 것도 초월하는 가장 깊고 가장 친밀한 상호결합과 상호일치가 존재한다. 따라서 그들 사이에는 아무도 중요하지 않다거나 천하다고 배척하지 않고 서로에 대한 상호의존과 배려 속에 누가 고통을 당하거나 기쁜 일이 생기면 "함께 괴로워하고"*sumpaskei* "함께 즐거워한다"*sugkairei*. 연대의 지배적 은유로서 몸은 타자성을 보존하면서도 생명과 고통과 기쁨의 연대 속에서 그것을 초월한다(1고린 12,14-26).[28]

　이것은 은사와 봉사직의 다양성을 포함하는 교회의 내적 조직에뿐 아니라 민족적·종교적·성적 그리고 경제적 집단의 다양성을 내포하는 교회의 사회학적 구조에도 해당된다. 세례는 그리스도의 몸의 지체가 되는 것을 의미하며, 그 몸 안에는 "이제는 유대인도 그리스인도 없고 종도 자유인도 없으며 남자도 여자도 없습니다. 여러분 모두가 그리스도 예수 안에 하나이기 때문입니다"(갈라 3,28; 1고린 12,13; 골로 3,11). 세례는 모든 차별을 넘어서 모두를 그리스도 안에서 하나로 만들어준다. 세례는 유대인과 그리스인, 여자와 남자의 차이성을 지워버리지 않는다(그러나 노예와 자유인의 차이성은 지워버린다고 필자는 생각한다). 그러나 바울로가 강조하고자 하는 것은, 비록 오늘날에는 불평등이 세례와 양립할 수 없다고 생각되지만, 세례받은 이들의 평등보다는, 그것보다도 어떻게 보면 훨씬 더 어려운 그리스도 안에서의 일치이다. 세례는 타자들인 그들의 평등성뿐 아니라 그리스도 안에서의 그들의 하나됨과 연대도 긍정한다. 그

---

[28] Ernst Käsemann, 102-21 ("The Theological Problem Presented by the Motif of the Body of Christ") 참조.

리스도의 몸은 동일성에로 축소된 이들의 형식적 하나됨이 아니고 상이한 이들의 하나됨, 즉 남들의 연대이다.[29]

그리스도의 몸은 또 성체성사를 통하여 우리에게 현존한다. 성체성사에는 지금까지 지적한 그리스도의 몸의 여러 차원이 볼 수 있게, 성사적 상징들을 통하여 그 의미와 도전을 드러낸다. 성체성사를 통하여 우리는 "많은 이들을 위하여" "주어지고" "흘려진" 그리스도의 "몸"과 "피"를 "나누며", "빵은 하나이고 우리 모두가 그 한 덩어리의 빵을 나누어 먹는 사람들이니 우리 많은 사람이 다 한 몸이 되는 것이다"(1고린 10.17). 성체성사는 그 자체가 남들의 연대의 강력한 상징을 이루며, 그 안에서 우리는 봉사하고, 고통받고, 십자가에 못박히고, 부활하신 그리스도를 만나 그의 실천·고통 그리고 승리의 기억을 되새기고, 고통·실천·희망의 전인류적 연대에 참여하라는 도전과 부름을 들으며, 새로운 하늘과 새로운 땅의 도래를 기다린다. 성체성사는 역사적 예수가 이 세상에서 보잘것없는 남들과 나누었던 종말론적 식탁의 마지막 식사요 그가 다시 올 때까지 그의 재림을 갈구하는 하늘나라의 지표이기도 하다. 그것은 동시에 아들 그리스도를 통한 구원의 은총에 대한 하느님 어버이에 대한 하느님 백성 전체의 감사요, 그러한 은총·기념·친교 그리고 종말론적 희망을 가능하게 하는 성령께 대한 기원이요 호소(epiklesis)이기도 하다. 이런 의미에서 성체성사의 그리스도의 몸은 그리스도적 구원의 신비의 전체를 예전적으로 구체화하고 요약한다. 제2차 바티칸 공의회는 따라서 성체성사를 "모든 그리스도적 삶의 원천이요 정상"(교회 11: 전례 10)이라고 부른다.[30]

---

[29] 갈라 3,28에 대한 정반대되는 해석, 즉 추상적 보편성("그리스도 안에 모두 하나다")에 의한 특수성에 대한 완전한 억압("유대인도 그리스인도 없고")으로 보는 해석에 대하여 Boyarin, 9, 208, 257 참조. Boyarin의 주장은 바울로 사도가 유대교의 특수주의(particularism)와 그리스 문화의 보편주의(universalism) 사이에서 이방인들의 구원의 가능성에 관하여 깊이 고민하던 중 영과 육의 인간학적 이원론에 의거하여 육적인 것을 모든 특수하고 개별적인 것의 원천으로, 영적인 것을 모든 보편적인 것의 원천으로 보면서 민족과 성의 차별을 완전히 부정적인 것으로만 평가하고 인간을 모든 구체적 특수성이 배제된 추상적 동일성에로 축소하려 했다고 주장한다.

[30] 성체성사의 여러 차원에 대한 포괄적 고찰로 Walter Kasper, *Theology and Church* (New York: Crossroad, 1989), 177-94 참조.

마지막으로 그리스도의 몸의 가장 중요한 차원은 삼위일체적 차원이다. 그리스도의 몸은 본질적으로 삼위일체적 사건이다. 그리스도의 우주적 몸인 물질세계의 창조, 그리스도의 상처받고 고통받는 몸으로서 인류의 구원, 그리스도의 부활한 몸에의 참여로서 역사와 자연의 재창조: 이 모든 것은 상이한 세 위격체이면서도 한 신적 실체를 이루고 있는 내재적 삼위일체immanent trinity의 영원한 상호연대와 상호내재perichoresis에 뿌리를 두고 있다. 여러 형태의 그리스도의 몸은 삼위일체 하느님의 경세적經世的(economic) 활동을 통하여, 즉 성령의 권능으로 그리스도 안에서 하느님 어버이에 의하여 이루어지고 있다. 하느님 어버이의 모습으로 창조되고 구원받는 모든 피조물의 원초적 모형인 그리스도 안에 모든 것을 함께 모음으로써 성령은 만물을 창조하고 구원하고 재창조한다. 여러 형태의 그리스도의 몸에 다양성 속의 일치와 남들의 연대를 이룸으로써 생명을 주는 것은 바로 하느님 어버이의 영이요 그리스도의 영인 성령이다.[31] 성령의 본질적 역할이 배제된, 그리스도 중심적Christocentric 또는 유일 그리스도적Christomonistic 입장에서의 그리스도의 몸에 관한 모든 토의는 다원성과 생명력이 결여된 일원론, 기계론, 위계주의 그리고 전체주의에 빠진다. 그리스도의 몸은 항상 이러한 삼위일체적, 특히 성령론적 맥락에서 토의되어야 한다. 그리고 이런 모든 의미에서 그리스도의 몸은 파니카가 주장하는 하느님과 인간과 우주의 연대적 일치와 조화를 지칭하는 신인우주합일적神人宇宙合一的(cosmotheandric 또는 theanthropocosmic) 실재요 그 실재의 가장 적합한 상징이기도 하다.[32]

은유로서 그리스도의 몸

위의 것을 요약한다면 다음과 같이 말할 수 있다. 그리스도의 몸이라는 은유는 남들의 연대신학의 기본적 은유로 가장 적합하다. 그것은 우선 가장 큰 구

---

[31] 그리스도의 몸의 삼위일체적 의미에 관한 심도있는 토의로서는 Mersch, *The Theology of the Mystical Body*, 325-454 참조.

[32] Raimundo Panikkar, *The Cosmotheandric Experience: Emerging Religious Consciousness* (Maryknoll, NY: Orbis, 1993) 참조.

체성과 가시성可視性을 지닌 은유이다. 그러면서도 그 내용에 있어서는 인간 존재의 본질적인 모든 신학적 차원과 그리스도교 신앙의 모든 핵심적 요소들을 망라할 정도로 포괄적이어서 그리스도교 신학의 중심사상으로 쓰이기에 충분하다.[33] 동시에 그 역학에 있어 그것은 변증법적이다. 그것은 고통을 말할 뿐 아니라 고통의 극복을 말하고, 실천을 말할 뿐 아니라 연대의 실천과 실천의 연대를 말한다. 무엇보다도 그것은 남들의 연대의 모든 신학적 측면과 역사적 변증법을 효율적으로 상징한다. 그런 의미에서 많은 비극적 분열 속에 연대의 치유를 절규하는 현대의 맥락 속에서 연대의 신학을 위한 가장 적절한 은유를 제공하고 있다. 그리스도의 몸에 속한 이들은 그것이 경제적이든, 성적이든, 인종적이든, 문화적이든 또는 종교적이든, 모든 동일성의 체제에서 배척되고 주변화된 모든 이들 속에 십자가에 못박히신 그리스도를 발견하고, 부활하신 그리스도에 대한 희망을 견고히하면서 남들의 연대의 실천에 참여해야 한다. 우리는 우리의 모든 차별성에도 불구하고 성령의 친교 속에 그리스도 예수 안에서 모두 가장 근원적이고 가장 깊은 의미에서 하나를 이루고 있다.

아마도 이 은유를 수용함에 있어서 가장 큰 장애가 있다면 그것은 이 은유가 너무 그리스도적이라서 다원주의의 도전에 적합하지 않을까 하는 우려일지도 모른다. 그것은 "연대"의 효과적 상징은 될지 몰라도 과연 "남"들의 연대의 상징으로 적합할까 이의를 제기할 수도 있을 것이다. 그 은유가 그리스도 신자가 아닌 다른 이들의 타자성도 충분히 표현한다고 볼 수 있을까? 다원주의의 문제에 대한 자세한 토론은 ⑤로 미루기로 하고 여기서는 간단하게 두 가지만 지적하고자 한다. 첫째로, 모든 교리와 마찬가지로 그리스도의 몸에 관한 교리도 특정한 신앙의 지평과 그 전제의 맥락 속에서만, 그리고 이 은유의 경우에는

---

[33] Mersch는 신성과 인간성, 머리와 지체들을 포괄하는 "전체적 그리스도"(totus Christus)로서의 그리스도의 몸의 아우구스티누스적 개념은 그리스도교의 모든 교리를 포함하고 요약한다고 역설하고, 그런 관점에서 *The Whole Christ*와 *The Theology of the Mystical Body*를 저술했다. 후자의 47-74 참조. 20세기말의 시각에서 볼 때 그의 토의에 그리스도의 몸의 우주론적·역사적·해방적 차원이 결여되고 그가 지나치게 존재론적으로 문제에 접근한 점은 아쉬우나, 그럼에도 불구하고 그의 저술들은 그리스도의 몸에 관한 가장 심원한 고전적 걸작 중에 속하며 계속 연구되어야 한다고 생각된다.

그리스도적 신앙의 맥락 속에서만 제대로 이해될 수 있으며, 따라서 이 은유는 1차적으로는 그리스도 신앙 공동체를 겨냥한 것이다. 다른 이들에게는 상호존중과 다원적 감각을 가지고 펼쳐지는 대화 속에서 한번 심각하게 고려해 보기를 권하는 은총의 도전으로 생각하면 될 것이다. 기본 지평이나 궁극적 관심의 차이에도 불구하고 모두에게 부과되어야 할 어떤 것으로는 생각지 않는다. 둘째로, 우리 나름의 독특한 신앙을 무조건 포기하는 것이 곧 다원주의적 상황의 요구에 부응하는 것이라고는 생각지 않는다. 이러한 방법은 모든 종교를 동일성에로 축소시키고 다원주의의 유효성과 실재를 부정하는 결과만 가져온다. 오히려 각 종교는 각자의 전통의 심연에로 되돌아가서 그 속에서 다원주의에 응답할 수 있는 가능성을 회복하도록 노력해야 할 것이다. 그렇게 할 경우, 우리는 우리의 현재의 입장을, 우리의 기본 신앙까지 재고해야 할지도 모른다. 그러나 우리가 실제로 기본 신앙의 어떤 것도 포기해야 될지 안될지는 연구와 대화의 결과이지 대화나 다원적 상황 자체의 전제는 될 수 없다.

또 그리스도의 몸의 은유가 과거에 그리스도와 그의 교회에 속하는 신자들과 그렇지 않은 비신자들을 분리시키는 데 가끔 사용되어 왔음도 부인할 수 없다.[34] 그러나 필자의 주장은 하나의 삼위일체적 사건으로서 그리스도의 몸의 비유는 모든 인류뿐 아니라 창조세계 전체까지도 포함하는 자기팽창적 연대의 역학을 지니고 있다는 것이다. 지금은 바로 이러한 역학을 발전시켜 이 은유의 참된 보편성을 알려야 할 시기라고 생각한다. 이 은유가 이미 치명적으로 분열된 인류를 더 분열시키는 데 쓰여져서는 물론 아니된다. 무엇보다도 고통과 실천과 희망의 자기팽창적 연대 속에 모든 인류를 다시 모을 수 있는, 이 은유 속에 포함된 모든 자원은 개발되어야 한다.

그리스도의 몸이라는 은유가 가지고 있는 또 하나의 문제점은 그것의 유기적·생물학적 차원이 과거에 때로는 일치와 조화의 이름으로 몸의 (인간적) 머리에 대한 다른 지체들의 전체주의적·위계주의적 종속을 정당화시켰다는 것이

---

[34] 예를 들어 비오 12세의 *Mystici Corporis Christi*(22, 95, 103)는 그리스도의 몸을 가톨릭 교회와 완전히 동일시함으로써 모든 다른 이들을 그리스도의 몸으로부터 배제했다.

다.[35] 이러한 위험성은 부정되어서도 망각되어서도 아니된다. 그러나 이 은유는 그저 몸만의 은유가 아니고 **그리스도**의 몸의 비유이다. 거기에는 역사적·종말론적 그리고 삼위일체적 측면도 존재한다. 따라서 이 은유 안에는 연대의 자기팽창적 역학뿐 아니라 남들의 연대를 위한 자기비판적 해방의 변증법도 들어 있다. 그 은유가 우리를 초대하는 고통과 실천과 희망의 친교의 자기팽창적 역학은 동시에 해방의 변증법이기도 하다. 그것은 십자가에 죽기까지 자기 몸 안에 남들의 연대를 구현한 역사적 예수의 이름으로 타자성의 억압을 단죄하며, 그의 부활이 우리의 타락한 억압적 실존의 비판이며 동시에 억압에의 승리인 종말론적 그리스도의 이름으로 억압을 단죄하고, 또 하느님 안에서의 남들의 연대를 위하여, 그러한 연대의 모범인 그리스도와 그러한 연대의 능력인 성령을 통하여, 만물을 창조하고 구원하는 삼위일체 하느님의 이름으로 억압을 단죄한다. 이미 지적한 바와같이 그리스도의 몸은 그 "영혼"이요 "심장"(아퀴나스)이며 다양성 속의 일치와 공동성의 원천인 성령의 역할을 떠나서 이야기할 수 없다.

그리스도의 몸의 비유는 또 시간 속에 화육의 연장으로서 교회를 지나치게 신격화하는 위험이 있다고 비판받아 왔다.[36] 그 은유가 오직 교회론적 의미에서만 사용되는 한 그러한 위험이 있음은 부인할 필요가 없다. 그러나 이 은유는 위에서 논술한 바와같이 육체적·그리스도론적·삼위일체적 차원도 지니고 있어, 이 모든 차원에 함께 유념할 때 교회가 스스로를 찬미하고 신격화하려는

---

[35] 성령론이 전혀 결여된. 위계주의적 교회론의 가장 좋은 예로 Karl Adam, *The Spirit of Catholicism* (New York: Doubleday, 1954; original German edition, 1924) 참조. 성령론 없는 그리스도의 몸 교회론에 대한 정교적 입장에서의 비판으로 Dumitru Staniloae, *Theology and the Church*, trans. Robert Barringer (Crestwood, NY: St. Vladimir's Seminary Press, 1980), 45-71 참조. 비오 12세의 *Mystici Corporis Christi*는 한편으로는 대단히 개선주의적이고 위계주의적이며(6, 17, 40, 44, 69) 그리스도와 교종이 "하나의 유일한 머리"(one only Head, 40)를 구성한다고 선언하면서도 또 한편으로는 그리스도와 교회의 결합은 위격적 결합이 아니기 때문에 둘을 하나의 위격으로 혼동해서는 안된다고 지적하고 있다(54, 86).

[36] 화육(incarnation)과 교회를 분명히 구별해야 할 신학적 필요성에 관하여 Heribert Mühlen, *Una Mystica Persona: eine Person in vielen Personen* (Müchen: Verlag Ferdinand Schoningh, 1968), 173-215 참조.

어떤 시도에도 비판적으로 대항할 수 있는 능력을 지니고 있다 할 수 있다. 교회는 물론 그리스도의 몸이다. 그러나 그것은 오직 성령에 의한 참여를 통해서만 가능한 것이다. 그 자체로는 교회는 육체의 모든 나약과 초라함과 죄스러움을 지닌 인간들의 모임일 뿐이다. 따라서 교회는 항상 십자가에 못박히신 예수의 몸의 판단에 예속되고, 성령을 통하여 부활하신 그리스도의 몸이 가져다준 종말론적 희망을 필요로 한다. 이처럼 그리스도의 몸의 은유는 필요한 견제와 균형을 제공하기에 충분히 다면적이고 변증법적이다.

많은 은유들은 육체적 표상이기 때문에 언제나 물체화되고 절대화될 위험을 지니고 있다. 표상의 한 측면만이 고립되고 강조됨으로써 특수한 주장과 이념을 정당화하게 된다. 따라서 은유의 생산성은 그 은유가 내포하는 측면의 다양성과 균형, 팽창 그리고 비판을 제공할 수 있는 그러한 측면들 사이의 변증법에 달려 있다. 측면의 다양성은 은유를 풍요롭게 만들고, 변증법은 은유에 깊이, 강도 그리고 물체화에 대한 방어를 제공한다.

이 논문에서 필자의 주장은 그리스도의 몸이라는 은유가 가장 효과적 신학적 은유라는 것이었다. 그것은 육체적인 것에서부터 그리스도론적 차원에 이르기까지, 교회론적인 것에서부터 삼위일체론적인 것까지 다양한 측면의 풍요로운 연상을 담고 있고, 또 물체화를 예방할 수 있는 상호팽창과 비판의 변증법을 내재적으로 지니고 있다. 게다가 그것은 동시에 우리 시대의 가장 절실한 요구인 남들의 연대에 가장 적합하면서도 가장 성서적이고 가장 정통적으로 그리스도적인 은유이기도 하다.

성령의 화해 속에서 남들의 연대:
분단시대의 성령신학

지금 인류는 점진적으로 분열되고 파편화되고 소외된 세상에서 살고 있다. 선진 산업국가 중산층들은 비록 물질적으로는 풍족한 생활을 하지만 소외와 의미의 상실 속에 크게 괴로워하고 있다. 가정은 파괴되고 동네는 무장된 요새로 바뀌었으며 인간관계는 비인격적·상업적, 심지어는 순전히 기계적인 관계로 변하고 있다. 전세계에서 계급과 성과 민족과 문화와 종교 들간의 충돌은 더욱 거세어지고 있다. 우리는 극심한 소외 속에 서로 "남"들이 되어가고 있다. 우리는 낯선 이들에 대한 공포증xenophobia에 압도되어 공동생활의 기초는 붕괴되고 완전한 무력감과 외로움 속에서 개인의 능력에만 의지하며 살고 있다. 그러면서도 우리는 친교의 성령이 다시 찾아오시어 낯선 이들에 대한 공포를 낯선 이들에 대한 사랑xenophilia으로 바꿔놓고, 불신과 적의를 믿음과 연대로 변화시켜 우리로 하여금 인간답게 살아가게 힘을 주시도록 말없이 그러나 간절히 염원하고 있다. 우리는 남들과의 연대와 일치 없이는 살 수 없다. 억압과 소외와 고독의 외침은 동시에 친교의 성령께서 우리들을 다시 한번 연결시켜 주시도록 애원하는 친교의 성령께 대한 호소이기도 하다. 중세의 기도문대로 우리는 우리도 모르게 "성령이여 오소서!"Veni, Sancte Spiritus!를 애타게 부르짖고 있다.

　필자는 이 장에서 남들의 연대의 영으로서의 성령의 위격과 역할을 특별히 조명하고자 한다. 제1부에서는 현대신학의 맥락과 삶의 장으로서 현대사회의 분열과 소외 문제들을 간단히 분석하고, 제2부와 3부에서는 신학적 전통 속에 깊이 뿌리를 박으면서도 동시에 현대세계에 적절하다고 생각되는 성령신학을 간단하게나마 요약하여 제시하고자 한다. 필자의 요지는 성령께서 성부와 성자로부터 바로 그들의 상호적 사랑으로 생겨나듯이 성령의 역할도 남들의 연대의 결정적·규범적 화신이신 성자의 모범적 중개를 통하여 유한한 모든 사물들이 하느님과 또 서로서로와 일치하고 연대할 수 있도록 그들을 창조하고 그들에게 힘을 주며 그들을 해방하는 것이라는 것이다. 성령의 위격은 내재적immanent 그리고 경세적economic 삼위일체의 삶 속에서 사물들을 관련짓고, 화해시키고, 일반적으로 친교와 연대를 창조하는 바로 그 권능과 행동에 있다. 제4부에서는 현대세계에서 성령의 활동의 징표라고 볼 수 있는 삶의 영역들과 그러한 징표에 대응하는 성령론적 실천의 몇 가지 방향을 제시하고자 한다.

세계적 상호의존과 남들의 연대

우리 시대의 가장 지배적이고 절박한 요구를 분석하고 정의하는 데는 여러 가지의 방법이 있을 것이다. 세계적 시각에서 볼 때 필자는 네 가지의 요구를 들고 싶다. 첫째는 세계 각처에서 억압받는 집단들의 해방에 대한 요구이다. 지금도 세계에는 경제적으로 착취당하든가 사회적으로 배척당하든가 하는 집단들이 너무나 많을 뿐더러, 지금까지의 많은 발전에도 불구하고 그들의 해방에 대한 요청은 여전히 절박하다. 둘째 요구는 인간의 착취와 파괴로부터 자연을 보호하고 해방하는 것이다. 자연 파괴는 결국 인간의 자기파괴이며, 생태계의 모습은 해마다 악화되고 있다. 셋째로, 종교와 문화간의 상호대화와 이해의 절박성이다. 문화간의 접촉이 더욱 확대되고 긴밀해짐에 따라 대화와 이해의 절박성도 더욱 커지고 있다. 이 세 가지 요청은 여러 종류의 해방신학, 생태신학 그리고 종교다원주의 신학 등이 증언하는 바와같이 이미 신학자들에 의하여 인지되고 그들의 신학 작업의 맥락을 이루고 있다. 마지막으로 넷째의 요구는 중산층의 공동체와 의미에 대한 절규라고 할 수 있다. 이 요구는 신학자들, 특히 진보적 신학자들이 지금까지 거의 무시해 온 요구이며, 오직 성령운동, 영성운동, 신비주의 운동들이 이 요구에 응답하고 있다고 할 수 있다.

이러한 요구들은 비록 서로 환원될 수 있는 요구들이 아니지만 그렇다고 또 서로 분리될 수 있는 요구들도 아니다. 그런 요구들은 이미 수세기 동안 진행되어 온 지구적 과정의 산물로서 특히 오늘에 와서 그 충격이 느껴지고 인정된 것이다. 여기서 지구적 과정이란 무역, 교통 그리고 점증적으로 정보기술에 의하여 야기된 전지구적 상호의존의 과정을 말한다. 상호의존의 과정은 애매성과 다면성을 띠고 있다. 그것은 한편으로는 식민주의, 제국주의 그리고 경제적 동기로 출발한 이민을 통하여 다양한 민족들을 항상 더욱 긴밀하게 서로 모으고 그들로 하여금 주인과 노예로서, 고용인과 피고용인으로서, 억압자와 피억압자로서, 다수와 소수로서, 동료와 이웃으로서 서로를 대면하게 만들고 남으로서의 남에 대한 감각을 고양시킨다. 상호의존은 역설적으로 해방을 위한 투쟁과 경쟁을 더욱 심화시키고 때로는 피억압자들까지도 서로 싸우게 만든다.

그 반면에 상호의존은 품위와 보람을 가지고 살 수 있게 하는 공동의 조건들을 함께 창조하면서 남들과 함께 살아가지 않으면 아니되는 도전을 또한 던지고 있다. 상호의존은 다양한 민족들이 그저 복된 상호무관심 속에 살아가도록 그저 나란히 배치하는 것이 아니고 그들이 싫든 좋든 최소한의 정의와 평화를 유지하면서 함께 살아가는 방법을 배우도록 공동의 정치 공간에 그들을 집합시킨다. 그것이 법률이든, 정책이든, 규정이든 그들은 모든 집단들에게 기본적 경제적 욕구와 정치적 권리와 보람있는 문화를 보장해 주는 최소한의 동일성의 체제에 합의하여야 한다. 남들에 대한 다원주의적 의식을 심화시키는 상호의존은 동시에 공동의 공공질서를 창조하지 않으면 안되는 정치적 도전과 책임을 가중시키고 있다. 다원주의 자체도 오직 다원주의의 가치를 인정하고 지지하는 정치적 공동체에서만 가능하고 따라서 오직 공동생활의 요청과 부합하는 한도 내에서만 가능하다. 그와 마찬가지로 정치적 공동체도 다원주의의 정당한 요구를 보호하는 한도 내에서 정당화될 수 있고 다른 집단들에 의하여 수용될 수 있을 때에만 잔존할 수 있다.

세계적 무역은 또한 자연 자원에 대한 점증하는 착취와 낭비를 유발하고 자연환경을 훼손하며 모두에게 헤아릴 수 없는, 때로는 회복불능의 생태학적 재난을 가져온다. 이런 의미에서 해방과 생태학은 서로 분리될 수 있는 두 가지 문제들이 아니다. 부자와 빈자, 주인과 노예를 만들어 피억압자의 해방에 대한 열망을 불러일으키는 것도 자유 시장경제의 자기확대적 역학과 그 속에 내포된 비합리성들이고, 같은 과정에서 자연에 대한 무제한적·경쟁적 착취와 훼손을 야기하여 환경운동을 불러일으키는 것도 바로 시장경제의 역학이다. 해방의 요청과 생태학의 요청을 서로 대립시키는 것은 하나의 단견이다. 우리의 자연과의 생태학적 관계는 사회생활에 있어서의 서로서로의 정치적 관계에 의하여 언제나 매개되어 있고, 우리의 정치적·사회적 관계는 또한 우리의 자연과의 관계에 의하여 매개되고 있다. 해방과 생태학의 문제들은 우리의 사회적 관계와 자연과의 관계를 모두 구체화하는 같은 경제적 과정의 두 가지 산물이다.

종교간의 대화와 이해의 문제도 또한 분리해서 생각할 수 있는 문제가 아니다. 종교들 자체가 서로 상봉하지는 않는다. 오직 종교를 가진 구체적 인간들이 서로 상봉하는 것이다. 다양한 기원과 언어와 종교와 문화에 속하는 사람들을 함께 모으는 것도 세계화의 과정이고, 또 같은 과정 속에서 종교, 문화, 언어의 영역에서 서로를 이해할 필요성을 만들어내는 것도 세계화의 과정이다. 그들을 공통의 정치적 공간에 집합시키는 것도, 회교도·불교도·인도교도·유교 신자·정교 신자·개신교 신자와 가톨릭 신자를 로스앤젤레스·시카고·뉴욕·런던·버밍햄·프랑크푸르트 등 세계의 대도시로 불러모으는 것도 일차적으로는 그들의 종교나 문화라기보다는 세계적 경제의 동향이라고 해야 할 것이다. 이와 마찬가지로 종교간의 대화의 성패를 좌우하는 것도 결국은 상호공존의 맥락 속에 내포된 사회적 역학이다. 인간들은 순수한, 육체가 없는 지능들로서 대화에 임하는 것이 아니고, 그 나름의 구체적 요구와 이해와 시각을 가진 존재들로서 대화에 참여한다. 따라서 종교간의 대화 주창자들이 요구하는 대로 편견 없이 그리고 남들로부터 배우려는 각오를 가지고 종교적 타자들 또는 남들을 남들로서 상봉한다는 것은 오직 그들도 사회적으로 부과된 삶의 조건들 속에서 최소한의 정의와 평등성을 감지할 수 있을 때에만 가능할 것이다. 억압자와 피억압자 사이에는 진정한 대화가 있을 수 없다. 종교간의 대화와 이해의 문제는 정의의 경제학이나 정치학에 축소될 수는 없지만 그렇다고 그러한 경제학이나 정치학으로부터 분리될 수 있는 것도 아니다.

오늘날 주류 종교들이나 신학자들이 별로 관심을 가지지 않은 가장 심각한 문제들의 하나는 선진 산업사회에서 대다수를 이루고 있는 바로 중산층들의 문제라고 할 수 있다. 그들은 물질적으로 여유가 있고 정치적으로 자유로우며 인간 역사상 최대의 여유와 자유를 누린다고도 할 수 있다. 그러나 그들은 또한 말은 안하면서도 가정의 파괴, 고독, 소외, 삶의 초월적 의미의 결핍 등으로 고민하고 있다. 그들의 재산은 자유시장에서의 그들의 행운에 달려 있고 따라서 그들의 마음은 항상 불안한가 하면, 시장경제의 비인격성과 상업성은 삶의 **모든** 측면을 피상적이고 가치없는 시시한 것으로 축소해 버린다. 따라서 그들은 침묵 가운데서나마 진실된 삶, 깊이있는 삶, 진정한 나눔 그리고 초월을 절규하고 있으며, 영성, 신비주의 그리고 새로운 종교에서 이런 것들을 찾고자 한다. 그러나 중산층의 이러한 문제도 세계의 경제적 과정과 분리하여 생각할 수 없다. 결국 세계의 경제적 과정이 그들을 부유하게 만드는가 하면, 다른 이들은 박탈하고 주변화시키며 자연을 착취하고 상이한 종교들을 공통의 공간으로 끌어들이고 있기 때문이다. 사회의 대다수로서의 중산층의 문제는 곧 절박한 사목의 문제가 아닐 수 없다. 그러나 세계화 과정 속에서의 그들의 입장을 고려할 때 그들의 문제는 동시에 절박한 신학적 문제가 된다. 인간으로서 그들도 삶의 실존적 의미의 문제로 고민하고 있기 때문이다. 경제적 세계화 과정의 대리인이요 수혜자로서 가난한 이들에 대한 억압, 자연 착취 그리고 세계화 과정의 일반적 결과에 대하여 그들도 책임을 지지 않을 수 없다. 그들은 그들의 이러한 책임으로부터 그들의 문제들을 쉽게 분리시킬 수 없다. 어떻게 해서라도 초월적 의미에 대한 그들의 개인적 추구는 그들의 정부와 기업이 국내외에서 저지르는 모든 일에 대한 그들의 사회적 책임과 연결되어야 하고, 특히 세계의 헤아릴 수 없는 고통받는 남들과의 정치적 유대를 통한 자기초월의 노력과 연결되어야 한다.

위에 간단히 기술한 모든 문제들에 형식과 내용상 공통된 점이 있다면 그것은 바로 계급, 성性, 민족, 종교 그리고 문화가 서로 다른 "남"들의 도전이라고 할 수 있다. 해방의 문제는 바로 인간이 품위와 보람을 가지고 살 수 있는 경제적 · 정치적 · 문화적 조건을 창조하는 문제다. 오늘날 어느 단일 집단도 혼자만의 노력으로 스스로를 해방할 수 없고 오직 다른 집단들의 협력을 통해서만 가능하다면, 해방의 문제는 따라서 서로의 해방을 위한 남들의 상호협력과 연대의 문제가 된다. 어느 집단들이 다른 어떤 집단들보다도 더 억압을 당하고 있다면, 그것은 동시에 더 고통받는 이들에 대한 우선적 선택을 의미하고, 해방을 위한 투쟁에 있어서 집단적 이기주의와 아집을 초월하는 것을 의미한다. 환경문제는 이 모든 것을 하되 바로 어떻게 동시에 인간이 그 한 부분이요 결코 그 지배자가 될 수 없는 자연의 리듬과 전체성을 존중하면서 할 수 있는가 하는 것이다. 자연은 인간의 여하한 동일성에로도 축소될 수 없는 남 또는 타자이다. 종교간 대화의 전제조건도 남들로서 또 남들과 함께 사는 바로 그 조건들에 어떻게 정의와 평등을 수립하여 서로간의 진정한 신뢰를 가능하게 하느냐 하는 것이다. 중산층의 문제도 어떻게 초월자에 대한 정신적 몰입에서뿐 아니고 세상의 고통받는 남들과의 구체적 · 정치적 연대 속에서도 자기초월의 보람을 찾을 수 있는가의 문제이다.

요약하여 현대세계의 가장 절박한 문제들은 바로 "남들의 연대"의 문제라고 할 수 있다. 그것은 어떻게 우리 자신을 초월하여 자연을 포함한 계급 · 성性 · 민족 · 종교 그리고 문화가 다른 모든 이들, 즉 남들과 연대하여 "남들과 함께 살아가는 것"을 배우느냐의 문제요, 모든 이에게 기본적 요구 · 정의 그리고 의미있는 문화생활을 보장하는 삶의 공통된 사회적 조건을 어떻게 **함께** 창조하느냐의 문제이다. 문제는 어떻게 서로서로를 그 모든 상이성과 함께 그대로 내버려두느냐가 아니고 상이성과 유대의 변증법을 때로는 고민하고 때로는 누리면서 남들과 함께 살아가는 것을 배우는 것이다.

필자는 신학적으로 더욱 인기가 있는 "일치"communion라는 표현보다는 "연대"solidarity라는 표현이 더 적절하다고 생각한다. 일반적으로 일치는 이미 이루어진, 얼굴과 얼굴을 맞댄face to face 인격적 관계에서의 합일 상황을 의미한다. 그러나 모든 역사적 관계가 언제나 변화의 변증법적 과정중에 있고 모든 친밀한 인격 대 인격의 관계를 훨씬 초월하는 것을 감안한다면, 일치란 역사적 · 사회적 범주로서는 불충분하고 오해시키기 쉽다고 할 수 있다. 그것은 변화, 모순, 권력투쟁 등의 구체적 변증법을 무시하고 사회적 현상의 더 큰 역사적 결과들에 무관심하다. 거기에 비하여, 연대는 이미 제3장에서 지적한 바와같이 여러 의미를 함축하는 개념이다. 그것은 존재론적 범주로서 인류와 자연을 포함한 모든 실재의 본질적 상호의존을 의미하는가 하면, 그것은 역사적 범주로서 존재론적 상호의존이 역사와 사회 속에서 구체화되어 가는 과정을 의미하기도 하고, 윤리적 범주로서 우리의 존재론적·역사적 상호의존을 윤리적·정치적 연대의 의식적 행동으로 구체화할 것을 요청한다. 마지막으로 그것은 모든 인류의 종말론적 소명인 성령의 권능을 통하여 그리스도 안에서 새로 태어난 이들의 교제와 일치라는 신학적 범주를 또한 포함한다. 연대는 이처럼 많은 연상을 가능케 하는 풍요한 개념으로 그것은 동시에 형이상학적이요 윤리적이며, 동시에 이론적이요 실천적이며, 동시에 철학적이요 신학적일 뿐더러 인격적 결합에서부터 자발적 집단, 국제적 공동체 그리고 먼 곳의 사물들과의 존재론적 상호의존을 망라함으로써 다양한 종류의 친밀성을 허락하고 있다.

연대의 영으로서의 성령

그렇다면 우리는 성령을 우리가 그처럼 필요로 하는 "남들의 연대"의 영으로 해석할 수 있을까? 필자는 먼저 성령의 역할과 행동에 대한 성서와 초대교회의 묘사와 경험을 토의하고 다음에 성령의 위격에 대한 개념을 논하고자 한다.[1]

구약성서에 나타난 하느님의 숨결*ruach*로서의 성령의 역할은 다양하다. 성령은 모든 피조물들의 생명을 창조하고 지탱하고 새롭게 하며(창세 1,2; 시편 33,6; 104,29-30; 욥기 34,14; 이사 32,15), 민족의 역사에 있어서 위태로운 시기마다 모세, 요수아, 기데온, 사울, 다윗 등의 정치 지도자들에게 힘을 주고, 우상숭배에 빠지거나 민중을 억압하는 왕들에게 하느님의 정의와 평화를 선포하도록 예언자

---

[1] 성령신학의 역사에 관하여 Yves Congar, *I Believe in the Holy Spirit*, 3 vols. (New York: Crossroad, 1997; one volume edition) 참조. 전통적 성령신학의 문제점들에 관한 비판으로 필자의 논문, "Renewing the Doctrine of the Spirit: A Prolegomenon", *Perspectives in Religious Studies* 19:2 (Summer 1992), 183-98 참조.

들에게 영감을 주며(아모스, 이사야, 에제키엘), 새로운 약속을 통하여 "돌로 된 마음"을 "살로 된 마음"으로 고쳐주고(에제 11,19-20; 36,26-28; 시편 51,10-12; 이사 59,21), 무엇보다도 성령은 사회정의, 자연과의 조화, 모든 피조물의 하느님과의 화해를 누리는 메시아적·종말론적 시대를 개시한다(이사 11; 32; 42; 61장).[2]

신약성서에서의 성령의 역할은 더 그리스도론적이고 교회론적인 특수성을 지닌다. 성령은 수태에서부터 하느님 나라 선포와 치유, 그리고 부활에 이르기까지 온 생애에 걸쳐 예수의 구원사업을 가능케 한다(마태 1,20; 12,28; 루가 4,1.18; 사도 10,38; 로마 8,11). 성령은 예수가 하느님의 아들임을 선포하고(루가 3,22; 요한 1,33), 그의 화육化肉 또는 성육신成肉身을 증거하며(1요한 4,2), 사람들로 하여금 예수의 구원적 의미와 예수가 주님임을 인정하도록 그들을 비추어주고(루가 1,68; 2,26; 1고린 12,3), 예수가 그의 구원의 기쁜 소식을 믿고 받아들이도록 사람들에게 영감을 줌으로써(에페 1,13-14) 예수를 증거한다. 무엇보다도 성령은 하느님의 종말론적 현존이며 권능으로서 예수를 죽음에서 부활시키고 새로운 아담으로서 예수 안에 원칙적으로 모든 인류를 되살리며(로마 8장), 세상 종말의 상징으로 남자와 여자, 젊은이와 노인, 주인과 종들에게 평등하게 예언의 능력을 허락하고 유대인과 이방인의 분열을 타파하며(사도 2; 10; 15장), 우리를 율법과 죄와 죽음에서 해방시키고(로마, 갈라디아), 새로운 피조물로 살 수 있도록 우리에게 힘을 준다(갈라 5; 6; 7장). 성령은 그리스도의 몸이며 그리스도에 대한 신앙을 통하여 다시 태어난 이들의 종말론적 공동체인 교회를 이끌어준다. 성령은 위기에 처할 때마다 교회에 이야기하며(묵시 2; 3장), 교회와 그 지도자들의 사목과 교리에 관한 결정을 돕고(사도 8; 10; 13; 15; 16장), 박해시에도 용기를 가지고 기쁘게 하느님의 말씀을 선포할 수 있도록 그들에게 능력을 주며(루가 12,12; 사도 4,31; 로마 15,18-19; 1고린

---

[2] 구약성서에서의 성령의 역할에 대하여는 다음을 참조: Hans Walter Wolff, *Anthropology of the Old Testament*, trans. Margaret Kohl (Philadelphia: Fortress Press, 1974; paper, 1981), 32-9; Eduard Schweizer, "Spirit of God", in Gerhard Kittel (ed.), *Bible Key Words*, trans. Dorothea M. Barton, P. R. Ackroyd, and A. E. Harvey (New York: Harper & Row, 1961) 3,1-7; Gordon D. Fee, *God's Empowering Presence: The Holy Spirit in the Letters of Paul* (Peabody, MA: Hendrickson, 1994), 904-10.

2,4: 1베드 1,12), 신자들로 하여금 교회 안에서 일치를 유지할 수 있도록 힘을 주고(사도 4장), 그들의 다양한 사역의 은사로서 교회의 공동선에 봉사할 수 있게 함으로써(1고린 12장: 에페 4장) 교회의 성장을 이끈다.

신·구약 성서는 모두 우주, 인간 역사 그리고 신약의 경우에는 특히 교회 안에서 창조하고, 생명을 주고, 능력을 주며, 해방시키고, 인도하는 하느님의 종말론적 현존으로서의 성령을 말하고 있다. 그러나 하느님(아버지)과 그리스도(아들)와 비교할 때 성령에 관한 언급에는 무엇인가 이상한 점이 있음을 간과할 수 없다. 하느님과 그리스도는 둘 다 그 나름의 독특한 주체성을 소유하고 우리로부터도 독특한 응답을 요구하는 별개의 위격자들이다. 하느님은 세계를 창조하고 세계의 구원을 위하여 그 아들을 보낸다. 하느님은 의로운 이나 불의한 이나 모두에게 비를 내린다. 우리는 하느님께 감사와 영광을 드려야 된다. 아드님은 특정 인간 개인으로 태어나서, 아버지의 왕국을 위한 여러 가지 사역에 종사하며, 십자가에서 죽고 하느님에 의하여 부활된다. 우리는 "그분이 모든 형제들 중에 첫째가 되기 위하여 아들의 모습을 닮도록"(로마 8,29) 불림을 받았고, 그분을 따르고 그분의 부활을 증거하며 그의 아버지와의 결합에 우리도 참여할 수 있기를 바라고 있다.

그런데 성령의 정체성과 성령에 대한 우리의 응답에는 무엇인가 이상한 데가 있다. 구약에서 하느님의 숨결로서의 성령의 위격성personhood이 모호하다는 것은 일반적으로 인정되고 있다. 성령은 그 자체로 독특한 주체적 행위자라기보다는 하느님의 숨결, 능력 또는 지혜의 의인화라고 보는 것이 옳을 것이다. 신약에 있어서도 이 모호성은 크게 줄어들긴 했어도 완전히 없어진 것은 아니다. 성령이 모색한다(1고린 2,10)·안다(1고린 2,11)·가르친다(1고린 2,13)·생명을 준다(2고린 3,6)·거한다(로마 8,11)·증거한다(로마 8,16)·인도한다(갈라 5,18) 등의 동사의 주어로 쓰이는 한, 그리고 사랑·기쁨·평화·인내 등 성령의 열매가 인격적 속성을 지칭하는 한 성령은 하나의 위격이라고 주장할 수도 있을 것이다.[3] 그러나

---

[3] Fee, 829-31.

영의 존재론의 특수성으로 말미암아 이러한 언급들마저 세계에서의 하느님의 현존·권능 그리고 행동의 은유적 의인화로 해석될 수도 있으며, 반드시 성령이 하느님으로부터 구별되는 그 나름대로의 행동의 주체로 볼 필요는 없는 것 같다. 한 위격의 영, 영혼 또는 정신은 보통의 경우에 그 위격자의 한 부분이요 그 위격자로부터 구별되는 어떤 존재가 아니다. 또 영·영혼·정신 등의 주체는 위격자요, 그러한 영이나 정신의 행위도 그 위격자에게 속한다. 그뿐 아니라, 만약에 성령이 세상에서의 하느님의 현존·권능 그리고 행동을 지칭한다면, 그러한 현존이나 권능이나 행동들은 그 자체로 존재할 수 있는 실체substance 보다는 우유성偶有性(accidents)의 범주에 속하게 된다. 어떻게 보든 성령의 존재론에는 무엇인가 기이한 데가 있음을 간과할 수 없다.

또 성령의 행동과 그 행동에 대한 우리의 응답에도 이상한 데가 있다. 보통의 경우 우리는 아들의 이름으로 아버지께 기도를 드리지 성령께 기도를 드리지는 않는다. 아들을 통해서 이루신 모든 것에 대하여 우리는 아버지께 감사와 영광을 드리지만 성령께는 그런 영광을 드리지 않는다. 우리는 이 세상에서 아버지의 뜻을 행하시는 아드님을 따르지 성령을 따르지는 않는다. 우리는 아드님에 대하여 증거하지 성령 자체에 대해서는 증거하지 않는다. 우리의 응답의 이러한 기이성은 바로 성령의 행동 자체의 기이성에서 유래한다. 성령은 성령 자신에 대하여, 자신의 주권이나 행동에 대하여 주의를 촉구하지 않고 오히려 아버지와의 친교 속의 아드님을 따를 수 있도록 우리에게 능력을 허락한다. 성령은 스스로가 우리 기도의 대상이 됨이 없이 우리로 하여금 아드님의 이름으로 아버지께 기도할 수 있도록 영감을 주고, 그 스스로가 우리의 찬미의 대상이 됨이 없이 아버지께 감사와 영광을 드리도록 이끌어주며, 그 스스로가 우리의 증거의 대상이 됨이 없이 우리에게 아드님을 증거할 수 있도록 능력을 준다. 아버지는 우리가 이 세상에서 그분의 뜻을 행하고 그분의 자녀가 되기를 원한다. 아드님은 우리가 자기의 삶, 죽음 그리고 부활의 여정을 따르고 고백하기를 원한다. 이에 반하여 성령은 자신에 대하여 우리에게 하기를 원하는 것이 하나도 없고 오직 우리가 아버지의 뜻을 따르고 말과 행동으로 아드님을 고백하는 것을 가능하게 해줄 뿐이다. 아드님은 예수 안에 육체가 되어 아버지를 계시한다. 성령은 육체가 되지도 않고 아버지를 계시하지도 않으면서 아드님의 화육과 아버지 계시를 가능하게 할 뿐이다.

이렇게 볼 때 성령은 스스로를 전면에 내세우지 않는 겸허한, 사심私心없는 하느님이라 할 수 있다. 성령의 위격은 바로 자신을 초월하여 남들에게 남들도 스스로를 초월하여 다른 남들과의 일치와 연대에 이를 수 있도록 힘을 주는 데 있는 것 같다. 성령은 아버지에게는 아들에게 자신을 주도록, 아들에게는 자신을 아버지께 바치고 아버지를 위하여 세상에 바치도록 촉구하며, 인간과 모든 피조물들을 자기고립에서 해방시켜 스스로를 초월하여 서로서로와 하느님과의 일치와 연대에 이르도록 능력을 준다.[4] 성령은 자신이 우리 인식의 직접적 대상이 됨이 없이 우리로 하여금 하느님을 알 수 있게 하는 힘으로서 하느님 인식의 초월적 지평을 이루며, 스스로는 아버지도 아니요 아들도 아니면서 우리로 하여금 아버지의 아들딸로서, 또 아드님의 형제 자매로서 살고 행동하게끔 하는 힘으로서 우리 실천의 초월적 능력이다. 물론 성령을 우리의 기도나 증거나 인식의 대상으로 전혀 주제화할 수 없다는 것은 아니다. 오직 그렇게 할 경우에도 우리는 바로 성령 자신의 초월적 지평과 능력을 통하여 할 수 있을 뿐이다. 이것은 아버지에게도, 아드님에게도 해당되지 않는다.[5]

성서는 자기초월의 초월적·선험적 지평과 관계의 창조자로서의 성령의 이러한 역할을 확인해 준다. 구역성서에서 성령은 미래의 메시아에게 자신이나 심지어는 성령을 추구하게 하지 않고 주를 두려워하게끔 능력을 주며, 사람들 사이에는 정의의 관계를 수립하고 자연과 인간, 하느님과 모든 피조물 사이의 원초적 조화를 복구하도록 힘을 준다(이사 11,1-9). 성령의 종말론적 분출은 기적이

---

[4] 자기초월을 통한 남과의 관계 속에서 자신의 정체성을 확립하는 능력으로서의 성령 개념에 관하여 1998년 4월 17-19일에 미국 Milwaukee의 Marquette 대학교 국제 성령 심포지엄에서 발표된 Bernd Jochen Hilberath의 "Identity through Self-Transcendence: The Holy Spirit and the Communion of Free Persons" 참조.

[5] 하느님 인식의 초월적 지평으로의 성령에 관하여 Killian McDonnell, "The Determinative Doctrine of the Holy Spirit", *Theology Today* 39 (1982), 142-61과 "A Trinitarian Theology of the Holy Spirit", *Theological Studies* 46 (1985), 191-227 참조.

나 이변을 통하여 성령 자신에게 관심을 모으려는 목적에서 일어난 것이 아니고, 남자와 여자·젊은이와 노인·종과 주인 사이에 예언자적 평등을 실현하고 (요엘 2,28-29) 말세의 징조로서 상이한 민족들 사이의 언어장벽을 타파하기 위한 것이다(사도 2,1-12). 예수의 수태, 사역, 죽음, 부활에 있어서의 성령의 역할도 예수 자신만의 고립적 정체성을 정립하는 데 있지 않고 예수로 하여금 회개와 용서와 희망을 통하여 사람들에게 하느님과 서로서로에게 더욱 가까워지도록 함으로써 아버지의 나라를 증거하도록 능력을 주는 데 있다. 예수 세례 장면에서의 성령의 증거도 성령 자신에게 관심을 모으거나 예수의 신성神性 그 자체를 나타내는 데 있지 않고 아버지와 아들 사이의 일치를 선포하는 데 있다 — "너는 내 사랑하는 아들, 나는 너를 어여삐 여겼노라"(루가 3,22).

교회와 신자 개개인에 대한 성령의 작용도 마찬가지로 스스로를 증거하거나 성령을 증거하도록 힘을 주는 것이 아니고, 실천과 선포를 통하여 그리스도를 증거하고 그리스도를 통하여 사람들을 아버지께로 인도할 수 있도록 하는 것이다. 성령의 다양한 은사들의 목적도 다양성 그 자체를 축하하는 것이 아니고, 공동선에 봉사함으로써 그리스도의 몸을 건설하는 데 있다(1고린 12장). 성령 안의 새로운 삶의 열매는 바로 "사랑과 기쁨, 평화와 인내, 친절과 선, 진실과 온유 그리고 절제"(갈라 5,22-23)다. 이 모든 열매들은 철저히 자기망각적이요 관계적이다. 왜냐하면 그런 열매는 "서로서로의 종"(갈라 5,13)이 되고 "서로서로의 짐을 짐"으로써 "그리스도의 율법을 완성하는"(갈라 6,2) 데서 유래하기 때문이다. 우리가 "성령을 슬프게" 하는 것도 어떤 고립적 행동을 통하여 하는 것이 아니고 독설·분노·모함·악의 등 남들과 소외시키는 관계 속에서 하는 것이며, 성령을 기쁘게 해드리는 것도 서로에게 친절하고 "그리스도 안에서 하느님께서 여러분을 용서하신 것처럼 서로서로를 용서하는"(에페 4,30-32), 남들과 일치하는 관계 속에서 하는 것이다.

종말론적 능력으로서 성령의 궁극 목표는 모든 소외된 이들 사이에, 인간과 인간 사이에, 인간과 자연 사이에 그리고 하느님과 모든 피조물 사이에 일치와 화해의 관계를 창조하는 것이다. 인간들은 계급, 성, 민족, 종교, 문화상의 억압적 차별로 말미암아 서로로부터 소외되었다. 인간의 죄악은 인간과 자연 사이의 소외를 야기했고, 따라서 자연도 부패와 허망에서 해방되기를 고대하고 있다(로마 8,20-21). 인간들의 이러한 모든 소외는 하느님과 인간 사이의 더 근원적인 소외에서 유래하고, 그러한 소외는 인간들이 같은 어버이의 자녀들로 다시 태어남으로써 하나의 신학적 가족 안에 서로의 형제 자매가 될 때에 비로소 극복될 수 있다.

그러한 다시 태어남은 아드님의 매개를 통해서만 가능하다. 아드님은 아버지의 원초적 모습이요 "모든 피조물 중의 첫째"이시며, 만물은 그분 안에, 그분을 통하여, 또 그분을 위하여 창조되었다(골로 1,15-16). 그분은 모든 피조물의 모범이요 표본이다. 인간 예수 안에 육화되어 존재하는 동안 아드님은 자신을 아버지의 나라에 완전히 봉헌하고 모든 인간에 대한, 특히 억압받는 이에 대한 아버지의 무조건적·보편적 사랑을 구체적으로 보여줌으로써 아버지와의 일치를 이룩했다. 설교·치유 그리고 식탁 교제를 통하여 사회에서 배척받는 남들, 사회의 지배적 동일성의 체제에서 제외되어 주변화된 "아무것도 아닌 사람들"과 스스로를 동일시했고, 그러한 연대의 대가로 예수는 정치범으로 십자가형을 받고 살해되었다. 그러나 아버지는 그를 죽음으로부터 부활시킴으로써 삶에서나 죽음에서나 예수의 정당성을 옹호했고, 아들과의 연대 속에 모든 인류를 받아들였다. "고통받는 종"으로서 예수는 남들의 연대를 위하여 살고 죽었으며, 자신의 몸 속에 우리의 모든 죄와 고통을 짊어지는 부서지고 소외된 모든 인류를 대표하는 보편적 인물이 되었다. "죽음으로부터 살아난 최초의 사람"(골로 1,18)으로 예수는 새로운 아담이며 그의 부활에 우리도 언젠가는 참여할 것이다. 새로운 아담으로서 그는 하느님 안에 참된 남들의 연대에로 새로 창조된 모든 인류의 모범이요 구현이다. 왜냐하면 그리스도 안에서 우리는 계급, 성별, 권력, 민족, 종교, 문화의 모든 억압적 차별을 초월하여 "하나"를 이루기 때문이다(갈라 3,28; 골로 3,11; 에페 2,14-19). 우리는 모두 "그분의 아드님의 모습을 닮아"(로마 8,29) "아드님과의 친교"(1고린 1,9)에 참여하도록 불림을 받았다. 아버지의 영원한 모상으로서 아드님은 인간을 포함한 만물의 창조와 재창조의 표본이며,

"그분 안에 하늘과 땅 위에 있는 모든 것들을 결합시키는 것"이 바로 하느님 의지의 구원의 "신비"를 이루는 것이다(에페 1.10).

인간의 소외를 극복한다는 것은 따라서 같은 어버이의 자녀들로 다시 태어나고, 그의 삶과 부활 속에 남들의 연대를 구현한 아드님의 형제 자매로서 남들의 연대를 경험하는 것을 의미한다. 성령의 정체는 바로 인류가 하느님의 아들 딸이 되고, 아드님 안에서 모든 이의 화해를 이룩하는 활동에 있다. 그리스도의 영으로서 성령은 우리들 안에서 우리로 하여금 하느님을 "아빠, 아버지"라고 부르게 하고 우리를 하느님의 자녀들로 만들어 아드님 안에 하느님의 상속자가 되게 한다(로마 8.17). "하느님의 영에 인도되는 사람은 누구나 하느님의 자녀입니다"(로마 8.14). 세례를 통하여 우리를 그리스도의 "한 몸"의 지체로 만들고 우리에게 억압적 차별을 초월할 수 있도록 능력을 주는 분도 성령이다(1고린 12.13). 유대인과 이방인들이 그리스도를 통하여 함께 아버지께로 나아갈 수 있는 것도 하나의 성령을 통하여 가능하다(에페 2.18). 우리를 율법과 죄와 죽음에서 해방시키고 우리 자신을 초월하여 우리와 다른 남들과 연대할 수 있도록 우리에게 능력을 부여함으로써 성령은 우리들을 서로 결합시키고 아들과 아버지의 일치 속에 우리들을 삽입시켜 하느님의 구원의 신비를 완성한다. 이런 의미에서 성령은 "성인들의 일치의 원리"[6]이며 "경세經世(ekonomia)의 활력"[7]이요 "하느님과 역사 사이의 보편적 접촉점"[8]이라고 말할 수 있다. 그리스도가 하느님 안에서 모든 이들의 연대를 구현한 집단적 인격이라면, 지지울라스의 표현대로 "우리가 그리스도라 부르는, 절대적으로 관계적인 이 실재, 우리의 구세주를 역사 안에 실현"하는 분은 바로 성령이다.[9]

---

[6] Yves Congar, *I Believe in the Holy Spirit*, trans. David Smith (New York: Crossroad, 1997), II, 18.

[7] Catherine LaCugna, *God for Us: The Trinity and Christian Life* (San Francisco: Harper, 1991), 296.

[8] Killian McDonnell, "A Trinitarian Theology of the Holy Spirit", *Theological Studies* 46 (1985), 211.

[9] John Zizioulas, *Being as Communion: Studies in Personhood and the Church* (Crestwood, NY: St. Vladimir's Seminary Press, 1985), 110-1.

아드님으로서의 그리스도 역시 인간과 인간 사이에, 또 인간과 하느님 사이에 관계를 창조한다. 그러나 그리스도는 우리가 참여해야 하고 닮아야 하는 **모범적 표본**으로서 그렇게 한다. 이에 반하여 성령은 우리의 참여와 닮음을 가능케 함으로써 모든 관계에서 그러한 표본의 풍만한 가능성들을 **현실화**하고, 또 그렇게 하되 스스로에게 주목을 끌지 않고 우리를 아들의 몸의 지체로 만듦으로써 하는 것이다. 아들의 영으로서 성령은 우리로 하여금 아버지와 아들의 일치에 참여케 함으로써 남들의 연대를 이룩한다.[10] 헤론이 잘 지적했듯이, "성령은 하느님이다. 그러나 그분은 우리 안에서 작용하되 우리들을 성령 자신에게로 인도하지 않고 화육한 아들과 그 아들 안에서 아버지께로 인도한다".[11]

성령의 위격 개념

그러면 내재적 삼위일체 안에서 겸손하고, 타자지향적이고, 관계를 창조하는 이 하느님의 역할과 위격을 어떻게 개념해야 될 것인가? 이 점에 있어서 일치와 연대를 위한 자기초월의 능력으로서의 성령의 경세적經世的 역할에서 내재적 삼위일체에서의 성령의 존재에 대한 단서를 얻을 수도 있을 것이다. 전통적으로, 특히 성 아우구스티누스 이래 성령은 아버지와 아들의 상호적 사랑으로 알려져 왔음은 특히 주목할 일이다.

동방 신학자든 서방 신학자든 모든 신학자들은 아들과 성령의 신성神性과 유한한 실재를 포함한 모든 사물들의 기원起原되지 않은 기원unoriginate origin으로서의 아버지의 모종의 수위권이나 "군주주의"를 인정하지 않을 수 없을 것이다. 삼위일체 내에서 아버지는 아들과 성령 모두의 근원이다. 아버지는 숫자적으로 동일한numerically identical 신적 실체의 전부를 아들과 나눔으로써 아들을 영원히 "생식한다"generate. 따라서 아들은 그 안에 아버지의 신적 실체가 완전히 나뉘

---

[10] 신약성서에서의 성령의 역할에 대하여는 다음 참조: Schweizer, "Spirit of God", 24-108; James D.G. Dunn, *Jesus and the Spirit* (Philadelphia: Westminster, 1970); Fee, *God's Empowering Presence*; 필자의 논문, "Renewing the Doctrine of the Spirit: A Prolegomenon", *Perspectives in Religious Studies* 19:2 (Summer 1992), 183-98.

[11] Alasdair I. C. Heron, *The Holy Spirit* (Philadelphia: Westminster, 1983), 176.

어지고 외면화된 아버지의 타자이며, 그것을 통하여 아버지가 자신과 모든 실재를 인식하는 말씀이요 모상이다. 아버지의 타자요 말씀이며 모상으로서 아들은 하느님과 모든 실재에 있어 타자화他者化와 복수화複數化의 원리이다. 말씀은 모든 유한한 타자들의 창조의 원형이며 모든 유한한 실재의 구조와 복수성의 표본이다. 따라서 오직 말씀만이 화육했다는 것은 참으로 타당한 일이다.[12] 아버지는 모든 사물의 **기원 없는** 기원으로 남아야 되고, 성령의 역할은 스스로가 화육하는 것이 아니고 신적인 것과 인간적인 것의 위격적 결합인 화육을 가능케 해주는 바로 거기에 있기 때문이다.

아버지는 아들에 대한 사랑으로 아들에게 자신의 온 신적 존재를 주고 나눔으로써 아들을 낳는다. 아들은 똑같이 자신의 전부를 아버지께 바침으로써 아버지의 사랑에 보답한다. 아버지와 아들의 이러한 서로의 사랑으로부터 성령은 발생한다proceeds. 아버지가 아들을 지능과 말씀으로 낳듯이 아버지는 의지와 사랑으로 성령을 불어낸다spirate. 이러한 상호적 사랑의 영을 통하여 아버지는 아들을 낳고 자신을 아버지로서 구별시키고 동시에 아들과 자신을 결합시키며, 아들은 아버지의 자기 선물을 받아들이고 보답함으로써 아들로서의 자기를 구별시키고 또한 아버지와 자신을 결합시킨다. 성령은 하느님 안에서 그리고 세계 안에서 결합과 화해의 원리로서 남들의 일치와 연대에로 모든 것을 이끈다. 성령은 아들의 아버지로부터 발생하면서 동시에 서로 상이한 아버지와 아들을 남들의 일치 속에 결합시키며, 유한한 타자들을 아버지와 일치하는 아들과 결합시킴으로써 그들을 아버지와 화해시킨다.[13]

기원의 원리로서 아버지가 없으면 아들이나 성령을 포함하여 아무것도 존재할 수 없다. 타자화와 복수화의 원리로서 아들이 없다면 아버지만이 존재할 것

---

[12] Karl Rahner, *The Trinity* (New York: Crossroad, 1974), 24-33; *idem, Foundations of Christian Faith: An Introduction to the Idea of Christianity* (New York: Seabury, 1978), 212-28 ("What Does It Mean to Say: 'God Became Man'?") 참조.

[13] 아버지와 아들의 상호적 사랑으로서의 성령 개념에 대한 철저한 역사적 · 성서적 그리고 신학적 토론에 대하여는 Patrick Coffee, "The Holy Spirit as the Mutual Love of the Father and the Son", *Theological Studies* 51:2 (June 1990), 193-229 참조.

이고 삼위일체나 유한한 어떤 것도 존재할 수 없을 것이다. 그러나 결합과 화해의 원리로서의 성령이 없이는 아들도 유한한 피조물도 없을 것이다. 왜냐하면 아들을 생식케 하고 아들 안에 유한한 사물을 창조할 아무런 사랑의 동기가 없을 것이기 때문이다. 또 비록 아들이 존재한다 하더라도 모든 것은 순전한 타자로서 서로의 고립 속에 존재할 것이다. 모든 것을 화해시키고 연결시키는 성령이 없이 세계는 파편화되고 허무에로 돌아갈 것이다. 성령은 바로 관련을 맺어주고, 결합시키고, 화해시키고, 연결시킴으로써 존재와 생명을 준다.

그런데 토마스 아퀴나스에 의하면 아들과 성령의 차이는 지능과 의지의 차이와 유사하다. 지능의 활동은 대상의 유사성을 기초로 하고 의지의 활동은 대상에 대한 사랑, 충동, 움직임 또는 경향으로 나타난다.[14] 사랑하는 이의 의지를 사랑의 대상으로 움직이고 미는 것은 사랑의 본질이다. 지능의 활동은 이해된 대상의 개념화로 일단 정지된다. 그리고 그 개념의 표현이 곧 말 또는 말씀이다. 사랑의 활동은 사랑하는 이의 감성 속에 사랑받는 대상이 모종의 인상을 남김으로써 끝난다. 그런데 사랑 이외에 이러한 인상을 더 적절히 표현할 용어가 없다. 그래서 아들을 말씀이라고 부르듯 성령을 사랑이라고 부른다. 비록 아는 것과 사랑하는 것은 행동에 속하지만 그들은 행위자 안에 존재하며, 신적 행위자 안에서는 하느님의 본질과 동일하기 때문에 말씀은 스스로 존재하는subsistent 말씀이요 사랑은 스스로 존재하는 사랑, 즉 위격자로서의 말씀이요 사랑이다. 성령은 아버지와 아들 사이의 스스로 존재하는 "결합적 사랑"unitive love[15] 또는 유대로서 "그에 의하여 아버지가 자신과 모든 피조물을 사랑하는 원초적 선에 대한 사랑"[16]으로, 또 아버지의 선물로서 영원한, "주어질 수 있는 능력"[17]으로 활동한다.

세 분의 신적 위격은 모든 면에서 서로 평등한 것은 아니다. 모든 것의 원천적 사랑으로 아버지는 아들의 원천이요 아들 안에서 성령의 원천이기도 하다. 수용적 사랑으로 아들은 아버지로부터 유래하고 아버지에게 종속된다. 성령도 아들의 아버지로부터, 또 더 정확히 말하여, 그들의 상호관계에서 유래한다.

---

[14] Thomas Aquinas, *Summa Theologiae* (*S.T.*), I, 27, 4; 36, 1.

[15] *S.T.*, I, 36, 4.   [16] *S.T.*, I, 37, 2.   [17] *S.T.*, I, 38, 1.

그러나 삼위일체 교리의 요점은 바로 이러한 차이점들이 품위를 떨어뜨리는 억압적 차이점이 될 필요가 없다는 것이다. 삼위일체인 하느님의 영원한 동시성과 상호내재성perichoresis을 통하여 그러한 차이점들은 상호적 사랑의 긍정적인 양태로 지양되기 때문이다. 아들에 대한 아버지의 사랑은 그의 아들에 대한 존재론적 우위성을 사랑의 표현으로 지양시킨다. 아버지는 자기의 존재론적 우위성을 자랑으로 생각지 않고 그런 우위성을 바로 자기 신성의 전부를 비워 아들과 나누는 데 사용한다. 자신의 온 존재를 남과 나누고 그럼으로써 더욱더 진정한 자아가 될 수 있는 능력은 무한한 존재의 특권이다. 또 아버지로부터 자신의 온 존재를 받아들이고 그것을 모두 아버지에게 돌려드림으로써 그의 사랑에 보답하는 데서 아들은 품위의 추락보다 자신의 완성을 경험한다. 또 성령도 한 위격이 아닌 두 위격으로부터 자신의 존재를 받는다고 굴욕을 느끼지 않고 오히려 기뻐하며, 그러한 의존을 아버지와 아들간의 사랑의 축제로 지양한다. 성령은 그 나름대로 독특한 위격으로서의 평등성을 주장하는 데서 자신의 정체성을 찾지 않고 자신을 겸손하게 감추고 아버지와 아들의 영원한 일치와 결합만을 촉구하는 데서 찾는다. 고전적 삼위일체론이 하느님 안에 있어서 차별성의 유일한 원천이라고 생각하는 기원의 불평등한 관계는 평등을 초월하는 사랑의 양태로 지양되어 생식적生殖的 · 수용적 그리고 결합적 사랑으로 나타난다.

신적 위격자들의 원초적 불평등을 사랑의 원초적 평등으로 지양하는 것도 바로 성령의 결합적 사랑이다. 아버지는 아들과 성령 모두의 원천이다. 그리고 거기에는 기원과 유래된 것 사이의 불평등이 있다. 그러나 이러한 기원의 불평등은 기원의 과정을 통하여 나뉘어진 내용의 평등에 의하여 상쇄된다. 기원의 과정을 통하여 아들과 성령은 숫자적으로 동일한 아버지의 신적 실체를 나누어 가진다. 따라서 관계적으로는 불평등하면서도 세 위격자는 신적 본질에 있어서 전혀 평등하다. 아버지, 아들, 성령은 서로 다르다. 그러나 모두 아버지와 같이 신적 존재다. 숫자적으로 동일한 신적 실체를 나눔으로써 세 위격자들은 서로서로에 내재한다.[18] 이러한 교통과 상호내재의 과정 속에 결합적 사랑으로서의 성령의 역할은 결정적이다. 아버지로 하여금 자신의 신적 실체 모두를 아들과 나누도록, 또 아들로 하여금 그 모두를 아버지로부터 받아 다시 돌려드리고 아버지와 함께 나누도록, 영원히 고무하고, 아버지와 아들이 서로 안에서 존재함으로써 하나의 "우리"를 형성하는 것을 가능하게 하는 것이 바로 성령의 결합적 사랑이다.[19] 아버지의 존재론적 우위를 군주주의나 가부장제로 전락하지 않고 창조적이고 나누는 사랑으로 변혁시키는 것도, 또 아들의 존재론적 의존성을 무능한 자기학대로 전락하지 않고 응답하고 나누는 사랑으로 변혁시키는 것도 모두 모든 것을 결합시키고 평등화시키는 성령의 사랑의 역할이다.

이것은 곧 성령의 위격성 문제를 제기한다. 성령은 아버지와 아들 상호간의 사랑이라고 했다. 그런데 사랑이란 인간의 경우에 있어서 하나의 행동이나 관계이지 그 자체가 하나의 위격체는 아니다. 그런데 성령의 경우에 하느님 안에서는 우유성이 존재할 수 없다는 이유로 이러한 사랑을 곧 스스로 존재하는 위격체로 간주하는 것은 하나의 억지가 아닐까? 그렇지만 또 그렇게 아니할 경우 3위일체가 아닌 2위일체binity에 빠지는 것을 면할 수 있을까?[20] 이 점에 있어서 필자는 신적 위격자들은 일의적一義的이 아니고 유비적類比的 의미에서의 위격자들이요, 각 위격자마다 다른 방법으로 위격자의 모습을 지니고 있으며, 우리도 신학적 자료를 우리의 위격에 대한 고정 개념에 맞추려 하지 말고 우리의 위격 개념을 신학적 자료에 맞추어 확대시켜야 한다는 것을 주장하고 싶다.

고전적 삼위일체론의 전통에 의하면 하느님 안에서의 위격자들은 "관계"에 의하여 "구성"되고constituted, 관계는 위격자들을 서로 관련시킴과 동시에 서로로부터 구별짓는다.[21] 아버지의 정체성이나 위격은 바로 모든 것을 나눔을 통하여 아들과의 관계를 맺는 데 있다. 신성 안에서의 기원의 원리로서 아버지의 위격성은 생식적·창조적 사랑에 있다. 복수화의 원리로서 아들의 위격성은 아

---

¹⁸ *S.T.*, I, 42, 5.

¹⁹ Hans Urs von Balthasar, *Explorations in Theology*, III: *Creator Spirit* (San Francisco: Ignatius Press, 1993), 127과 *Explorations in Theology*, IV: *Spirit and Institution* (San Francisco: Ignatius Press, 1995), 232-5 참조.

²⁰ Jürgen Moltmann, *The Trinity and the Kingdom* (San Francisco: Harper, 1991), 168-9 참조.

²¹ *S.T.*, I, 40, 2.

버지에 대한 수용적·응답적 사랑에 있다. 아버지와 아들의 위격성은 이처럼 서로 다르다. 성령의 관계성은 더 복잡하다. 아버지와 아들의 상호적 사랑으로 성령은 양쪽에, 바로 그들의 상호관계 속에 관련되어 있다. 성령은 단순히 아버지로부터 또는 아들로부터 발생하는 것이 아니고 바로 그들의 상호적 사랑에서 발생한다. 따라서 성령은 그 기원에 있어서 양쪽에 모두 관련되어 있을 뿐 아니라 영원한 상호내재의 동시성同時性 안에서 아버지와 아들을 서로 관련시켜 준다. 아들을 낳는 것generation과 아버지의 아들이 됨filiation은 피동적 숨쉼spira-tion을 매개하고 또 피동적 숨쉼에 의하여 매개된다.[22]

여기에서 성령의 특이성은 아버지와 아들을 성령 자신에게 연결시키지 않고 서로서로에게 연결시키고 결합시키며, 자신을 초월하여 두 위격 사이에 사랑의 관계를 불러일으키는 바로 거기에 있다. 아들에 대한 아버지의 관계는 직접적이다. 아버지가 된다는 것은 아들을 낳는 것을 의미하기 때문이다. 그러나 성령에 대한 아버지의 관계는 간접적이다. 성령은 아버지의 아들에 대한 사랑이 아들을 낳는 것을 가능케 하는 지평으로, 아들을 낳는 과정에 동반하기 때문이다. 아들의 아버지와 성령에 대한 관계도 마찬가지다. 아버지에 대한 아들의 관계도 그의 아들됨filiation의 직접적 대상이다. 그러나 성령에 대한 아들의 관계는 그러한 아들됨의 가능 지평으로 아들됨에 동반한다. 거기에 비하여 아버지와 아들에 대한 성령의 관계는 직접적이고 중복적이다. 성령은 아버지와 아들로부터 발생하되, 아버지와 아들의 상호고립이 아닌, 바로 상호 사랑의 관계에서 발생하기 때문이다. 우리가 삼위일체를 추상적으로 평등한 세 위격체의 무색무취의 공동체로 축소하려 하지 않는 한, 각 위격을 다른 위격과의 차이점의 관점에서 고려하고 삼위일체이신 하느님의 공동체도 그러한 차이의 변증법의 관점에서 고려한다는 것은 대단히 필요한 일이다.

관계 자체를 신적 위격자들의 본질적·구성적constitutive 측면으로 고려함에 있어서 고전적 전통은 인간적 사고의 범주를 하느님께 적용할 때 그러한 범주들

---

[22] *S.T.*, I, 37, 2.

이 모두 무너져버린다는 사실을 깊이 인식하고 있었다. 보에시우스Boethius의 정의에 의하면 위격체person란 "이성적 본성을 가진 개별적 실체"an individual substance of rational nature이다. 하나의 위격체란 관계와 같은 우유성accident이 아닌 실체 또는 스스로 존재하는 어떤 것이며, 이성이 없는 존재가 아니고 이성을 겸비한 존재이며, 보편적 본질이 아닌 개별적 존재자이다. 그러나 하느님의 경우에는 관계는 스스로 존재하는 실체가 되고, 이성적 존재는 창조주로서 비이성적 존재들의 모든 가능성까지 포함하며, 스스로 존재하는 관계는 신적 존재의 단순성에 의하여 동시에 하느님의 본질과 동일하다. 스스로 존재하는 관계로서의 신적 위격체에 있어서 실체와 우유성, 이성적인 것과 비이성적인 것, 개인적인 것과 보편적 본질 등의 전통적 범주적 차별은 모두 무너져버린다. 고전적 전통의 핵심은 바로 신적 위격자에 대한 이러한 관계적 정의이다. 바로 이 점에서 우리는 위격자에 대한 고정 개념을 혁명적으로 바꿔야 할 도전을 받고 있다. 이성적 본성을 지닌 고정적·개별적 실체로서의 위격자 대신에 관계와 변화와 운동의 입장에서 위격자 개념을 재고할 것을 요청받고 있다. 나아가서 하느님 안에서는 이런 관계성 자체가 본질essence과 실존existence이 일치하는 신적 위격자들의 존재의 양상이며 스스로 존재하는 존재 자체ipsum esse per se subsistens 또는 신적 존재esse의 풍요함, 현실성, 그리고 역동성의 한 양태라는 사실에 특별히 유념할 필요가 있다. 이 말은 특히 성령의 위격에 해당된다. 성령은 아버지의 의지로서 사랑, 충동, 운동 그리고 경향 등의 의미를 내포한다. 아버지와 아들의 상호적 사랑의 위격화로서 성령의 역할은 관계를 창조하고 창조된 모든 관계들을 아버지와 아들의 상호적 사랑에 관련시키는 것이며, 이 점에 있어서 성령은 하느님의 섭리를 집행하는 신적 운동의 은총grace of divine motion으로서 모든 사물을 그들의 궁극 목표에로 움직이고 관련시키고 있다고 할 수 있다.[23]

　세계의 구원과 관련하여 성령은 모든 실재를 창조하고 구원하고 재창조하는 신적 활력 또는 정력精力이라고 할 수 있다. 성령은 자연을 창조하고 부패와 허

---

[23] *S.T.*, I, 45, 6; I-II, 109, 1.

망에서 자연을 해방하며 인간적 연대를 위하여 자연을 준비시키고 궁극적 종말론적 재창조를 위하여 자연을 변혁시키는 하느님의 숨결, 바람, 힘, 즉 우주론적 권능이다.[24] 성령은 또 사랑, 기쁨, 평화, 인내 등의 열매를 산출함으로써 관계와 일치와 연대를 창조하는 간인격적間人格的(interpersonal) 능력이다. 그런가 하면 성령은 또한 그리스도의 몸인 교회의 "영혼"이며 "심장"으로서 복음선포, 예전 그리고 세상에서의 하느님 나라 증거에서 교회에 활력을 주고 교회를 새롭게 하고 교회를 결합시키는 교회론적 능력이기도 하다.[25] 마지막으로 성령은 역사 안에서 사회적 사건과 운동을 자극하여 억압으로부터의 해방과 남들의 연대 가능성을 확대하고 실현하는 역사적 능력이다.

연대를 위한 생명·해방·변혁의 힘으로서 성령은 우주적·간인격적·교회적·역사적, 모든 차원에서 일치와 연대를 위한 자기초월의 움직임이 있는 곳이면 어디든지 활동하고 있다. 성령은 교회와 개인들의 "마음"속에서만 현존하는 것이 아니고, 또 오순절 모임이나 간인격적 관계에서만 활동하는 것이 아니다. 성령은 우리들의 사회생활이나 자연과의 관계의 모든 영역에서 활동하고 있다. 아마도 사랑의 운동 자체를 위격화된 사랑으로 바꿔놓은 고전적 성령신학의 교훈은 바로 우리의 위격에 대한 고정적·실체적 개념을 수정하여 바로 세상의 움직임들과 사건 속에서 해방과 일치를 위하여 관계가 창조되고 연대가 형성되는 하느님의 "힘의 장"force field[26]으로 성령의 위격을 재고하라는 데 있지 않을까 생각된다. 성령의 역할은 간인격적이든, 교회론적이든, 역사적이든, 우주적이든 어느 한 차원에 국한될 수 없다. 오늘날의 위대한 지상 명령은 바로 물질과 정신, 내적인 것과 외적인 것, 개인과 사회, 교회와 세계, 인간과 자연, 유한과 무한 등의 모든 이분화를 초극하는 것이다. 관계와 통합과 화해의 능력이며 활동으로서 성령은 바로 그러한 이분화를 지양함으로써 남들의 연대를 추진한다.

---

[24] 자연에서의 성령의 활동에 관하여는 Jürgen Moltmann, *God in Creation: A New Theology of Creation and the Spirit of God*, trans. Margaret Kohl (London: SCM Press, 1985; Harper Collins paperback edition, 1991), 98-103 참조.

[25] *S.T.*, III, 8, 1.

[26] Wolfhart Pannenberg, *Systematic Theology*, I (Grand Rapids, MI: Eerdmans, 1991), 382.

오늘날 성령의 바람은 어디서 불고 있는가?

오늘날 성령의 바람은 어디서 불고 있는가? 성령의 활동의 징표를 어디서 찾을 수 있을까? 우리가 살고 있는 세계는 분단된, 억압적 그리고 소외된 세계요, 성령의 일치에 말할 수 없는 도전을 던지고 있다. 모든 이를 위하여 십자가에 돌아가시고 지금도 그의 몸의 지체 속에서 계속 십자가의 죽음을 겪고 있는 예수의 영인 성령은 지금도 "아빠, 아버지!"뿐 아니라 "나의 하느님, 나의 하느님, 왜 나를 버리셨나이까?" 하고 부르짖고 있다.[27]

오늘날 우리가 성령의 징표를 찾을 수 있는 곳의 하나는 바로 우리가 어느 때이고 성령의 징표를 찾아야만 되는, 다시 말하여 약자가 강자에 의해 착취되고 지배될 가능성이 큰 자연적 불평등의 상황이라고 생각된다. 오늘날도 과거 어느 때와 같이 그런 상황들은 존재한다. 부모와 자녀, 선생과 학생, 건강한 이와 환자, 권위와 권위 밑에 있는 사람들, 무자비한 자연과 자연재해의 인간적 희생자들: 이러한 관계들은 본질적으로 불평등한 관계이며, 그럼에도 불구하고 억압적 사회구조에 의해 인위적으로 야기된 것이 아니고 인간 조건 자체에 내재한다는 의미에서 "자연적" 관계이기도 하다. 이 영역에서 착취, 조작, 학대, 폭력, 무관심 그리고 고통의 가능성은 헤아릴 수 없을 만큼 크다. 이 관계에서 강한 자는 어떻게 하느님 아버지의 자기희생적·적극적 사랑을 실천하고, 약자는 아들의 수용적·응답적 사랑을 실천하며, 성령은 어떻게 이 두 가지의 사랑을 불러일으켜 강자와 약자를 화해시키고 있는가? 성령은 어떻게 자연적 불평등을 지양하여 상호적 사랑과 나눔의 평등성으로 변혁시키는가? 이 점에서 온 세계에 걸쳐 이러한 화해의 사랑을 실천하는 성령의 사역자들이 생각보다, 또 보기보다 헤아릴 수 없이 많음을 잊지 말아야 할 것이다. 자기희생적 부모, 헌신적 교사, 정성어린 간호사, 가정 목회자, 양심적 공무원, 자연재해의 희생자를 돌보는 많은 구호단체의 봉사자: 이들은 모두, 비록 신문에는 나지 않더라도, 성령처럼 조용하고 겸손하고 사심 없이 성령의 사역에 종사하는 사람들이다.

---

[27] Jürgen Moltmann, *The Spirit of Life: A Universal Affirmation* (Minneapolis: Fortress, 1992), 73-7.

　그러나 오늘날의 가장 특징적 위기를 들라면 그것은 바로 계급, 성별, 민족, 문화, 종교 그리고 기술과학에 기초하여 인위적으로, 구조적으로 야기된 억압적·소외적 불평등이라 할 수 있다. 이러한 인위적 불평등 때문에 자연적 불평등에 내포된 고통도 더욱 심화되는 것은 물론이다. 오늘날 우리는 자연이나 자연적 불평등으로부터보다도 구조적·제도적 그리고 조직된 불평등으로 인하여 서로 서로로부터 헤아릴 수 없을 만큼 더 큰 고통을 당하고 있다. 가난한 이들에 대한 착취, 여성에 대한 차별, 소수민족의 주변화, 인권 억압, 다른 종교인들에 대한 배척, 다른 민족에 대한 제국주의적 정복과 지배, 자연에 대한 무제한적 공격 등으로 야기된 인위적 고통은 우리 시대와 우리 세계의 가장 중심적 사실이다. 이 논문의 1부에서 논한 바와같이 우리의 도전과 과제는 남들을 남들로서 그대로 내버려두는 것이 아니고 남들의 연대를 이룩하여 남들이 **함께** 기본적 요구, 기본적 정의, 기본적 문화 등의 공동생활의 최소한 조건들을 창조하고 그 조건들 위에서 건설적 상이성이 만발하도록 노력하는 것이다. 그러한 투쟁은 이 세상의 권력자들과 기득권자들에 대한 저항을 의미하며 그것은 많은 땀, 피 그리고 무한한 인내와 희망을 요청한다. 그러한 투쟁은 또한 무한히 다면적이다. 그것은 국지적·국가적 또는 전지구적 투쟁일 수도 있고, 계급과 성차별에 관한 것일 수도 있는가 하면 종족과 언어와 종교에 관한 것일 수도 있으며, 정치와 문화의 차원일 수도 있고 경제의 차원일 수도 있다.

　이 면에 있어서 성령의 바람은 불기 시작한 지 이미 오래되었다. 일반적으로 계급주의·성차별주의·종족차별주의에 대한 비판의식은 제고되었고, 문화와 종교에 있어서 다원주의적 감각은 널리 유포되었으며, 환경보호 운동도 크게 지지를 받고 있다. 이 모든 목적들을 위한 밑으로부터의 조직과 움직임도 활발하다. 이 모든 것들은 우리 시대와 우리 세계의 엄연한 사실들로서 남들의 연대를 위하여 하나로 만들고 화해시키는 성령의 움직임의 징표라고 할 수 있다. 성령은 혁명이나 대중집회에서처럼 때로는 요란하게 활동하기도 하고, 사회변혁을 위한 일상적 조직활동이나 무명의 영웅들이 행하는 자비행위에서처럼 고요하게 움직이기도 한다. 백림 장벽의 철거, 소련 공산주의의 붕괴, 남아 연방에서의 흑백분리 정책의 종식, 남미 여러 나라에서의 많은 독재자들의 종언, 북아일랜드에서의 평화조약 체결: 이들과 다른 많은 우리 시대의 사건들은 우리에게 희망의 징표가 된다. 그러나 동시에 세계의 곳곳에서, 에티오피아·앙골라·코소보·루안다·이라크·혼두라스·콜롬비아·에콰도르·스리랑카·팔레스타인 등지에서는 아직도 십자가에 못박히신 아드님의 이름으로 전능하신 아버지께 우리를 위하여 기도하는 성령의 호소와 탄식을 들을 수 있다.

성령의 실천은 세계에서 활동하는 성령의 움직임과 현존을 식별하고 성령의 도전과 부르심에 응답하는 것이다. 성령은 남들의 연대를 위한 자기초월과 해방의 행동이 있는 모든 곳에 현존한다. 이 점에서 우리의 응답은 자기망각적 하느님으로서의 성령의 역설을 충분히 존중해야 한다. 성령의 실천과 영성의 목적은 성령 자신에게 관심을 집중하는 것이 아니고 성령께서 우리를 부르시는 사업, 즉 아들의 연대 안에서 남들의 연대를 이룩하는 그 작업에 헌신하는 것이다.

성령활동의 징표를 식별하기 위하여 우리에게 가장 절박하게 요청되는 것은 역사에 대한 정치적 감각이다. 이미 논한 바와같이, 오늘날에 있어서 인간의 고통은 단순한 자연적 재해의 결과라기보다는 인위적 사회구조·제도 그리고 사고 관습의 결과라고 할 수 있다. 요약하여, 인간의 고통의 대부분은 정치적으로 야기되었고 따라서 삶의 공통조건을 창조하기 위한 집단적 인간행동으로서의 정치를 통하여서만 구원될 수 있다. 진정한 정치에는 세 가지가 요구된다. 첫째는 우리 모두가 우리를 소외시키는 사회적 여건의 공통의 피해자라는 연대의식이요, 둘째는 이러한 여건들을 변혁하는 데 대한 공통의 집단적 책임의식이며, 셋째는 우리가 추구하는 목적과 가치에 있어서 최소한의 연대를 이룩하는 것이다. 공공생활의 개혁과 향상을 위한 집단적 실천으로서 정치는 필연적으로 전체성과 동일성의 지평을 요구한다. 공통의 공간에 살면서 우리는 남들로서 모두 제멋대로 살아갈 수 없다. 우리는 모든 이에게 해당되고 모든 이에게 기본적 요구, 정의, 문화를 보장할 수 있는 법률, 제도, 정책 등의 전체들totalities 또는 동일성의 체제들을 수립하지 않으면 아니된다. 우리는 싫든 좋든, 비록 행동은 국지적으로 하더라도 생각은 세계적으로, 전체적으로 하지 않으면 아니된다. 특히 경제의 세계적 현실들이 국가와 시민들의 복지에 미치는 충격을 주시하고 분석해야 하며, 그러한 충격에 대한 대비책을 마련하지 않으면 아니된다. 간혹 많은 이들이 탈근대주의의 전체성 비판의 영향으로 비정치적 태도를 견지하고 성령 실천의 이러한 정치적 측면을 무시한다 하더라도 정치적으로 의식있는 성령론은 사회 변화의 정치적 함의와 사회 변화에 대한 정치적 응답 속에서 성령의 징표를 식별하고 행동하며 인간의 무능無能을 빙자하여 정치의 모든 영역을 포기하지 않는다.[28]

마지막으로 본 논문에서 주장하는 연대의 영으로서의 성령론과 현대의 종교적 다원주의의 상황과의 관계를 고찰해 보자. 본 논문의 성령론은 철저하게 그리스도교적이고 전통적이다. 그런 성령론이 종교간의 대화와 상호이해에 걸림돌이 되지 않고 도움이 될 수 있을까? 종교다원주의의 문제는 다음 장에서 자세히 다룰 예정이므로 여기서는 간략하게 언급하고자 한다.

첫째로, 현재의 종교적 상황이 힉John Hick이 주장하는 대로 각 종교의 특수한 신앙체계를 포기하고 모든 종교의 추상적 공통성이나 본질에로 돌아오라고 요청하는 것은 아니라고 생각한다. 현재적 상황이 요구하는 바는 각 종교가 각자의 전통을 더욱 깊이 연구하여 바로 그 전통 속에서 다른 종교와 관계하고 다른 종교를 더 적극적으로 평가할 수 있는 그 나름대로의 근거와 이유를 회복하기를 요구한다.

둘째로, 하느님 안에서의 남들의 연대의 영으로서의 역동적 성령신학은 제2차 바티칸 공의회가 선언한 대로 다른 종교나 문화 안에도 성령께서 작용하고 있음을 인식하게 만들어준다. 제2차 바티칸 공의회에 의하면 성령은 세계 어디서나 활동하면서 "모든 인간에게 (그리스도의 죽음과 부활의) 파스카 신비에

---

[28] 비정치적 또는 반정치적 성령론과 탈근대주의의 예: Michael Welker, *God the Spirit* (Minneapolis: Fortress, 1994); 필자의 비판, "Liberation, the Other, and Hegel in Recent Pneumatologies", *Religious Studies Review* 22:1 (January 1996), 29-30; 필자의 논문, "Towards a Dialectic of Totality and Infinity: Reflections on Emmanuel Levinas", *Journal of Religion* 78:4 (October 1998), 571-92와 "The Other without History and Society: A Dialogue with Derrida", in D. Z. Phillips (ed.), *Philosophy of Religion 2000* (New York: Macmillan, 2000).

참여할 수 있는 가능성을 제공하며", 오직 "어떻게" 이런 활동이 이루어지고 있는지는 "하느님에게만 알려져 있다"(사목 22). 다른 종교에도 구원의 가능성이 있음을 부정할 위험은 전혀 없는 것이다.

셋째로, 그리스도교와 다른 종교들 사이에 차이가 있는 것은 사실이지만 이 사실만으로 다른 종교에는 성령이 현존하지 않는다고 결론할 수는 없다. 성령은 그리스도의 영이요 따라서 그리스도와 성령 사이에는 원칙적으로 모순이 있을 수 없다. 그러나 여기에는 몇 가지를 구별하여 생각할 필요가 있다. 그리스도교적 신앙에 의하면 역사적 예수는 모든 인류의 결정적 · 규범적 구원자이다. 그러나 이러한 결정적 · 보편적 의미는 예수의 말씀과의 위격적 결합hypostatic union에서 유래하는 것이다. 이것은 동시에 인간 예수와 하느님 말씀 사이에 위격의 동일성뿐 아니라 본성의 차이도 있음을 인정하는 것이다. 인간 예수와 영원한 하느님 말씀 사이에 본성적 차이가 있는 한 하느님의 말씀을 인간 예수를 통하여 계시된 모든 것에 국한하거나 그것과 완전히 동일시하는 것은 정당치 못하다. 이 점에 있어서 그리스도의 영으로서의 성령이 다른 종교에서는 그리스도교를 통해서 계시되지 않은 말씀의 다른 측면을 계시할 수도 있다고 생각할 수 있을 것이다. 그리스도교와 다른 종교의 차이는 따라서 말씀과 성령의 모순적 관계가 아니고 인간 예수의 역사적 특수성을 통하여 계시되고 화육한 말씀과 다른 종교 안에서 역시 성령의 활동을 통하여 계시된 말씀의 다른 측면들과의 차이이다. 아직은 다른 종교들이 어떻게 서로 융화될 수 있을지 우리는 모른다. 그러나 내재적 삼위일체 안에서의 말씀과 성령의 친교는 우리에게 이런 종교들이 서로 융화될 수 있고 서로 보완할 수 있으며 또 이런 종교들을 통하여 하나로 만들고 화해시키는 성령이 그 나름의 신비로운 방법으로 상이한 종교들을 남들의 연대에로 인도하고 있으리라는 희망을 준다.[29]

---

[29] Jacques Dupuis, *Toward a Christian Theology of Religious Pluralism* (Maryknoll, NY: Orbis, 1997), 385-90 참조. 필자의 서평으로 *Cistercian Studies Quarterly* 34:3 (1999), 415-6 참조.

⑤

종교 다원화 시대의 신앙과 남들의 연대:
분단시대의 타종교관

다원주의의 변증법

데이비드 트레이시는 근래의 저서에서 점증적으로 다중심화되고 있는 현대에서 "가장 깊은 요구는 타자성과 차별성에 직면하려는 움직임"[1]이라고 지적하고 있다. 이러한 움직임의 하나가 바로 배타주의와 포괄주의의 대안으로 제창되어 온 종교다원주의라고 할 수 있을 것이다. 거의 20년에 걸쳐 종교다원주의는 활발한 토론의 대상이 되어왔을 뿐 아니라 그 내용이나 이론 전개에 있어서 크나큰 다양성을 보여주면서 발전해 왔다.

지금까지의 다원주의의 여러 형태를 유형학적으로 구분한다면 다음과 같이 말할 수 있을 것이다. 첫째는 잔 힉과 펄 니터에 의하여 대표되는 현상적 다원주의이다. 이에 의하면 다양한 종교란 궁극적으로 동일한 초월적 실재에 대한 현상적으로 다양한 응답일 뿐이다. 그리고 여기에는 어떤 유한자도 무한한 실재를 완전히 계시하거나 실현할 수 없고, 따라서 유한한 현상으로서의 종교란 모두 평등하다는 주장이 깔려 있다.[2] 둘째는 레너드 스위들러, 윌프레드 캔트웰 스미스, 니니언 스마트, 키스 워드 그리고 데이비드 크리거에 의해 대표되는 보편주의적 다원주의이다. 이에 의하면 모든 종교는, 그리고 특히 그리스도교

---

[1] David Tracy, *On Naming the Present: God, Hermeneutics, and Church* (Maryknoll: Orbis, 1994), 4.

[2] John Hick, *An Interpretation of Religion: Human Response to the Transcendent* (New Haven: Yale University Press, 1989); *A Christian Theology of Religions* (Louisville, KY: Westminster John Knox Press, 1995); Paul F. Knitter, *No Other Name? A Critical Survey of Christian Attitudes Toward the World Religions* (Maryknoll: Orbis, 1985); *One Earth Many Religions: Multifaith Dialogue & Global Responsibility* (Maryknoll: Orbis, 1995); *Jesus and the Other Names: Christian Mission and Global Responsibility* (Maryknoll: Orbis, 1996).

는 스스로의 제한성과 특이성을 초월하여 종교사 자체를 신학의 원천으로 추구함으로써 모든 종교들의 통찰을 기초로 하는 보편신학을 정립하도록 해야 한다. 현대의 신학은 오직 보편신학으로서만 가능하다.[3] 다원주의의 셋째 유형은 로즈매리 류터, 타머스 드라이버 그리고 펄 니터에 의하여 주창되는 윤리적 또는 구원중심적 다원주의이다. 이에 의하면 어떤 종교도 그 역사적 업적을 볼 때 윤리적 우월성을 주장할 수 없으며, 종교의 평가는 교리나 신학적 이론보다도 억압으로부터의 인간해방과 정의구현에 얼마나 공헌하느냐에 좌우된다.[4] 다원주의의 넷째 유형은 존재에 대한 우리의 인식의 다원주의뿐 아니라 존재 자체의 다원주의를 주창하는 파니카의 존재론적 다원주의라고 할 수 있다. 그는 모든 이성중심주의 또는 주지주의의 환원주의적 경향을 배척하면서 이성의 저편에서 존재 자체의 다양성과 궁극적 조화를 긍정하고자 한다.[5] 그리고 다섯번째이며 마지막으로 한스 큉, 잔 캅, 유르겐 몰트만, 케네스 서린, 디노야 그리고 마크 하임 등 그리스도교적 전통에 충실한 이들이 부르짖고 있는 고백주의적 다원주의를 들 수 있다. 이에 의하면 모든 종교는 하나의 고백이며, 고백적 공동체로서의 특수성은 보전되어야 한다. 모든 종교를 하나의 잣대로 평가하거나 보편적 본질에로 축소하려는 것은 진정한 다원주의가 아니고 오히려 하나의 일원론이다.[6]

---

[3] Leonard Swidler, "Interreligious and Interideological Dialogue: The Matrix for All Systematic Reflection Today", in Leonard Swidler (ed.), *Toward a Universal Theology of Religion* (Maryknoll: Orbis, 1987), 5-10; Wilfred Cantwell Smith, *Towards a World Theology: Faith and the Comparative History of Religion* (Maryknoll: Orbis, 1981); Ninian Smart and Steven Konstantine, *Christian Systematic Theology in a World Context* (Minneapolis: Fortress Press, 1991); Keith Ward, *Religion and Revelation: A Theology of Revelation in the World's Religions* (Oxford: Clarendon Press, 1994); David J, Krieger, *The New Universalism: Foundations for a Global Theology* (Maryknoll: Orbis, 1991).

[4] John Hick and Paul F. Knitter (eds.), *The Myth of Christian Uniqueness: Toward a Pluralistic Theology of Religions* (Maryknoll: Orbis, 1987), 137-218 for articles by Rosemary Ruether, Marjorie Suchocki, Tom Driver, and Paul Knitter.

[5] Raimundo Panikkar, "The Invisible Harmony: A Universal Theology of Religion or a Cosmic Confidence in Reality?", in Swidler (ed), 118-53, and "The Jordan, The Tiber, and the Ganges", in Hick and Knitter (eds.), 89-116; 파니카에 대한 논평으로 필자의 논문, "The Challenge of Radical Pluralism", *Cross Currents* 38/3 (1988), 268-75 참조.

필자는 이 논문에서 다양한 종교들의 상호작용 속에 이미 내포되어 있는 역학 또는 변증법을 발전시킴으로써 또 하나의 다원주의 형태, 즉 변증법적·고백적 연대의 다원주의 또는 간단하게 변증법적 다원주의를 제창하고자 한다. 이를 위하여 제일 먼저 변증법적 다원주의의 개요를 설명하고, 그것이 가지고 있는 종교관, 즉 변증법적 총체로서의 종교를 제시하며, 나머지 부분에서 현금 다원주의 토론에서 쟁점이 되고 있는 두 가지 문제점, 즉 종교간의 대화의 필요성과 한계성 그리고 다원주의와 해방의 관계에 관하여 변증법적 다원주의의 입장에서 언급하고자 한다.

우선 변증법적 다원주의는 무엇인가? 그것은 첫째로 고백적 다원주의이다. 종교란 객관적 합리성을 포함하면서도 그것을 초월하는 실존적 결단과 변혁의 문제로서 이성에 의하여 이해되어야 할 이론이기보다는 신앙과 실천을 통하여 고백되어야 할 구원의 방법이다.[7] 따라서 변증법적 다원주의는 모든 종교가 궁극성의 주장을 포함한 그 나름대로의 특이한 신조와 주장들을 고백할 수 있어야 된다고 믿는다. 변증법적 다원주의는 힉, 스위들러 그리고 윤리적 다원주의자들처럼 종교들의 절대적 주장을 상대화시키려 하지 않고, 또 니터처럼 종교간 대화의 조건으로 그런 주장의 포기를 요구하지도 않는다. 오히려 각 종교의 고백적 성격에 따라 절대적 주장의 포기나 수정은 그 고유의 전통과 다원적 상황의 상호작용 속에서 각 종교가 알아서 할 일로 본다.

둘째로, 변증법적 다원주의는 진정으로 다원주의적이다. 모든 종교는 하나의

---

[6] Hans Küng, "What is True Religion? Toward an Ecumenical Criteriology", in Swidler (ed.), 213-50; John Cobb, Jr., "Toward a Christocentric Catholic Theology", in Swidler (ed.), 86-100; "Beyond 'Pluralism'", in Gavin D'Costa (ed.), *Christian Uniqueness Reconsidered: The Myth of a Pluralistic Theology of Religions* (Maryknoll: Orbis, 1990), 81-95; Jürgen Moltmann, "Is 'Pluralistic Theology' Useful for the Dialogue of World Religions?", in D'Costa (ed.), 174-91; Kenneth Surin, "A 'Politics of Speech': Religious pluralism in the Age of The McDonald's Hamburger", in D'Costa (ed.), 192-212; J. A. DiNoia, "Pluralist Theology of Religions: Pluralistic or Non-Pluralistic?", in D'Costa (ed.), 119-34, and *The Diversity of Religions: A Christian Perspective* (Washington, DC: The Catholic University of America Press, 1992); and Mark Heim, *Salvations: Truth and Difference in Religion* (Maryknoll: Orbis, 1995).

[7] Küng, 245-46.

구체적 총체로서 다른 종교에 축소 환원되거나 종속될 수 없는 특이성을 지닌다. 변증법적 다원주의는 따라서 인간적 시각의 역사적 상대성을 부정하고 다른 종교들을 배타적이건 포괄적이건 자신의 기준에 종속시켜 판단하려는 전통적 배타주의나 현대적 포괄주의도 모두 반대한다. 그리고 그것이 비록 종교간의 평화와 상호존중을 신장하기 위한 방법이라고는 하지만 힉처럼 각 종교의 개체성을 궁극적 실재에 대한 공통개념에 종속시키거나 스위들러처럼 공통된 신학언어에 종속시키려는 어떠한 추상적 보편주의에도 반대한다.

셋째로, 변증법적 다원주의는 화해 없는 모순만을 강조하는 키에르케고르나 바르트적 의미에서 변증법적이 아니고 모순과 더불어 모순의 초월도 지향하는 헤겔적 의미에서 변증법적이다. 다양한 종교간의 상호작용의 역사를 포함한 모든 역사는 차별화·차별된 것들의 상호모순 그리고 그 모순을 초극하고 새로운 조화를 창조하려는 노력과 과정의 역사이며, 인간적 시각과 지평의 궁극적 결정 요인은 바로 그러한 역사, 특히 정치·경제적 조건이다. 따라서 변증법적 다원주의는 종교의 특이성과 차별성을 강조하면서도 특이성만의 긍정에서 멈추지는 않는다. 상호의존과 상호충돌이 점증하는 세계에서 역사는 각 종교가 다른 종교에는 무관심한 상태에서 자기만의 특수성을 추구하고 향유하도록 내버려두지 않는다. 오히려 세계사의 움직임은 다양한 종교들을 하나로 모으고 다른 종교들의 타자성을 의식하지 않을 수 없게 만들 뿐 아니라 특수성 사이의 충돌의 소용돌이 속에 몰아넣고 새로운 형태의 공존과 조화를 모색할 것을 강요한다. 그것은 공통의 정치 공간에서 어떻게 남들과 최소한의 정의, 대화 그리고 상호존중을 유지하면서 함께 살 수 있는가의 실천적 도전을 던져주고, 그런 경험을 통하여 새로운 시각과 지평을 얻게 하며, 그러한 도전과 새로운 지평에 비추어 어떻게 스스로의 정체성과 남과의 관계를 새로이 정의하느냐의 이론적 도전을 부과한다.

따라서 변증법적 다원주의는 종교적 특수성의 필연성과 정당성을 강조하면서도 여하한 주어진 특수성의 보존을 가장 급선무로 고려하지는 않는다. 무릇 모든 종교는 역사의 변증법 속에 종속되어 있고, 종교의 자기이해는 변화하게 마런이며 때로는 혁명적으로 변화하기도 한다. 그렇지 않으면 역사적으로 쓸모없는 종교로 전락하고 역사적 망각에 빠지게 된다. 중요한 것은 어떻게 각 종교가 그 주어진 특수성을 변화 없이 보존하느냐가 아니고 계승된 전통적 정체성과 변화된 세계에서 상이한 종교들과 함께 살아가야 할 사회적 필연성의 변증법을 어떻게 처리하느냐 하는 것이다.

넷째로, 이런 의미에서 변증법적 다원주의는 연대의 다원주의라고 할 수 있다. 변증법적 다원주의는 다원주의의 궁극적·역사적 의미를 특이성 자체의 보존이나 존중에서 찾지 않는다. 이 점에 있어서 변증법적 다원주의는 대부분의 고백적 다원주의자들이나 문화·언어적 다원주의자들의 입장과 다르다. 다원주의의 궁극적 의미는 타자성 자체의 긍정에 있지 않고 "타자들의 연대"의 긍정과 신장에 있다. 여기서 연대란, 이미 3장에서 강조한 바와같이, "남들**과의** 연대"solidarity **with** others가 아니고 "남들**의** 연대"solidarity **of** others임을 강조하고자 한다. 남들**과의** 연대를 말할 때는 무의식적으로나마 **우리** 자신을 관계의 주체로, 남들을 관계의 객체로 생각하고 **우리**를 관계의 특혜적 중심으로 생각하기 쉽다. 이에 반하여 남들**의** 연대를 말할 때는 어느 집단도 특혜적 중심에서 떠나서 평등하게 생각되며 우리는 서로서로에게 타자들임을 인식하면서 동시에 어떻게 하면 인간답게 함께 살 수 있는가, 어떻게 하면 누구나 억압과 차별에서 해방되어 떳떳하고 보람있게 살 수 있는 정치·경제적 조건을 함께 창조하면서 새로운 형태의 "우리"를 형성할 수 있는가에 관심을 두게 된다. 점증적으로 상호의존적인 현대에서는 모든 상이성을 제거하는 것도, 그렇다고 특이성만을 강조하는 것도 모두 불가능하고 또 바람직하지 못하다. 전자는 전제주의에로, 후자는 배타주의에로 이끌기 때문이다. 우리에게 필요한 것은 인간적 연대를 저해하지 않는 한도 내에서의 타자성의 긍정이요, 정당한 타자성을 저해하지 않는 한도 내에서의 연대성의 추구이며, 타자들의 연대 안에서의 타자성과 연대성의 변증법이다. 이것은 또한 배타적이고 억압적인 상이성을 제거하고 연대의 사회적 조건을 마련해야 하는 역사적 의무를 부과하고 있다. 변증법적 다원주의는 궁극적으로 역사의 변증법이 극단적·배타적 다원주의를 지양하고 새

로운 지평과 연대의 새로운 모형을 산출할 것으로 믿고 또 희망한다.[8]

하임, 디노야 그리고 밀뱅크의 고백적 다원주의는 각 종교의 특수성을 보존하는 데 관심을 집중한다. 거기에 비하여 파니카의 존재론적 다원주의는 특이성들의 궁극적 조화에 관심을 두고 그 조화를 "다투는 화합"discordant concordance 으로서의 존재 자체의 구조에서 찾고자 한다. 그러나 변증법적 다원주의의 관심은 타자의 특이성 그 자체도, 타자들의 존재론적 조화도 아닌, "남들의 연대"를 창조하는 구체적·역사적 과정과 그러한 과정이 우리의 해석학적 지평을 어떻게 변혁시키는가에 있다.

다시 간단히 종합한다면 변증법적 다원주의는 위에 열거한 다섯 가지의 다원주의, 즉 현상적·보편적·윤리적·존재론적 그리고 고백적 다원주의와 함께 배타주의와 포괄주의를 부정하고, 각 종교의 특이성을 존중하며, 대화와 정의 실천의 필요성을 강조한다. 그러나 이 모든 다원주의들과는 달리 변증법적 다원주의는 추상적 관념론을 떠나 종교간 관계의 역학의 모든 면을 변화, 충돌 그리고 상호작용의 변증법적 감각을 가지고 다루고자 한다.

변증법적 총체로서의 종교

변증법적 다원주의는 각 종교를 하나의 구체적 총체concrete totality로 본다. 모든 종교에는 신조·의식 그리고 실천이 있고, 이를 통하여 신자들의 집단적 자기이해가 구체화되며, 이러한 자기이해는 그러한 이해를 가능하게 해주는 "가능성의 구조"plausibility structure에 기초를 둔다. 종교는 이 모든 것의 체계요 총체로서 거기에는 지성적·심미적 그리고 실천적 측면이 있으며, 따라서 종교는 순전히 지성적인 측면에로의 환원을 거부한다. 종교는 개념화할 수 없고 오직 "감상"appreciate될 수 있으며, 그것도 그러한 총체의 심연 속에 오랜 시간에 걸친 실존적 투입과 그러한 경험을 통하여 얻어진 그 종교 나름의 지평과 시각을 통해서만 가능하다. 어떤 특이한 신조나 의식이나 이야기나 실천도 그것이 한

<hr>

[8] 필자의 논문, "Praxis and Pluralism: A Liberationist Theology of Religions", *Perspectives in Religious Studies* 16/3 (1989), 197-211 참조.

부분으로 구성하고 있는 총체를 떠나서 완전히 이해될 수 없다.

궁극적 믿음, 상징과 실천들의 살아 있는 총체로서의 종교는 따라서 같은 자로 잴 수 없는 환원 불가의 특이성을 지닌다. 종교간에는 스위들러가 말하는 보편신학 같은 공통의 시각도 없고, 힉이 말하는 같은 초월적 실재에 대한 현상적으로 상이한 응답으로서의 공통의 본질도 없으며, 하임이 잘 지적한 대로 모든 종교에 해당될 수 있는 공통의 "목적"도 없다. 이런 의미에서 엄밀히 따진다면 류터처럼 모든 종교는 "동등한 도덕성"을 지닌다고도 말할 수 없고, 니터처럼 모든 종교는 "동등한" 타당성을 지닌다거나 아무 종교도 다른 모든 종교들에 대하여 "궁극적 또는 규범적" 가치를 지니지 못한다고도 할 수 없다. 평등성에 대한 긍정도 부정도, 우월성과 궁극성에 대한 긍정과 부정도 모두 공통의 지평을 전제하는데, 현재에는 그러한 지평은 존재하지 않기 때문이다.[9]

종교들의 상이성을 축소시키고 다원주의를 극복하며 종교를 비교하는 것은, 오직 종교를 살아 있는 총체로서 파악하고 모든 종교들의 지평보다도 더 포괄적인 지평을 획득함으로써 지평의 융합을 이룰 수 있을 때에만 가능하다. 지금 우리가 그러한 포괄적이고 초다원주의적인 지평을 이미 가지고 있다고는 생각되지 않는다. 이 점에 있어서 찰스 테일러가 문화 일반에 대하여 한 언급은 종교에도 똑같이 해당된다고 할 수 있다. "상이한 문화들의 상대적 가치를 판별할 수 있는 궁극적 지평에 도달하려면 아직도 멀었다."[10] 이런 의미에서 비그리스도교 종교들의 구원사적 가치를 평가하는 종교신학이나 비교철학 그리고 비교종교학 등은 그 가능성에 있어서 시기상조라 아니할 수 없다. 이 시점에서 종교신학을 시도한다는 것은 필연코 다른 종교들을 그리스도교의 특수 기준에 종속시켜 판단하게 되는 것이기 때문이다.[11] 앞으로 적어도 얼마 동안은 종교의

---

[9] Ruether, 142; Knitter, "Key Questions for a Theology of Religions", *Horizons* 17 (1990), 93; Charles Taylor, *Multiculturalism and the "Politics of Recognition"*, ed. Amy Gutmann (Princeton: Princeton University Press, 1992), 71-3; Swidler (ed.), 128-9; Smith, 109-13; D'Costa (ed.), 81-95, 119-34, 174-91, 192-212; Gordon D. Kaufman, *God, Mystery, Diversity: Christian Theology in a Pluralistic World* (Minneapolis: Augsburg Fortress, 1996), 225; Paul J. Griffiths, *An Apology for Apologetics* (Maryknoll: Orbis, 1991), 48-51.

[10] Taylor, 73.

환원 불가의 다원성에 익숙해져야 되고 그러한 다원성의 긍정적 의미와 도전을 탐구하는 데 관심을 집중해야 할 것이다.

　그러나 구체적 총체로서의 종교가 지성적 차원이나 공통의 본질이나 공통의 기준으로 환원될 수 없다는 것은 종교를 부분적으로도 이해할 수 없다는 얘기는 물론 아니다. 종교의 여러 가지 측면도, 또 종교의 공통된 측면도 이해할 수 있다. 다만 그런 이해는 항상 부분적이고 추상적이고 또 특수한 시각에서의 이해이며, 구체적 총체로서의 종교 경험의 대체물은 될 수 없다는 말이다.

　또 종교가 하나의 총체로서 어느 것에도 축소 환원될 수 없다는 것은 그런 총체가 역사적으로 얼어붙고 고정되어 불변하는 실재라는 얘기는 더욱 아니다. 어떤 구체적 총체도 역사의 변증법으로부터 면역될 만큼 자기충족적이거나 불변의 정체성을 향유할 만큼 변화와 타자성으로부터 고립되어 있지 않다. 구체적 총체의 구체성은 바로 그 역사성에 기인하는 것이다. 역사는 그것이 국가든, 제도든, 종족이든 또는 종교이든 구체적 총체들을 생산하고 파괴한다. 총체로서 종교가 축소 불가라는 것은 그것이 완전히 지성화되거나 또는 공통의 기준으로 환원될 수 없다는 뜻이지 역사적 변화로부터 면제되었다는 뜻은 아니다. 종교는 본질적으로 역사적 변화를 수반하기에 바로 구체적이고 차별화된, 추상적이 아니고 동질적이 아닌, 총체가 될 수 있는 것이다.

　구체적 총체로서의 종교와 그러한 총체들과의 관계를 물화reification시키지 않고 변증법적으로 파악하는 것은 참으로 중요하다. 그러나 다원적 상황에 대한 지적 시각으로서의 다원주의 자체를 변증법적으로 이해하는 것도 또한 중요하다. 다양한 종교의 존재 자체는 예로부터 있었던 일이요 오늘날의 새로운 사실이 아니다. 그러나 그러한 현실에 대한 의식이나 해석으로서의 다원주의는 최근의 현상이요, 모든 다른 이론들과 마찬가지로 언젠가는 그것도 현실의 배척을 받고 완전히 사라지거나 현실 속에 완전히 실현됨으로써 그 절박성을 상실하거나 더 포괄적이고 타당한 이론의 한 부분으로 통합되거나 할 것이다. 파니

---

¹¹ Smith, 107-29; Panikkar, "The Jordan, the Tiber, and the Ganges", 103.

카처럼 존재나 진리 자체의 복수성을 강조하는 것도, 니터처럼 "다수성의 존재론적 우위성"을 역설하는 것도 모두 좋다.[12] 그러나 인간적 사고와 지평의 끊임없는 역사적 변동 속에서 언젠가는 다원주의 자체도, 과거의 많은 신학과 철학이 그랬던 것처럼, 그 절박성과 타당성을 상실하고 사라지게 될 것임을 기억하는 것도 똑같이 중요하다.

역사의 변증법의 소산으로서 다원주의도 그 나름대로의 역사성을 지니고 있다. 제2차 세계대전 이후의 신식민주의와 신제국주의의 지상 명령들, 팽창하는 세계 경제의 욕구들, 통신·교통·정보 기술 들의 혁명적 발전 등이 다양한 종교들을 공통의 공간으로 몰아넣었고, 거기서 서로의 상이성 때로는 상치성을 고통스럽도록 의식하게 만들었다. 정치·경제적 "가능성의 구조"의 이러한 극단적 변화가 없었다면 하나의 독특한 지적 입장으로서의 다원주의도 불가능했음을 알아야 할 것이다.

그러나 바로 똑같은 역사의 변증법은 동시에 다양한 여러 종교들이 사회생활의 여러 차원에서 서로 관계를 맺고 함께 사는 방법을 찾기를 강요하고 있다. 공통의 경제·정치·문화적 공간에 살면서 서로를 모르는 체하고 종교간의 상호작용을 회피한다는 것은 불가능한 일이다. 종교의 주체는 구체적 역사와 그 변증법 속에 깊이 관여하고 있는 인간들이다. 종교도 따라서 역사의 충돌과 긴장 속에 빠져들어가지 않을 수 없다. 종교와 종교의 관계는 종교적 이념이나 제도의 관계이기 이전에 종교의 주체인 인간들의 구체적인 역사적 관계요 그것은 필연코 정치·경제적 힘의 관계의 성격을 띠지 않을 수 없다. 종교간의 관계나 다원주의의 문제를 사상 대 사상만의 문제로 취급하는 것은 따라서 대단히 추상적인 접근이라 아니할 수 없다. 역사의 움직임은 다양한 종교들이 이러한 충돌과 긴장을 완화하기 위하여 궁극적 지평의 상이성을 초월하여 서로 이야기하고, 해방의 실천을 통하여 상호공존의 최소한의 정치적 조건인 정의를 수립하는 것을 절대로 필요하게 만들고 있다. 서로에게 스스로를 개방하지 않

---

[12] Panikkar in Swidler (ed.), 128, and Hick and Knitter (ed.), 109; Knitter, "Key Questions for a Theology of Religions", 94.

으면 안되게 하는 역사의 도전은 동시에 각 종교로 하여금 자기의 심연 속에 들어가서 신적인 타자 안에서의 남들의 연대 속에 자기의 가장 심오한 정체성을 찾도록 강요할 것이라고 희망해 본다. 대화와 정의에 대한 시대적 요구는 그 의미에 있어서 정치적일 뿐 아니라 종교적이기도 하다.

종교간의 대화와 토착화의 문제점

공통의 정치 공간에서 함께 살아가는 것의 첫번째 지상 명령은 무엇보다도 서로의 상이성을 뛰어넘어 서로 대화하는 것이다. 그리고 그러한 대화는 "다원주의적 감각"을 요구한다. 다원주의적 감각이란 상대방의 본질적 가치에 대하여 선험적으로 신뢰하고 존중하는 것과 상대방에 의하여 변혁될 수 있는 가능성에 스스로를 개방하는 것의 두 가지를 포함한다. 완전히 보편적이고 초다원주의적이며 모든 종교에 공통된 지평이 부재하는 현실 속에서 타자를 존중한다는 것은 결국 각 종교가 자기 고유의 최선의 전통 속에서 타자를 존중해야 할 이유를 찾아내는 것을 의미한다.[13] 이 점에 있어서 그리스도적 포괄주의자들이 말씀과 성령의 우주적 활동 속에서 비그리스도적 종교들의 구세사적 가치를 발견하고자 하는 시도는 긍정적인 가치를 지닌다고 할 수 있다. 그것은 자기의 전통을 회복하고 확대하고 변혁함으로써 남을 존중해야 할 긍정적인 이유를 찾고자 하는 하나의 방법이기 때문이다.

다원주의적 감각은 타자를 존중하는 것뿐 아니라 타자를 존중하되 타자를 동일성에로 축소시키지 않고 존중하는 것, 즉 타자로서의 타자에 스스로를 개방하는 것을 요구한다. 모든 독선주의나 개선주의와 달리 다원주의적 감각은 상대주의의 무관심에 빠지지 않고 자기의 신앙을 심각하게 받아들이는 것 못지않게 총체로서의 타자를 자기의 지적 또는 종교적 범주에 종속시키지 않는다. 그것은 스스로의 신앙과 신념을 견지하면서 살아간다. 그러나 그것은 동시에 타자의 빛과 그림자 속에서, 상이한 궁극적 지평의 가능성을 인정하면서, 또 그

---

[13] Heim, 161; Cobb, "Toward Transformation", in Leonard Swidler and Paul Mojzes (eds.), *The Uniqueness of Jesus: A Dialogue with Paul Knitter* (Maryknoll: Orbis, 1997), 53-4.

런 지평에 의하여 스스로 영향받을 수 있음을 의도적으로 의식하면서, 그러면서도 순수한 상대주의에 빠지지 않고 자신의 신앙과 새로운 지평에로의 개종의 가능성의 긴장을 유지하면서 살아간다. 상이한 종교들의 상봉에 대한 비판적 자기의식으로서의 다원주의적 감각은 동일성과 타자성의 긴장과 변증법을 극대화시킨다 하겠다.

변증법적 다원주의의 시각에서 볼 때 종교간의 대화에는 세 가지 목적을 설정할 수 있다. 첫번째 목적은 지적인 의미에서 남들을 "인식"하는 것보다도 하나의 살아 있는 총체로서 남들을 "감상"하는 것이다. 요는 그들이 그들 자신을 이해하는 것처럼 그들을 이해하고, 그렇게 함으로써 그들의 지평·시각 그리고 감각을 통하여 세상을 이해하고 경험할 수 있도록 하는 것이다. 스미스가 지적한 대로 "불교 신자들의 신앙을 이해하려면 '불교'라는 어떤 사물을 보지 말고 오히려 가능한 한 불교 신자들의 눈을 통하여 세상을 보아야 한다".[14] 이러한 경지에 도달하려면 남들의 철학적·종교적 경전들을 독파하는 것뿐 아니라 피어리스가 얘기한 대로 그들 전통의 "구원론적 심연"[15]에 들어가 그 원초적 경험에 참여해야 한다.

종교간 대화의 둘째 목적은 남으로부터 배움으로써 우리 자신을 변형시키고 확대시키는 것이다. 그리스도교 신학은 처음부터 때로는 명시적으로 때로는 묵시적으로 세속 문화와 세속 철학으로부터 많은 것을 배워 왔다. 최근에는 역사 자체가 시대의 징표로서 신학의 장이요 원천으로 여겨져 왔다. 억압받는 이들의 울부짖음과 함께 다른 종교들의 도전과 상봉도 시대의 징표임에 틀림없다. 다른 종교와의 대화를 통해서만 많은 다원주의자들과 포괄주의자들이 주창하는 세계적 신학의 이상에 조금이라도 근접할 수 있을 것이다.

대화의 셋째 목적은 우리의 기쁜 소식을 남들과 나누는 데 있다 하겠다. 종교간의 대화에 관한 토론의 대부분은 여러 가지 역사적인 이유로 남들로부터 배우는 것을 강조하고, 특히 그리스도교의 타종교와의 전통적인 관계를 제국주의·

---

[14] Smith, 47.

[15] Aloysius Pieris, *An Asian Theology of Liberation* (Maryknoll: Orbis, 1988), 64.

개선주의·배타주의라고 비판하는 데 치중하면서 **우리**의 신념이나 신앙을 남들과 나누는 데는 주저해 왔다고 해도 과언이 아니다. 그러나 진정한 다원주의로서의 변증법적 다원주의는 **남**들의 신앙고백뿐 아니라 **우리**의 신앙고백도 강조하고 격려한다. 신앙이란 자의적인 주관성의 표시가 아니요 주관성을 초월하는 어떤 요구와 호소에 응답하고 자신을 맡기는 것을 의미한다. 따라서 모든 신앙인들이 신앙고백을 통하여 남들과 기쁜 소식을 나누고자 하는 것은 참으로 당연한 일이요, 특히 그 소식의 내용이 억압받는 이들에게 억압으로부터의 해방을 알리는 기쁜 소식이라면 더욱 그러하다. 오직 그러한 신앙고백과 나눔은 강압적이 아닌 대화적으로 할 것을 변증법적 다원주의는 경고할 뿐이다.

한국적 상황에서 타종교와의 대화를 얘기한다는 것은 한국의 전통사상과 종교로부터 그리스도교가 배울 것과 줄 것이 무엇이냐의 문제를 제기하고 이것은 곧 토착화의 문제로 연결된다. 본인은 한국 전통종교에 대한 전문가가 아니기 때문에 전통 해석 문제는 차치하고 오직 변증법적·해방적 관점에서 최근의 토착화 신학의 동향에 관하여 몇 가지 소견을 피력하고자 한다.

최근의 서구신학이 그렇듯이 한국적 토착화신학도 서구신학의 약점으로 인정되는 이원론적 사고방식과 모순율의 절대화에서 파생하는 인간중심주의와 생태계 파괴를 극복하고자 하는 의도에서 출발한다. 그리고 한국의 전통사상 속에서 이원론과 모순율을 초월할 수 있는 사상적 자원을 찾고자 한다. 이런 맥락에서 이이일적 묘합二而一的 妙合의 한사상, 원효의 화쟁和諍사상, 율곡의 이기일원론理氣一元論, 동학의 인내천人乃天사상, 박은식의 천인합일天人合一의 대동大同사상, 강증산의 해원상생解寃相生사상 그리고 소태산의 일원상一圓相사상 등이 현대적 위기의 극복을 위하여 회복되어야 할 사상으로 토론되고 있다.

이러한 노력에 대하여 회복의 해석학적hermeneutic of retrieval 입장에서 몇 가지 질문을 던지고 싶다. 첫째로는 그러한 훌륭한 사상들이 왜 최근에 와서 다시 회복되어야 할 정도로 망각되었는가에 대한 역사적 성찰이 있는가의 문제이다. 한때는 역사적으로 한 시대에 영향을 주었을 그런 사상들이 최근에 와서 다시 회복되어야 할 정도로 망각되었다면 그것을 망각하게 만든 역사적 조건은 무엇인가? 또 그러한 역사적 조건 속에서 그런 사상이 영향력을 발휘하지 못했다면 더욱 복잡한 현대사회에서 영향력을 행사할 수 있으리란 보장이 있는가? 인간의 사상은 그저 사상만으로 취급할 수 없고 오직 구체적·역사적 상황과의 연관성을 통해서, 또 그러한 상황에의 유효·적절성의 관점에서 취급되어야 한다. 그렇지 않으면 추상적 관념주의에 빠지지 않을 수 없을 것이다. 근래의 토착화 토론은 역사와 사상의 이러한 관계를 심각하게 고려하고 있는가, 그렇지 않으면 사상을 초역사적 실재로 오해하고 있는가?

둘째로, 그런 사상은 과거의 한국 역사에서 어떤 이데올로기적 역할을 수행했는가? 위계적 질서, 가부장제도, 정치적 숙명론 등을 정당화시키는 역할을 하지는 않았는가? 서구신학은, 특히 해방신학은 신학방법의 제1조로 그리스도교 신학의 모든 전통사상을 "의심의 해석학"hermeneutic of suspicion을 통하여 재검토할 것을 강조하고 있다. 현금의 토착화 토론은 전통 회복 자체에만 집착한 나머지 이데올로기 비판의 필요한 과정을 빼먹고 있는 것은 아닌가? 한국적 전통이라고 의심의 해석학에서 면제될 수는 없을 것이다.

다음에는 긍정적인 관점에서 생각해 보자. 대립과 상극을 떠나서 인간과 인간, 자연과 역사, 인간과 하느님이 다양성의 조화 속에 하나를 이룬다는 것은 참으로 아름다운 사상이요 마땅히 회복되어야 할 사상이다. 이러한 조화의 형이상학은 조화롭지 못한 역사적 현실에서도 궁극적으로는 조화가 승리할 수 있다는 존재론적 보장을 가져다주고, 하나의 신학적 유토피아로 발전될 때 그것은 종말론적 희망의 원천이 될 수 있다. 그런데 문제는 이러한 아름다운 이상을 어떻게 역사적 현실 속에 구체화하느냐 하는 것이다. 그리고 이 문제에 대한 해답에는 세 가지의 측면이 있다.

첫째는, 그러한 이상을 구체화시켜야 할 역사적 현실에 대한 포괄적인 분석과 진단이다. 최근의 한국적 현실은 모순투성이다. 한국은 경제적으로 정치적으로 문화적으로 급격하게 변하고 있다. 그러나 개인들의 의식이나 행동은 이러한 변화를 조절하지도, 또 거기에 따라가지도 못한다. 이러한 변화는 동시에 계급 대 계급, 남과 여, 지역 대 지역, 사상 대 사상 그리고 민족의 독립성과 정체성을 바라는 욕구와 이러한 정체성을 무참하게 짓밟고 있는 국제적 자본주의의 횡포 사이에 크나큰 갈등을 낳고 있다. 문제는 이러한 모순된 현실 속에 어떻게 조화와 상생의 이상을 구체화하느냐 하는 것이다. 문제는 현존하는 다른 사상, 특히 서구신학적 **사상**에 비하여 한국의 전통**사상**이 우월하냐 아니냐의 것이 아니고, 가혹한 한국의 현대적 **상황**에 비하여 한국적 전통사상이 무엇을 시사할 수 있고 조명해 줄 수 있는가이다. 그런데 근래의 토착화 토론은 회복하려는 전통**사상**과 냉엄한 한국적 **현실**의 관계를 심각하게 고려하고 있는지, 그렇지 않으면 전통**사상**과 다른 **사상**과의 관계 분석에 그치는 것은 아닌지 질문하고 싶다.

둘째는, 전통사상이 현대적 현실 속에 구체화되기 위하여는 그러한 사상과 21세기적 현실을 매개해 주는 중개 이론이 필요하다. 과거의 이상은 보편적인 것이요 추상적인 반면에 현실은 구체적이요 개별적이다. 해방신학자 세군도는 철학적 의미에서의 "신앙"의 보편성과 현재의 구체적 실천의 개체성을 매개해 주는 중개 이론을 "이데올로기"라고 부른다. 특정 시대에 추구되어야 할 "목적과 수단의 체계"로서의 이데올로기는 인간이 가지고 있는 이상, 예를 들어 "사랑"을 현실의 특정 질서 속에서 구체화시키는 데 필요한 넓은 의미에서의 정치 이론을 담고 있다.[16] 이런 의미에서 볼 때 해방신학 자체도 그리스도적 사랑을 현시대에 구체화시키는 데 필요한 이데올로기로 볼 수 있고, 정치신학도 여성신학도 이 부류에 속한다 할 수 있다. 한국의 전통사상, 특히 한사상·풍류도 등을 21세기 한국사회에 구체화시킬 수 있는 정치이론은 어디에 있는가?

셋째로, 모순으로 가득 찬 한국적 현실 속에서 조화, 상생, 원융의 이상을 구체화한다는 것은 필연코 정치적 실천을 요구한다. 모순은 우리가 모순을 생각하기 때문에 생긴 것이 아니고 모순이 객관적으로 존재하기 때문에 모순을 생각하는 것이다. 생각을 바꾼다고, 모순율을 초월한다고 모순적 현실이 없어지는 것은 아니다. 인식론적 범주로서의 모순율은 인식의 변혁을 통하여 가능

---

[16] Juan Luis Segundo, *The Liberation of Theology* (Maryknoll: Orbis, 1976), 97-124, and *Faith and Ideologies* (Maryknoll: Orbis, 1984).

하고 이 점에 있어서 한국의 전통사상은 많은 시사를 주고 있다. 그러나 역사적·사회적 범주로서의 모순은 오직 그것을 제거하고 상생相生의 사회적 조건을 창조하는 행동, 즉 정치적 실천을 통하여서만 가능하다. 빈부의 차별은 모순율을 부정한다고 없어지는 것이 아니고 경제적 권력의 독점을 철폐함으로써만 가능하다. 이 점에 있어서 많은 토착화 신학자들의 반정치적 경향은 이해하기 곤란하다고 할 수 있다. 특히 생태학적 토착화신학을 주창하는 이들의 반정치적 경향은 더욱 이해하기 힘들다. 인간의 자연파괴는 인간중심적 사고의 문제가 아니라 무제한적 경쟁 속에 자연파괴를 강제하는 경제제도와 그 제도를 비호하는 정치권력의 문제이며, 이러한 제도가 동시에 경제·정치적 억압과 빈곤의 원인이라면, 그리고 또 빈곤한 계층이 자연파괴의 가장 큰 희생자라면, 정치와 생태학적 관심, 정치(해방, 민중)신학과 생태신학은 대립되는 개념이 아니요 한 개념의 두 가지 측면이라 할 수 있다. 생태파괴의 주범은 경제·정치 제도이며, 생태신학이 걱정하는 자연보호는 경제적 억압과 빈곤의 문제와 마찬가지로 오직 정치적 실천을 통해서만 가능하다. 정치적 실천이 없는 생태신학은 관념론적 낭만주의에 빠질 수 있다. 물론 인간중심주의를 초월하는 생태신학의 명제는 모든 정치신학이 경청해야 할 명제이다. 그러나 인간중심주의를 **개념**으로 초월하는 것과 그것을 구체화한 **제도**와 **구조**로 초월하는 것 사이에는 크나큰 차이가 있음을 잊어서는 안될 것이다.

대화의 한계성

지난 10여 년 동안 종교간의 대화에 관한 토론에는 대화의 조건에 관한 토론이 큰 부분을 차지하고 있다. 대화의 조건으로 개방성·정직성·성실성·상호 신뢰·평등성 등의 조건 이외에, 특히 니터는 모든 "궁극적"final 진리의 소유에 대한 주장을 포기할 것을 요구하고 있다.[17] 니터에 의하면 "자기의 견해가 상대

---

[17] Swidler, 13-6 and *Death or Dialogue? From the Age of Monologue to the Age of Dialogue* (with John Cobb, Paul Knitter, and Monika Hellwig), (London: SCM Press, 1990), 1-44; Knitter, *No Other Name?*, 207-13, and *One Earth Many Religions*, 16, 29, 78, 86-7.

자의 견해보다 진리에 더 가깝다"고 주장하는 것은 좋으나 "자기가 하느님께 받은 최종적이고 규범적인 견해를 가지고 있다"고 주장하는 것은 대화에 "장애"가 된다. 자기의 신념에 대하여 "보편적이고" "결정적이며" "필수불가결"의 주장을 할 수 있지만, "완전하고" "최종적이며" "규범적이고" "절대적" 또는 "오직 하나뿐이라"는 주장은 해서는 안된다. 만약 한다면, 그것은 진정한 대화 가능성의 조건, 즉 "상대방이 하는 말에 참으로 경청하고 그것에 의하여 도전 당할 수 있는"[18] 능력을 결핍하게 된다. 대화의 조건을 갖추기 위하여는 각자 자기 종교에 대한 모든 확정적이고 최종적인 주장을 포기해야 되고, 그리스도 신자인 경우에는 예수 그리스도가 모든 인류의 "오직 하나뿐"인 구원자라는 주장을 단념해야 한단다.

대화의 조건과 다원주의적 그리스도론의 가능성에 관하여는 여러 가지 문제가 있을 수 있으나[19] 여기서는 절대적·최종적 주장의 포기가 과연 대화의 필수 조건이 될 수 있는가의 문제만 토론코자 한다. 본인은 네 가지의 이유로 그런 주장에 반대한다.

첫째로, 진정한 대화가 상대방에 대한 편견 없는 경청을 요구하고, 그 결과로 궁극적 진리에 대한 자신의 주장까지 바꿀 수 있는 용의를 전제로 하는 것임을 본인도 인정한다. 그러나 그러한 용의는 자기의 궁극적 진리에 대한 주장을 대화하는 동안 정지시키라는 것일 뿐 실제로 의견을 바꾸라거나 자기의 의견이 틀렸음을 미리부터 인정하라는 것은 아니다. 의견을 바꾸고 말고는 대화의 결과로써 결정할 일이지 대화의 조건은 될 수 없다. 오랜 대화의 결과로 아주 다른 종교로 개종할 수도 있고, 같은 종교 안에 머무르면서 하나의 "모형변이"를 겪을 수도 있고, 경우에 따라서는 자기 종교의 가치를 다시 발견하고 더 높이 평가하게 될 수도 있다. 대화의 결과가 어떻게 될지는 대화 자체에 달린 것이지 대화 이전에 자의적으로 결정할 수 있는 것이 아니다. 따라서 대화의

---

[18] Knitter, "Key Questions", 96.

[19] 필자의 논문, "Christology and Theology of Religions: John Hick and Karl Rahner", *Louvain Studies* 11/1 (1986), 3-21, and "Praxis and Pluralism" 참조.

조건으로 대화하는 동안 **잠정적으로** 모든 "최종적" 진리에 관한 주장을 정지 또는 보류하는 것이 필요함은 수긍할 수 있으나 그런 주장을 **영구적으로** 포기해야 된다는 것에는 동의할 수 없다.

둘째로, 그런 주장의 포기를 요구한다는 것은 그런 주장의 실존적 성격을 과소평가하는 것이다. 종교에 있어서의 최종적 또는 절대적 주장은 바로 최종적이고 절대적인 실재, 그 실재와 우리의 실존과의 궁극적 관계, 그리고 삶의 궁극적 완성 또는 실패에 관한 주장이다. 주관적 주장의 궁극성은 주장되는 내용 자체의 궁극성에 의하여 요구되는 것이다. 그것은 상대적이 아닌 궁극적 관심의 문제이다. 그러한 관심은 철학적 이론처럼 순전히 이성적인 성찰의 결론이 아니고, 이성에 책임을 지면서도 이성의 차원을 초월하는 신앙의 소산이다. 대화의 순전히 형식적 조건을 채우기 위하여 실존적으로 적어도 똑같이 절박한 대안을 제시하지 않고 실존적 궁극성을 지닌 그런 주장을 무조건 포기하라고 하는 것은 사리에 맞지 않는다.

셋째로, 궁극적 주장의 포기를 요구한다는 것은 개체 종교 안에서의 그것의 중심적 역할을 과소평가하고, 결국은 종교의 개체성 자체를 포기하라는 것이나 마찬가지다. 대부분의 종교들은 그 나름대로 타협 불가능의 궁극적 주장들을 가지고 있다. 불교의 4제四諦 8정도八正道가 그것이고, 인도교의 브라만과 아트만의 동일성이 그것이다. 그리스도교에서는 온 인류의 궁극적·보편적·규범적 구원자로서의 예수 그리스도에 관한 주장이 거기에 속한다. 이 주장은 그저 신조 중 한 신조가 아니고, 니터의 주장과 달리[20] 그리스도적 전통의 "본질"이요 중심이며 구체적 총체로서의 그리스도교의 특수성의 핵심을 이루고 있다. 삼위일체의 교리·예전·교회론·영성·실천도, 다시 말하여 그리스도 신앙의 모든 것이, 또 이천 년의 전통이 거기에 달려 있다. 그것을 포기하라는 것은 따라서 그리스도 신자를 그만두라는 것이나 마찬가지다. 그것보다 더 절박한 어떤 대안의 약속도 없이 대화만을 위하여 그것을 포기하라는 것은 좀 지나친 주장이라 아니할 수 없다.

---

[20] Knitter, *No other Name?*, 143.

넷째로, 궁극적 주장을 포기하라는 것은 다원주의적 상황과 감각 속에 내재하는 인식론적 긴장을 원칙적으로 제거하라는 것이나 다름없다. 이 점에 있어서 변증법적 다원주의는 포괄주의와도 또 니터와 힉의 다원주의와도 다르다. 포괄주의는 다른 종교의 궁극적 주장들을 자신의 특수성에 포함하고 종속시킴으로써 서로 경쟁하는 궁극적 주장들간의 변증법적 긴장을 해소시켜 버린다. 힉과 니터의 다원주의도 초이론적 기준에 의하여 그런 주장들을 서로 동등한 것으로 상대화하고, 궁극적으로는 그러한 기준에 대한 자기들 나름의 형식적이고 특수한 개념에 그들을 종속시킴으로써 종교간의 긴장을 해소시킨다. 그에 비하여 변증법적 다원주의는 모든 종교를 축소·환원함 없이 궁극적 주장을 포함한 그들의 구체적·역사적 특수성을 있는 그대로 수용함으로써 궁극적 지평간의 긴장을 유지하고자 한다.

니터의 대화론에는 위의 몇 가지 문제보다도 더 근본적인 문제점이 있다. 그것은 바로 대화적 유리주의rationalism에로의 경향이다. 니터는 대화를 순전히 이성적인, 육체가 없는 존재들간의 상호교환으로 환원하고, 따라서 순수이성만의 이상적 조건에 의하여 그러한 대화를 규제하고자 한다. 그런 과정에서 구체적 인간들의 권력, 이해 그리고 지평의 역사적 상황과 조건은 완전히 무시된다.

개방성의 조건을 예로 들어보자. 개방성이 대화적 이성의 하나의 조건임에는 이의가 없을 것이다. 그러나 어느 정도, 누구에게, 또 무엇에 관하여 스스로를 개방할 것이냐 하는 것은 정치·경제적 권력의 분배, 공통이해 그리고 문화적 지평들의 구체적·역사적 상황에 달려 있다. 때로는 역사적 상황이 어떤 문제에 관한 대화를 위한 공통의 이해와 지평을 창조함으로써 개방성이라는 이상적 조건을 구체화시켜 준다. 이럴 경우에 우리는 그런 문제들의 "때"kairos가 왔다고 말한다. 그 반면에 어떤 경우에는 정치적 억압이나 경제적 착취 같은 역사적 상황으로 말미암아 상호신뢰와 개방은 불가능하게 되고 대화적 이성의 이상적 조건은 파괴된다. 이럴 경우에 필요한 것은 대화가 아니요 정치적 실천을 통하여 대화의 역사적 조건을 창조하는 것이다. 상충하는 이해와 지평은 대화의 구체적 가능성을 심각하게 제한하고 때로는 완전히 제거한다.

역사적 존재로서의 인간이나 사회는 아무 때나 아무에게 모든 것에 관하여 개방될 수는 없다. 몰트만이 정확히 지적한 대로, 대화는 "모든 민족과 공동체 간에 보편적으로 가능한 것이 아니다". 성공적 대화는 "특수한 카이로스"를 요구한다.[21] 따라서 참으로 중요한 것은 대화의 참가자들이 개방성과 평등성 같은 순수 대화 이성의 형식적·선험적 조건을 준수할 용의가 있느냐가 아니고, 물론 그것도 중요하지만, 자기의 궁극적 관심사에 대한 절대적 주장을 포기할 수 있을 정도의 공통의 지평과 이해가 현대사회 속에 주어져 있는가 하는 것이다. 자기의 절대적 주장보다 더 높은 공통의 지평 없이, 자기의 궁극적 관심사보다 더 궁극적인 공통의 이해 없이 그저 대화의 전제조건으로 절대적 주장의 포기를 요구한다는 것은 순수이성의 요구는 될지 몰라도 역사적 실천이성의 요구는 될 수 없다. 그리고 그런 궁극적 관심사에 관한 대화에 필요한 공통의 지평과 이해가 현재 우리에게 주어져 있다고는 생각되지 않는다. 현 단계에서의 종교 간 대화란 따라서 대단히 필요하면서도 극히 제한적임을 명심해야 할 것이다.[22]

다원주의와 해방의 실천

다원주의의 변증법은 대체로 담론과 태도와 감각과 사고의 문제라고 할 수 있는 상호존중과 대화를 요구할 뿐 아니라 또한 더 어려운 도전을 던져준다. 그것은 상충하는 경제적·정치적 이해와 생존경쟁의 구체적 상황 속에서 각자의 믿음을 실천하면서 남들과 함께 살아가는 다원주의적 실천의 도전이다. 구체적 총체로서의 종교는 밀폐된 공간도 따로 떨어진 고도도 아니요, 점증적으로 상호의존적인 세계와 역사의 한 부분이다. 싫든 좋든 역사는 팔레스타인에서 아랍인들과 유대인들을 함께 모았고, 스리랑카에서는 불교도들과 힌두교도

---

[21] Moltmann, in: D'Costa (ed.), 153.

[22] 지금까지의 토론은 대화적인 이유로 절대적 주장의 포기를 요구하는 것은 이치에 맞지 않는다는 것이었다. 니터와 힉은 대화적인 이유 외에도 신학적·윤리적·성서적·해석학적·형이상학적 그리고 언어적인 이유를 들고 있다. 이러한 이유들에 대해서는 "Christology and Theology of Religions"와 "Praxis and Pluralism"에서 이미 다룬 바 있고 앞으로도 더 자세히 다룰 예정이다.

들을, 북아일랜드에서는 가톨릭 신자들과 개신교 신자들을, 보스니아에서는 회교도들과 가톨릭 신자들과 정교 신자들을 그리고 로스앤젤레스·뉴욕·런던 등지에서는 유교 신자들·불교 신자들·회교 신자들·힌두 신자들 그리고 그리스도교의 여러 교파 신자들을 함께 모았다. 그들은 공통의 경제·정치 공간에서 기본 권리, 기회, 기본적 경제, 정치구조 그리고 지구에 대한 공동책임 등에 최소한도의 합의를 통하여 함께 사는 방법을 모색하지 않으면 안된다. 함께 산다는 것은 남들을 그들의 타자성과 함께 그저 내버려두는 것도 아니고, 대화를 통하여 그저 저들을 환영하는 것도 아니며, 또는 실천을 통하여 그저 저들에게 헌신하는 것도 아니다. 그것은 **함께** 정의와 연대의 구체적·사회적 조건을 창조하면서 남들의 실천적 연대를 구축하는 것이다.

이러한 공통의 역사적 과제에 직면하여 각 종교는 서로에 대하여 어떻게 행동할 것인가? 서로에 대하여 무관심한 채로 남을 것인가? 고통의 제거라는 정치적 실천에 서로 연대할 것인가? 그렇지 않으면 숙적으로 서로 대결할 것인가? 서로 지배하려고 싸울 것인가? 인간의 기본 욕구와 권리를 보장하는 사회의 건설을 위하여 협력할 것인가? 함께 살려면 법을 만들어야 하고, 동일성의 체제로서의 법은 국가의 공권력을 통하여 강제로 집행되어야 한다. 그런데 그러한 법은 억압적일까 혹은 해방적일까?

각 종교는 본질적으로 정치적인 이런 도전을 다루는 데 어떤 능력과 자원을 가지고 있는가? 구원이나 열반의 이름으로 모든 투쟁을 거부하고 그렇게 함으로써 역사의 모든 살인들을 묵인할 것인가, 혹은 정의와 평화를 위한 투쟁을 자신의 사명의 한 부분으로 인정하고 실천할 것인가? 각 종교는 현 상황의 심각성을 인식할 만한 역사적 감각과 그것에 대면할 수 있는 정치적 용기와 시대의 징표를 해석할 줄 아는 정신적 식별력을 가지고 있는가? 시대의 요청에 비추어 전통적 교리를 다시 생각하고 역사에 참여할 수 있는 지혜와 용기가 있을까, 혹은 그렇게 하기를 거부하고 역사로부터 후퇴할 것인가?

하임과 밀뱅크는 니터 같은 윤리적 다원주의자들을 비판하면서 정의를 서구적 모형 위에서 이해하고 그러한 정의를 모든 종교의 절대적 척도로 삼음으로써 서구적 민족중심적 배타주의에 빠지고 있다고 지적한다.[23] 그러나 이 점에서 하임과 밀뱅크는 정의의 **개념**과 정의의 **실재**를 혼동하고 있지 않나 우려된다. 정의의 **개념**은 각 종교와 문화마다 서로 다를 것이다. 그러나 대우의 공평성, 정치적 억압과 경제적 착취로부터의 해방, 기본 욕구의 충족 등의 의미에서의 정의의 **실재**는 모든 문화나 종교가 공통으로 희구하는 바라 할 수 있다.

불의의 고통이 종교간 대화의 공통의 맥락이요 근거가 되어야 한다고 주장하고 있는 니터는 고통에는 두 가지의 특징, 보편성과 직접성immediacy이 있음을 지적한다. 고통은 세계 어느 곳에나 공통으로 발견되고, 그 원인들도 빈곤·학대·희생 그리고 폭행 등 공통점이 많다. 또 고통의 경험은 대단히 직접적이기 때문에 "고통의 원인이나 처방에 대해서는 여러 가지 해석이 있을 수 있으나, 우리로 하여금 저항하게끔 만드는 실재로서의 고통의 의미는 고통의 경험 바로 그 자체 속에 거의 주어져 있다고 할 수 있다". "고통은 백 가지 해석의 베개 밑에 질식되기에는 너무나 직접적이다." 이러한 직접성은 문화와 종교의 차이를 넘어 보편적으로 경험되는 것이다.[24] 악과 불의에 저항하지 않으면 안되는 필연성의 직접적인 느낌은 어떠한 상대주의의 이름으로도 모면할 수 없는 무조건적이고 절대적인 의무를 동시에 내포하고 있다. 길키Gilkey가 지적한 대로 저항의 실천은 상대적인 것 속에 구체화된 절대적인 실재를 드러내준다.[25]

한 걸음 더 나아가서, 억압으로부터 해방된 정의로운 사회의 건설은 참으로 원초적인 요구이기 때문에 형태 여하에 불구하고 모든 사회는, 그리고 특히 다원주의적 사회는, 그 법률과 제도에 있어서 정의의 문제와 씨름하지 않을 수 없음에 유의해야 한다. 이런 의미에서의 정의는 하임과 밀뱅크가 생각하는 것처럼 자유 선택의 문제가 아니고 모든 형태의 사회생활 속에 내포된 실천적 필연이다.[26] 그리고 그러한 필연은 이미 존재하는 계급적·종족적·성적 모순에 종교적·문화적 다원주의의 갈등을 첨가하고 있는 역사의 움직임 속에서 더욱 절박해지고 있다. 비록 정의의 구체적 내용은 맥락마다 다르더라도, 모종의 정

---

[23] Heim, 91-8; D'Costa (ed.), 174-91.

[24] Knitter, *One Earth Many Religions*, 89.

[25] Hick and Knitter (eds.), 44-50.

[26] Ward, 319.

의의 규범 없이는 아무 사회도, 특히 현대 다원주의 사회는 존재할 수 없다.

이렇기 때문에 하임이 크게 의존하고 있는 니콜라스 레셔의 "동향적"動向的 (orientational) 다원주의는 다원주의의 문제점들을 다루는 데 크게 부족하다고 결론할 수밖에 없다.[27] 동향적 다원주의는 다원주의의 문제를 시각과 진리의 다원성이라는 이론적이고 지적인 차원으로 축소시키고, 따라서 상충하는 시각들의 사회적·실천적 맥락과 결과들에 내포된 문제들에 대하여는 무관심하다. 그런데 보스니아 같은 곳에서 정교 신자들·가톨릭 신자들 그리고 회교 신자들이 서로를 살해하고 있을 때, 우리는 레셔가 말하는 대로, "남들은 상관하지 말라; 그들은 그들의 북치는 이를 따를 것이고 우리는 우리의 북치는 이만 따르면 된다"[28]고 과연 말할 수 있을까? 그러한 태도는 역사적으로 가장 무책임한 태도임에 틀림없을 것이다. 모든 종교들은 다원주의 사회에서 정의의 실제적 변증법 속에 끌려들어가면서 각자의 전통 중 가장 좋은 것을 회복함으로써 적극적인 해결책을 제시하거나 혹은 계속 무관심할 경우 역사에 의하여 쓸모없는 무엇으로 거부당할 것을 각오해야 한다. 드라이버가 잘 지적한 대로 정의의 실천 없는 다원주의는 "막연한 관용"과 "다양성의 막연한 관조"[29]에 불과하다.

억압에서의 해방과 정의의 수립은 인간의 원초적인 욕구요 사회생활의 필연임과 더불어 모든 종교의 출발점이기도 하다. 명시적이든 묵시적이든 해석과 강조의 차이는 있을지라도 모든 종교가 고통과 고통 극복의 문제를 가장 중요한 문제의 하나로 생각하는 것만은 틀림없다. 따라서 고통의 문제는 사회·정치적인 문제만이 아니요 바로 종교적이고 신학적인 문제이기도 하다. 고통의 해석에는 종교마다 크게 차이가 난다. 불교의 해석이 다르고 그리스도교의 해석이 다르다. 그러나 현대의 상호의존적인 역사적 상황 속에서 고통의 큰 부분이 인간이 인간에게 저지르는 고통이요 그 고통이 대부분의 경우에 정치·경제

---

[27] Heim, 133-44; Nicholas Rescher, *The Strife of Systems: An Essay on the Grounds and Implications of Philosophical Diversity* (Pittsburgh: The University of Pittsburgh Press, 1985), 98ff. and *Pluralism: Against the Demand for Consensus* (Oxford: Clarendon Press, 1993), 98-126.

[28] Rescher, *The Strife of Systems*, 201.　　　[29] Hick and Knitter (eds.), 217.

적 권력의 남용과 그런 남용을 제도화한 불의한 사회구조의 산물임을 또한 부정할 수 없을 것이다. 이런 의미에서 고통에 관심있는 종교는 정의와 해방의 지상 명령에 무관심할 수 없고, 따라서 정의와 해방의 문제는 종교간의 대화와 실천적 연대의 주요한 대상이요 목적일 수 있으며, 이러한 실천적 대화와 연대를 통하여 상대방에 대한 우리의 지평과 시각이 어떻게 달라질지는 아무도 예측할 수 없을 것이다. 그리고 이 점에 있어서 타종교인들에 대한 그리스도교인들의 정치·경제적 억압이 바로 대화의 장애물이 되었고, 또 그로 말미암아 그리스도교의 제국주의적 경향에 대한 비판과 반응으로 다원주의가 생겼음을 잊어서는 안될 것이다. 해방과 정의 수립은 어느 종교도 무관심할 수 없는 가치요 종교간의 대화와 실천적 연대의 주요한 대상일 뿐 아니라 종교간 대화와 연대의 실천적인 조건이기도 하다.

그러나 이것은 곧 정의의 척도로 모든 종교를 판단하겠다는 것이 아닐까? 위에서 종교의 상호환원 불능과 공통의 척도의 부재를 주장하던 것과 상반되는 것이 아닐까? 물론 공통의 척도로 모든 종교를 판단하는 것이 된다. 그렇다고 위에서 주장해 온 것에 모순되는 것은 아니다. 이것을 이해하기 위하여는 종교에 대한 절대적인 판단과 상대적인 판단을 구별할 필요가 있다. 절대적인 판단이란 구체적 총체로서의 종교 전체에 대한 판단이요 상대적인 판단이란 종교의 전체를 단죄하지 않고 그것의 몇 가지 측면이나 부분을 판단하는 것을 말한다. 절대적 판단이 불가능하다고 부분적·상대적 판단까지 배제하는 것은 아니다. 구체적 총체로서의 종교는 상호환원될 수 없다. 그러나 공통의 정치·경제 공간에서 하나의 법, 하나의 정치제도, 하나의 경제체제, 즉 함께 사는 데 필요한 동일성의 체제를 수립해야 하는 한 모든 종교들은 상호환원될 수 있고 모든 종교는 같은 척도에 의하여 심판을 받게 된다. 같은 공간에 살면서 불교를 위한 법이 따로 있고 그리스도교를 위한 법이 따로 있을 수 없다. 법은 하나이다. 그런데 그 법은 정의로운가 혹은 구조악인가 질문해야 되고, 이러한 법·정치·경제 질서에 대한 각 종교의 입장과 태도는 마땅히 심판되고 평가되어야 한다. 그리고 이 점에 있어서 다른 종교들 사이에뿐 아니라 같은 종교 안에도 상반되는 의견이 있음은 역사가 증명하고도 남음이 있다. 변증법적 다원주의는 이처럼 절대적인 심판을 배제하면서도 상대적인 심판은 허용할 뿐 아니라 그 정당성과 필요성을 강조한다. 변증법적 다원주의는 책임지는 다원주의로서 모든 것을 다원주의의 이름으로 허용하지는 않는다.

다원주의의 미래로서의 남들의 연대

변증법적 다원주의는 종교다원주의의 미래에 관하여 조심스럽게 낙관적이다. 우리의 의식이 우리의 사회적 실존을 결정하는 것보다 우리의 사회적 실존이 우리의 의식을 더 결정하는 것이 사실이라면, 우리의 사회적 실존에 있어서의 최근의 획기적인 변화가 우리의 지평과 시각에도 그에 상응하는 변화를 가져다줄 것임은 의심의 여지가 없을 것이다. 서로 존경하고 개방된 마음으로 대화에 참여하고, 정치·경제적 정의문제에 서로 협력하며, 무엇보다도 같은 공간에 함께 살면서 같은 정치·경제·문화 제도에 종속된다는 것은 한편으로는 타자의 타자성에 대한 우리의 감각을 고양하고 확대할 것이 틀림없지만, 또 한편으로는 상호협력의 필요성을 가중시키고 비슷한 사고방식과 공통의 문화를 산출하게 될 것이다. 사회적 실존의 이러한 변화가 각 종교의 자기이해에 어떻게 영향을 줄지 지금 상론하기는 불가능하지만 그 영향이 결정적일 것만은 틀림없다.

역사의 이러한 역학은 모든 종교로 하여금 과거의 사유 모형들을 다시 생각하고, 궁극적 주장을 포함한 우리의 집단적 정체성에 대한 전통적 개념을 수정하며, 서로서로에 대한 편협하고 파괴적인 선입견들을 없애버리도록 압력을 가할 것이다. 지금까지는 제국주의적 동일성의 횡포에 대한 반발로 차별성과 타자성을 강조하는 경향이 있고 또 종교다원주의 자체도 그러한 경향의 한 예라고 할 수 있다. 그러나 앞으로 10년이 지나고 지구가 하나의 지구"촌"으로 실감있게 경험될 때, 그리고 무엇보다도 세계적 자본주의가 모든 민족들과 문화들과 종교들을 하나의 상호의존적 체제 속에 함께 가두어둘 때, 인간들은 자기의 타자성과 특수성보다도 그것을 파괴하지 않으면서 인간과 인간을 연결시켜주는 연대성, 특히 "남들의 연대성"을 갈구하며 부르짖게 될 것이다. 문제는 각자가 어떻게 타자성을 견지하느냐가 아니고 타자성을 버리지 않으면서도 어떻게 "남"들과 "함께 사느냐" 하는 것이 더 절박한 질문임을 의식하게 될 것이다. 그리고 종교들은 어떻게 "남들의 연대"를 절박하게 상징화하고 효과있게 구체화할 것인가의 문제로 서로 대화하고 경쟁하게 될 것이다. 상이한 종교의 상봉으로 다원주의를 만들어낸 역사는 동시에 극단적 다원주의의 부정적인 면을 지양하고 남들의 연대의 시대를 가져올 것이다.

그런 시기가 올 때까지 우리는 다원주의적 감각, 대화적 나눔 그리고 다원주의적 정의의 실천뿐 아니라 다원주의적 영성, 즉 모든 범주적 차별을 넘어선 남들의 연대를 적극적으로 촉진해야 할 것이다. 가까운 장래에 세계 종교들 사이의 본질적인 차이가 없어지리라고는 기대할 수 없다. 따라서 연대의 지상 명령은, 파니카가 말했듯이, 서로서로를 반드시 "이해하지는" 못하면서도 "받아들임"으로써 그러한 차별을 **넘어서** 생각하고 행동하는 것이라 하겠다.[30] 서로서로와의 정치적 또는 지적 유대뿐 아니라 정신적 유대를 수립하기 위하여 모든 차이가 해소될 때까지 기다릴 필요는 없는 것이다. 그런데 이것은 항상 타자를 동일성으로 축소시키는 이성중심주의와 주지주의主知主義와의 단절을 내포할 뿐 아니라, 우리의 궁극적 관심을 지知적인 것에서 미美적인 것으로 옮기는 것을 또한 요구한다. 파니카가 제안한 대로 우리가 모색하는 것은 "지성"의 일치가 아니요 초지성적인 차원에서의 "마음"과 "느낌"의 화합이요 "초논리적인 마음의 영역"에서의 범주를 초월하는 남들의 교제koinonia이다.[31] 이 점에 있어서 파니카의 존재론적 다원주의도 우리 나라의 한韓사상도 모두 시사하는 바가 많다 하겠다.

---

[30] Swidler (ed.), 124.

[31] Panikkar, *Myth, Faith and Hermeneutics: Cross-Cultural Studies* (New York: Paulist, 1979), 9; Swidler (ed.), 142-8.

남들의 연대의 화신으로서 그리스도와 교회:
분단 한국의 신학적 도전

한국은 분단된 나라다. 그러나 이것은 남과 북의 분단만을 말하는 것이 아니다. 한국은 남과 북으로 분단되었을 뿐 아니라, 계급별·성별·지역별·종교별·학교 출신별로 또한 분단되어 있다. 이러한 분열로 말미암아 국내적으로는 온갖 모순과 갈등이 첨예화되고, 국외적으로는 홍수같이 밀려들어오는 외국의 자본과 문화에 대하여 완전한 무방비 상태를 노정하고 있다. 이러한 국가와 민족의 총체적 위기상황에서 교회와 신학은 어떻게 대응해야 할까? 필자는 이 장에서 다섯 부분으로 나누어 이 문제를 다룰까 한다. 첫째로 현대 한국사회의 근본적 모순과 도전을 열거하고, 둘째로 이에 대한 대안으로 남들의 연대와 공公의 문화를 제시하며, 셋째로 이에 합당한 신학으로서 남들의 연대의 화신으로서의 그리스도론을, 넷째로 남들의 연대의 성사sacrament로서의 교회론을 각각 논의할까 한다. 그리고 마지막으로 한국교회의 몇 가지 반성할 점을 지적할 것이다.

한국사회의 모순과 도전

우선 한국적 상황의 더 구체적이고 정확한 인식을 위해 현대 한국사회의 주요 모순과 갈등을 알아보자. 최근에 한국을 방문한 사람들에게는 인상적인 것이 참으로 많다. 불과 30년 사이에 국민 평균 소득이 백 배로 증가한 것도 인상적이요, 40년 전까지도 국제사회의 걸인이었던 한국민의 새로운 자신감과 넘치는 생명력도 인상적이며, 언덕 한 군데 빈 곳 없이 지어진 집들이나 빠져나갈 데 없이 주차된 수많은 자가용도 인상적이다. 그러나 이처럼 겉으로 나타난 현상 뒤에 도사리고 있는 역사적 모순과 갈등은 더욱 인상적이 아닐 수 없다.

무엇보다도 먼저 거론되어야 할 모순은 경제적 모순이라 아니할 수 없다. 이 것은 국가 공권의 계획적 지원하에 급성장한 30대 재벌 기업들의 독점과 그들 밑에서 먹고 살아야 하는 대다수 국민들의 이익의 모순을 말하는 것이요 거기 서 파생하는 빈부의 갈등, 정경유착에서 오는 공권의 사물화 그리고 문화의 상 업화를 포함한다. 근래에 이르러 국민소득의 현저한 향상과 중산층화는 빈부 갈등의 문제가 해결된 것 같은 착각을 일으켰을지 모르나, 1997년말에 다가온 IMF 위기로 말미암아 이러한 착각은 산산조각이 나고 말았다. 국민 평균소득 은 2/3로 줄어들고 실업자수는 2백만을 넘었으며 빈부의 차는 더욱 늘어났다. 시간이 지나면서 국가의 경제는 많이 회복되었지만, 자본주의의 완전한 세계화 와 극심한 국제적 경쟁에 따라 경제의 구조적 불안정은 앞으로도 계속될 것이 다. 그리고 한국에는 중산층도 많이 있지만, 그동안의 경제적 향상에도 불구하 고 아직도 사회의 저변에서 착취당하고 있는 노동자, 농민들이 있을 뿐 아니라 값싼 노동력 때문에 밖에서 들여오는 외국인 또는 동포 노동자들의 참상도 점 진적으로 크게 문제가 되고 있다. 무엇보다도 가장 우려되는 것은 언젠가 통일 된 한반도에서 기필코 발생하게 될 가난한 북녘 동포들과 잘 사는 남녘 동포들 사이의 갈등과 모순이며 거기에 내포된 여러 가지 정치적 문제점들이다. 2천만 을 넘는 북쪽의 가난한 동포들이 어떻게 통일 한국의 경제체제에 융화될 수 있 을 것인가의 문제는 생각만 해도 가슴이 섬뜩하지 않을 수 없다. 빈부 갈등의 여러 고통스런 측면이 노골적으로 드러날 것은 자명하기 때문이다.

둘째의 모순은 남녀간의 성적 갈등이다. 전통적 한국사회처럼 가부장제도가 철저한 곳도 많지 않을 것이다. 비록 지난 30여 년 동안 경제적 기회의 팽창, 정치적 평등의 신장, 문화와 의식의 변화 그리고 여성주의 운동의 결과로 여성 의 사회적 지위에 많은 긍정적인 변화가 있었던 것도 사실이지만, 이에 못지않 게 사회의 구석구석에 아직도 남성우월의 사고와 행동이 지배적임은 부인할 수 없을 것이며, 동시에 여성차별에 대한 반발과 여성해방에 대한 요구도 더욱 거 세질 것임에 틀림없다. 여자아이들에 대한 낙태로 말미암아 얼마 전까지도 여 자 100명 당 남자가 116명에 달했다는 사실은 한국사회의 여성차별이 얼마나 병적일 정도로 심각한가를 말해준다. 남성우월주의와 남성권위주의의 이데올로기는 여성에 대한 현모양처 이데올로기와 정절 이데올로기와 함께 가족, 학교, 노동, 법률, 종교, 정치, 군대, 대중매체 등 사회생활 온 분야에서 생산되고 재생산되어 여성들을 차별하고 통제하는 요소로 크게 작용하고 있다. 남녀 성평등의 성취는 한국사회가 당면한 크나큰 도전이요 과제임에 틀림없다.[1]

셋째의 모순은 지역간의 갈등이다. 지역주의, 지역에 대한 충성심, 또 지역간의 경쟁심은 한국 역사에 있어서 가장 고질적이고 병적인 부족주의의 한 표현이다. 특히 박정희 정권 이후 지난 40년 동안 이러한 지역주의는 정치적 권력과 경제적 권력을 독점함으로써 더욱 악화되었고, 그 결과로 지역들간의 극심한 경제적·정치적 불균형과 가해자들의 억압적 지역주의와 피해자들의 해방적 지역주의의 계속적인 갈등을 야기했으며, 그것이 국가적 단합과 정치적 발전에 얼마나 큰 장애가 되고 있음은 선거 때마다 온 국민들이 느끼고 있는 바라 하겠다. 그런데 지역주의의 문제는 이것보다도 더 심각하다는 것을 지적하고 싶다. 언젠가는 남과 북은 하나가 될 것이고, 이미 지적한 대로 가난한 북쪽과 부유한 남쪽은 얼굴을 맞대게 될 것이며, 그것은 곧 인간의 욕정 중 가장 비인간적인 거만과 원한의 집단적인 표현을 야기하기 쉽고, 이미 경제적 차이로 소원해진 남과 북에 지역주의라는 새로운 분열 요소를 가중하게 될 것이다. 생각하기도 두려운 민족의 미래상이라 하겠다. 한국 근대사의 저주요 망령인 지역주의의 모순은 해소되어야 한다.[2]

극복되어야 할 넷째의 모순은 이념적 갈등이다. 일반적으로 이념이나 이데올로기라는 것은 관념만의 문제가 아니요 역사적 모순에 기생하여 생겨나는 것이다. 사회의 모순이 심화될수록 이념의 전쟁도 심각해진다. 동서의 각축장으로서 한국은 이미 극우와 극좌의 이념전을 겪었고 지금도 겪고 있는 중이다. 계급간의 충돌이 존재하고 또 계급간의 이해를 자극함으로써 정치적 이익을 거둘

---

[1] 한국 사회에서의 여성차별에 대한 포괄적이고 심도있는 연구로는 이영자·김혜순·민경자·이정옥 공저 『성평등의 사회학』(한울 아카데미 1993)을 참조할 것.

[2] 한국의 지역주의에 관하여는 황태연 『지역 패권주의의 나라』(무당미디어, 1997) 참조.

수 있다고 생각되는 한 이념전의 가능성은 항상 존재한다고 할 수 있다. 우리는 정부가 궁지에 몰릴 때마다 또 선거 때마다 반공 이데올로기를 끌어내어 야당과 국민을 협박하는 고약한 버릇을 지난 반세기 동안 보아왔다. 앞으로 빈부의 갈등이 계속되고 남과 북의 모순이 첨예화함에 따라 과거의 이념전이 재생될 가능성에 우리는 대비해야 할 것이다.

다섯째로 극복되어야 할 모순은 종교간의 갈등이다. 한국에 있어서의 종교간의 관계는 상호불신과 불관용으로 특색지어져 왔다. 그리고 이것은 특히 어느 특정 종교가 정치권력을 장악할 때 더욱 그러했다. 조선 5백 년 동안 유교가 불교를 배척한 것이나, 한 세기 동안 천주교를 박해한 것은 그 좋은 예라 하겠다. 이런 점에 있어서 어느 특정 종교가 정치권력을 독점할 수 없도록 정치와 종교의 분리를 제도적으로 보장하는 것은 항상 절박한 일이라 할 수 있다. 그러나 한 걸음 더 나아가서 종교들간의 상호존중, 대화 그리고 상호협력을 증진하도록 노력하는 일도 똑같이 절박한 일이라 아니할 수 없다. 무슨 이유에서인지는 몰라도 한국인들은 모든 것을 극단적으로 하는 성격이 있다. 그래서 한국 유교인들은 공자보다도 더 유교적이고, 한국 장로교인들은 칼빈보다도 더 칼빈적이며, 한국의 천주교 신자들은 로마 교종보다도 더 철저한 천주교 신자이기를 원한다. 이러한 극단성을 가지고 있는 한국의 종교가 이미 분열과 상충을 겪고 있는 한국사회에 또 하나의 분열의 계기가 되지 않고, 오히려 어떻게 각 종교의 관용적인 면을 개발하여 민족 화해의 초월적 근거와 자극을 제시하도록 하느냐 하는 것은 참으로 큰 도전이 아닐 수 없다.

마지막으로 극복해야 할, 어떻게 보면 가장 큰 모순은 모든 지역적 정체성을 파괴하고 있는 세계사의 추세 속에서 어떻게 경제적·정치적·문화적인 면에서 민족의 정체성을 보존하느냐 하는 것이다. 경제적으로 한국은 90년대 초의 우루과이 라운드 체결 이후 세계 시장의 상승 기복과 무한경쟁에 완전히 종속되었고, 정치적으로도 비록 형식상 독립국가이긴 하더라도 초강국들의 이해의 변증법에 완전히 의존하고 있으며, 문화적으로는 비록 최근에 이르러 전통에 대한 새로운 인식과 연구가 활발해졌다 하더라도 실제로는 이념과 가치의 세계적

경쟁 속에 아무런 저항 없이 완전히 휘말려들어감으로써 민족적 정체성의 위기
는 더욱 심각해지고 있음이 사실이라 하겠다. 위에서 말한 모든 모순은 이러한
민족 정체성의 위기와 직접적인 관련을 맺고 있다. 민족 정체성이란 계급·
성·지역·이념·종교 등의 문제에 있어서 어느 정도 국민적 합의가 있을 때
가능한 것이며, 따라서 이미 지적한 모순들이 어느 정도 해소되었을 때에만 가
능하다 할 수 있다. 한국이 당면한 가장 큰 도전은 어떻게 경제, 성, 지역, 이
념 그리고 종교면에 있어서 어느 정도의 단합을 유지하고 위협적인 외부세력에
저항할 수 있도록 경제적·정치적 힘을 배양하느냐 하는 것이다. 그리고 그것
은 어떻게 창조적이고 건설적인 외래 사상은 개방적으로 수용하고, 파괴적이고
물질주의적인 외래문화에는 저항할 수 있는 민족적 지혜와 힘을 기르느냐 하는
것을 포함한다. 한국은 이미 19세기말과 20세기 전반기에 완전한 민족적 수모
를 겪은 바 있다. 21세기에 진입하는 오늘 고의적 쇄국주의나 무분별한 개방주
의를 통하여 민족의 정체성을 상실하고 민족적 수모를 다시 겪어서는 안된다.

　위에 열거한 여섯 가지의 국가적 모순이 내포하는 시대적 도전을 간단히 종
합한다면 다음과 같다고 할 수 있다. 경제적 모순은 현재와 미래의 모든 가난
한 이들과 중산층들이 어떻게 상호연대를 이루어 더 정의롭고 인간다운 경제체
계를 건설하느냐 하는 도전을 던지고 있다. 성적 모순은 여성들이 어떻게 여성
으로서의 자기의식과 연대의식을 획득하고, 가능한 한 많은 남성들과의 연대를
통하여 여성들의 평등을 인정하고 보장하는 제도와 문화를 창조하느냐의 도전
을 포함하고 있다. 지역적 모순은 어떻게 억압받는 지역들이 가해자들의 억압
적 지역주의를 극복할 수 있을 만큼 스스로의 단합과 다른 지역과의 연대를 성
취하고, 궁극적으로는 어떻게 피해자들과 가해자들이 같은 동족이며 인간으로
서 지역을 초월하는 동질성을 얻느냐의 도전을 안고 있다. 경제적 갈등, 성적
갈등 그리고 지역적 갈등이 해소되면 이념적 갈등도 크게 해소되리라 기대된
다. 그러나 그러한 상황이 오기까지는 이념적 갈등도 그 나름대로의 독립성을
가지고 있기 때문에 이념적 갈등에 대한 대비도 또한 필요하다 할 것이다. 이
념적 갈등에 내포된 도전이란 억압받는 모든 인간들과 지역들이 어떻게 이데올

로기의 허구성, 즉 이데올로기란 특수계급의 특혜를 정당화하기 위한 이념이란 것을 각성하고 폭로하면서 특수계급의 특혜가 아니고 모든 인간들의 공동이익과 연대성에 기초한 공공이익 또는 공동선의 이념으로 이데올로기의 억압적 특수성을 극복하는 것이라 할 수 있다. 종교적 도전이란 각 종교가 그 전통 속에 오랫동안 지니고 있던 타종교에 대한 불신을 극복하고, 동족으로서 또 같은 인간으로서 다른 종교인들과의 연대를 통하여 모든 이들의 해방·정의 그리고 화해를 위하여 노력할 수 있는 능력이 있는가 하는 것이다. 마지막으로 세계사적 도전이란 어떻게 한국이 전통적인 민족 분열의 여러 요인을 극복하고, 한편으로는 외부적 압력에 저항하여 정치적·경제적 자주성을 견지하고, 다른 한편으로는 민족적 정체성과 세계적 타자성의 문화적 변증법에 건설적으로 참여할 수 있도록 민족적 연대감을 구축하느냐 하는 것이라고 할 수 있다.

그런데 이들 모순과 도전은 서로 분리해서 이해할 수 있는 성격의 것이 아니다. 그러한 도전들은 긴밀한 상호연관성을 지니고 있고, 그 기본구조에 있어서는 모두 "남"들의 도전이요, 어떻게 하면 "남"들과의 일치와 연대를 이룰 수 있느냐의 도전으로 요약되고 이해될 수 있다. 경제적 도전이란 경제적 동일성 체제system of identity의 모든 혜택에서 제외된 "남"들 또는 "타자들", 즉 가난한 이들의 도전이요, 성적 도전이란 가부장적 동일성 체제에서 제외되었던 "남"들, 즉 여성들의 도전이며, 지역적 도전이란 지역 독점주의의 동일성의 체제에서 제외되었던 "남"들, 즉 피억압 지역의 도전이다. 이념적 도전도 지배계급의 이념적 동일성의 체제에서 제외된 "남"들, 즉 억압적 사회구조의 모든 피해자들의 도전이라 할 수 있으며, 종교적 도전이란 종교적 동일성의 체제에서 제외되어 "이방인"·"이단자"·"사학도" 등으로 배척되었던 "남"들, 즉 "다른" 종교인들의 도전이다. 마지막으로 세계사적 도전이란 위의 도전들과는 약간 달리, 우리와 다른, 우리의 민족적 동일성의 체제에서 제외되어 억압받는 "다른" 민족의 도전이라기보다는 — 물론 한국이나 외국에서 한국 기업에 의하여 값싼 노동으로 착취당하는 외국인 노동자들에게는 이것이 해당되지만 — 모든 것을 동질화함으로써 민족의 정체성까지 말살하는, 특히 자본주의적 동일성의 체제에서 어떻게 민족의 정당한 동일성을 회복하고 유지하며, 이를 위하여 경제적·성적·지역적·이념적·종교적 차별로 말미암아 바로 민족적 동일성의 체제에서 제외되었다고 생각하는 모든 남들 사이에 어떻게 민족적 연대감을 구축하느냐의 포괄적 도전이다. 한국이 더욱더 세계적 경제체제에 종속되고 정치적·문화적 독립과 정체성을 잃을 위험이 더욱 커짐에 따라 민족적 연대의 도전은 더욱 절박해지고 있다. 이 도전은 모든 다른 도전들을 구체화하고 종합하고 요약한다. 그것은 경제적·성적·지역적·이념적 그리고 종교적 이유로 배척당한 모든 "남"들을 한 민족으로서의 남들의 상호연대에로 불러모으는 도전이다.

동일성의 횡포에서 남들의 연대로

우리 민족처럼 "끼리끼리" 살기를 좋아하고 거기에 속하지 않은 "남"들에 대하여 배타적인 민족도 많지 않다. 무슨 궁극적 이유에서인지는 몰라도 ― 거기에는 경쟁사회에서의 생존 본능, 전통적 가족주의, 유교적 의리와 충성의 윤리 등이 작용하겠지만 ― 우리는 우리와 다른 남들에 대하여 위협을 느끼고, 같은 가문, 같은 학교, 같은 계급, 같은 지역, 같은 성, 같은 종파를 연고로 우리 "끼리"의 동일성의 체제를 구축하여 그 체제에 속하지 않은 남들은 철저하게 차별하고 배제하고 적대시한다. 그 반면에 그 체제에 속하는 이들은 정情의 유대로 단합하여 우리에게 경쟁의 불안과 존재의 고독을 극복하게 해준다. 이러한 폐쇄적 동일성 체제도 삶의 조건이 비교적 단순했던 시절에는 서로 돕고 서로 의지하고 서로 정을 나누는 사회생활을 통하여 적대적이고 불안한 환경 속에서도 삶의 안정과 기쁨과 보람을 가져다줌으로써 부정적인 역할보다는 긍정적인 역할이 더 컸다고 평가할 수도 있을 것이다. 지금의 복잡한 시대에서도 그러한 동일성 체제는 그것이 순전히 사私적 관계에만 국한될 수 있다면 아직도 긍정적인 가치를 지니고 있다고 할 수 있다. 전통적 동일성의 체제가 붕괴되고 있는 구미 각국에서 극단적 개인주의의 팽배와 더불어 극심한 소외와 고독이 크게 사회문제로 부각되는 것은 그런 체제의 제한적이나마 긍정적인 가치를 반증하는 것이라고 할 수 있다. 어느 정도 가깝고 친밀하고 구체적인 동일성의 유대는 육체를 가진 인간의 존재에 있어서 성장과 안정과 보람의 조건이다.

그런데 문제는 한국의 역사나 현대에 있어서 이러한 부족주의적 동일성 체제가 그 한계를 넘어 공적 관계에까지 확대됨으로써 그 나름의 긍정적 가치마저 상실하고 있다는 것이다. 인류의 발전 과정에서 삶의 모든 조건이 혈연적·종교적 동일성 체제에 완전히 종속되었던 원시 씨족사회를 제외한 그 이후의 모든 사회에서는, 정도의 차이는 있어도 체제의 차별성과 복수성이 존재하고, 사회가 발달할수록 이러한 차별성과 복수성은 더욱 심화된다. 따라서 여기에는 공과 사의 구별이, 그리고 공의 세계를 다스리는 "정치"가 필연적으로 발생한다. 한 국가에는 "나"만의 또는 "우리"만의 동일성의 체제가 존재하지 않고 다른, "남"들의 동일성의 체제도 존재한다. 하나의 국가 안에서, 같은 정치적·경제적·문화적 공간에서 산다는 것은 따라서 어떻게 다른 체제 속에 살고 있는 "남"들이 서로 "함께" 사느냐의 문제를 제기한다. 우리만의 체제 속에서는 우리 마음에 드는 규칙, 언어, 관습, 가치에 의하여 살 수 있다. 그러나 많고 상이한 체제가 공존하는 국가사회에서 다른 모든 남들도 우리의 규칙, 언어, 관습, 가치를 따르라고 강요할 수는 없다. 여기에 공과 사의 구별이 생기지 않을 수 없다. "우리"의 동일성 체제 안에서의 모든 관계는 우리끼리만의 관계요 따라서 그것은 정치적으로 볼 때 사적 관계에 속한다. 이에 반하여 우리와 다른 체제에 속하는 남들과의 관계는 공적 관계에 속한다. 그리고 이러한 공적 관계는 문명의 변화와 더불어 더 긴밀한 상호의존의 관계로 발달하고, 그만큼 상이한 동일성 체제들이 정복과 지배를 위하여 서로 충돌할 가능성도 더욱 커진다. 어느 특정한 동일성 체제만으로는 삶의 필수품들을 생산할 수도, 자녀들의 교육을 수행할 수도, 스스로의 안전을 도모할 수도, 삶의 보람인 문화를 창출할 수도 없다. 우리는 경제, 정치, 문화의 모든 면에서 서로 의지하지 않을 수 없다. 이러한 남들의 상호의지, 상호유대의 관계를 통틀어 공의 관계 또는 공공성公共性이라 부르고, 그러한 공공성을 통하여 성취되는 공통의 이익을 공동선共同善이라고 부른다. 그리고 이러한 공동선의 공식적 관리자를 "국가"라 부르고, 공동선을 위한 노력과 투쟁을 고전적·비판적 의미에서 "정치"라 부른다.

문제는 폐쇄적·부족주의적 동일성 체제가 다른 체제들까지 모두 자신에게 종속시킴으로써 공의 관계를 사의 관계로 전락시키고, 심지어 남들의 연대의 공식적 관리자인 국가까지 특수 이익 추구의 도구로 사물화私物化시킴으로써 모든 남들에게 횡포를 부리는 데 있다. 동일성의 횡포는 나만을 아는 "원초적 본능"과 거기에 기꺼이 봉사하는 "계산적 이성"의 합작으로 새로운 문화를 창조한다. 그런 문화는 객관적 이성의 판단이나 윤리적 규범이나 "남"에 대한 존중이 없이, 감정적 본능에 따라 모든 것을 결정하고, 본능적 욕망을 절대적 규범으로 삼으며, 따라서 모든 것을 완전히 주관적이고 사적인 기준에 의거하여 판단한다. 그런 문화는 모든 이를 "나"에 종속시키려 하고, "나"의 가족, "나"의 혈연, "나"의 당, "나"의 종파, "나"의 동문, "나"의 지연, "나"의 회사 등 나와 이해관계를 함께하는 이들을 "우리" 속에 묶어놓는다. 그 반면에 직접적 이해관계가 없는 모든 이는 "남"으로 적대시한다. 이러한 본능의 문화 속에서 "남" 또는 "타자"에 대한 진정한 존경심이나, 본능적 이해관계를 초월한 타자들과의 사회적 유대성에 대한 인식이나, 이러한 타자들로 구성된 공적 집단으로서의 국가에 대한 책임감이나 사랑은 찾아볼 수 없다. 국가의 모든 제도나 기관이나 법률은 오직 본능적·사적 욕망의 대상이요 조작되어야 할 수단에 불과하다. 객관적 이성의 판단이나 윤리적 규범의 규율이 없는 원초적 본능의 문화는 따라서 판단의 일관성이나 행동의 지구성이 없다. 본능적 차원에서 뜨거운 민족애를 느낄 수 있는가 하면, 역시 본능적 차원에서 민족에 대한 증오도 쉽게 느낄 수 있다. 그러한 민족애는 "남"들의 유대로 구성된 국가에 대한 사랑과 근본적으로 다르다. 또 본능적 차원에서 아시아에서 외국인에게 가장 배타적인 민족이면서 동시에 외래문화를 가장 무분별하게 수용하는 민족일 수도 있다.[3]

모든 것을 본능적 욕망의 대상으로 사물화私物化하는 풍토에서 정당한 권위에 대한 존중이나 진정한 의미에서의 "정치"는 존재할 수 없고 오직 권위주의와 권모술수만이 있을 뿐이다. 욕망을 거스르면 눈에 보이는 것이 없어진다. 군대를 동

---

[3] 이 점에 관하여 김학준, "아시아 1위 '외국인 배타성'", 「문화일보」(1997년 5월 22일자), 오피니언 쪽 참조.

원하여 한강을 건너고, 계엄사령관도 총칼로 위협·구속하고, 대통령이나 국회는 아예 없애버리고, 자기들 뜻에 맞게 판을 다시 짠다. 헌법도 선거법도, 모든 법이 원초적 본능의 유희의 대상일 뿐이다. 법이건 지위건 모든 정당한 "권위"를 처음부터 부정하는 이러한 "사"私의 문화는 일단 권위를 잡게 되면 또한 모든 것을 "권위주의"적 조작의 대상으로 전락시킨다. 모든 "공적"인 것은 사물화시킨다. 높은 자리에 있을 때 마음껏 해먹고 마음껏 보아주어야 한다. 국가의 모든 권한도, 모든 법률도, 또 모든 재산도 집권자들의 사유재산이 되어버린다. 공공성이나 공동선에 대한 존경심이나 책임감은 사라지고 조작과 착취만이 있을 뿐이다.

"공"公의 문화가 없는 곳에 "정치" 또한 있을 수 없다. 진정한 의미에서 "정치"politics란 공동체polis의 공동운명에 관하여 토론하고 실천함을 의미한다. "공"의 개념이 없는 곳에 정치란 있을 수 없고 남는 것은 오직 권모술수일 뿐이다. 정당간의 관계는 공동운명체의 앞날에 관한 건설적 비판과 비판적 협력의 관계가 아닌, 원초적 본능과 본능의 대립적 관계요, 죽기 살기의 살벌한 적대관계이며, 주인과 노예의 변증법적 관계일 뿐이다. 오직 지배냐 종속이냐의 양자택일이 있을 뿐이다. 따라서 "XXX 죽이기"가 권모술수의 목적이요, "칼자루를 쥐고 있는" 자는 사정의 "칼"이라도 흔들어 소위 "무한경쟁" 시대의 정치적 현실에 대비해야 된다. 권모술수의 세계에서는 그 언어마저 살육적이고 전투적이다.

이러한 본능의 문화는 정치에만 해당되는 것이 아니다. 학계에도, 재계에도 그리고 종교계에도 해당된다. 현대사회에서 모든 단체는 그것이 대학이건 기업이건 교회건 "공공성"을 지닌다. 그 대상이나 목적에 있어서 개인의 영욕을 초월하는 사회적 영향을 지니고 있기 때문이다. 그럼에도 불구하고 그들을 지배하는 것은 "사"의 문화요 본능의 문화이다. 대학에 취직하려면 자격이 있느냐가 문제가 아니고 누구를 아느냐 또 그 학교 출신이냐가 문제가 된다. 재벌기업들은 완전히 특정 가문들이 지배하고 있다. 그들의 이윤추구를 위해서는 국가경제의 붕괴도, 정권의 창녀가 되는 것도, 노동자들의 희생도 개의치 않는다. 종교계에서는 오래 전부터 성직자들이 하느님의 이름으로 자기들의 권위를 절대화하고 신자들 위에 군림하는 권위주의적 문화가 팽배했고, 봉사의 기회로 사용되어야 할 권위가 지배의 수단으로 사물화되는 풍토가 조성되어 왔다.

공권 사물화의 폐해는 공권의 크기에 정비례하고, 공권의 크기는 궁극적으로 기술문명의 수준과 국가 경제력의 규모에 달려 있다. 법적으로는 옛날의 로마 제국의 황제가 지금의 미국 대통령보다도 더 큰 권한을 가지고 있었는지 모른다. 민주주의하에서의 대통령은 입법부의 동의를 얻어야 되는 일도 많고 사법부의 제재도 받는다. 그러나 실질적인 면에서 미국 대통령의 권력은 로마 황제가 상상도 못할 정도로 막강한 것임을 잊어서는 안된다. 네로 황제는 겨우 로마 시를 불태웠지만 미국의 대통령은 전세계를 불태울 수 있는 능력이 있다. 로마 황제는 몇몇 정치인들의 행동을 감시할 수 있었지만, 미국 정부는 모든 시민들, 나아가서 전세계의 모든 정부와 시민들까지 감시할 수 있는 기술적 능력을 가지고 있다. 한국 정부도 마찬가지다. 검찰·안기부·국세청을 통하여 정부가 관할하고 있는 시민들의 사생활에 관한 정보는 막대하며, 무엇보다도 예산집행을 통한 정부의 경제적 권력이나 경제활동에 대한 허가 또는 인가를 통한 견제 능력은 또한 막강한 것이다. 그리고 국가의 공권이 비대해질수록 그만큼 사물화되고 악용될 가능성도 높아지고, 국민들의 고통 또한 커진다.

현대사회는 기술적으로 복잡하고 단체적으로 다양한 사회이다. 기술적으로 복잡하기 때문에 공공질서의 유지와 기본 인권의 보호를 위하여 건축, 의료, 교통, 교육 그리고 경제생활 전반에 걸쳐 국가 공권의 감독을 더욱 필요로 하고 있다. 또 단체적으로 다양한 사회이기 때문에 "나"를 초월한 "남"들과 함께 서로 존중하면서 함께 사는 방법을 배워야 한다. 이것은 사회생활의 기본 조건이다. 이러한 상황 속에서 공권을 사물화한다는 것은 바로 원초적인 죄악이며 모든 죄악 중의 죄악이라 아니할 수 없다. 현대사회는 공권의 사물화나 적당주의를 허락하지 않는다. 현대사회는 "남"을 존중하고 "남들의 연대"로 이루어진 국가의 공공성을 존중하는 "공"의 문화의 창조를 절실하게 요청하고 있다.

그리스도교의 본질은 사랑이라고 한다. 사랑은 간접적으로 이웃에게 불행을 막아주고 직접적으로 불행한 이웃들을 구체적으로 행복하게 만들어주는 데 있다. 이웃이 불행에 빠지기 전에 그것을 막을 수 있다면 그것은 바로 효율적인 사랑이라 할 것이다. 막을 수 있었던 불행이 다가온 후 이웃을 동정하는 것보다 그 불행을 미리 막는 것이 진정한 사랑의 길이다. 복잡하고 기술화된 현대사회에서 불행의 가장 큰 원인은 바로 공권의 남용이요 사물화다. 히틀러가 6백만 명의 유태인을 학살한 것도, 스탈린 시대에 수천만 명이 생명을 잃은 것도, 현대세계에 2천만이 넘는 피난민들이 생긴 것도, 특정 지역의 인사들만 중용하고 특정 지역에만 특혜를 줌으로써 지역감정을 심화시키고 민족을 분열시킨 것도, 수많은 젊은이들을 고문하고 노동자들의 정당한 투쟁을 용공으로 치부하고 억압한 것도, 극심한 빈부 차이를 조성하여 사회의 불안과 국가의 분열을 자초하는 것도, 제국주의적 침략 전쟁으로 수천만의 사상자를 낸 것도 바로 공권의 남용 또는 도용에 의한 것이다. 공권 남용의 결과는 여하한 사적 권력의 남용보다 그 규모가 더 클 수밖에 없다. 현대에 있어서 공권의 남용을 막지 않고 또 공권의 올바른 행사를 주장하지 않고 사랑을 말할 수 없다. "공"의 문화는 현대에 있어서 사랑의 가장 구체적이고 효율적이고 필수적인 방법이다.

한국의 온 역사를 통하여 민족 대다수의 말할 수 없는 억압과 한(限)의 하나의 원인이 있었다면 그것은 바로 국가의 공권을 사물화한 폐쇄적·부족적 동일성의 횡포라고 할 수 있다. 그것은 피투성이로 점철된 파쟁과 분열을 불러왔고, 서로 죽기 살기의 극단적 정치를 야기했으며, 수백만 무고한 국민들에게 희생과 고통을 가져왔다. 얼마나 많은 이들이 양반이 아닌 탓에 종으로서의 설움을 겪어야 했고, 남자가 아니기에 온갖 차별을 당해야 했으며, 같은 종교에 속하지 않았기 때문에 성 밖으로 추방되고 순교의 비극을 겪어야 했고, 서울대학을 안 나왔다고 직장을 못 얻고,[4] 지역이 다르다고 온갖 천대를 감내해야 되었던가? 한국인치고 어느 정도 배척의 고통을, 동일성의 횡포를 겪지 않은 이는 아무도 없을 것이다. 한국인의 역사는 참으로 한의 역사요, 동일성의 횡포는 참으로 한국사의

---

[4] 서울대학교의 폐쇄적 동일성 체제는 한국 사회에서 널리 알려진 사실이다. 1998년도 9월 5일자 「한국일보」에 의하면 서울대학교의 본교 출신 교수 비율은 96%라고 한다. 폐쇄적 부족주의도 이 정도가 되면 너무하다 아니할 수 없을 것이다. 또 1999년 5월 24일에 단행된 김대중 정부 2기 내각의 명단을 보면 장관급이나 차관급 똑같이 서울대학교 동문들이 43%를 차지하고 있다. 「한국일보」(1999년 5월 25일자) 참조.

비극이요 추문이요 저주라 할 수 있다. 이 저주는 시급히 청산되어야 한다. 지금은 가문, 혈통, 출신 학교, 성, 지역, 종교 등이 서로 다른 "남들"이 "함께" 모여 같은 공간, 같은 제도, 같은 문화 속에서 서로 의존하면서 더 넓은 의미의 "우리"를 창조하도록 요청받고 있다. 이러한 경우 어느 특정의 부족이 동일성의 횡포를 부린다면 그 피해는 모두 "남"들에게로 돌아간다. 남들이 함께 모여 사는 것은 각자의 동일성의 체제를 초월하여 서로서로의 인간성과 타자성을 인정하고 남들이면서도 함께 살 수 있는 "남들의 연대"의 경제적·정치적·문화적 조건을 공동으로 생산하는 것을 의미한다. 그리고 이러한 남들의 연대는 구조적으로 억압받고 고통당하는 "남들"에 대한 우선적 배려를 포함하고 있다. 이제 한국의 정치도 "사"私의 정치와 "정"情의 정치와 "연"緣의 정치를 타파하고 "공공" 公共과 "합리"合理와 "객관"客觀의 정치로 바뀌어야 한다. 그리고 이러한 정치문화의 개혁이 한국적 현실의 가장 절박한 요청이 아닌가 생각된다. 오직 이렇게 함으로써만 전통적 동일성의 한계를 초월하여 남들의 연대로서 하나의 민족, 하나의 역사적 운명 공동체로서의 일체감을 회복하고, 또 그렇게 함으로써만 홍수처럼 밀려들어오는 외래문화에 저항하여 민족으로서의 정당한 동일성을 유지할 수 있을 것이다. 남들의 연대의 문화는 사회에 지배적인 부족적 동일성의 문화에 대항하는 반문화counterculture다. 한국사회는 부족보다 더 넓고 더 개방적인 정체성의 근거를 절실히 요구하고 있다. 폐쇄적·부족적 동일성의 철폐와 남들의 연대의 함양은 모든 건설적·사회적 발전의 전제조건이다. 그렇지 않은 모든 경제적 회복이나 성장은 오직 기존하는 사회의 분열을 더욱 조장할 것이다.[5]

그리스도, 남들의 연대의 화신

한 민족이 폐쇄적 부족주의에서 남들의 연대에로 회개한다는 것은 거의 불가능하거나, 적어도 거창하고 지극히 어려운 과제임에 틀림없다. 그리스도적 전통

---

[5] 한국인들의 폐쇄적·부족주의적 민족성에 관해서는 이규태, 『한국인의 의식구조』(신원출판사 1995); 국제 한국학회 편 『한국 문화와 한국인』(사계절출판사 1998); 그리고 최준식, 『한국인에게 문화는 있는가?』(사계절출판사 1997) 참조.

속에 이러한 회개에 도움이 될 수 있는 특별히 그리스도적인 자원은 없을까? 한국인들의 배척과 억압의 한을 표현해 주고 동시에 부족주의적 동일성의 횡포에서 해방과 포용의 희망을, 또 다양성 속의 모든 인류의 연대, 고통과 해방을 위한 투쟁에서의 남들의 연대, 남으로서의 남을 껴안을 수 있는 은총과 용기, 이 모든 것을 함축할 수 있는 그리스도적 상징들을 어디서 찾을 수 있을까?

가장 중요한 그리스도적 자원은 물론 예수 그리스도 자신과 그가 하느님과 그를 따르는 제자들의 공동체에 대하여 계시한 바라고 할 수 있다. 하느님 나라에 대한 예수의 절대적 헌신, 하느님 나라에 대한 선포와 실천, 하느님 나라를 위한 십자가 처형, 부활을 통한 하느님에 의한 그리스도의 정당성 입증, 그것을 통하여 계시된 삼위일체이신 하느님 그리고 그의 제자들의 친교로서의 그리스도 교회의 탄생: 이 모든 것들은 남들의 연대를 그 내용, 실체 그리고 의미의 본질로 내포하고 있다. 그리스도교는 바로 지배와 배척을 통하여 인류가 하느님과 서로로부터 소외되고, 그리스도와의 연대 속에 친교를 창조하고 생명을 주는 성령을 통하여, 하느님 안에서 배제되고 지배당한 남들의 연대가 이루어지고 온 인류의 종말론적 일치를 통하여 그러한 소외가 극복되는 과정 바로 그것이다.

역사적 예수에 관한 최근의 연구들은 많은 면에서 서로 일치하지 않고 있다. 그러나 모두 한 가지 면에서는 해방신학의 입장과 일치를 보이고 있다. 즉, 예수는 당대 사회의 지배적 동일성의 체제에서 따돌림받은, 착취당하고 주변화된 남들과 스스로를 동일시했고, 저들에게 하느님 나라와 그 나라의 상급을 약속했으며, 종말론적 운명의 전도와 하느님 정의의 궁극적 승리를 선포했다는 것이다. 당대의 지배적 동일성 체제는 정결과 거룩함에 기초한 것이었고, 그것을 통하여 사회는 정결한 이와 부정한 이, 깨끗한 이와 불결한 이로 양분되었으며, 당대의 지배적 기준에 의하여 부정하다고 판단된 이들은 사회로부터 배척되었다. 이렇게 배척받은 이들은 이방인들, 하혈하는 여인들, 세리와 목자 같은 천한 직종의 종사자들, 소위 "죄인들", 불구자들, 나환자들, 환관들 그리고 아주 가난한 이들을 모두 포함했다.[6]

이러한 분위기 속에서 예수는 가난한 이와 배고픈 이와 우는 이에게는 하느님 나라의 축복을, 부요하고 배부르고 웃는 이에게는 불행을 선포했다(루가 6,20-25). 그의 사명은 "가난한 이들에게 복음을 전하고 사로잡힌 이들에게 해방을, 눈먼 이들에게 눈뜰 것을 선포하며 억눌린 이들을 풀어 보내고 주님의 은혜로운 해를 선포"하는 것이었다(루가 4,18-19). 하느님 나라는 아이들, 아주 가난한 이들, 버림받은 이들, 사회에서 싫어하는 모든 이들을 포함한 "아무것도 아닌 이들"에게 속하는 것이었다.[7] "세리와 창녀들이 당신네(대사제들과 원로들)보다 먼저 하느님 나라에 들어갑니다"(마태 21,31). 잘 알려진 구원의 두 기준은 사회에서 배척당한 이들에게 자비와 연대감을 보여주는 데 있다. "영원한 생명을 얻는" 방법은 "강도를 만난 이에게 참된 이웃이 되어주는" 것이다. 그 사람은 "반쯤 죽어 있어서" 깨끗하지 못했기 때문에 길을 지나가던 정결체제의 옹호자들인 사제와 레위 사람도 모르는 척하고 피해갔지만, 그런 이에게 자비를 보여주고 자기처럼 배척받은 이에게 남들의 연대 속에 이웃이 되어준 이는 바로 스스로 부정하다고 당대 이스라엘 사회에서 배척받고 있던 한 사마리아인이었다(루가 10,25-37). 마찬가지로 "하늘나라를 얻는" 방법은 "나의 미소한 형제 중"에 속하는 굶주리고, 목마르고, 나그네 신세이고, 헐벗고, 아프고, 감옥에 갇힌 이들의 구체적 요구에 응답하는 것이다(마태 25,40).

가난하고 억압받는 이들에 대한 예수의 우선적 자비는 오랫동안 인간의 분열과 소외의 원인이 되어왔던 가족, 재산, 명예 그리고 종교적 신분 등 인습적 동일성의 기준들을 비판적으로 상대화시키고 또 전도시킴을 전제로 한다. "하느님의 뜻을 행하는 자는 누구나 나의 형제요 자매요 어머니"이다(마르 3,35). 참으로 "축복받은 이는" "당신을 낳아서 젖을 먹인 여자"가 아니고 "하느님의 말

---

[6] Marcus Borg, *Jesus: A New Vision* (San Francisco: Harper, 1987), 129-42, *Meeting Jesus Again for the First Time* (San Francisco: Harper, 1994), 50-5와 James M. Robinson, "The Jesus of Q as Liberation Theologian", in *The Gospel behind the Gospels: Current Studies on Q*, ed. Ronald A. Pipes (Leiden: E. G. Brill, 1995), 259-74 참조.

[7] John Dominic Crossan, *The Historical Jesus: The Life of a Mediterranean Jewish Peasant* (San Francisco: Harper, 1991), 265-302와 Juan Luis Segundo, *The Historical Jesus of the Synoptics* (Maryknoll, NY: Orbis, 1985), 86-118 참조.

씀을 듣고 그 말씀을 지키는 사람들"이다(루가 11.28). 예수에게 중요한 것은 본질적으로 배타적인 자연적·생물학적 가족이 아니고 하느님의 뜻을 행하는 이에게는 원칙적으로 누구에게나 개방된 종말론적 가족이다. 재화로 말할 것 같으면 "부자가 하느님 나라에 들어가기보다는 낙타가 바늘구멍을 지나가기가 쉽습니다"(마태 19.24). "하느님과 마몬을 함께 섬길 수는 없습니다"(마태 6.24). 명예로 말할 것 같으면, "그대들 가운데서 가장 큰 사람은 그대들을 섬기는 사람이 되어야 합니다. 자기를 높이는 사람은 낮추어지고 자기를 낮추는 사람은 높여질 것입니다"(마태 23.11-12). 권력에 대해서는 "알다시피 민족들을 다스린다는 자들은 그들 위에 왕노릇하고 높은 사람들은 그들을 내리누릅니다. 그러나 그대들 사이에서는 그럴 수 없습니다. 크게 되고자 하는 사람은 섬기는 사람이 되어야 합니다. 첫째가 되고자 하는 사람은 모든 이의 종이 되어야 합니다"(마르 10.42-44). 다시 말하여 구원의 길은 사회의 지배적인 동일성과 배척의 기준들을 뒤집어 남들의 연대에 봉사하는 것이다.[8]

예수는 하느님 나라에 대한 설교뿐 아니라 바로 하느님 나라에 대한 실천을 통하여 이러한 연대의 모범을 보여주었다. 다가올 하느님 나라의 징표로서 예수는 이스라엘 사람은 물론 때로는 이방인까지, 또 여자와 남자를 차별하지 않고, 그리고 특별히 간질병자, 중풍환자, 귀신들린 이, 나환자, 눈먼 이, 벙어리, 귀머거리 들같이 가장 아프고 불쌍한 이들을 치유함으로써 사회에서 "남"으로서 배척당하는 이들에 대한 하느님의 우선적 자비를 보여주었고, 그러한 실천을 통하여 억압적 전통적 정결체제를 타파하려고 노력했다.

또 예수는 그의 식탁 친교에 있어서 철저하게 개방되어 누구하고나, 사회에서 따돌림받은 이들까지 함께 먹고 마시는 것을 주저치 않았기 때문에 "먹보요 술주정꾼, 세리와 죄인들의 친구"(마태 12.29)로 불리기까지 했다. 식탁은 사회적 관계와 사회의 위계를 반영한다. 식사는 그저 아무하고나 하는 것이 아니다. 식사를 함께한다는 것은 사회적 신분의 동일성을 전제로 한다. 일반적으로 수

---

[8] Gerhard Lohfink, *Jesus and Community* (Philadelphia: Fortress, 1984), 39-49, 87-98 참조.

준이나 신분이 같은 사람들끼리 식사를 하는 법이다. 그런데 예수는 바로 이러한 전통을 무시했다. 큰 잔치의 비유는 예수의 철저하게 평등주의적이고 개방된 식탁 친교의 모습을 보여주고 있다. 루가 복음서에 의하면, 원래 초청을 받았으나 여러 가지 핑계로 오지 않는 이들을 대체하기 위하여 주인은 종에게 가서 "가난한 이, 불구자, 맹인, 절름발이"들을 데려오라고 명한다(루가 14,21). 그러나 마태오 복음서에 의하면, 거리에 나가서 "아무나 만나는 대로" 데려올 것을 명한다. 잔치의 식탁은 여하한 사회적 차별도 없이 문자 그대로 모든 계급, 성 그리고 지위에 개방된 것이다. 순전한 "남"들의 향연이다. 게다가, 남성중심 사회에서 예수는 여자들에게 특별한 동정과 존경을 보여주어 제자들 중에 여자들을 포함하고 여자들로부터 보살핌을 받는 것도 허락했다. 요약하여 말한다면, 하느님 나라에 관한 예수의 선포와 실천은 모든 사회적·억압적 차별이 사라지고 남들이 평등의 연대를 누리는 근본적으로 대안적인 또는 "대조"對照사회의 모습을 구현했다고 할 수 있다.[9]

예수는 그가 살아왔던 대로 죽었다. 그는 그가 "아빠"라고 불렀던 하느님 나라를 위하여 살았고 그 나라의 요구를 선포하고 실천하면서 살았다. 그는 가난하고 억압받는 이들은 다가올 하느님 나라에 대한 희망으로 격려했고, 권력 있고 부요한 이들에게는 회개하고 봉사하며 사회의 밑바닥에 있는 이들과 연대할 것을 요구했으며, 종교와 권력과 재산에 기초한, 지배적이고 배타적인 전통적 동일성의 체제들을 뒤집어엎으려고 노력했다. 이렇게 그가 살았듯이 그는 또한 그렇게 죽었다. 예수는 병으로 죽은 것도, 나이가 많아서 죽은 것도, 또는 사고로 죽은 것도 아니고, 하느님 나라를 위한 기성체제에 대한 도전의 정치적 대가로 예루살렘 성 밖에서 "유대인의 왕"임을 주장했다는 혐의로 정치범으로 십자가형을 받고 살해되었다. 그의 죽음의 정확한 이유는 아직도 토론의 대상이 되고 있다. 그러나 가장 개연성이 있다면 그것은 그의 체제비판이 그의 죽음을 불러왔다는 것이다. 그가 하느님 나라의 선포와 실천을 통하여 지배로부

---

[9] Lohfink, 87-90, 157-63; Borg, *Meeting Jesus Again for the First Time*, 55-58; Crossman, 261-4; Elisabeth Schüssler Fiorenza, *Discipleship of Equals* (New York: Crossroad, 1993), 174-9 참조.

터의 해방과 평등과 봉사 속의 남들의 연대에 기초한 새로운 사회의 모형을 주
장했고, 당대를 지배하고 있던 권력과 동일성의 체제를 묵시적으로 그리고 때
로는 명시적으로 비판했으며, 유월절이라고 하는 정치적으로 가장 폭발적인 시
기에 당대의 종교·정치·경제 권력의 중심인 예루살렘 성전을 정화하고 그것
을 상징적으로 파괴함으로써 체제에 정면으로 도전하려고 했던 그의 마지막 결
정: 이 모든 것들은 유대인들과 로마 당국자들로 하여금 나자렛에서 온 이 "말
썽꾼"을 제거하도록 조치를 취하게 만들기에 충분했다. 예수는 그가 하느님 나
라를 위하여 살았듯이 하느님 나라와 그 나라가 요구하는 억압받고 배척당한
남들의 연대를 위하여 죽었다. 아니 더 정확히 말하여 살해되었다.[10]

　예수의 죽음은 그의 삶의 끝이 아니었다. 초대교회에 있어서 그는 모든 반전
反轉 중 가장 극적인 반전을 통하여 계속 살았다. 십자가에 못박혀 죽었으되 그
는 다시 부활했고, 죽임을 당했으되 죽음으로부터 해방되었으며, 굴욕을 당했
으되 하느님의 오른팔 옆으로 현양되었고, 범인으로 단죄되었지만 주님이요 메
시아로 확인되었다(사도 2,22-36). 예수의 부활은 초대 신자들의 신앙에 하나의 전
환점이 되었다. 그로 말미암아 신자들은 예수의 삶과 봉사와 십자가 처형의 의
미를 새로운 신학적 시각에서 감상하게 되었다. 예수의 부활은 예수가 그것을
위하여 살고 죽었던 대의大義의 궁극적 정당성에 대한 하느님의 입증이었다. 역
사적 예수의 사업은 그 의미에 있어서 더 이상 그저 역사적이고 특수한 것만이
아니고 동시에 종말론적이고 보편적인 것이었다.[11]

　역사적으로 볼 때, 예수는 자기 시대에 자기 사회에서 종교적으로 정치적으
로 또 경제적으로 배척당한 이들과의 연대를 위하여 순교자의 죽음을 죽었고,
당대의 로마와 유태 당국자들의 죄악으로 말미암아 살해되었다. 그러나 신학적
으로 볼 때, 그는 모든 시대의 죄인들에 의하여 살해되었으며, 그는 십자가에

---

[10] John Dominic Crossman, *Who Killed Jesus?* (San Francisco: Harper, 1995); Joachim Gnil-
ka, *Jesus of Nazareth: Message and History* (Peabody: MA: Hendrickson, 1997), 266-318; E. P.
Sanders, *The Historical Figure of Jesus* (London: Penguin, 1993), 205-75 참조.

[11] Jon Sobrino, *Jesus in Latin America* (Maryknoll, NY: Orbis, 1987), 29-40 참조.

서 그들의 죄를 짊어지고 모든 시대의 배척당한 남들과 연대하여 그들의 모든 고통을 그의 몸속에 겪으면서 "고통받는 종"의 죽음을 죽은 것이었다. 십자가 상에서의 그의 울부짖음 속에 우리는 역사의 모든 희생자들의 절규를 듣는다. 궁극적 국외자outsider로서의 그의 십자가 처형 속에 우리는 역사의 모든 따돌림 받은 이들의 고난을 알아본다. 궁극적 타자로서 그의 죽음은 모든 환원주의적 동일성의 체제들에 대한 비판이요 저항과 연대의 징표이기도 하다. 마찬가지로 그의 부활은 죄, 죽음, 율법에 대한 개인적인 승리만이 아니요 그것들과 투쟁 하고 있는 온 인류의 희망의 원천이기도 하다.

예수 그리스도는 인류의 새로운 시조, 새로운 아담으로서 우리는 그의 고통 과 부활에 참여하기로(1고린 15,22), 또 세례를 통하여 그와의 친교에 들어가기로 불림을 받았다(1고린 1,9). 따라서 그리스도는 고통과 실천과 고통에 대한 승리의 희망에 있어서 모든 인류의 연대의 원천이요 지표 또는 "성사"라고 할 수 있 다. 모든 것을 그리스도 안에 하나로 모으고 모든 인류를 그리스도 안에 화해 시키는 것이 하느님의 뜻이요 구원의 신비인 것처럼(에페 1,10; 1고린 6,18; 골로 1,20), 그리스도 안에서의 새로운 삶은 인종적·성적·경제적 그리고 종교적 등의 억 압적 차별을 넘어 모든 이의 하나됨과 연대를 요청한다. "이제는 유대인도 그 리스인도 없고 종도 자유인도 없으며 남자도 여자도 없습니다. 여러분 모두가 그리스도 예수 안에 하나(eis)이기 때문입니다"(갈라 3,28; 1고린 12,13; 골로 3,11). 그리 스도를 통하여 유대인과 이방인들의 기본적 대립 상태가 철폐되었다는 에페소 서의 언급은 모든 불의한 차별에 똑같이 해당되는 말이다. "그리스도는 우리의 평화이십니다. 그분은 둘을 하나로 삼고 당신 몸으로 장벽인 적개심을 없애셨 습니다. 조문들로 된 계명의 율법을 철폐하고 평화를 이룩하여 당신 안에서 둘 을 새로운 하나로 삼으셨습니다. 한 몸 안에서 십자가를 통해 하느님과 화해시 키셨으며 몸소 적개심을 죽이셨습니다"(에페 2,14-16).

그리스도께서 모든 인류의 연대의 원형이라면, 그의 영인 성령은 하나로 모으 고 화해시킴으로써 바로 그러한 연대를 실현하는 분이다. 성령은 "입양"入養의 영으로서(로마 8,15) 우리가 성자의 모습을 닮아 하느님 어버이의 자녀들이 되도록 능력을 주고(로마 8,29), 그것은 곧 자연적이든 인위적이든 모든 인간적 정체성을 초월하는 우리의 가장 심원한 정체성을 구성한다. 마치 성령의 기름부음을 통하여 예수가 가난한 이들에게는 기쁜 소식과 부요한 이에게는 회개를 선포하고 인간 분열의 원인들을 제거하는 메시아적 사명을 시작했듯이(루가 4,18-19), 성령의 종말론적 도래는 남자와 여자, 젊은이와 노인, 노예와 자유인의 모든 관습적 차별을 씻어버린다. 왜냐하면 성령은 "모든" 육체들 위에 부어질 것이기 때문이다(사도 2,17-18). 성령은 세례받은 이들을 그리스도의 몸의 지체로 만들어 그리스도와 한 몸이 되게 하고, 또 그리스도 안에서의 한 몸이 되게 함으로써, 모든 억압적 차별을 초월하여 하나를 이루게 한다. "유대인이든 그리스인이든, 종이든 자유인이든, 모두가 한 영을 받아 마셨습니다"(1고린 12,13). 또 "하나의 성령"을 통하여 우리는 우리의 모든 상이성에도 불구하고 하느님 어버이께로 가까이 나아갈 수 있다(에페 2,18). 그렇다고 모든 차이가 말소되고 동일성에로 축소된다는 것은 아니다. 오직 억압적이고 배타적이고 차별적인 차이만이 말소될 것이다. 성령은 교회 안에서 서로 상이한 은사, 봉사직, 활동 등을 불러일으키면서 동시에 이 모든 것들이 공동성에 봉사하도록 영감을 준다(1고린 12,4-7). 성령은 그리스도의 몸의 상이한, "많은" 지체들 속에 작용하면서도 그 몸이 "한 몸"으로 남을 것을 보증한다(1고린 12,12-13). 마치 그리스도의 몸이 동일성에로 축소된 모든 지체들의 형식적 단일성이 아니고 정당한 비억압적 모든 상이성을 갖춘 지체들의 결합을 말하듯이, 성령도 그 몸의 생명으로서 서로 상이한 남들의 연대의 영이다.

남들의 연대의 성사로서의 교회

필자는 위에서 현대 한국사회의 여러 가지 모순과 갈등을 분석하고 남들의 연대를 통한 동일성의 횡포 극복을 우리 시대의 가장 절박한 과제요 도전으로 정의하고, 이러한 과제에 맞는 그리스도론으로 남들의 연대의 화신으로서의 그리스도론을 제시했다. 교회론에 대한 더 자세한 토의는 다음 장으로 밀고, 다음에는 이러한 상황과 과제에 적합하고 이러한 그리스도의 몸으로서의 교회에 가장 합당한 교회론은 어떠한 것인지 간략하게 고찰해 보기로 하자.

제2차 바티칸 공의회의 교회론은 "친교"(일치, 결합: *koinonia*, communio)의 교회론
이다. 1985년의 주교 대의원회의 특별회의도 이 점을 강조하여 친교의 교회론
이 공의회의 "중심적이고 기본적인 개념"[12]임을 지적했다. 삼위일체이신 하느님
과의 친교와 그 친교 안에서 모든 인류의 친교와 일치를 교회의 본질이요 사명
으로 보는 이 교회론은 여러 면에서 혁명적인 교회론이라 할 수 있다.[13]

첫째로, 이 교회론에 의하면 교회는 어떠한 제도이기 이전에 가장 근본적인 의
미에서 삼위일체이신 하느님과의 친교를 통해서만 설명할 수 있는 하나의 신비이
다. 「교회 헌장」은 교회를 "하느님과의 긴밀한 결합과 모든 인류의 일치의 성사,
즉 그러한 일치의 징표요 도구"(1)라고 정의한다. 하느님 어버이는 당신 아들의
모습으로 모든 인류를 창조하시어 그 아들 안에 모든 이가 하느님의 아들딸들이
요 서로의 형제 자매가 되어 삼위일체이신 하느님의 영원한 삶에 참여하도록 안
배하시고, 그 아들 예수 그리스도는 강생·설교·죽으심과 부활하심의 신비를 통
하여 모든 인류가 하느님과의 소외를 극복하고 그리스도 몸의 한 부분이 되어 다

---

[12] The Synod of Bishops, "The Final Report", *Origins* 15:27 (December 19, 1985), 448.

[13] 제2차 바티칸 공의회의 교회론, 특히 친교의 교회론에 관하여 다음의 문헌들 참조: Anton Angel, "Postconciliar Ecclesiology: Expectations, Results, and Prospects for the Future", in Rene Latourelle (ed.), *Vatican II: Assessments and Perspectives: Twenty-five Years After (1962~1987)*, I (Mahwah, NJ: Paulist, 1988), 407-38; The Congregation for the Doctrine of the Faith, "Some Aspects of the Church as Communion: Letter to the Bishops of the Catholic Church", *Catholic International* 3:16 (September 1992), 761-7 (originally issued on May 28, 1992 and reported in *L'Osservatore Romano*, June 15-6, 1992); Michael Fahey, "Church", in Francis Schüssler Fiorenza and John P. Galvin (eds.), *Systematic Theology: Roman Catholic Perspectives*, II (Minneapolis: Fortress, 1991), 1-74; Bernd Jochen Hilberath, "Kirche als communio: Beschworungsformel oder Projektbeschreibung?" *Theologischer Quartalschrift* 174:1 (1994), 45-65; Walter Kasper, *Theology and Church* (New York: Crossroad, 1989), 148-65; Medard Kehl, *Die Kirche: eine katholische Ekklesiologie* (Würzburg: Echter Verlag, 1992); Richard McBrien, "The Church (*Lumen Gentium*)", in Adrian Hastings (ed.), *Modern Catholicism: Vatican II and After* (New York: Oxford University Press, 1991), 84-95; J. M. R. Tillard, *Church of Churches: The Ecclesiology of Communion* (Collegeville, MN: The Liturgical Press, 1992); J. M. Tillard, "The Church of God is a Communion: The Ecclesiological Perspective of Vatican II", *One in Christ* 17:2 (1981), 117-31; Cardinal Johannes Willebrands, "Vatican II's Ecclesiology of Communion", *One in Christ* 23:3 (1987), 179-91. 개신교 입장에서의 일치의 교회론으로는 Paul Avis, *Christians in Communion* (Collegeville, MN: The Liturgical Press, 1990)과 Thomas F. Best & Günther Gassmann (eds.), *On the Way to Fuller Koinonia* (Geneva: WCC Publications, 1994; Faith and Order Paper #166) 참조.

시 아버지와 결합하는 길을 계시했으며, 성령은 바로 모든 인류가 그리스도와 결합하고 그 결합을 통하여 아버지에게로 돌아갈 수 있도록 생명을 주고 하나로 만들며 항상 새롭게 하는 하느님의 힘이다. 이와같이 "성부와 성자와 성령의 일치로 하나가 된 백성"(교회 4)을 교회라고 부르며, 교회는 따라서 이러한 삼위일체적 신비를 떠나서 이해할 수 없다. 교회에는 제도도 조직도 권위체계도, 모두 필요하다. 그러나 이 모든 것은 그 자체가 목적이 아니고 하나의 수단이며, 따라서 이것들은 그리스도 안에서의 모든 인류의 결합과 일치를 이루고 있는 성령의 뜻에 봉사하는 한(교회 8) 정당하고 필요한 것으로서, 이것들의 중요성은 수단으로서의 중요성이요 목적으로서의 중요성이 아님을 특별히 유념해야 할 것이다. 제도주의적 교회론에 반대하여 제1장에서 삼위일체적 신비로서의 교회를 먼저 다루고 교계에 관한 것을 제3장으로 미룬 「교회 헌장」의 의미는 바로 제도의 절대화를 막고 제도를 수단으로 상대화시켰다는 점에서 혁명적이라 아니할 수 없다.

 둘째로, 친교와 일치의 교회론은 ②에서 하느님 백성으로서의 공통성과 평등성을 다루고 ③ 이후에서 교회 구성원들의 상이성이나 차별성을 취급함으로써 삼위일체적 신비 안에서의 모든 이들의 결합과 평등을 강조하고 직분의 상이성을 상대화시켰다는 데서 또 하나의 혁명적 의의를 지니고 있다 하겠다. 직분의 차이에 따라 평신도, 수도자, 사목자로 나뉘기 이전에 모든 신자들은 신앙과 세례를 통하여 새로운 하느님의 백성으로 선택되었다. 우리를 위하여 돌아가시고 부활하신 그리스도를 머리로 그들은 메시아적 백성이 되었으며, 하느님의 아들딸로서의 품위와 자유를 누릴 뿐 아니라 "모든 인류의 일치·희망 그리고 구원의 항구적이고 확실한 씨앗"으로서, 또 "생명·사랑 그리고 진리의 친교"로서 "모든 이들의 구원을 위한 도구"로서의 사명을 또한 지니고 있다(교회 9). 하느님의 백성인 신자들은 대사제이신 그리스도의 사제직에 참여함으로써 사제적 백성이 되었고, 그들은 거룩한 삶을 통하여, 특히 성사생활과 덕행의 실천을 통하여 삶의 전부를 감사와 찬미의 제사로 하느님께 봉헌하도록 불림을 받았다. 또 그들은 그리스도의 예언직에 참여하는 예언자적 백성으로 신앙과 사랑을 통하여 그리스도를 증거하도록 불리었다.

교회는 이러한 메시아적·사제적·예언자적 사명을 지닌 하느님의 백성으로서 이 사명은 직분의 차이에 관계없이 누구에게나 "똑같이" 해당되는 "공통의 과제"이다(교회 30). "교회 안에는 직분의 다양성(diversitas ministerii)은 있으나 사명에는 단일성(unitas missionis)이 있다"(신도 2). 모든 신자가 "그리스도 안에서의 재생에서 유래하는 공통의 품위를 지니며, 하느님의 아들딸로서의 같은 은총과 완전한 생활에로의 같은 소명을 가지고 있다"(교회 32). 누구나 신앙의 "평등한" 특혜를 받았고, 품위나 그리스도의 몸을 건설하는 공통사명에 있어서 "진정한 평등"을 누린다(교회 32). 그리고 라너의 말대로 "모든 세례받은 이들의 품위와 근본적 평등성은 필요한 기능의 차별화나 여러 사람 사이의 그러한 기능의 분배보다도 교회에 있어서 더 기본적 의미를 지닌다".[14] 그뿐 아니라 모든 직분의 차이는 은사의 차이에서 파생하는 것으로서 그 자체가 목적이 아니며, 오직 공동체의 공동선에 봉사하기 위한 수단으로서, 더 정확히 말한다면 "신자들의 공헌과 은사를 인정하여 각자가 각자의 방법으로 한마음으로 공동사업에 협력할 수 있도록 신자들을 사목하도록"(교회 30) 주어진 것이다.

셋째로, 친교의 교회론은 삼위일체이신 하느님과의 결합을 교회의 본질과 사명으로 봄으로써 종래의 교회중심주의를 초월하여 천주교회 밖에서도 하느님의 은총의 작용과 교회성의 존재를 인정하고, 나아가서 교회는 그 자체가 목적이 아니요 오직 이 세상에서 모든 인류가 하느님과의 일치와 결합을 성취하도록 하느님 왕국에 봉사하는 도구임을 고백한다. 가톨릭 교회가 중요한 것은 그것이 그리스도의 교회이기 때문이지 그리스도의 교회를 떠나서 그 나름대로의 독자적 중요성을 지니는 것이 아니다. 그런데 그리스도의 교회는 그리스도의 몸으로서 성령의 은총 속에 신앙과 세례를 통하여 그리스도와 결합하고 그리스도를 통하여 삼위일체이신 하느님과 결합한 모든 이를 포함한다. 그리스도가 있는 곳에 교회가 있고, 성령이 있는 곳에 교회가 있다. 가톨릭 교회에 속하기 때문에 그리스도의 교회에 속하거나 하느님과의 결합을 이루는 것이 아니고,

---

[14] Karl Rahner, *The Content of Faith: The Best of Karl Rahner's Theological Writings* (New York: Crossroad, 1992), 491.

그 반대로 하느님과의 결합을 통하여 그리스도의 몸과 교회에 속하기 때문에 가톨릭 교회에도 속하게 되는 것임을 잊어서는 안될 것이다. 이것은 동시에 「교회 헌장」(8)과 「일치 교령」(4)이 혁명적으로 인정했듯이, 그리스도의 교회가 가톨릭 교회 "안에 존속"subsistit in 하더라도 가톨릭 교회가 배타적인 의미에서 곧 그리스도의 교회"이다"est라고는 할 수 없으며, 가톨릭 교회 밖에도 그리스도의 교회가 존재하고 또 그리스도의 교회 밖에도 그리스도를 통한 하느님의 구원의 은총이 있음을 말한다.[15]

교회가 그 자체로서가 아니고 오직 삼위일체이신 하느님과의 결합과 친교를 통하여 이해되어야 한다는 것은 교회의 사명이 자신에게 봉사하는 데 있지 않고 오직 모든 인류가 하느님과의 친교를 이루고 이것을 통하여 서로간의 일치와 결합을 이루도록 하느님의 왕국에 봉사함으로써 모든 인류가 진정으로 "하느님의 백성"이 되도록 헌신하는 데 있음을 말한다. 그러기에 「교회 헌장」은 교회를 이러한 일치와 친교의 "지표"요 "도구," 즉 성사라고 부른다. 교회의 목적은 하나의 제도와 단체로서 자신의 "세력"을 확장하는 데 있지 않다. 교회의 사명은 죄악으로 말미암아 하느님으로부터, 또 서로로부터 소외되고 분열된 인류에게 일치와 친교를 가져다주시는 하느님의 은총의 지표요 도구가 되는 것이다. 그리고 교회는 오직 성령을 통해서만 그러한 성사가 될 수 있기 때문에 요한 바오로 2세는 교회를 "생명을 주시는 성령의 현존과 활동의 지표요 도구"라고 부른다.[16] 친교와 일치란 교회론의 범주이기 이전에 신학적인 범주이며 교회 내의 모든 친교는 온 인류의 하느님과의 친교에 봉사하는 데서 그 의미를 정당화할 수 있다. 그렇지 못한 교회 내의 친교는 폐쇄적 집단의 자기도취에 지나지 않는다. 교회는 스스로가 하느님의 왕국이 아니고 오직 그 왕국에 봉사하는 도구임을 잊어서는 안된다. 교회에 대한 지표와 도구로서의 성사론적 접근은 따라서 교회의 모든 자만이나 성직주의 그리고 율법주의를 금지한다.[17] 친교의

---

[15] Willebrands 추기경의 위의 논문 참조.

[16] 요한 바오로 2세의 회칙, *Dominum et Vivificantem*, 64.

[17] Walter Kasper, *Theology and Church* (New York; Crossroad, 1989), 118 참조.

교회론은 교회가 교회중심주의를 초월하여 삼위일체이신 하느님 나라 중심주의로 그 사고와 실천을 바꿀 것을 요구하고 있다.

제2차 바티칸 공의회의 친교의 교회론은 교회의 근원인 삼위일체의 신비를 강조함으로써 제도로서의 교회를 상대화했고, 위계적 차별 이전의 하느님의 백성으로서 공통사명과 평등성을 강조함으로써 위계제도를 상대화했으며, 삼위일체이신 하느님의 구세활동, 즉 하느님의 나라를 절대화함으로써 교회중심주의의 극복을 요구하는 등, 공의회 이전 교회론의 경향에 견주어볼 때 참으로 혁명적인 변화를 가져왔다고 할 수 있다. 그런데 이러한 교회론은 더 나아가 세 가지 면에서 보강되어야 할 점이 있음을 지적하고 싶다. 첫째는 친교 또는 결합의 개념을 "남들"의 친교 또는 결합으로 구체화하여 개념하는 것이고, 둘째는 이러한 친교는 하나의 종말론적 이상으로서 모순과 분열로 점철된 현세에 있어서는 "연대"의 정치적 범주로서 구체화해야 한다는 것이며, 셋째는 "남들의 연대"의 실천의 주체로서 평신도의 은사를 특별히 부각할 필요가 있다는 것이다.

첫째로, 친교의 개념은 "남들의" 친교로 구체화해야 함을 강조하고 싶다. 공의회의 「교회 헌장」은 그리스도를 "모든 백성의 빛"이라고 부르고 이러한 그리스도와의 관계로 말미암아 교회는 하느님과의 긴밀한 일치와 모든 인류의 일치의 지표요 도구, 즉 일종의 성사라고 했다. 따라서 교회는 그리스도를 통하여 "모든" 인류를 하느님과의 일치와 상호간의 일치에 이르도록 유도하는 보편적인 사명을 지니고 있다(1). 하느님 백성으로서의 교회는 "모든 인류의 일치와 희망과 구원의 항구적이고 확실한 씨앗"(9)이다. 그런데 인류의 현실은 어떠한가? 인간의 역사는 하느님과 인간의 소외의 역사요 인간과 인간끼리의 분열과 착취와 증오와 소외의 역사다. 인간의 자연적인 경향은 모든 인류를 "우리"와 "남"으로 구분하고, "우리"와 성적으로 지역적으로 종교적으로 문화적으로 다른 "남"들을 우리의 동일성의 체제에서 제외하고, 경제적으로 또 정치적으로 저들을 억압하여 우리의 동일성에 종속시키려 하는 것이다. 따라서 구원과 은총의 역사는 이러한 소외 극복의 역사요, 동일성의 전체주의에 대한 저항의 역사이며, 모든 착취로부터의 해방의 역사이다.

그러기에 하느님 나라의 기쁜 소식은 부자와 권력자가 아닌 가난하고 억압받는 이들, 즉 특정 사회의 정치적·경제적·문화적 동일성의 체제에서 제외된, 우리가 "우리" 속에 끼어주기를 거부하는 "남"들에게 선포되었고, 착한 인간의 모범으로 유대인이 아닌 "사마리아인"이 선택되었으며, 인간 구원의 기준도 동일성의 체제를 파괴하고 그 체제에서 제외된 "남"들, 즉 배고프고, 병들고, 목마른 이들 속에 그리스도를 발견하고 그들과의 일치와 결합을 구체적으로 실천하는 데 있음을 마태오 복음 25장은 말하고 있다. 무엇보다도 그리스도 구원의 상징인 십자가는 바로 동일성의 체제에 의한 박해요 그 체제에 대한 저항과 승리임을 잊어서는 안될 것이다. 십자가를 통하여 그리스도는 유대인과 이방인의 "분열의 장벽"을 쳐부쉈다(에페 2,14). 그리스도와의 결합을 상징하는 세례의 의미도 바로 유대인과 이방인, 여자와 남자, 노예와 자유인의 차별을 초월하여 남들이면서도 "하나의" "우리"를 이룩하는 데 있다(갈라 3,28). 이런 의미에서 「교회 헌장」이 말하는 "모든 인류의 일치"는 교회의 종말론적 이상과 목적을 지칭하는 것이요, 그러한 이상은 모든 인류가 아직 하나를 이루지 못하고 오히려 상호투쟁과 분열과 억압 속에서 상호소외를 겪고 있는 현실 속에서는 오히려 억압받고 소외된 "남들"의 일치로 구체화되어야 한다. 그렇지 않으면 마치 모든 인류가 이미 화해와 일치를 누리고 있는 것 같은 착각이나 이데올로기에 빠질 수 있기 때문이다.

둘째로, 「교회 헌장」이 말하는 "일치", "결합" 또는 "친교"communio는 "연대"의 실천으로 구체화되어야 한다. 이미 지적한 바와같이 교회는 모든 인류의 일치의 도구요 지표다. 그러나 이 일치는 이미 완성된 사실이 아니고 앞으로 계속 수행되어야 할 하나의 과제이며, 이러한 일치의 "도구"로서의 교회는 이러한 일치를 바로 분열되고 억압적인 정치적·경제적 상황 속에서 버림받고 배척당한 "남들"과의 "연대"를 통하여 이룩하지 않으면 안된다. 모든 인류의 일치는 이 일치를 저해하는 억압과 부정의 제거를 통하여, 또 이 제거를 위한 투쟁을 통하여, 다시 말하여 역사의 피해자들과의 연대의 실천을 통해서만 가능하다. 이 점에 있어서 가난한 이들과의 연대를 강조하는 해방신학의 주장은 계속 경청되어야 한다. "연대"란 역사적 현실 속에서 일치와 결합을 저해하는 모든 정치 · 경제 · 문화적 요소를 제거하고 일치의 사회적 조건을 창조하는 정치적 실천을 말한다. 이러한 정치적 범주로서의 "연대"가 없이 "모든 인류의 일치"는 불가능하다. 다시 말하여 교회의 목적인 "모든 인류의 일치"는 "남들의 연대"를 통해서만 가능하고, 따라서 "남들의 연대"의 정치적 실천으로 교회의 사명은 구체화되어야 한다.[18] 제2차 바티칸 공의회의 「전례 헌장」(26)은 교회를 "일치의 성사"(unitatis sacramentum)라고 부른다. 그러나 그러한 "일치"의 성사는 오직 "연대"의 성사를 통하여 구체화될 수 있다.

셋째로, 이러한 교회적 사명의 주체는 평신도이며 평신도는 모든 권위주의나 성직주의적 억압으로부터 모든 인류의 일치라는 하느님 나라의 지상 명령에 대한 봉사를 위하여 해방되지 않으면 안된다. 숫자적으로 평신도는 교회 성원의 압도적 다수를 차지하고 있다. 무엇보다도 평신도는 그 생활 조건으로 인하여 사회의 정치 · 경제 · 문화 생활에 가장 직접적으로 관련되어 있고 참여하고 있다. 이러한 삶의 "세속성"secularity을 고려하여 공의회 문헌은 사회에서 하느님 나라를 추구하는 것이 바로 평신도의 "특수" 소명이라고 말하고 있다(교회 31: 사목 43).[19] 그리고 이러한 특수 소명의 실천에는 여러 가지 전제가 따른다. 그 하나는 하느님 백성의 평등한 성원으로서 교회의 공통사명에 사목자들 못지않게 책임

---

[18] Jon Sobrino와 Juan Hernandez Pico, *Theology of Christian Solidarity* (Maryknoll, NY: Orbis, 1985) 참조.

[19] 여기서 평신도 소명의 특성을 평신도 삶의 "세속성"(secularity)에서 찾는 점에서 필자는 제2차 바티칸 공의회의 가르침을 따르지만 이 가르침에도 문제점이 없지 않음을 또한 지적하지 않을 수 없다. 성직자들의 주요 사명은 교회 안의 "거룩한 직무"에 헌신하는 것이요 평신도의 주요 사명은 "현세적 일들" 속에서 하느님 나라를 추구하는 것이라는 「교회 헌장」(31)의 가르침은 아직도 교회와 세상, 성직자와 평신도를 성(聖)과 속(俗) 2원론의 관점에서, 또 교회와 세상을 서로 외적(外的)인 것으로 보는 경향을 지니고 있다고 할 수 있다. 그러나 공의회는 세상에도 성령의 현존과 은총이 있음을, 교회도 세상 "안에" 존재하는 것임을, 교회의 사명이 세상의 구원과 해방임을 인정하고 있다. 이런 관점에서 성직자 · 수도자 · 평신도의 차이를 같은 세상 안에서 같은 교회의 사명에 참여하는 상이한 방법으로 보는 것이 더 적합하다고 생각된다. 이 점에 대해 더 상세한 것은 Joseph A. Komonchak, "Clergy, Laity, and the Church's Mission in the World", in James H. Provost (ed.), *Official Ministry in a New Age* (Washington, DC: Canon Law Society of America, 1981), 168-93 참조. 평신도와 성직자의 상이성에 대한 이러한 문제점들에도 불구하고 평신도 해방에 대한 필자의 주장은 그대로 유효하다고 생각한다. 세상에 살면서 교회의 절대다수를 차지하는 평신도의 적극적 자각과 능동적 참여 없이 세상의 구원과 해방을 위한 교회의 사명을 완수할 수 없음은 분명하기 때문이다.

을 질 줄 아는 평신도의 능동성이다. 그 둘째는 교회의 공통사명에 능동적으로 참여하는 데 필요한 평신도의 교육이다. 다시 말하여 평신도로 하여금 사목자들에게 지나치게 의존하도록 만들고 모든 교회 내의 지식을 사목자들이 독점하는 풍토에서 평신도를 해방하여 평신도로 하여금 능동적으로 생각하고 자발적으로 행동하며 다양한 교육의 기회를 통하여 교회에 대한 무지를 극복하고 사목자들과 동등한 입장에서 교회의 앞날과 현대사회에서의 사명을 토론하고 실천할 수 있도록 기회와 자유와 권력을 부여해야 한다. 모든 인류의 화해와 일치를 "남들의 연대"를 통하여 삶의 구체적 상황 속에 구현하고 그렇게 함으로써 하느님의 나라를 추구하는 것은 바로 평신도의 특수 소명이요, 평신도는 이 소명의 실천을 위하여 성령으로부터 부여받은 그들의 특수 은사와 정력을 억압하는 교회 내의 모든 요소로부터 해방되어야 한다. 그리고 이러한 평신도 해방에 평신도 스스로가 앞장서야 함은 자명한 일이다.

한국교회에 대한 반성

한국교회가 처한 역사적 상황은 참으로 심각하다. 그것은 경제적 빈부의 대립에서부터 남과 여, 지역 대 지역, 이데올로기, 종교와 종교 그리고 한국적 자립과 세계화에의 종속간의 긴장과 모순에 이르기까지 어떻게 하면 한국적 전통에 깊이 뿌리박고 있는 폐쇄적 부족주의와 동일성의 체제를 타파하고 "남들의 연대"를 통하여 새로운 "우리"를 창조할 수 있는가의 도전을 던지고 있다. 이러한 시대적 요청에 직면하여 그리스도 안에서의 모든 인류의 일치를 추구하는 교회의 사명은 "남들의 연대"로 구체화되지 않으면 안된다. 모든 인류의 일치는 경제적 정의의 실천을 통한 빈부 대립의 해소 없이, 종속과 지배를 초월하는 새로운 남녀관계의 수립 없이, 지역간의 경제적·정치적·문화적 불균형의 종식 없이, 또 사상체계와 종교간의 상호존중 없이 불가능하다. 그리고 이러한 모든 것은 우리가 "동일성의 횡포"로부터 해방되어 나의 동일성의 체계에서 제외된 모든 "남들"에게 자신을 개방하고 저들과의 연대를 통하여 더 보편적인 "우리"를 형성할 때 가능하다.

이러한 절박한 현실에 직면하여 "모든 인류의 일치"의 "성사"로서의 한국교회는 과연 어느 정도 그 성사성에 충실했는가? 한국교회는 대립과 분열로 점철된 한국사회에서 과연 일치와 결합의 지표요 도구로서의 역할을 수행했는가? 필자는 여기서 한국교회의 과거의 행적은 차치하고 교회의 앞날을 위하여 반성할 점을 몇 가지 지적하고자 한다.

첫째로, 한국교회는 「교회 헌장」의 가르침대로 교회중심주의에서 탈피하여 하느님 나라 중심주의로 돌아가야 한다. 교회는 그 자체가 목적이 아니며 이 세상에서 모든 인류를 그리스도 안에 하나로 묶어 삼위일체이신 하느님의 영원한 친교 속에 참여시키려는 성령의 활동에 봉사하기 위하여 존재한다. 교회의 사명은 "모든 민족들 사이에 그리스도와 하느님 나라를 선포하고 확립하는 데" 있고, 현세에서의 교회는 그 나라의 "씨앗이요 시작"(교회 5)일 뿐이지 그 나라 자체는 아니다. 제도로서의 교회 밖에도 하느님의 은총이 있고 성령의 활동이 있다(사목 22). 교회는 이미 역사 속에 하느님 나라의 도래를 재촉하고 계신 성령께 귀를 기울이고 그 활동에 참여하기 위하여 존재한다. 이것은 이미 지적한 대로 제도로서의 교회의 상대화를 의미할 뿐 아니라 가장 근본적인 의미에 있어서 우리의 사고방식의 대전환을 의미하는 것이기도 하다. 왜냐하면 그것은 아직도 우리의 의식과 전통 속에 크게 자리잡고 있는 성속 이원론의 극복을 요구하기 때문이다. 사회활동은 종교와 전혀 무관한 것으로 생각하고 종교란 주일 예배행위나 몇 개의 윤리적 의무를 이행하는 것 정도로 생각하는 이원론적 사고를 공의회는 "우리 시대의 가장 큰 오류의 하나"(사목 43)라고 지적했고, 많은 교회의 문헌은 현세적 질서의 건설과 인간화의 과정이 복음화의 전단계가 아닌 복음화 자체라고 역설하고 있다. 역사 안에서의 하느님 나라의 건설은 구원에로 가는 길에 있는 장애물이 아니요 그 길 자체이다. 그럼에도 불구하고 우리의 의식이나 교회의 관행 속에는 아직도 교회중심주의가 자리잡고 있어 교회 내적인 일(미사, 성사, 레지오 활동, 헌금, 피정 등)에 참석할 때는 참으로 신자로서의 보람을 느끼면서도, 교회 밖의 직장생활이나 사회정치 활동 속에서는 신앙의 보람을 느끼기는커녕 오히려 그것을 신앙에 대한 위협으로 여기고 주저하는 경향이 있다 하겠다. 이제는 한국교회도 교회중심주의적 관행이나 사고에서 과감히 탈피하여 하느님 나라 중심주의에로 돌아가야 한다. 현세적 질서 속에 하느님 나라의 가치를 구체화하는 것은 구원의 길 자체이기 때문이다.

둘째로, 한국교회는 "모든 인류의 일치"의 지표요 도구로서의 역할에 어느 정도 충실했는가? 일치와 단합을 저해하는 한국사회의 병폐와 억압적 요소에 얼마나 예언자적 비판과 저항을 보여주었는가? 이 점에 있어서 1960년대 이후 주교단의 사목교서나 특히 정의구현 사제단의 눈부신 활동은 참으로 경하할 일이라 할 수 있다. 그러나 교회는 주교나 사제단만으로 구성된 것이 아니다. 교회의 대부분은 평신도이다. 그뿐 아니라 사제단이나 주교단의 예언자적 증거는 대체로 이미 "결과"로 가시화한 사회불의에 국한되어 있다. 이에 반하여 평신도는 경제적·정치적 권력의 생산과 분배의 과정에 참여함으로써 그 "과정"의 불의에 증거할 수 있는 입장에 있다. 문제는 평신도의 의식과 활동 속에 어느 정도 사회의 모순, 동일성의 횡포, 남들과의 연대에 대한 의식과 활동이 구체화되었는가이다. 아직도 평신도의 의식 속에는 ― 그리고 사목자들 대부분의 의식도 이 점에는 별 차이가 없을 것으로 생각되지만 ― 동일성의 횡포와 부족주의적 폐쇄성이 지배적으로 자리잡고 있는 것은 아닐까? 천주교 신자라고 가문, 혈통, 학연, 지연 등에 다른 이들보다 덜 집착하는가? 그 많은 주일 강론에서 얼마나 자주 신앙의 보편주의, 지역차별주의와 성차별주의의 폐해, 더 포괄적인 사고와 행동의 필요성 등에 관하여 이야기를 듣는가? 한국의 교회는 그 나름대로의 지역주의, 즉 교구주의에 빠져 교회의 전국적 관심사에는 무관심한 것은 아닌가? 한국의 교구는 어느 정도 초교구적 연대를 실천하고 있는가? 신학생과 사목자의 상호교환, 가난한 교구에 대한 재정적 원조 등을 통하여 폐쇄적 교구주의를 타파할 용의와 용기를 보이고 있는가?

셋째로, 한국교회는 성사주의로부터 해방되어야 한다. 여기서 말하는 성사주의란 성사 자체를 말하는 것은 물론 아니다. 가톨릭 교회의 가장 긍정적인 측면의 하나가 바로 성사제도요 예전적 전통이라고 할 수 있다. 그리고 이러한 예전적·성사적 측면은 계속 유지하고 보강되어야 한다. 문제는 성사 자체가 아니고 "성사주의"에 있다. 성사주의란 성사를 절대화하여 성사만이 은총의 수단인 것처럼 생각하고 성사 안에만 구원이 있으며 그 자체가 실천에 대한 대체물인 것처럼 착각하고 행동함으로써 위선적 형식주의에 빠지는 것을 말한다. 이 점에 있어서 모든 성사의 "원성사"原聖事라고 현대신학이 말하는 예수님의 삶을 깊이 관찰할 필요가 있다. 예수님의 인간성을 통하여 말씀의 신성이 외적으로 표현되었고 유효하게 구체화되었기 때문에 예수님의 인간성은 신성의 표지요 도구, 즉 성사라고 부른다. 그런데 말씀의 신성은 예수님의 인간성 자체를 통하여 정적으로 표현된 것이 아니고 예수님의 구체적 실천, 즉 하느님 왕국의 선포와 실천, 가난하고 억압받는 이들에 대한 우선적 배려, 권력자들에 대한 비판 그리고 십자가에서 정치범으로서 살해되심을 통하여 동적으로 표현되고 구체화된 것이다. 예수님은 자신의 실천을 통하여 하느님의 사랑을 계시하고 표현했으며 또한 유효하게 실현했다. 예수님의 실천은 인간에 대한 하느님의 구원적 사랑의 "지표"요 "도구"였으며 볼 수 없는 은총의 볼 수 있는 "유효한 지표"였다. 즉, 예수님의 실천은 구조적으로 볼 때 그 자체가 "성사"였다. 그리고 이 실천은 모든 성사의 원천이요 모형이기 때문에 "원"原성사Ursakrament라고 부른다.[20] 예수님의 인간적 실천을 떠나서 예수님의 성사성을 논할 수는 없다. 따라서 모든 성사란 예전적 상징을 통하여 하느님의 구원적 사랑을 볼 수 있는 방법으로 구체화시킬 뿐 아니라, 그것을 통하여 인간적 실천의 구원적 의미를 더욱 알려주고 그런 실천에로 우리를 유도하는 데 그 진정한 의의가 있다고 할 것이다. 성체성사를 통한 일치와 화해의 경험은 일치와 화해를 위한 실천으로 구체화되어야 한다. 카스퍼의 말대로 "우리의 매일의 빵을 나누지 않고 성찬식의 빵을 나눌 수는 없다".[21] 물의 상징을 통하여 새로 태어난 삶은 실천의 구체

---

[20] E. Schillebeecks, *Christ the Sacrament of the Encounter with God* (London: Sheed and Ward, 1963), 13-7; Karl Rahner, *The Church and the Sacraments* (New York: Herder and Herder, 1963), 15-9; Johann Auer, *The Church: The Universal Sacrament of Salvation* (Washington, DC: The Catholic University of America Press, 1993), 85-100; Walter Kasper, *Theology and Church* (New York: Crossroad, 1989), 119-20.

[21] Kasper, 164.

성 속에 새로 태어난 삶이 되어야 한다. 그렇지 않고 예전적·상징적 구체화로 성사가 끝난다면 그것은 성사적 관념주의, 성사적 심미주의 그리고 성사를 통한 실천으로부터의 도피요 형식주의임을 면할 수 없을 것이다. 이런 의미에서 한국교회는 성사 자체에 대한 절대화를 삼가고 성사의 실천적 의미와 내용을 강조함으로써 다시 한번 교회중심주의와 이원론의 환상으로부터 해방되어야 할 것이다. 성사의 실천은 실천의 성사로 구체화되어야 한다.

마지막으로 한국교회는 역시 교회중심주의의 한 표현인 성직주의와 성직자와 평신도의 이원론을 탈피하여 평신도를 과감하게 해방해야 한다. 제2차 바티칸 공의회의 교회론은 여러 면에서 혁명적이었음은 이미 지적한 바와 같다. 교회의 모든 볼 수 있는 제도는 삼위일체의 신비에 봉사하는 수단으로 상대화되었고, 교회 내의 위계제도도 계급의 차이가 아닌 봉사 방법의 차이에 기초하는 것으로 새로이 이해되었다. 교회 내의 모든 성원은 사목자든 평신도든, 하느님 백성의 한 부분으로 품위의 평등과 사명의 동일성을 누린다. 교회 내의 모든 상이성은 이러한 평등성과 동일성을 저해하지 않고 오히려 거기에 봉사하기 위하여 성령의 은사에 따라 주어진 것이다. 교회 내의 모든 관계는 따라서 형제 자매의 평등한 관계요, 상전과 종의 계급적·신분적 관계가 아니다. 그런데 교회는, 특히 한국교회는, 여러 가지 역사적 이유로 말미암아 아직도 사목자와 평신도의 차이를 계급과 신분의 차이로 보고 또 그렇게 행동하는 경향이 너무도 지배적이라 할 수 있다. 그러기에 많은 평신도가 피동적이고 의존적이고 자기비하적인 것이나, 많은 사목자들이 권위주의적이고 독재주의적이고 귀족주의적인 것도 모두 이해할 수 있는 일이다. 그러나 현대적 상황은 이러한 계급주의적 사고방식을 더 이상 용납하지 않을 뿐더러, 평신도의 과감한 해방을 통하여 "남들의 연대"를 통한 하느님 나라의 건설에 교회적 사명을 다할 것을 절실하게 요구하고 있다. 남들의 연대를 통한 "모든 인류의 일치"는 모든 폐쇄적 동일성의 체제의 타파를 요청하고, 이러한 시대적 사명의 완수는 교회로 하여금 우선적으로 **교회 내의** 폐쇄적 동일성의 체제, 즉 성직주의와 가부장제도를 타파할 것을 요청하고 있다. 교회 스스로가 "남들의 연대"에 모범을 보임으로써만 "모든 인류의 일치"의 성사가 될 수 있다. 이런 의미에서 직분의 수행상 절대적으로 필요한 경우를 제외하고 "성직자"·"수도자"·"평신도"를 차별화하는 모든 교회적 제도나 관행이나 언어는 철폐되어야 한다. 교회의 모든 결정에 대한 평신도의 참여는 대폭 증가되어야 한다. 그리고 평신도를 교회 안에 묶어두지 말고 세상에서의 하느님 나라에 봉사하기 위하여 모든 교회중심주의로부터 해방해야 한다. 교회적 사명의 완수를 위하여 모든 남녀 평신도의 은사와 정력은 해방되어야 한다.

남들의 연대 속에 평등성과 다양성:
제2차 바티칸 공의회에 의한 평신도와 사목자의 관계

공의회 이전의 교회론

가톨릭 교회사상 하나의 혁명적 이정표라 할 수 있는 제2차 바티칸 공의회 (1962~1965)가 끝난 지 올해(2000)로 35년이 되어간다. 공의회 이전의 교회생활에 참여한 적이 있는 나이 든 신자들에게는 피부로 느낄 정도로 교회는 크게 변화했다. 신학적으로 볼 때도 교종과 주교의 관계, 다른 교회와 다른 종교와의 관계, 평신도의 위치, 교회의 사회참여, 성서와 계시에 관한 새로운 접근 등 그리스도론, 교회론, 계시론, 신학적 인간학 및 예전과 영성신학면에서 공의회 이전의 교회와의 현저한 차이점을 주목하지 않을 수 없을 것이다.

제2차 바티칸 공의회 이후 적어도 신학적으로는 평신도의 위상이 전보다 높아진 것만은 부인할 수 없는 사실이다. 그러나 실천면에서 평신도 대부분이 어느 정도 자신의 높아진 품위나 사명을 자각하고, 거기에 맞게 교회생활과 사회생활에 참여하고 있는지, 또 교회 내의 모든 실권을 행사하는 성직자들이 과연 어느 정도 평신도의 품위나 책임을 인정하고 교회 내에서 평신도에게 "설" 자리를 마련해 주었는지는 의문이라 아니할 수 없다. 아직도 평신도 대부분은 스스로의 위치를 비하하고, 모든 것을 성직자들에게 맡기는 수동적 사고방식에 사로잡혀 있고, 성직자 대부분도 여전히 구태의연하게 권위주의적 의식구조에 지배되어 있는 것이 아닌가 하는 우려를 금할 수 없다. 교회가 예수 그리스도로부터 부여받은 사명에 어느 정도 충실하느냐의 문제는 결국 교회 구성원 각자가 어느 정도 자신의 책임과 직분을 인식하고 실천하느냐의 문제로 귀착된다. 이러한 교회론적 관점에서 볼 때, 평신도와 성직자의 관계에 관한 제2차 바티칸 공의회의 가르침을 다시 음미하는 것은 대단히 필요한 작업이라 생각된다.

잘 알다시피 제2차 바티칸 공의회 이전의 지배적인 교회관은, 제도와 교회법에 중점을 두고 교회의 구성원을 그 제도와 교회법 속에서 모든 권한을 독점하는 교계教階와, 그 교계 밑에서 오직 순명만을 의무로 하는 평신도의 두 계급으로 분류하는 이분법적 교회관이었다.[1] 이러한 교회관은 16세기의 트리덴티노 공의회와, 특히 신학자 벨라르미노의 제도중심적 교회론의 지대한 영향의 결과라 하겠다. 그리고 또한 종교개혁, 계몽사조, 프랑스 혁명, 산업사회에서의 무산계급의 출현 등으로 수세에 몰리게 된 교회가 생존하기 위해 조직의 일치와 단합을 강조하지 않을 수 없었던 역사적 상황도 고려해야 할 것이다. 그러나 그 결과는 교회 내의 압도적 절대다수인 평신도의 수동적·노예적 사고방식과 행동양식을 조장하는 것이었고, 평신도의 의무는 "기도하고, 돈 내고, 순명하는 것"pray, pay, obey으로 요약되었다. 이러한 교계 위주의 교회관은 1906년에 발표된 비오 10세의 회칙 *Vehementer Nos*에 대표적으로 명확히 나타나 있다.

교회는 본질적으로 불평등한 사회이다. 다시 말하면, 교회는 두 가지 부류의 사람들로 구성되어 있는데, 그 하나는 교계의 여러 등급에 속하는 사목자들이요, 다른 하나는 신자들의 무리들이다. 이 두 부류의 차이는 명확하여, 교회의 목적을 촉진하고, 그 목적에로 모든 구성원들을 지도하는 데 필요한 권리와 권한은 오직 사목자들에게 속하고, 신자들의 무리들의 유일한 의무는 사목자들의 지도를 받고 순한 양들처럼 그들을 따르는 것이다.[2]

교회의 주체는 오직 교계에 속하는 사목자들이요, "신자들의 무리들은" 아무런 권리도 없이 위로부터의 지시만을 기다리는, 문자 그대로 "양떼"요 객체에 불과하다는 것이다.[3]

---

[1] Avery Dulles, *Models of the Church* (Garden City, NY: Doubleday, 1974), 제2장 "제도로서의 교회" 참조.

[2] Acta Sanctae Sedis 39 (1906~1907), 8-9; Remi Parent, *A Church of the Baptized: Overcoming the Tension between the Clergy and the Laity* (Mahwah, NJ: Paulist, 1987), 15에서 인용.

이러한 공의회 이전의 계급주의적 교회관에 비해, 제2차 바티칸 공의회(이하 "공의회"로 약칭)의 가르침은 우리에게 새로운 교회상을 제시함과 아울러, 또한 새로운 평신도상을 제시하고 있다. 여기서 필자는 평신도의 일방적인 순명 "의무"와 평신도에 대한 사목자들의 "권리"와 "권한"만을 강조했던 공의회 이전의 사고방식과는 대조적으로, 공의회가 강조한 평신도의 "권리"와 평신도에 대한 사목자들의 "의무"를 먼저 열거하고, 둘째로 이러한 변화의 신학적 정당성을 제공하는 공의회의 새로운 교회상을 논의하며, 셋째로 공의회의 신학과 방향에 가장 큰 영향을 미쳤던 신학자 중 하나인 라너의 직무와 은사의 상호작용에 관한 논문을 통해 교회 내에서 공직자들의 역할과 평신도의 자발적 행동의 역학을 조금 더 조명하고, 마지막으로 아직도 교회의 전통적 언어 관습 속에 잠재해 있는 권위주의적 요소들을 지적하고자 한다.

사목자들의 의무와 평신도의 권리

우선 평신도에 대한 사목자들의 "의무"부터 논의해 보자. 공의회에 의하면, "그리스도께서 사목자들을 세우신 것은 세상에 대한 교회의 구원사업 전부를 홀로 맡기 위한 것이 아니요, 오히려 그들의 고귀한 직무는 모두가 각자의 방식대로 한 마음으로 공동의 과업에 협력할 수 있도록 그렇게 신자들을 사목하고 또 그들의 공헌과 은사를 인정해 주는 것이다"(교회 30).[4]

「교회 헌장」은 사목자들의 의무를 좀더 구체적으로 열거하고 있다.

사목자들은 진정으로 교회 내에서의 평신도의 품위와 책임을 인정하고 촉진해야 한다. 사목자들은 평신도의 현명한 권고를 기쁘게 받아들이고, 교회의 봉사를 위해 신뢰를 가지고 그들에게 직분을 맡겨야 하며, 동시에 행동할 수 있는 자유

---

[3] Parent, 위의 책 제1장 참조. 초대교회에도 물론 교회 사명의 완수를 위한 여러 종류의 직분이 있었지만, 서로 분리되고 고정된 "신분" 또는 "계급"으로서의 성직자와 평신도의 구별은 없었다. 이러한 구별은 2세기말 또는 3세기초부터 생긴 것이다. 이에 관해 Alexandre Faivre, *The Emergence of the Laity in the Early Church* (Mahwah, NJ: Paulist, 1990) 참조.

[4] 본문에서 인용되는 모든 공의회 문헌의 번역은 필자의 번역임. 약어는 18쪽 참조.

와 여지를 주어야 한다. 나아가 저들에게 스스로의 발상에 의해 사업을 시작할 수 있도록 용기를 주어야 한다. 사목자들은 아버지의 사랑을 가지고 평신도가 제안해 오는 안건과 희망사항을 그리스도 안에서 주의깊게 고려해야 할 것이다. 더욱이 사목자들은 지상에서 누구나 가지고 있는 자유를 존중하고 인정해야 한다(교회 37).

모든 사목자 중에서 평신도와의 접촉이 가장 많은 이들은 교종도 아니고 주교도 아니고 사제들이라 할 수 있다. 그리고 성직자와 평신도간의 알력도 보통의 경우에는 사제들과 평신도 사이에 주로 발생한다. 이 점에 있어서 「사제 교령」에 나타난 평신도에 대한 사제들의 관계와 의무는 더욱 주목할 가치가 있다 하겠다. 이 교령은 봉사받으러 오시지 않고 봉사하러 오신 그리스도의 모범을 상기시키면서 다음과 같이 말하고 있다.

> 사제들은 평신도의 품위와 교회의 사명에 있어서 평신도가 가지고 있는 고유의 역할을 진심으로 알아주고 신장해야 한다. 또 시민사회에서 누구나 가지고 있는 모든 이의 정당한 자유를 철저하게 존중해야 한다. 사제들은 평신도의 음성에 기꺼이 귀를 기울여야 하고, 그들의 소원을 형제적으로 고려해야 하며 여러 활동 분야에서의 그들의 경험과 자격을 인정해야 한다. 이렇게 함으로써 사제들은 평신도와 함께 시대의 징조를 식별할 수 있을 것이다.
> 　사제들은 그 은사가 하느님으로부터 온 것인지 가리기 위해 영을 시험하면서, 동시에 평신도가 가지고 있는 많고 다양한 성령의 은사를 신앙으로 발견하고 기쁘게 알아주며 열심히 길러주어야 한다. … 사제들은 또한 믿는 마음으로 평신도에게 교회 봉사를 위한 직분을 맡겨주고 활동의 자유와 기회를 보장하며, 필요한 경우에는 스스로 사업을 시작할 수 있도록 이끌어주어야 한다(사제 9).

이러한 평신도에 대한 사목자들의 "의무"와 함께 「교회 헌장」은 평신도의 "권리"를 다음과 같이 열거하고 있다.

모든 그리스도 신자와 마찬가지로 평신도는 사목자들로부터 교회의 영적 보화의 도움을, 특히 하느님의 말씀과 성사의 도움을 풍성히 받을 권리가 있다. 그들은 하느님의 자녀들과 그리스도의 형제들에게 합당한 자유와 신뢰를 가지고 사목자들에게 그들의 욕구와 소원을 개진해야 한다. 지식이나 자격이나 탁월한 능력이 있을 경우에 평신도는 교회의 이익에 관계되는 사항에 대해 그들의 의견을 표시할 수 있고, 때에 따라서는 그렇게 할 의무도 있다. 그러할 경우에는 그런 목적을 위해 교회가 설치한 기구를 통해 해야 되며, 또 항상 진리 속에서, 용기있게, 신중하게 그리고 직무상 그리스도의 위격을 대표하는 사목자들에 대한 존경심과 사랑을 가지고 해야 한다(교회 37).

평신도가 교회의 공동관심사에 관해 사목자들에게는 물론 다른 신자들에게도 의견을 발표할 수 있는 자유가 있다는 것은 교회법 212조에도 명시되어 있으며, 이것은 교회사상 특기할 일이라 할 것이다.

더 나아가 공의회는 평신도의 사도직이 성직자들에 의해 주어진 것이 아니고, 성사와 은사를 통해 하느님으로부터 직접 주어진 것이며, 따라서 성직자들은 평신도의 사도직 활동이 교회의 공동선에 어긋나지 않도록 조정하고 관리할 수는 있어도, 사도직 활동 자체를 금지하거나 억압할 수 없음을 명시하고 있다. "사도가 되어야 할 평신도의 권리와 의무는 머리이신 그리스도와의 결합에서 유래한다. 세례를 통해 그리스도의 신비체의 한 부분이 되고 견진을 통해 성령의 권능으로 견고해진 평신도는 주님 자신으로부터 사도직을 부여받았다"(신도 3). 그리스도의 구원사업을 이 세상에서 계속하시는 성령께서는 모든 신자들에게 사도가 되도록 은사를 주셨고, 이 은사를 받음으로써 "신자들 각자는 인류의 이익과 교회의 발전을 위해 교회와 세상에서, 성령의 자유 속에, 은사를 행사할 수 있는 권리와 의무를 가진다"(신도 3). 이 점에 있어서 "사목자들의 역할은 은사의 진위를 가리고 은사가 올바르게 사용되고 있는가를 판단하는 것이며, 이것은 결코 성령의 불을 끄기 위한 것이 아니고, 모든 것을 시험해 보고 좋은 것은 보존하기 위한 것이다"(신도 3: 교회 12). 다시 말해 사목자들의 사명은 평신도의 은사적 활동을 교회의 공동선을 위해 고무하고 조정하며 관리하는 것이지, 자의적으로 억압하거나 권위주의적으로 금지하는 것이 아니다.

위에 열거한 사목자의 의무나 평신도의 권리란 현대 민주사회의 정치의식으로 볼 때 너무나 당연하다. 그리고 시민사회에서 이미 거의 2세기 동안 보편화된 기본권에 속하는 그런 권리들을 교회에서 이제야 인정하기 시작한 것에 대해 불만을 가진 이들도 많을 것이다. 여기서는 오직 평신도의 교회 내에서의 위상이 공의회 이전에 비해 얼마나 격상되었는가를 지적하고자 한 것뿐이다.

공의회의 새로운 교회상

그러면 평신도의 위상이 그 정도나마 개선된 배후에는 무슨 신학적 이유가 있는가 질문하지 않을 수 없다. 물론 신학적 이유 외에도 현대사회에 있어서 평신도의 교육 수준의 향상, 평신도 전문인들의 출현 그리고 사회 전반에 걸친 민주의식과 민주적·참여적 정치제도의 확장 등 역사적 이유를 부인할 수 없고, 앞으로의 교회 내에서의 평신도의 위상도 궁극적으로는 어떤 이론적·신학적 이유보다도 역사적 요인에 의해 결정될 것이라는 전망을 솔직히 인정하지 않을 수 없을 것이다. 교회의 신학적 성찰은 과거의 교회사가 입증하듯 역사적 진공 상태에서 이루어지는 것이 아니고 항상 특정한 역사적 상황에서 이루어지는 것이며, 따라서 공의회도 인정하듯이(사목 44), 앞으로의 역사적 추세가 교회의 가르침과 신학에 크게 영향을 끼칠 것임은 확실한 일이다. 문제는 교회의 가르침이나 신학이 변화하는 역사적 상황에 어떻게 능동적으로 또 적절하게 대응할 것이냐 하는 것이고, 여기에 바로 평신도의 위상에 대한 신학적 이유를 묻는 소이가 있다 하겠다.

평신도의 위치가 개선된 가장 큰 신학적 이유로서 교회론의 변화를 들지 않을 수 없다. 다시 말해 그것은 교회의 본질과 사명에 관한 더 기본적인 물음과 성찰의 결과라 할 수 있다. 과거의 교회론은 로마 제국과 중세 봉건주의의 영향을 받아 차별적이고 계급적인 사회관을 그대로 도입하여 교회를 성직자와 평신도의 두 계급으로 나누고, 이미 나뉘어진 두 계급에서 출발하여 교회의 본질과 사명을 이해하려고 했다. 이에 비해 공의회는 교종청 소속 보수 신학자들의 교계주의적이며 이분법적인 교회론을 배격하고, 사목자와 평신도가 두 계급으로 나뉘어지기 **이전에** 양자가 공동으로 속하는 교회 자체의 본질과 목적에서 출발하여 양자의 상이성을 이해하려고 했고, 그 상이성을 계급의 차이가 아닌 기능과 역할의 차이로 보았다. 사목자는 교회 "위"에 있지 않고 교회의 "전부"도 아니며, 어디까지나 교회의 한 "부분"으로서, 교회의 사명과 목적을 수행하기 위해 존재한다. 따라서 사목직의 사명과 그 권한을 이해하기 위해서는 교회 전체의 사명이 무엇인가를 알아야 하고, 그 사명을 수행하는 과정 안에서 사목직의 특수 역할과 기능이 무엇인지를 모색해야 하며, 평신도의 역할과 기능도 교회 자체의 사명과 목적 속에서 찾아야 할 것이다. 교회 자체의 본질과 사명은 성직자와 평신도의 구별에 선행하고, 교회 안에서의 모든 상이성은 오직 교회 자체의 성격을 통해 올바로 이해될 수 있기 때문이다. 라너의 말대로 "한 전체 안에서 두 요소가 어떻게 서로 관련되어 있는가를 올바로 결정하기 위해서는 먼저 그 전체 자체의 성격을 이해해야 한다".[5] 평신도와 성직자의 차이를 계급의 차이로 절대화하는 과거의 이분법적 사고방식은 전체가 부분에, 단일성이 다양성에 선행한다는 형이상학적 순서를 왜곡한 데서 유래한다고 할 수 있을 것이다.[6]

그러면 교회 자체의 성격과 본질은 무엇인가? 「교회 헌장」은 교계제도로서의 교회를 제3장에서 다루고, 그보다 먼저 "교회의 신비"(제1장)와 "하느님의 백성"(제2장)을 논의함으로써, 과거의 제도중심적 교회론을 떠나 온 인류의 구원을 원하시는 삼위일체의 구세사적 신비의 한 부분으로 교회를 이해하려고 한다. 영

---

[5] Karl Rahner, *Theological Investigations*, VIII (London: Darton, Longman & Todd, 1971), 65 ("The Sacramental Basis for the Role of the Layman in the Church") 참조.

[6] Walter Kasper, *Theology and Church* (New York: Crossroad, 1989), 161-2와 Karl Rahner ed., *Encyclopedia of Theology: The Concise Sacramentum Mundi* (New York: Crossroad, 1982), 816-7; *idem, Theological Investigations*, XII (New York: Crossroad, 1976), 32-3 ("The Point of Departure in Theology for Determining the Nature of the Priestly Office"), and 43-6 ("Theological Reflections on the Priestly Image of Today and Tomorrow"); *idem, Theological Investigations*, XIV (New York: Crossroad, 1976), 208 ("How the Priest Should view His Official Ministry") 참조. 이 점에 있어서 개신교 신학자들의 입장도 유사하다. Wolfhart Pannenberg, *The Church* (Philadelphia, PA: Westminster, 1983), 103과 Jürgen Moltmann, *The Church in the Power of the Spirit* (San Francisco: Harper, 1991), 300-3 참조.

원한 성부께서는 온 인류가 자신의 완전한 모상인 성자를 닮고 성자를 통해 하나가 되어 자신의 아들딸들로서 자신의 신적 생명에 참여하도록 계획하셨고, 성자께서는 이 세상에서 성부의 이 구원의 뜻을 담은 하느님 나라를 선포하고 십자가에서 죽기까지 실천하고 부활함으로써 모든 인류에게 구원의 길을 마련하셨으며, 성령께서는 성자의 영으로서 모든 인류가 성자의 죽으심과 부활하심에 참여함으로써 새로운 존재로, 성부의 아들딸들로 재생되어 하느님의 생명에 참여할 수 있도록 역사하고 계시다. 교회는 이 세상에서 하느님의 구원의 뜻을 실현하기 위해 부름받고 모아진 "하느님의 백성"이요, 하느님의 왕국의 "씨앗이요 시작"(교회 5)이며, 성령을 통해 성자와 결합된 "그리스도의 몸"이고, 성령에 의해 성화되고 일치를 이루는 "성령의 궁전"이다. 그래서 교회는 성령을 통해 성자 안에서 모든 이를 자기에게로 부르시는 성부의 볼 수 없는 신비를 역사 안에서 볼 수 있게 구체적으로 증거하고 실천하는 "하느님과의 친교와 모든 인류의 일치의 성사, 즉 지표요 도구"(교회 1)라고 부른다. 교회는 "구원의 도구"로서 온 세상에 보내진 "메시아적 백성"이며, "온 인류의 일치와 희망과 구원의 가장 확실한 씨앗"(교회 9)이다. 교회는 또한 십자가에서 자신을 아버지께 완전히 바치신 그리스도를 본받아 삶의 전부를 하느님의 뜻대로 거룩하게 하고, 하느님께 바쳐 하느님을 찬미하기로 불림을 받은 "사제적 백성"이며, 모든 이들에게 그리스도를 증거하기로 불림을 받은 "예언자적 백성"이다. 교회의 모든 구조와 제도는 그것을 초월하는 이러한 삼위일체적 신비의 도구로서, 그 자체가 목적이 아니며, 그것은 오직 "신비체를 건설하는 데 있어서, 신비체에 생명을 주시는 그리스도의 영에 봉사"(교회 8)하기 위해 존재한다.

삼위일체적 신비의 한 부분으로서, 그리고 하느님의 백성으로서 교회의 이러한 성격과 사명은 사목자와 평신도의 구별 이전에 모든 신자들에게 "똑같이"(교회 30) 해당되는 것으로서, 모든 신자들은 직분이나 소명의 구별 없이 교회의 이러한 성격과 사명에 참여함에 있어서 누구나 평등하다. 삼위일체의 신비 앞에 사목자나 수도자라고 하여 더 거룩하거나 고귀한 것이 아니며, 또 온 교회에 부여된 사명을 실천함에 있어서 높고 낮음이 있을 수 없다. 오직 주님도 신앙도 세례도 하나이듯이, 교회 안에는 "그리스도 안에서의 재생에서 유래하는 모든 회원들의 공통의 품위가 있고, 아들로서의 공통의 은총이 있으며, 완덕에로의 공통의 소명이 있고, 하나의 구원, 하나의 희망 그리고 갈리지 않은 사랑이 있을 뿐이다"(교회 32). 수도자나 사목자뿐 아니라 신자들은 "모두"가 거룩한 삶에로(교회 40), 또 궁극적으로 "하나이며 같은" 거룩함 또는 영성을 추구하도록 불림을 받았고(교회 41), 하느님의 의를 통해 신앙의 "평등한" 특혜를 받았으며, "모든 신자들 사이에는 품위에 있어서, 또 그리스도의 몸을 건설하는 데 모든 신자들에게 공통된 활동에 있어서 진정한 평등이 존재한다"(교회 32). 따라서 교회 안에 존재하는 모든 상이성은 계급적 귀천의 차이나 기본적 사명의 차이가 아니고, 오직 하느님의 백성으로서 상이한 삶의 상황 속에서 교회의 공동사명에 참여하는 데 따르는 "기능"·"역할"·"직분"ministry 또는 "소명"의 차이이며, 이 차이는 "은사"의 다양성에 기초하는 것이다.

"교회 안에는 직분의 다양성은 있으나 사명에는 단일성이 있다"(신도 2). 그리스도의 몸의 지체로서 각자의 역할이나 기능은 다양하나 그 몸의 목적과 사명은 하나이며, 모든 지체들은 귀천의 차이 없이 같은 몸의 목적과 사명에 동등하게 참여한다. 모두가 일치 속에서 같은 몸의 공동목표를 향해 같은 사명감을 가지고 협력하지 않으면 안된다. 신품성사나 수도서원은 성세(견진)성사보다 더 큰 품위를 수여하는 것이 아니고, 오직 교회의 공동사명에 참여함에 있어서 특수한 봉사직과 소명을 부여할 뿐이다. 요한 바오로 2세의 말대로 교회 내에 있어서 "사람들 사이의 차이는 품위의 고하에 있지 않고, 봉사를 위한 특수한 그리고 상호보완적인 능력에 있다."[7] 미국 주교회의 전례위원회의 지적대로 "세례받은 그리스도의 지체들의 기본적 또는 근원적radical 평등성은 위계와 직무의 차이에 우선하고 그러한 차이보다 더 중요하다".[8] 따라서 교회 내의 모든 차별

---

[7] 요한 바오로 2세, *Christifideles Laici*, 20, 15, 16, 17 참조.

[8] "Place of Women in the Liturgy" (February 14, 1971), *Thirty Years of Liturgical Statements of the Bishops' Committee on the Liturgy* (Washington, DC: USCC, 1987), ed. F. McManus, 137.

화는, 그것이 교회 내의 노동의 분화를 위해 아무리 필요하다 하더라도, 이러한 기본적 평등성과 공통성을 위배하지 않는 한에서 유효하다 할 수 있다.[9]

교회 내의 모든 기능이나 역할의 차이가 품위의 평등성과 사명의 단일성 **안에서의** 차별화요 계급의 차별이 아니듯이, 영성의 차이도 마찬가지다. 수도자도, 성직자도, 평신자도 똑같이 하느님의 백성이요 그리스도의 제자들이다. 따라서 삶의 상황과 직분의 차이에도 불구하고 그들은 "하나이요 같은", 그리스도적 영성을 추구하며 그 영성은 바로 성령의 권능 안에 가난하고 겸손하고 십자가를 지시는 그리스도를 따름으로써 하느님 어버이를 경배하는 것이다(교회 41). 모든 영성의 차이는 기본적으로 동일한 이러한 영성을 따름에 있어서 상황과 직분의 차이에서 파생하는 방법의 차이요, 그것은 어디까지나 근본적 동일성 **안에서의** 부차적·종속적 차이이다. 수도자, 평신자, 성직자의 영성이 근본적으로 상이한 것이 아니다. 수도자의 영성이나 성직자의 영성이라고 이러한 기본적 그리스도적 영성을 보충하거나 거기에 무엇을 첨가하거나 하는 것이 아니고, 오직 그러한 같은 영성이 소명·은사·직분·상황의 차이에 따라서 상이하게 구체화되는 것을 의미한다. 같은 그리스도 신자들로서 그들의 상이한 영성은 각자의 상이한 상황 속에서 그리스도 신자가 되는 방법의 상이성을 말할 뿐이다.[10]

모든 직분에는 책임이 따르고 모든 책임에는 권한이 따르게 마련이다. 따라서 직분의 다양성은 권한의 다양성을 내포하는 것이며, 교회의 구성원 사이에는 필연적으로 권한의 차이가 존재한다. 어느 사회와 마찬가지로 교회 내에도 모든 사람들의 권한이 똑같을 수는 없다. 민주사회에서 모든 시민들이 법 앞에 평등하고 국가의 앞날에 공통의 책임과 사명을 지니면서도, 어떤 이는 대통령으로서의 직분·책임·권한을 행사하고, 어떤 이는 법관으로서, 또 어떤 이는 평시민으로서의 직분·책임·권한을 행사하듯이, 교회 내에서도 비록 기본 사

---

[9] Medard Kehl, *Die Kirche: eine katholische Ekklesiologie* (Würzburg: Echter, 1992), 106-25 참조.

[10] Karl Rahner, *Theological Investigations*, XIX (London: Darton, Longman & Todd, 1983), 68, 113, 119 참조.

명과 품위에 있어서 누구나 동등하면서도 구체적인 직분과 책임과 권한에 있어서는 다양성과 상이성이 존재한다. 그래서 공의회는 전통적인 가르침을 따라 교회의 공적 지도자들로서 로마의 주교와 그를 머리로 하는 주교단에 교회의 최상 통치권을 부여하고, 각 주교는 자기의 관할권 내에서, 또 사제들은 주교가 부여한 임무와 권한 내에서 직무를 수행하며, 이들이 교회의 공직자로서 내린 모든 정당한 결정에 평신도는 기꺼이 복종할 것을 명시하고 있다(교회 25, 37). 그리고 성직자들의 권한은 복음을 선포하고 가르치는 "교도권"敎導權, 성사 집행을 통해 신자들을 성화하는 "사제권" 그리고 신자들을 다스리는 "치교권"治敎權으로 분류된다(교회 20, 21, 25, 26, 27).[11]

그러나 교회의 공적 대표로서의 성직의 의미와 그 한계성은 항상 교회 전체의 성격과 사명의 시각에서 파악되어야 한다. 이 점에 있어서 라너의 주장과 통찰은 유념할 바가 많다. 삼위일체인 하느님의 구원사업에 있어서 모든 인류를 위한 하느님의 보편적 구원의지의 지표요 도구인 교회는 필연적으로 역사적·사회적 존재로서 조직적·제도적인 측면을 지닌다. 그리고 그것은 그 조직의 사명을 실천함에 있어서 그 조직을 대표하고 지도하는 "공적 대표자" 또는 "공적 지도자"로서 "공직"의 필요성을 수반한다. 성직자들은 이러한 의미에서 교회의 공직자들이다. 성직자들은 그리스도의 삶과 죽음과 부활 속에 성령을 통해 주어진 하느님의 절대적 구원의지를 온 인류에게 성사적으로 선포함에 있어서 하느님의 백성인 교회가 그 사명에 충실하도록 신자들을 지도한다. 성직자들은 그리스도의 몸인 "교회의 이름으로" 구원의 약속과 희망인 "말씀"을 선포하고 구원

---

11 「가톨릭 교회 교리서」 888-896항 참조. 그러나 성직자들의 이러한 직분과 평신도의 직분 사이에, "직무 사제직"과 "보편 사제직" 사이에, 「교회 헌장」(10)이 말하는 대로 "정도"의 차이가 아닌 "본질적" 차이가 있는지, 있다면 그것이 무엇인지는 아직도 많은 신학적 논란의 대상이 되고 있다. 확실한 것은 아무리 이러한 차이가 "본질적"이라 하더라도 하느님 백성으로서의 "근원적 평등성"과 "공통성"에 위배되어서는 안된다는 것일 것이다. 이 점에서 몇 가지 의견으로 Kenan B. Osborn, OFM, *Ministry: Lay Ministry in the Roman Catholic Church: Its History and Theology* (Mahwah, NJ: Paulist, 1993), 527-95; Robert M. Schwartz, *Servant Leaders of the People of God* (Mahwah, NJ: Paulist, 1989), 31-48; Gisbert Greshake, *The Meaning of Christian Priesthood* (Dublin: Four Courts Press, 1988), 31-76; David Coffey, "The Common and the Ordained Priesthood", *Theological Studies* 58:2 (June 1997), 209-36 참조.

의 징표인 성사를 집행하며, 신자들이 보편 사제직에 충실하도록 사목한다.[12]

그러나 성직자들이 교회의 이름으로 지도하는 공직자들이라고 하여 성직자들이 마치 하느님에 의해 "죄많은 백성"으로부터 분리된, 특별한 신적 권한을 부여받은 하느님의 "거룩한" 대표자들이라고 생각해서는 안된다. 성직자들은 이미 하느님에 의해 거룩해진 백성 안에서 특별한, 필요한 역할을 수행할 뿐이다. 보편 사제직은 그저 은유로서의 사제직이 아니며 또 직무 사제직으로부터 연역된 것도 아니다. 오히려 보편 사제직은 직무 사제직을 부양하는 토대다. 교회 안에 직무 사제직 같은 특수 기능이 있는 것은 바로 거룩한 백성으로서의 교회가 하느님의 보편적 구원의지의 역사적·사회적 구체화와 표현으로서 존재하기 때문에 가능한 것이다. 사회적·역사적 차원에서 교회는 지도적 기능을 필요로 한다. 그러한 기능이 없이는 교회는 구체성과 효율성을 상실한다. 그러나 바로 같은 이유로 그러한 기능의 본질, 종말론적 성격, 특수한 측면들 그리고 제한성은 하나의 전체로서 그리고 하나의 집단으로서의 교회의 성격에 따라 규정되어야 한다. 그러기 때문에 예를 들어 오직 세례를 받은 이만이 사제가 될 수 있고, 사제가 집전하는 미사는 바로 하느님의 거룩한 백성의 미사이며, 그가 가르치는 것도 오직 보편교회의 신앙을 반영하는 한 가능하다. 직무 사제직은 사제들의 의지나 능력에 전혀 관계없이 이미 주어진 그리스도의 구원적 실재를 공동체를 위해 "현재화"現在化(make present)시키는 것이지 그 실재나 그 실재의 사회적·성사

---

[12] 교회의 "공적 지도자" 또는 "공동체 지도자"로서의 사제 개념에 대하여 Karl Rahner, *Theological Investigations*, XIV (London: Darton, Longman & Todd, 1976), 202-19 ("How the Priest Should View His Official Ministry")와 *Theological Investigations*, XIX (London: Darton, Longman & Todd, 1983), 73-86 ("Pastoral Ministries and Community Leadership") 참조. 현대의 많은 신학자들처럼 Rahner도 성직자들의 가르치고 성화하는 권한은 구원의 성사로서의 공동체의 지도자 또는 사목자로서의 과제에서 파생하는 것이며, 따라서 평신도 "사목 협조자"(pastoral assistant)로서 사제 없는 공동체에서 실질적으로 사목자로서의 모든 역할을 맡고 있는 이들에게 필요한 신학교육을 마친 후 성품성사를 수여함으로써 미사, 고백성사, 종부성사까지 집행할 수 있는 실질적 공동체 지도자를 만들어야 한다고 주장한다. 공동체의 지도자니까 미사를 드릴 수 있는 것이지, 미사를 드릴 수 있는 사제이니까 공동체의 지도자가 되는 것은 아니라는 것이다. 교회의 모형이 여럿이듯이 교회의 모형에 따라 사제직의 모형도 여러 가지이다. 이 점에 있어서 Avery Dulles, "Models for Ministerial Priesthood", *Origins* 20:18 (October 11, 1990)와 그의 책, *The Priestly Office: A Theological Reflection* (Mahwah, NJ: Paulist, 1998) 참조.

적 현존인 교회 자체를 "창조"하는 것은 아니다. 게다가 십자가에서의 그리스도의 구원적 자기희생이 온 인류의 "머리"로서 행해진 이상, 사제가 다시 성사적으로 현재화시키는 그리스도의 자기희생은 처음부터 "교회"의 제사이며 사제 개인의 제사가 아니다. 이런 의미에서 모든 신자들의 보편 사제직은 직무 사제직에 선행한다. 비록 십자가의 제사를 성사적으로 현재화하는 권리와 능력은 직무 사제직에 고유한 것이지만, 직무 사제직이 현재화하는 것은 바로 "직접적으로 모든 이를 위한" 교회의 제사로서의 그리스도의 제사이며 따라서 직무 사제라고 그 제사에서 개인적으로 평신도보다 은총을 더 많이 받는 것은 아니다. 직무 사제직은 하느님의 백성으로서의 교회 "위"에 군림하는 어떤 권력이 아니고 하나의 개인으로 하여금 하나의 특정한 영역에서 전체로서의 교회의 사명 완수에 공헌하도록 하는 기능이다. 직무 사제들의 공적 사제직은 완전히 그리스도의 사제직과 보편 사제직에 봉사하기 위한 것이다.[13]

따라서 이러한 공직자로서의 권한이나 서열은 오직 조직사회로서의 교회 내에서의 특수한 기능에 한정되어 있는 것이고 거룩함이나 하느님의 사랑이나 구원을 위한 객관적 의미에 있어서의 서열이나 계급을 의미하지는 않는다. 평신도도 성직자보다 더 거룩한 생활을 할 수 있고 하느님의 사랑을 더 많이 받을 수 있으며 평신도의 자유로운 은사가 실제적으로 인류와 세상의 구원에 있어서 제도적·공식적 심지어는 성사적 권위의 행사보다 더 큰 의미를 지닐 수도 있음은 역사가 증명하고도 남음이 있다. 한 국가에 있어서 정부 공직자들의 공직 활동이 국가생활의 전부가 아니고 오직 한 부분이듯이 교회에 있어서 성직자들의 공직활동이 그리스도 신자들의 삶 전부는 아니다.[14]

이것은 따라서 교회 내에서 직무 사제직과 보편 사제직, 공직자와 평신도의 대화의 절박성을 말하는 것이기도 하다. 이러한 대화의 필요성은 무엇보다도 예

---

[13] Karl Rahner, *Theological Investigations*, XII (London: Darton, Longman & Todd, 1974), 39-60 ("Theological Reflections on the Priestly Image of Today and Tomorrow")과 *Theological Investigations*, III (London: Darton, Longman & Todd, 1967), 247-53 ("Priestly Existence") 참조.

[14] Karl Rahner, *Theological Investigations*, VIII (London: Darton, Longman & Todd, 1971), 73 참조.

언직·사제직·사목직을 포함한 교회의 전체적·공통적 사명 완수에 모두가 참여해야 한다는 공의회의 신학적 요구이다. 삶과 선포를 통해 그리스도와 하느님 나라를 증거하는 사명은 성직자들의 교도권뿐 아니라 모두에게 주어진 사명이다(교회 35). 성령을 통해 주어진 모든 신자들의 "신앙 감각"sensus fidei은 온 교회의 일치가 있을 경우에는 오류에서 보호되고, 교도권의 사명은 바로 이러한 온 교회의 일치를 공식적으로 표현하는 것이다(교회 12). 교회 가르침의 원천은 "진리의 영"이신 성령이요 성령은 교회의 교도권뿐 아니라 평신자들의 경험과 지식을 통해서도 가르칠 수 있기 때문이다. 교도권의 최종 결정권은 존중되어야 하지만 교회의 가르침이 교도권에로 축소될 수 없음도 또한 인정되어야 한다. 이미 19세기에 뉴먼Newman 추기경은 교리문제에 있어서도 신자들의 이러한 신앙 감각을 고려해야 한다고 주장한 바 있고, 또 신자들이 교리를 어떻게 받아들이느냐receptio가 교리 정통성의 하나의 기준이라는 것도 오랜 신학적 전통의 가르침이다. 좁은 의미에서 교리를 정의할 때뿐 아니라 신앙과 윤리 등 통상적·사목적, 가르치는 활동에 있어서도 평신자들의 신앙 경험과 느낌을 고려하고 반영하는 것은 따라서 신학적으로도 중요한 일이다. 이런 의미에서 볼 때 교회 내의 대화는 우발적이거나 임시적인 것이 아니요 발터 카스퍼의 말대로 교회의 "구조"에 속한다 할 수 있다. 교회는 본질적으로 대화적 공동체이다.[15]

교회 안에서 직무와 은사의 변증법: 칼 라너의 소견

공의회는 교회 내의 직분의 다양성은 은사의 다양성에서 유래한다고 가르친다. 칼 라너(1904~1984) 신부는 제2차 바티칸 공의회가 열리기 4년 전인 1958년에 「교회 안에 있어서 은사적 요소」Das Charismatische in der Kirche라는 논문에서 교회 내에서의 권위와 은사의 상호관계에 대한 신학적 성찰을 제시한 바 있다. 그 내용의 타당성은 그 이후의 공의회의 문헌과 신학적 토의를 통해 이미 확인된 바 있으나, 공의회 이전의 사고방식이 아직도 지배적인 한국적 상황에서는

---

[15] Walter Kasper, *Theology and Church* (New York: Crossroad, 1989), 142-3.

지금도 자극적이고 신선한 측면을 지니고 있다고 생각되어 그 논문의 내용을 간단히 요약·소개할까 한다. 평신도의 자발적 행동에 대한 사목자들의 권위행사와 관련하여 시사하는 바가 많을 것으로 생각된다.

교회는 제도적인 측면과 은사적인 측면을 지니고 있다. 제도적인 측면이란 인간에 의해 집행되고 계산될 수 있으며, 법률과 규칙을 통해 표현될 수 있는 모든 요소들을 포함한다. 그 반면에 은사적 측면이란 성령으로부터 교회의 공동선을 위해 주어진, 인간에 의해 통제될 수 없고 법률과 규칙으로 환원될 수 없는, 초월적 은혜·능력 또는 재능들을 말한다. 인간들, 특히 죄인들로 구성된 교회에 있어서 교회 내의 모든 제도나 직무는 그 자체로는, 다시 말해 성령의 도움 없이는, 그리스도의 진리와 은총에 어긋나게 사용되어 교회를 "반그리스도"의 집단으로 전락시킬 수도 있다. 그러나 교회는 성령을 통해 세상 종말까지 우리와 함께 계시다는 그리스도의 약속으로 말미암아, 역사적으로 자행된 교회 권위자들의 많은 허물·직무유기·부패·잘못된 방향·경화증·반동적 경향 등에도 불구하고, 교회의 본질인 그리스도의 진리와 은총으로부터 "근본적으로" 이탈하지 않도록 보호되고 있다고 믿는다. 이것은 교회의 제도 자체의 공로가 아니고 오직 죄보다 더 강력한 하느님 은총의 승리의 결과이다. 그리고 이러한 도움은 제도적·법률적 차원을 초월하는 은사적 차원을 말하며, 따라서 교회의 직무는 오직 은사로서만 그 본래의 사명을 행사할 수 있다. 교회 전체에 부여되고 교종에 의해 아주 특정한 조건하에서만 행사되는 "무류지권"은 이러한 은사의 하나이다. 그러나 이러한 은사적 차원은 그러한 특별한 경우에만 해당되는 것이 아니고 직무의 일상적 행사에도 해당된다. 다시 말해, 교회가 하느님의 은총과 진리와 거룩함에서 완전히 이탈하지 않고 세상 끝나는 날까지 성령의 교회로 유지되려면 교회의 직무 자체도 은사적 요소를 지니는 것으로 믿어야 한다. 그것을 "직무의 은사"라고 부를 수 있다.[16] 따라서 "직무"와 "은사"를 대립시켜 직무에는 은사적 요소가 전혀 없는 것처럼 생각하는 것은 큰 오류이다.

---

[16] Karl Rahner, *The Spirit in the Church* (New York: Crossroad, 1979), 35-40.

그러나 그 반대로 "교회 내의 은사적 요소는 교회의 공직에 유보되어 있다"고 생각하는 것도 "마찬가지로 오류이며", "교계가 성령의 유일한 매체라거나 성령이 교회에 들어오는 유일한 문이라고" 생각하는 것은 "위험한" 사상이다.[17] 교회는 중앙집권적·전체주의적 국가가 아니다. 교회가 그리스도의 구원의 은총의 볼 수 있는 현존이며 성사로서 신자들에게 "절대적"인 실재이지만 그렇다고 교회가 "전체주의적" 존재는 아니다.

> 누가 명시적으로 또는 묵시적으로 교회는 그 어느 행동에 있어서도 오류에 빠질 수 없다거나, 교회의 모든 활력적 충동衝動들이 오직 교회의 공직자들로부터만 유래할 수 있고 유래해야만 한다거나, 교회 내의 어떠한 발안發案도 오직 그것이 명시적으로나 묵시적으로 위로부터 나오고 또 오직 인가를 받은 다음에만 정당하다거나, 하느님께서는 오직 교계를 통해서만 교회를 관리하기 때문에 성령의 모든 지도는 언제나 그리고 모든 경우에 교회의 직무에만 작용한다거나, 교회의 모든 활력은 "위로부터"의 명령이나 소망을 단순히 집행하는 데 있다고 생각한다면, 그것은 곧 전체주의적 교회관이라 할 수 있다. 그러한 그릇된 전체주의적 견해는 은사의 중요성을 인정한다 하더라도 반드시 은사와 직무를 동일시한다. 그러나 바로 이것은 틀린 것이다. 교회의 공직 밖에도 교회를 위한 하느님 영의 충동과 지도, 즉 은사는 존재하기 때문이다.[18]

교회의 공직 밖에서의 은사의 존재는 어느 신학자의 사견이 아니고 교회 교도권과 성서의 가르침이며 교회의 온 역사를 통해 증명되어 온 진리이다. 비오 12세의 신비체에 관한 회칙 *Mystici Corporis Christi*는 그리스도께서 교회의 공직자들뿐 아니라 복음적 권고를 따르는 수도자들이나 세상에서 자비를 실천하고 남에게 모범이 되는 덕행 높은 평신도 안에서도 그들을 직접 다스리고 있음을 지적했다.

---

[17] 위의 책 40-1.　　　　　　　　[18] 위의 책 42.

그런데 만일 그리스도께서 교계를 떠나서도 교회 안에서 직접 작용하면서, 직무와는 관계없는 은사를 통해 교회를 지도하는 것이 사실이라면, 그리고 그럼에도 불구하고 교회 안에는 유효한 공적 직무가 존재한다면, 직무와 은사, 제도적인 면과 은사적인 면 사이의 조화는 결국 둘 다의 원천이며 주인인 그리스도에 의하여 또 그분에 의해서만 오직 보장될 수 있는 것이다. 다시 말해 은사와 직무의 조화는 오직 은사적으로만 가능하다. 물론 은사가 진정으로 성령으로부터 유래하는 것인지 아닌지는 그것이 교회의 공직자들이 정한 질서 안에서 활동하느냐에 따라 결정되어야 하고, 이런 의미에서 직무와 은사의 조화는 직무에 의해 보장된다고 말할 수도 있을 것이다. 그러나 이러한 형식적 규칙은 그 자체만 가지고 직무와 은사의 실제적 조화를 보장할 수는 없다. 이 규칙은 교회의 공적 권위를 가짜 은사로부터 보호하는 데는 충분하지만, 진정한 은사를 권위로부터 보호하는 데는 충분하지 못하다. 교회 역사가 증명하는 관료주의적 타성, 수단과 목적의 전도, 봉사가 아닌 지배를 위한 지배, 지나친 전통주의, 새로운 도전과 과제에 대한 교만과 불안으로부터 나오는 저항: 이 모든 것이 성령의 불을 끄지 않도록 조치를 취하는 것도 또한 절박한 것이다. 그런데 교회의 공적 권위가 성령의 불을 꺼서는 안된다는 형식적 원리만 가지고 그 결과를 보장할 수 없음도 또한 확실하다. 권위와 권위를 다스리는 원칙만으로는 부족하다. 왜냐하면 권위가 그러한 원칙들을 올바로 식별하지 못할 가능성과 그러한 원리를 거슬러 교회로부터 은사적 요소들을 추방하고자 하는 위험에서 보호할 수 있는 아무런 보장이 없기 때문이다. 그 보장은 오직 직무와 은사 모두의 초월적 원천인 그리스도에 의해서만 보장될 수 있다. 직무와 은사의 일치는 그 본질상 제도적으로 조직될 수 있는 것이 아니다. 그러한 일치는 그 자체가 은사적인 것이기 때문이다.

성서적으로 볼 때 바울로 사도는 그리스도의 몸을 건설하는 은사 중에 교회의 공적 직무뿐 아니라 그 본질상 제도적으로 관리될 수 없는 역할과 재능들도 포함시키고, 그러한 은사들도 직무의 은사에 못지않게 중요한 것으로 여기며, 특별한 은사라고 반드시 예외적으로 신비스러운 경험에 관계되는 것에 국한하지도 않는다. 어떠한 재능이나 역할도 수혜자를 거룩하게 하고 그리스도의 몸의 공동선에 기여한다면, 비록 크게 이례적인 어떤 것은 아니더라도 성령의 은사로 볼 수 있으며, 교회의 공적 직무 못지않게 교회의 본질에 속한다. 그리고 이러한 의미에서의 은사는 초대교회 때뿐 아니라 교회 역사상 항상 존재했다.

직무와 은사의 조화가 직무에 의해 제도적으로 보장될 수 없고 오직 그리스도에 의해서만 보장될 수 있다는 사실은 실제적으로 무엇을 의미하는가? 그러한 사실에서 우리는 어떤 실천적 결론을 내릴 수 있을까?

첫째의 실천적 결론은 교회의 공적 권위는 교회를 다스리는 이들이 자기들만이 아니라는 것을 항상 명심해야 한다는 것이다. 교회는 본래적으로 은사적인 단체이다. 따라서 그러한 교회의 신자들은 단순히 위로부터의 명령만 수행하면 되는 부하들이 아니다. 그들은 수행해야 할 또 다른 명령, 즉 주님 자신의 명령도 듣고 있다. 주님은 교회의 권위들을 통해서뿐 아니라 직접 교회를 다스리기도 하며, 교회의 규범적 절차와 통상 창구와는 관계없는 많은 방법으로 신자들을 직접 다스리는 권리를 스스로에 완전히 유보하고 있다. "모든 그리스도 신자들은 볼 수 있는 교회로부터 그들을 빼내지는 않으면서도 그렇다고 교회의 볼 수 있는 권위에만 맡겨둘 수 없는 하느님과의 직접적 관계를 가지고 있다."[19] 교회 안에는 교회 권위의 인가를 맡아야만 정당성을 획득하는 운동만이 있는 것이 아니다. 거기에는 교회의 직무자들의 계획이나 일정과는 전혀 관계없는 영의 움직임이 있을 수 있으며, 교계에서 시작해도 좋다는 허락이 내리기 전에도, 또 공식적·긍정적 인가를 받지 않은 방향에서도, 하느님께서 원하시는 행동이 얼마든지 있을 수 있다. 교회 내의 권위들은 전체주의 체제에서처럼 자기들만이 교회 내의 모든 일을 충분하게 계획할 수 있다거나 계획해야 된다고 생각해서는 안된다.

따라서 교회의 권위는 신자들로부터의 제안을 받아들인다는 것이 하나의 관대한 겸양이 아니고 하나의 의무라고 하는 사실을 잊지 말고, 때로는 더 높은, 은사적 지혜가 "위"에서보다는 "아래"에서 발견될 수도 있고, 따라서 직무의 은사적 지혜는 바로 그러한 더 높은 지혜에 스스로를 개방하고 받아들이는 데

---

[19] Karl Rahner, "The Sacramental Basis for the Role of the Layman in the Church", 66.

있다는 것도 명심해야 할 것이다. 신자들이 순명의 의무가 있다고 하여, 또 자기들이 자기들의 권한의 한계를 결정할 수 있는 법적 권한이 있다고 하여 신자들이 권위에 대한 권리가 전혀 없다거나 또는 권위가 취한 행동 하나하나가 항상 올바르고 하느님이 원하시는 것이라고 생각해서는 아니된다.

둘째로, 교회 안에 하느님께서 원하시는 바대로 은사와 직무의 영구적 이원주의二元主義가 존재한다는 것은 많은 이들이 "군주주의적"이라고 (잘못) 생각하는 교회 안에도 전체주의의 정반대인 민주주의적 요소가 있음을 말한다. 여기서 민주주의라는 것은 그저 누구나 투표할 수 있다는 피상적인 특징을 넘어서 어느 한 권위도 모든 권력을 소유하지 않고 권력이 여러 곳에 분산되어 어느 한 곳의 과도한 권력으로부터도 그것을 견제할 수 있는 또 다른 권력에 의해 보호될 수 있는 그런 사회를 말한다. 이런 의미에서 모든 건전한 국가는 다원적·민주주의적 국가였다고 할 수 있다. 교회 안에도 권력의 절대 독점과 집중이 있어서는 안된다. 그것은 직무 자체에 나타난 교회의 본질과 목적에 어긋나기 때문이다. 직무의 목적은 모든 권력을 스스로에게 집중하는 것이 아니며, 모든 직무에는 한계가 있고, 하느님은 이 한계를 보장함으로써 비공식적 은사에도 활동의 여지를 준다. 교회는 위계주의적 체제이지만 그것은 오직 교회의 정상에 하느님이 계시기 때문이며, 교회는 또 권력과 권위가 분산되는, 그 나름의 특별한 종류의 민주주의라고도 할 수 있다. 교회에서도 모든 것이 권위에서 유래하는 것이 아니고 백성으로부터 유래하는 것도 있을 수 있다. 그 백성은 하느님으로부터 "직접" 다스림을 받는 하느님의 백성이기 때문이다. 따라서 교회 안에도 "대중적"popular 요소가 있을 수 있다. 많은 신자들이 마음과 영혼의 일치를 이룰 때 거기에서 교회의 성령의 현존을 식별할 수도 있다. 교회 역사상 순박하고 기도하는 백성이 교회의 많은 성직자들보다 성령의 은사를 더 잘 간직했던 때도 많았다.

셋째로, 교회 안에 다양한 은사와 충동들이 필연코 존재하는 한 여러 세력들의 정당한 대립은 실제로 불가피할 뿐 아니라 마땅히 있어야 할 어떤 것으로 모두에 의해 받아들여져야 한다. 그것은 단순히 필요악으로 고려되어서는 아니된다. 하느님으로부터 교회로 흘러들어오는 영향들은 여러 경로를 통해 들어온다. 어떤 것은 교회의 직무를 통하여, 어떤 것은 아무 공직도 없는 이들에게 직접적으로 들어온다. 이 모든 것들의 궁극적·신적 의미와 방향과 목적들은 오직 하느님만이 완전히 알 수 있을 것이며, 인간들에게는 서로 상이하고 대립된 것으로 보일 수밖에 없을 것이다. 하느님으로부터 오는 은사들은 하나의 성령 속에서 하나를 이루지만 하나의 은사를 이루는 것은 아니며, 그리스도의 몸의 일치도 오직 하나의 성령 속에서만 완전히 하나를 이룬다. 아무도 혼자서 전체를 구성하지 못하고, 아무도 혼자서 모든 역할을 다 맡지는 않는다. 은사의 다원성은 결코 폐지될 수 있는 성격의 것이 아니다.

인간적 관점에서 볼 때 교회의 일치를 보장할 수 있는 것은 궁극적으로 하나밖에 없다. 그것은 남을 이해하지 못할 경우에도 그의 상이성을 허락할 수 있는 사랑이다. 이원적 구조에도 불구하고 교회를 하나로 만들 수 있는 것은 이것뿐이다. 성령에 어긋나는 것이 확실하지 않는 한 교회 내에서 각자는 각자의 영을 따를 수 있는 자유가 있어야 한다. 이것은 존경과 관용에 기초한 공동생활의 기본적 상식일 뿐 아니라 전체주의가 아닌 교회의 본질에 기초한 원리들이기도 하다. 그 정통성이 정식으로 증명되기 전에는 모든 개인적 자유활동을 금지하는 것이 아니라, 그 반대로 행동의 오류가 확립되기 전까지는 그러한 활동을 인내와 관용으로 내버려두는 것이 교회의 본질 자체에서 유래하는, 특별히 교회적인 덕행이라고 할 수 있다. 우리는 이해할 수 없을 때에도 남들을 있는 그대로 내버려두고 받아들임으로써 상이성相異性과 다양성을 존중하는 것을 배워야 한다. 신학에도, 영성생활에도, 교회 예술에도, 사목적 실천에도 다양한 학파와 경향이 있어야 된다. 그렇다고 교회 안에는 반대도, 도전도, 경고도, 비판도 없이 모든 것이 허락되어야 한다는 말은 물론 아니다. 이 모든 것도 필요하다. 교회의 공적 권위가 움직이기도 전에 교회 내의 어떤 경향에 대해 비판하고 도전함으로써 교회 권위의 행동을 유발하는 것도 성령의 은사의 하나일 수 있다.

성령으로부터 직접 유래하는 이러한 은사의 환원 불능의 다양성과 이에 필연적으로 따라오는 직무와 은사의 변증법적 상호작용을 감안한다면, 성령을 그 영혼과 "심장"(성 토마스)으로 하고 있는 교회는 마땅히 성직자와 교회를 동일시하는

"성직주의"를 탈피하여 "탈성직화"declericalized한 교회가 되어야 한다. 그러한 교회에서는 공직자들도 성령께서는 영원히 배타적으로 공직자들과만 함께하시는 것이 아니고, 그분이 원하시면 아무 곳에서나 입김을 부신다는 사실을 기쁘고 겸손한 마음으로 받아들인다. 그들은 은사를 완전히 규제하는 것은 불가능하며 그러한 은사들도 공직에 못지않게 교회에 똑같이 필요하다는 것을, 또 직무와 성령을 단순히 동일시할 수 없고 직무가 성령을 대체할 수 없다는 사실을, 그리고 공직도 사람들에게 진정으로 효율적으로 신용을 얻으려면, 그것들이 아무리 정당하더라도 단순히 그들의 형식적 사명과 권위에 호소하는 것만으로는 부족하며 오직 저들 속에 성령의 현존이 명백할 때에만 가능하다는 것을 인정한다.[20]

전통적 언어 관습의 몇 가지 문제점

공의회는 온 교회의 사명 완수에 있어서 성직자와 평신도의 구별 없이 모든 신자 공통의 책임과 평등한 품위를 강조하고, 교회의 모든 권한은 본질적으로 "봉사"의 도구로서 교회 공통사명의 완수를 위해 평신도의 은사를 해방하며 평신도와 협의하는 방법으로 사용되어야 함을 강조한다. 그러나 공의회의 문헌과 교회의 전통적 사고방식 속에는 동시에 이러한 새로운 교회관과 권위관에 반대되는 것으로 오해될 수 있는 표현이나 경향이 그대로 남아 있다. 몇 가지만 예를 들어 보자. 공의회의 문헌과 교회의 관습은 교회의 공직자에 대해 "그리스도의 대리자", "목자", "아버지"("신부") 들의 칭호를 사용한다. 그리고 이러한 언어 관습이 과거에 권위주의적이고 계급주의적인 교회관을 조장하는 데 큰 몫을 한 것도 부인할 수 없을 것이다.[21] 그러면 어떻게 이러한 칭호를 새롭게 이해할 수 있을까?

---

[20] Karl Rahner, *The Content of Faith: The Best of Karl Rahner's Theological Writings* (New York: Crossroad, 1992), 488.

[21] 교회의 전통 속에는 성직자들을 "신분"(status), "등급"(gradus), "위계"(ordo)의 관점에서 평신도보다 본질적으로 더 "높고" 더 "거룩한" 존재들로 생각하는 경향이 오랫동안 지속되었고, 그러한 경향은 교회의 언어 관습 속에 너무도 뚜렷하게 나타나 있으며, 1968년 개정된 서품식 예전에도 그대로 반영되어 있다. 이 점에 대하여 Mary Collins, OSB, "The Public Language of Ministry", in James H. Provost (ed.), *Official Ministry in a New Age* (Washington, DC: Canon Law Society of America, 1981), 7-40 참조.

공의회는 전통적인 표현을 빌려 교회의 공직자들을 "하느님을 대신하여"(교회 20) "그리스도의 권위로서"(교회 25) 교회를 다스리는 "그리스도의 대리자요 사절"(교회 27)이라 부르고, 또 "그리스도의 이름으로"(교회 27) "그리스도를 대표하는"(교회 37) "그리스도 자신의 역할을 수행하는"(교회 21) "교회의 교사요 통치자"(교회 37)라고 부르며, "그리스도의 위격으로"in persona Christi(교회 10, 21, 27, 28: 전례 33: 사제 2: 교회법 899.2, 900.1) 권한을 행사하는 목자들이라 부르고 있다. 그리고 "평신도는 그들의 결정을 그리스도적 순명으로 기꺼이 받아들일 것"(교회 37)을 강조하고 있다. 그런데 이러한 표현은 대단히 신중하게 사용되어야 하고 또 해석되어야 할 것이다. 자칫하면 공직자들의 개개인을 단순하게 예수 그리스도와 동일시하여 유한한 인간을 신격화하는 우상숭배에 빠질 가능성이 농후하기 때문이다. 이러한 표현을 올바로 이해하기 위해서는 교회의 정통적 가르침을 상기하고, 그 가르침의 맥락 속에서 그것을 해석하도록 해야 할 것이다.

첫째로, 교회의 정통교리에 의하면, 오직 예수 그리스도만이 우리의 구원자시요 주님이시며, 인간과 하느님의 중개자시다(1디모 2,5). 대영광송도 예수 그리스도를 "홀로"solus 거룩하시고 "홀로" 주님이시고 "홀로" 높으신 분으로 찬미하고 있다. 우리의 구원자는 교종도 주교도 사제도 아니고 오직 예수 그리스도시며, 교종이나 주교나 사제도 다른 인간들과 똑같이 예수 그리스도를 통해 구원을 받아야 하는 죄인들이다. 또 모든 인간 중에 신성과 위격적으로 결합하여 신성에 참여하는 분도 오직 나자렛의 예수 한 분뿐이다. 어떤 인간도, 심지어는 그리스도의 몸이라고 하는 교회도 예수 그리스도와 위격적으로 동일시될 수 없고, 어떤 인간이나 교회도 엄격한 의미에서 구세주로서의 예수 그리스도의 권위나 역할을 대행할 수 없는 것이다. 그 권위나 역할은 우리를 위해 죽임을 당하고 부활하신 예수 그리스도의 고유의 권위와 역할이요, 어떤 인간에게도 양도할 수 없는 성질의 것이기 때문이다. 이 점은 특별히 철저하게 명심해야 할 것이다.

둘째로, 따라서 교회의 모든 가르침이나 성사생활이나 다스림의 궁극적인 주체는 예수 그리스도시요 다른 인간이 아니다. 교회의 공직자들의 가르침은 오직 그리스도의 가르침에 위배되지 않을 때 신앙의 순명을 요구할 수 있으며, 그들의 사견이나 자의적 견해까지 그리스도의 권위를 지니는 것은 아니다. 또 미사를 포함한 모든 성사행위의 주체는 예수 그리스도요, 제2차적으로 그의 몸인 교회, 즉 하느님의 백성 전체이며(전례 7: 교회법 899.1),[22] 사제는 성사의 인간적인 도구에 지나지 않는다. 사제 스스로가 또 사제 개인의 능력으로(ex opere operantis) 죄를 사하거나 빵과 포도주를 그리스도의 살과 피로 변형시키는 것이 아니고 오직 "그리스도의 이름으로", 오직 "그리스도의 권위로서" 또 성령의 도움으로(epiclesis) 그렇게 하는 것이기 때문에 성사는 사제의 개인적 자질과 관계없이 그 자체로 유효한 것이다(ex opere operato). 진정한 의미에서 미사의 봉헌자는 예수 그리스도시며, 사제들은 그리스도의 몸이요 하느님의 백성인 교회의 공적 대표로서[23] 온 교회가 그리스도의 구원사업에 참여하는 예절을 "주례"하는 것이다. 이 예절에서 평신도도 사제들을 "통하여"뿐 아니라, 사제들과 "함께"(교회 48) 그리스도의 자기봉헌에 참여한다. 또 공직자들이 교회를 다스리는 것도 진정한 의미에서 인간의 유일한 목자이신 그리스도의 뜻대로 온 교회가 그 사명을 완수할 수 있도록 관리하는 한 그 정당성을 지니는 것이며, 그들의 교회 관리권이 그들의 사유재산이나 자의적 권한이 아님을 항상 명심해야 할 것이다. 그들도 평신도와 "똑같이" 최고 목자이신 그리스도의 뜻을 식별하고 거기에 순명할 의무를 지니며, 또 오직 그렇게 하는 조건으로 그들은 권한을 행사할 수 있는 것이다. 바울로 사도의 말대로, 교회 내의 모든 공직자는 "그리스도의 종들이요 하느님 신비의 관리자들"(1고린 4.1)이며, 저들이 그리스도 자신이거나 또는 하느님의 신비의 "소유자"나 "지배자"들은 절대로 아니다.

---

[22] Johann Auer, *A General Doctrine of the Sacraments and The Mystery of the Eucharist* (Washington, DC: The Catholic University of America Press, 1995), 100: "성사의 일차적 집전자는 성령 안에 그리스도를 통한 하느님 아버지이다."

[23] 사제가 교회를 대표하기 때문에 그리스도를 대표하느냐 또는 그리스도를 대표하기 때문에 교회를 대표하느냐 하는 것은 지금도 신학적 논란의 대상이 되고 있다. 일반적으로 Rahner, Schillebeeckx, Küng, Boff, Edward Kilmartin 등의 진보 신학자들이 전자를 주장한다면, Gisbert Greshake, Avery Dulles, Robert M. Schwartz 같은 보수 신학자들은 후자를 주장한다고 할 수 있다. Edward J. Kilmartin, SJ, "Apostolic Office: Sacrament of Christ", *Theological Studies* 36:2 (June 1975); Greshake, 61-76; Robert M. Schwartz, *Servant Leaders of the People of God* (Mahwah, NJ: Paulist, 1989), 31-48 참조.

셋째로, 따라서 교회의 공직자들이 "그리스도의 권위로서", "그리스도의 위격으로", "그리스도 자신의 역할을 수행하는" 그 권한은 오직 이러한 조건과 온 교회의 맥락 속에서 이해되어야 하고, 또 예수 그리스도의 위격과 동일시되지 않도록 인간적 도구로서의 권한으로 이해되어야 한다. 이와같이 인식될 때, 우리는 그들을 통해 진정으로 예수 그리스도 자신의 가르침을 듣는 것이고, 그분의 희생에 참여하는 것이며, 궁극적으로 그분의 목자적 권한에 순명하는 것이다. "그리스도의 위격으로"라는 엄청난 표현의 역사적 의미도 바로 여기에 있다. 그 표현은 자칫하면 사제와 그리스도를 동일시함으로써 인간을 신격화하기 쉬운 그 첫인상과는 정반대로, 성사를 통해 구원의 은총을 가져다주는 성사의 주체는 사제가 아니고 그리스도이며 사제는 오직 하나의 도구임과 그것은 성직자의 개인적 성성聖性에 관계없이 주어지는 은총의 승리를 강조하기 위해 쓰여진 표현이다. 그것은 성직자들의 "지배"를 정당화하는 것과는 정반대로 오히려 "그리스도만이 교회의 주인이라는 견고한 신앙의 표현이다".[24] 그것은 따라서 모든 성직자들이 세례자 요한과 같이 그리스도 앞에 자신을 비우는 것을 요청한다. 이 표현은 사제를 절대화하지 않고 오히려 철저하게 상대화한다. 이 표현이 과거에 오랫동안 성직자를 그리스도와 동일시하여 "또 하나의 그리스도"alter Christus라고 부르는 데 크게 기여했음은 대단히 유감된 일이라고 하지 않을 수 없다.[25] 그리고 지금도 그 표현의 역사를 모르는 이들에게는 성직자와 그리스도를 동일시하는 것으로 받아들여지기 쉽기 때문에 가능한 한 다른 표현을 쓰는 것이 신앙의 정통성에 도움이 되리라 생각된다.[26]

---

[24] Greshake, 62.

[25] Kehl, 112 참조.

[26] *"in persona Christi"*의 역사적 고찰에 관해서는 B. D. Marliengeas, "In Persona Christi – in Persona Ecclesiae", *Spiritus* 70 (1978), 19-33; Kenneth Untener, "The Ordination of Women: Can the Horizons Widen?" *Worship* 65:1 (January 1991), 50-9; David N. Power, OMI, "Representing Christ in Community and Sacrament", *Being a Priest Today*, edited by Donald J. Goergen (Collegeville, MN: The Liturgical Press, 1992), 97-123; Dennis Michael Ferrara, "Representation or Self-Effacement: The Axiom *In Persona Christi* in St. Thomas and the Magisterium", *Theological Studies* 55:2 (June 1994), 195-224와 "In Persona Christi: Towards a Second Naivete", *Theological Studies* 57:1 (March 1976), 65-88 참조.

또 교회의 전통적 언어 관습은 교회의 공직자들을 양을 치는 "목자" 또는 "사목자"라고 불러왔다. 이것은 목축 문화를 전제로 한 성서적 표현이며, 아름다운 표현이기도 하다. 그러나 이것은 어디까지나 비유적 표현이며, 문자 그대로 알아들어야 할 표현이 아님도 명심해야 할 것이다. 양은 동물이요, 또 동물 중 미련하기로 이름난 동물이며, 궁극적으로는 목자에게 털을 제공하고 음식으로 희생되고 착취당하는 동물이다. 거기에 비해 교회의 공직자들은 평신도를 착취하는 목자도 아니고, 평신도는 착취당하는 미련한 동물도 아니다. 목자와 양의 성서적 비유는 이러한 자의적 의미를 뒤집어, 목자는 오히려 양을 위해 생명을 바치는 것으로 해석하고 있다. 양들이 이리 밥이 되도록 도망치는 비열한 목자들이나 삯꾼들과는 달리, 고귀한 목자는 양들 한 마리 한 마리의 이름을 알 정도로 그들의 필요를 보살피고, 그들이 길을 잃었을 때 그들을 찾아 헤매며, 그들을 올바른 길로 인도하면서, 필요한 경우에는 그들을 위해 목숨을 바치는 것까지 주저하지 않는 사랑의 목자이다. 양들은 그러한 목자들의 음성을 알아듣고 기꺼이 따른다. 예수 그리스도는 바로 이러한 고귀한 목자이시다 (요한 10.11-14). 목자의 사명이 바로 이처럼 양들을 위해 존재하는 것이기 때문에, 예수는 베드로에게 자기의 양들을 맡기는 전제조건으로, 착한 목자인 자기를 사랑하고 자기를 본받아 양을 위해 생명까지 바칠 것을 요구하셨으며, 또 베드로가 칠 양은 베드로의 개인 재산이 아니요, 예수님께 속한, 예수님의 "내" 양임을 명백히하셨다(요한 21.15-19). 다시 말해, 신자들은 사목자들의 사유 재산이나 노예가 아닌, "하느님께서 맡겨주신 양떼"로서, 사목자들은 "맡겨진 양떼를 지배하려 들지 말고, 오히려 그들의 모범이 되어야 할"(1베드 5.3) 의무를 지니고 있다.[27]

목자와 양의 비유처럼 교권의 절대화를 위한 이데올로기로 사용된 비유도 드물 것이다. 이 글의 서두에 인용한 비오 10세의 인용문처럼, 교회의 모든 권한을 성직자들 수중에 집중시키고 절대화하여 신자들의 의무는 오직 "순한 양들"

---

[27] Reymond E. Brown, *The Critical Meaning of the Bible* (Mahwah, NJ: Paulist Press, 1981), 99-106 참조.

처럼 그들의 명령과 지시에 따르는 것으로 생각하는 전통적 사고방식의 이면에는 이러한 목자와 양의 비유가 크게 작용해 왔다. 그러나 이 비유의 이러한 전통적 해석이 양식과 성서적 전통에 크게 어긋나는 것도 또한 명심해야 할 것이다. 첫째로, 교회와 온 인류의 유일한 목자는 예수 그리스도시며, 이 점에 있어서 교회의 모든 공직자도 평신도와 "똑같이" 그리스도의 양떼에 속하고, 그리스도의 사목을 필요로 하는 빈곤하고 길 잃은 양들에 불과하다. 공직자들과 평신도의 차이는 예수 그리스도 앞에서의 이러한 평등성 안에서 찾아야 될 것이다. 둘째로, 평신도와 똑같이 그리스도의 지도를 요구하는 공직자들의 사목직은 공직자들의 개인적 영광이나 특혜가 아니고 오직 하느님께서 맡겨주신 공적 책임이며, 따라서 진정한 의미에서 우리의 유일한 목자이신 그리스도의 뜻에 따라 "양떼를 지배하려 들지 말고, 오히려 그들의 모범이 되는" 방법으로 그들의 참된 이익을 위해 행사될 때, 그 진정한 의미를 발휘하는 것이다. 신자들은 공직자들의 자의적 판단이나 군주적 지배의 대상이 아니다. 셋째로, 평신도는 문자 그대로 미련하고 무식한 동물로서의 양이 아니고 어디까지나 이성과 의지를 겸비한 인격체들이다. 나아가서 이미 논급한 바와같이 평신도도 평등한 품위와 사명감을 가지고 교회의 사명에 참여하기로 불림을 받았고, 또 현대의 평신도는 성직자들이 모든 지식을 독점하던 중세기와는 달리 모든 분야에서 성직자 못지않게 활동하고 있다. 따라서 모든 사목권은 평신도의 인격을 존중하고 그들과 협의하는 방식으로 행사되어야 하며, 그리스도와의 관계에 있어서는 성직자나 평신도나 모두 평등한 존재라는 것을 전제로 해야 한다. 비유의 성서적 배경이나 조건을 무시하고, 평신도를 문자 그대로 "미련한 양"으로 생각할 수 있는 시대는 이미 지나갔고, 이 점에 있어서 이 비유의 교회론적 적용은 대단히 신중하게 다루어져야 할 것이다.

목자와 양의 비유 못지않게 교회의 전통적 사고방식을 지배해 온 것은 "아버지"와 "아이들"의 비유라고 할 수 있다. 공의회에 의하면 사목자들은 평신도를 "자기 자신의 아이들"처럼(교회 27) "아버지의 관심과 사랑을 가지고"(교회 21. 28. 31) 대해야 하며, "하느님의 백성 안에서 아버지와 교사의 고귀하고 필수적인 역할을 수행한다"(사제 9). 공의회의 문헌은 평등성을 표시하는 "형제들"의 호칭과 함께 상하관계를 표시하는 "아버지"와 "아이들"의 호칭도 혼용하고 있다. 얼마 전까지만 하더라도 교종의 회칙은 주교들은 "형제들"로, 나머지 신자들은 "아들들"로 호칭해 왔다. 지금도 사제들을 우리 나라에서는 "신부"神父, 구미에서는 "아버지"Father라고 부른다. 이러한 언어 관습도 교회의 공직자들의 권한을 절대화하고, 평신도의 품위를 무식하고 수동적이고 의존적인 "아이들"의 수준으로 저하시켜, 교회를 이분법적으로 생각하는 데 큰 역할을 했음을 부인할 수 없을 것이다. 특히 우리 나라와같이 유교적 · 가부장적 전통이 강한 문화 속에서 그러한 역할이 더욱 강화되었음도 쉽게 이해할 수 있을 것이다.

"아버지"와 "아들"의 비유는 복음의 전파를 통해 신자들로 하여금 그리스도 안에 새로 태어나게 한 산파역으로서 바울로 사도가 자기를 그들의 "아버지"로, 또 그들을 그의 "아들들"로 부른 데서 연유하는 것이며(1고린 4,15; 갈라 4,19; 1디모 1,2; 18; 2디모 1,2; 2,1; 디도 1,4), 이것은 당시의 유대교적 전통에서 스승을 아버지라 부른 관습과 일치하고, 또 동양적인 전통과도 일맥상통하는 것이다. 그러나 이러한 인간적인 비유도 목자와 양의 비유 못지않게 신중하게 이해되어야 함은 물론이다. 신학적으로 볼 때, 우리에게 그리스도 안에서 새로운 생명을 주시는 분은 오직 성령이시며, 바울로 사도나 어떤 사목자도 스스로의 힘으로 우리에게 이러한 생명을 주지는 못한다. 엄격한 의미에서 "영혼의 아버지"는 하느님이시지 사제나 주교나 교종이 아니다. 바울로 사도나 교회의 공직자들은 하느님께서 사용하시는 인간적 도구들이며, 그들 자신들도 성령을 통해 다시 태어나지 않으면 안되는 유한한 인간들이요 "아이들"이다. 성령을 통해 새로 태어난 모든 인간들은 직분의 고하를 막론하고 아들이신 그리스도와 함께 하느님의 "아들딸들"이요, 그리스도를 맏형으로 하는 "형제 자매들"이다.

사도와 신자, 사목자와 평신도의 구별 없이 하느님 앞에서는 누구나 평등한 자녀들이요, 서로서로에게는 형제 자매들이라는 것은 신약성서의 가장 중심적인 가르침이요, 그리스도 신앙의 핵심에 속하는 것이다. 그러기에 사도행전과 대부분의 서간경들은 사도 · 원로 · 감독 등 직분의 차이에 관계없이 서로를 "형제들"이란 칭호로 불렀고,[28] 마태오 복음서는 아무도 "스승"·"아버지" 또는 "지도자"라 부르는 것을 금지하고 "너희의 아버지는 하늘에 계신 아버지 한 분 뿐이시며" "너희는 모두 형제들임"(23,8-10)을 강조하고 있다. 신약성서에서 사도와 신자들의 관계를 "아버지"와 "아들"의 관계로 표시한 것은 위에 언급한 바울로 서간경의 몇 군데에 나오는, 극히 드물고 개인적 상황에 국한된 **인간적** 표현이고, 그 반대로 "형제들"이란 표현은 사도행전과 바울로 서간경 전체에 공통적으로 가장 빈번하게 사용되는 **신학적** 표현이다.

따라서 권위주의적으로 오해되기 쉽고 상하관계를 의미하는 "아버지"(신부)의 칭호를 교회 공직자들에게 적용하는 것은 어디까지나 하느님과 그리스도 앞에 서는 누구나 평등한 "형제 자매"라는 신학적 개념의 맥락 속에서 아주 신중하게 통제되어야 하고, 또 제2차적인 종속적 관습으로 이해되어야 할 것이다. 인간적으로도 평신도는 미성년의 아이들이 아니요 성숙한 어른들이며, 신학적으로도 사목자들과 함께 교회의 사명에 평등한 품위와 책임을 가지고 참여하는 그리스도의 "제자들"이요 사목자들의 "동업자들"*sunergoi*(로마 16,3; 9; 21; 1고린 16,16; 필립 4,3; 필레 1,24)이며, 그들과 똑같이 "성인聖人들"*hagioi*(로마 1,7; 16,15; 1고린 1,2; 14,33; 16,15; 2고린 1,1; 13,13; 에페 1,1; 필립 1,1; 4,21-22; 골로 1,1; 히브 13,24)이다. 그럼에도 불구하고 역사적 변천 과정 속에서 가장 신학적이고 성서적인 "형제 자매"의 호칭이 사라지고, "아버지"·"신부"·"교종(교황)" 등의 차별적·계급적 호칭이 전통의 주류를 이루게 되었음은 대단히 유감스러운 일이라 아니할 수 없다. 지금부터라도 성서적 표현을 부활시켜 "요한 바오로 형제님"·"라찡거 형제님" 등으로 부른다면, 교회 내의 의식개혁에 혁명적 역할을 하지 않을까 생각된다. 그리고 그것은 또한 교회의 가장 오래된 전통에로 복귀하는 것일 뿐이다.

---

[28] 초대교회에서 역할에 관계없이 모든 신자 사이에 "형제"라는 칭호가 가장 지배적 칭호였음은 너무나 명확하다: 사도 1,16; 2,29; 6,3; 11,12; 15,7; 15,13; 15,23; 15,36; 16,40; 17,10; 21,20; 22,13; 로마 7,1; 7,4; 8,12; 10,1; 11,25; 12,1; 15,14; 15,30; 16,1; 16,14; 16,17; 1고린 1,10; 1,11; 1,26; 2,1; 3,1; 10,1; 12,1; 14,6; 14,20; 14,26; 15,1; 15,58; 16,12; 16,15; 16,20; 2고린 1,8; 13,11; 갈라 1,2; 3,15; 6,1; 에페 6,23; 필립 1,12; 3,1; 4,1; 4,8; 4,21; 골로 1,2; 1데살 2,1; 2,9; 2,17; 4,1; 4,10; 5,1; 5,12; 5,25-26; 2데살 1,3; 2,1; 3,1; 3,6; 1디모 4,6; 2디모 4,21; 필레 1; 히브 3,1; 10,19; 13,22; 야고 1,21.16; 1,19; 2,1; 3,1; 4,11; 5,7; 5,12; 5,19; 1베드 2,17; 묵시 1,9 참조.

평신도는 교회의 사명을 위하여
성직자들의 권위주의로부터 해방되어야 한다

⑧

평신도가 원하는 사제의 모습:
미주 평신도 70인이 주교님들께 보내는 공개서한[1]

존경하는 주교님들께

우리들은 미국에 사는 교포신자들입니다. 주교님들의 건안을 기원합니다.

미주 지역의 교포교회가 뿌리를 내린 지도 이미 20년이 되어갑니다. 그동안 제도적으로, 또 영성생활에 있어서 많이 발전했고, 또한 한국 신자들의 뜨거운 신앙생활은 미국 신자들에게도 좋은 모범이 되어왔음을 자부하고 싶습니다. 그리고 교포교회의 이러한 발전을 신자들의 자발적인 노력은 물론이려니와, 특히 조국의 여러 주교님들의 끊임없는 성원과 주교님들께서 파견하신 사제들의 노력의 결정이라고 생각합니다. 그러나 교포교회에는 이러한 긍정적인 면이 있는 반면에 부정적인 면도 있음은 주교님들께서도 이미 잘 알고 계시리라 믿습니다. 그리고 이 점에 있어서 주교님들께서 앞으로 교포사목에 관한 계획을 세우시는 데 조금이라도 도움이 되기를 바라는 마음에서 이 글을 드립니다.

몇 군데를 빼놓고 현재나 또는 과거에 내분을 겪지 않은 교포교회는 없다고 하겠습니다. 그리고 이 내분에는 공동체의 성격과 상황에 따라 때로는 신자들에게, 때로는 사제들에게 그리고 대부분의 경우에는 신자들과 사제들에게 공동으로 책임이 있을 것입니다.

우리는 신자로서의 우리 자신의 책임을 통감하고 또 스스로의 각성을 촉구하면서, 앞으로 주교님들께서 파견하실 사제들의 자질에 관해 다음과 같이 건의하고 싶습니다. 이것은 공동체 내분의 책임을 전적으로 사제들에게 전가하고자 함에서가 아니라, 사제가 공동체 내에서 지니고 있는 교회법상의 권한이 절대

---

[1] 이 편지는 미국 동부지역 평신도 70인이 1992년 1월 1일자로 한국 주교들에게 보낸 진정서이다. 20여 년간 축적된 미주 동포 교회의 문제점들이 집약되었음을 볼 수 있을 것이다.

적이고, 따라서 공동체의 발전에 끼치는 사제들의 영향이 막강하기 때문임을 양찰해 주시기 바랍니다. 우리는 예수님의 교회를 사랑하고, 그 교회 안에서의 사제직의 역할과 기능을 존중하며, 교회가 예수님으로부터 받은 막중한 사명에 더욱 충실하기를 바라는 마음에서 이 글을 드리는 것입니다.

우선 결론부터 말씀을 드린다면, 우리가 원하는 교포교회의 사목자는 기도에 충실한 사제, 겸손한 사제, 봉사적 사제, 공부하는 사제, 사명의식에 투철한 사제 그리고 개방적 사제라고 하겠습니다.

기도하는 사제

첫째로, 우리가 바라는 사제는 기도생활에 철저한 사제입니다. 일반적으로 한국 신자들은 사제들을 깊이 존경하며, 이것은 한국교회의 미덕이라고 볼 수 있겠습니다. 그런데 신자들이 사제를 존경하는 이유는 그가 거룩한 삶을 사는 분이요, 또 신자들을 거룩한 삶으로 인도하는 지도자라고 믿기 때문일 것입니다. 철저한 기도생활과 끊임없는 수덕생활을 통해 신앙에 더욱 성숙하고 말과 행동에 신중하며, 깊은 영성의 소유자이기를 신자들은 사제들에게 기대하고 있습니다. 그런 사제들의 미사에는 기쁨이 있고, 그들의 강론에는 하느님의 살아 있는 말씀이 있습니다. 그런 사제들은 말보다도 거룩한 삶을 통해 복음의 진리를 더욱 효과적으로 증거합니다.

그런데 유감스럽게도 일부 사제들이 기도생활을 게을리하고 말과 행동에 경박하며, 깊은 영성이 결여된 것을 목격할 때, 신자들은 크게 실망하지 않을 수 없습니다. 그런 사제들의 미사는 비록 객관적으로는 유효하더라도, 신자들이 보기에는 기계적으로 반복되는 몸짓에 불과하고, 그들의 강론에는 감각이나 신념이 없으며, 그런 예전에는 성령의 살아 계심을 느낄 수 없습니다. 특히 메마른 이질 문화 속에서 극심한 생존경쟁에 시달리며 하느님의 기쁜 소식과 성령 안에서의 새로운 삶을 갈망하는 이민교회의 신자들에게 영성이 결여된 사제들의 행동은 크나큰 실망을 안겨줄 뿐 아니라, 신자들로 하여금 냉담에 빠지거나 다른 교회를 찾게 하는 유혹이 되기도 합니다.

겸손한 사제

둘째로, 우리가 원하는 사제는 겸손한 사제입니다. 한국에서와 마찬가지로 이민교회에서도 신자들 위에 왕으로 군림하려는 사제들을 가끔 목격합니다. 신자들에게 반말을 하거나, 신자들의 의견을 전혀 무시하고 일방적인 순명만을 강조하는 사제들이 있습니다. 사제로서의 자신의 권리는 강조하면서도, 그 권위를 봉사의 수단으로 행사하라는 복음적 의무는 전혀 망각하고 있습니다. 어떤 사제들은 심지어 자신을 예수님과 동일시하고, 예수님께 드리는 순명을 자기에게도 바치기를 강요하며, 때로는 신성한 강론대를 비판적 신자들에 대한 인신 공격의 도구로 모독하는 횡포를 범하기도 합니다.

그러나 지금의 신자들은 옛날의 신자들이 아닙니다. 신자들의 수준도 크게 향상되어, 신자들 중에는 신앙이나 경험이나 지식에 있어서 사제보다 월등한 이들도 많습니다. 또 이제는 신자들도 인간으로서의 기본 권리를 의식하고 있고, 신자들이라고 사제들의 종이 아님을 자각하고 있습니다.

그리고 무엇보다도 공의회(사목 32)와 교회법(208조)은 사제나 수도자나 평신자나 하느님 앞에서의 품위에 있어서, 교회의 사명에 참여함에 있어서, 또 거룩한 생활에로 불림에 있어서, 모두가 평등하다고 가르치고 있습니다. 교회 안에는 역할이나 권한의 차이는 있어도 계급의 차이는 있을 수 없을 것입니다. 하느님의 아들딸로서 "모두 예수 그리스도 안에 하나이기"(갈라 3,28) 때문입니다. 따라서 교회의 모든 권한은 이방인들 사이에서처럼 남을 억누르고 지배하는 수단이 아니요, 모든 이의 "종"이 되는 봉사의 기회로 행사되어야 할 것입니다(마르 10장). 권한 그 자체를 목적으로 생각한다는 것은 권력을 우상화하는 것에 지나지 않을 것입니다.

따라서 신자들의 의견을 무시하고 옛날의 양반이나 왕처럼 행세한다는 것은 시대에 뒤질 뿐 아니라 그것이 비록 봉건적 사고방식은 될지언정 복음적 사고방식은 아니며 공의회의 가르침이나 교회법의 규정에도 어긋나는 일일 것입니다. 우리는 신자들과의 평등성을 인정하고 신자들의 보편 사제직도 존경하며, 신자들의 신앙과 지식과 경험도 존중하면서 모든 신자들을 그리스도 안의 형제자매로서 섬길 줄 아는 겸손한 사제를 갈구하고 있습니다. 신자들을 "지배하려

들지 말고 그들의 모범이 되려고"(1베드 5,3) 노력하는 사제들은 존경을 강요하지 않더라도 신자들의 자발적인 존경을 듬뿍 받을 것입니다.

봉사하는 사제

셋째로, 기도생활을 통해 하느님의 뜻을 식별하고 신자들 앞에서 겸손한 사제는 신자들이 이미 하느님으로부터 받은 은사를 찾아내고 활성화하는 일에 봉사하는 사제라 하겠습니다. 성령께서는 주교나 사제들에게만 은사를 주신 것이 아니고, 모든 신자들에게 은사를 주셨으며, 이 은사는 공동체의 이익을 위해 그리스도의 몸을 건설하는 데 사용하라고 주신 것입니다. 이 은사는 사제나 주교로부터 받은 것도 아니고, 또 그들을 통해 받은 것도 아니며, 오직 살아 계신 하느님으로부터 직접 받은 것입니다. 모든 신자들은 세례와 견진을 통해 교회의 구원사업에 참여하도록 주님으로부터 직접 불림을 받았습니다(교회 33). 따라서 사제들은 은사를 독점할 수도 없고, 신자들도 그들의 은사를 묻어두지 말고 적극적으로 행사해야 할 것입니다. 예수님께서 사목자들을 세우신 목적은 교회의 모든 활동을 독점하기 위한 것이 아니고, 신자들의 이미 받은 은사를 캐어내고 활성화하여, 교회의 공동사명에 능동적으로 공헌할 수 있도록 고무하고 조정하고 관리하는 것이라고 고린토 전서(12장)와 공의회(교회 33)는 가르치고 있습니다.

봉사적 사제는 신자들을 자기의 권위에 억압적으로 종속시키려 하지 않고 사목자에 대한 수동적 의존을 탈피하여 자립적으로 스스로의 은사를 자각하고 교회에 능동적으로 공헌할 수 있도록 자유롭고 고무적인 분위기를 조성하는 데 힘써야 할 것이며, 그러한 신자들의 열성을 죽이지 말고 그들의 의견에 경청하면서 협의적으로 공동체를 관리할 줄 알아야 할 것입니다(사제 9). 신자들과 일언반구의 상의도 없이 교회 내의 문제를 혼자서 일방적으로 결정한다는 것은 군국주의적 사고방식이나 세속적 독재자의 통치 형태일지는 몰라도, 그리스도적 사목방법은 아니라고 생각됩니다. 사제가 공동체를 위해 존재하는 것이지, 공동체가 사제를 위해 존재하는 것은 아니라는 사실을 항상 깊이 명심해야 할 것입니다.

구체적으로 사목위원과 사목협의회 회장은 사제가 일방적으로 임명하지 말고 신자들의 선거에 의해 선출해야 하며, 사목협의회는 사제가 이미 결정한 사항을 그저 형식적으로 또는 억압적 분위기에서 충분한 토의도 없이 통과시키지 말고, 우선 공동체 내의 신자들의 의견을 적극적으로 널리 수렴하고, 수렴된 의견을 자유롭고 책임있는 토론을 통해 결정하고, 이렇게 결정된 의견을 사제는 특별하고 중요한 이유가 없는 한, 사목정책에 반영하는 것이 공의회의 정신이요, 봉사적 사제의 정도正道라 할 것입니다.

최종 결정권은 비록 주임사제에게 있다 할지라도, 이와같이 협의적으로 공동체의 사안을 결정하는 것이 신자들의 참여심을 기르고, 하느님의 백성으로서의 그들의 주체성과 책임감을 각성시키는 방법일 것입니다. 공동체의 앞날은 사제들만의 책임이 아니요, 공동체의 절대다수인 신자들에게도 책임이 있기 때문입니다.

특히 교회의 재정문제는 교회법(537조)의 규정대로 재무위원회에서 또는 상황에 따라 사목협의회를 거쳐서 결정하되 어디까지나 공개적으로 공명정대하게 처리해야 할 것입니다. 공동체의 재산이 사제의 사유재산이 아닌 것은 분명합니다. 따라서 공동체의 예산이나 결산의 내용은 적어도 일 년에 한 번 정도 온 신자들에게 공표하는 것이 공동체의 재산을 공명정대하게 집행하고 처리하는 방법일 것입니다.

또 온 교회적으로 공인된 단체들은 모두 공평하게 지원해야 하며, 자기의 취향에 따라 자의적으로 어떤 단체는 편애하고, 어떤 단체는 탄압하는 것은 공동선의 관리자로서의 사목자들이 취할 태도가 아닐 것이며, 또 신자들이 자발적으로 설립한, 아직 공인되지 않은 단체도 최대한 인정하고 지원하는 것이 신자들의 자발성을 계발하고 고무하는 방법일 것입니다. 이 점에 있어서 사제들만이 은사를 받은 것이 아니고 신자들도 은사를 받고 있다는 사실과, 사제의 임무는 이 은사를 적극적으로 발굴하여 공동체를 위해 사용될 수 있도록 조정하는 것이라는 것을 항상 유의해야 할 것입니다. 교회법(529조 2항)의 규정대로 "주임사제는 종교적 목적을 위한 평신도의 단체활동을 고무함으로써 교회의 사명을 수행하는 데 있어서의 평신도 고유의 역할을 인정하고 촉진해야" 하겠습니다.

인간의 모든 권한에는 한계가 있습니다. 사제의 권한도 마찬가지입니다. 그 권한은 어디까지나 교회법과 교구의 규정 안에서 행사되어야 하고, 무엇보다도 복음의 봉사적 정신으로 공동체를 위해 행사되어야 하며, 또 양식의 한계 내에서 행사되어야 합니다. 복음정신과 양식의 한계를 벗어나 권위 자체를 절대시하거나 교회법상의 권위만을 고집하는 것은 반그리스도적·폭력적 권위주의이며, 예수님께서 가장 증오하신 율법주의입니다. 이러한 권위주의나 율법주의는 교회 안에서 하루속히 청산되어야 하겠습니다.

앞으로 교회는 평신도의 교회가 될 것입니다. 평신도의 책임의식과 활동 여하에 따라 교회의 앞날이 결정될 것입니다. 또 교회 내에서의 평신도의 주체의식도 시민사회의 민주의식과 더불어 계속 발전할 것임은 돌이킬 수 없는 역사적 필연일 뿐더러, 하느님의 아들딸로서 모두가 평등하다는 성서의 혁명적 가르침을 되찾는 것이기도 합니다. 복음에 충실한 사제는 자기의 권위를 절대시하거나 교회법상의 권한만을 주장하지 않고, 오히려 신자들의 주체의식을 깨우쳐주며 저들의 자발적 참여와 활동을 촉진하는 촉매제가 되도록 노력할 것입니다. 무엇보다도 "성령의 불을 끄지 마십시오!"(1데살 5,19).

공부하는 사제

넷째로, 우리는 항상 공부하는 사제를 원합니다. 현대사회가 급격히 변화하는 사회라는 것은 누구나 알고 있습니다. 교회 안에도 많은 변화가 있음을 실감하고 있습니다. 현대사회의 도전에 직면하여 교회 안에서도 새로운 영성운동, 새로운 성서 해설, 새로운 신학, 새로운 사회교리가 생겨나고 있습니다. 신자들의 수준도 현저하게 높아졌고, 따라서 사제에 대한 그들의 기대와 요구도 상승하고 있습니다. 또 그들이 직면하고 있는 갈등과 고민도 더욱 복잡하며 어려워지고 있습니다. 특히 미국의 이민교회에서 사목한다는 것은 막중한 과제라 하겠습니다. 왜냐하면 그것은 교회 내외의 급격한 변화의 의미를 복음적 차원에서 분석·평가하고 가르치며, 상승하는 신자들의 기대와 요구에 맞게 그들의 고민과 갈등에 구체적으로 대답해 주고 풀어주는 것을 의미하기 때문입니다. 계속 연구하고 공부하지 않고는 이 막중한 과제를 수행할 수 없음은 자명한 일입니다.

예를 들면, 현대교회의 가장 급격한 변화 중 하나는 현대적 성서 연구 방법의 도입이라 하겠습니다. 새로운 연구 방법을 통해 성서에 대한 이해가 과거에는 상상할 수 없을 정도로 변화했고, 다행히 신자들 사이에도 성서 연구에 대한 열정이 높아지면서 성서를 읽는 데에 깊은 관심과 크나큰 보람을 느끼고 있습니다. 그러나 유감스럽게도 일부 사제들은 신학교 때 몇 과목 배운 기초적인 성서 지식도 잊어버리고, 신자들이 질문할 때는 입장이 거북하여 얼버무리고는 권위로써 눌러버리려고 합니다. 신자들의 욕구를 채워주지 못하는 것입니다. 심지어는 주일미사 강론 때에도 하느님의 말씀에 대한 해설은 제쳐놓고, 공의회 이전의 교리문답을 가르치는 분도 있습니다. 개신교 목사들은 성서를 잘 아는데, 왜 천주교 사제들은 성서를 잘 모를까 의아해하고 있습니다.

이것은 한 예에 불과합니다. 그외에도 많은 문제가 있습니다. 사제로서의 권위에만 안주하거나 옛날 신학교 때 배운 지식만으로 충분할 때는 이미 지났습니다. 시대는 바뀌었고 권위주의는 과거의 유물이 되었습니다. 기업인은 항상 새로운 기술과 경영방식을 배우고 교수는 겸손한 자세로 항상 연구하며 의사는 항상 새로운 의학 지식을 습득해야 하듯이 사제도 마찬가지입니다. 겸손한 자세로 항상 공부하면서 현대의 소음 속에서도 하느님의 살아 있는 말씀을 들려주고, 복음의 진리로 현대인의 고민을 비추어주며, 물질 만능의 현대사회에서 정의와 평화의 사도가 되도록 신자들을 이끌 수 있는 진정한 사목자를 우리는 얼마나 갈구하는지 모릅니다.

사명의식을 가진 사제

근래에 이르러 많은 사제들이 교포사목을 목적으로 미국에 오고 있습니다. 어떤 분은 1년, 어떤 분은 2년, 어떤 분은 4년의 기한부로 이곳에 옵니다. 많은 분들이 희생적 봉사를 통해 보람있는 사목생활을 마치고, 아쉬워하는 신자들의 환송을 받으면서 귀국하기도 합니다.

그러나 그 중에는 간혹 교포사목을 휴가의 연장으로 오인하고 잠시 바람 쏘이러 외유하러 온 것으로 안이하게 생각하거나, 한국에서 문제가 있어서 도피차 도미하거나, 또는 미국 생활이 적어도 겉으로는 편리하고 풍족해 보이기 때문에 이곳에 오는 분도 있는 것 같습니다. 다시 말해, 사제로서의 봉사적 소명감이나 선교사로서의 투철한 사명의식이 결여된 교포사목자들도 더러 있는 것 같다는 말씀입니다. 그런 분들은 이곳에 와서도 돈 많은 신자들과만 어울리고, 그들의 극진한 대우를 즐기며, 골프나 여행으로 소일하면서, 산적한 사목문제에는 별로 관심이 없이 적당히 시간을 보내다 귀국하려고 합니다.

한국 본당에서의 사목보다 교포사목은 더욱 어렵고 더욱 복잡합니다. 가난하고 소외된 사람에 대한 방문에서부터 강론 준비, 영세 준비, 냉담자 문제, 개신교로 빠져나가는 신자들, 한국말 모르는 청소년 교육, 미국인과 결혼한 사람들, 신심단체 지도, 가정문제 상담, 신자들 사이의 파벌 싸움 해결 등 진정으로 사목에 헌신적인 분에게는 하루 24시간이 부족할 정도로 많은 문제가 산적해 있습니다. 다시 말해, 교포사목은 시간제 사목이 아니요, 온 시간의 투신을 요구하는 것이며, 투철한 사명의식을 요청하는 것입니다.

또 사명의식을 가진 사제들은 사명의 기간이 지나면, 주교님의 명령에 순종하여 귀국해야 할 것입니다. 그러나 어떤 사제들은 합당한 이유도 없이 귀국하기를 거부하고, 심지어는 신자들을 충동하여 임기를 연장하도록 모의합니다. 그런 공동체는 반드시 사제가 계속 있기를 원하는 "충성파"와 그렇지 않은 "역적파"로 분열됩니다. 대단히 실망스러운 사건임에 틀림이 없습니다. 공동체야 만신창이가 되든 말든, 자기의 뜻만 고집하는 사제들을 볼 때, 의식 있는 신자들의 마음은 슬픔과 분노로 가득 찹니다.

우리는 교포사목이 휴양이나 관광이 아니고, 선교라는 투철한 사명의식을 가지고 신자들과 호흡을 같이하면서 헌신적으로 봉사하다가, 때가 되면 공동체의 이익을 위해 미련없이 귀국하는 그런 사제를 갈구하고 있습니다.

개방적 사제

마지막으로 우리는 열려진 마음인 사제를 원합니다. 그러한 사제는 공동체를 관리하는 데 있어서 어느 특정인이나 계층을 편애하지 않고, 자기에게 아첨하는 신자들로 인의 장막을 치지도 않으며, 남녀노소·빈부귀천의 차별 없이 "모든 이에게 모든 것이 되도록"(바울로 사도) 마음과 시간을 개방합니다.

또 그러한 사제는 엉뚱한 폐쇄적 민족주의에 사로잡히지 않고 교포사회의 이질 문화를 이해하려고 노력하며, 미국식이라고 무조건 배척하거나 한국적 사목 방법을 그대로 모방하려 하지 않고, 교포사회의 특수 상황을 연구하면서 거기에 맞는 사목 방법을 채택하려고 노력할 것입니다.

개방된 사제는 신자들의 건의나 비판을 "빈" 마음으로 경청하고, 무조건 공격으로 치부하거나 묵살하지 않습니다.

교포교회의 사목자들 중에는 이러한 열려진 마음을 가진 사제들도 많습니다. 교포신자들의 자랑이요 기쁨입니다. 그러나 유감스럽게도 가끔 그렇지 못한 사제들도 목격합니다.

자기에게 아첨하고 맹종하는 신자들로 인의 장막을 쌓고, 그들만을 사목위원으로 임명하는 사제도 있고, 가난하고 못 배운 이는 접근할 수도 없게 상류계급 신자들만 접촉하는 사제도 있습니다.

또 편협한 민족주의에 사로잡혀 미국적인 것은 무조건 배척하며 한국적 사목방식을 그대로 이곳에 이식하고, 심지어는 자기가 속한 미국 교구의 관행이나 지침도 무시하며, 마치 교포교회가 한국의 자기 교구의 연장인 것처럼 착각하는 사제도 있습니다. 부임한 지 얼마 되지도 않아, 이민교회의 특수 상황을 먼저 연구할 생각도 없이, 교포교회의 구조나 관행을, 그것도 그곳 신자들의 의견은 완전히 묵살하면서, 송두리째 한국식으로 바꾸어 버리려는 사제도 있습니다. 이런 경우 신자들과 사제 사이의 충돌은 필연적이며 공동체의 분열도 필연적인 것입니다.

미국사회에 팽배한 윤리적 부패와 물질주의는 우리도 배격합니다. 그러나 한국식이라고 무조건 좋은 것만이 아니듯, 미국식이라고 무조건 나쁜 것은 아닐 것입니다. 한국적인 것과 미국적인 것의 혼합 속에서 때로는 고민하고 방황하는 신자들의 의견도 사제들은 경청할 줄 알아야 하지 않겠습니까?

교포교회는 그 특수 상황으로 말미암아 폐쇄적 집단으로 발전할 기능성을 안고 있습니다. 언어와 풍속 등 여러 가지 문화적 차이로 말미암아 많은 공동체들이 미국사회는 물론 소속 교구청이나 같은 교구의 다른 본당으로부터 고립되고 소외되어, 모든 관심과 활동이 공동체 안에 집중되고, 심지어는 다른 교포 본당과의 유대도 거부하거나 소홀히하는 경우도 있습니다. 작은 공동체 안에 안주하다 보면 사소한 일도 침소봉대하여 다툼의 원인이 되고, 공동체 밖의 교회의 실정이나 일반사회의 어두운 현실에 대하여는 전혀 관심을 두지 않습니다. 다시 말해, 많은 공동체가 우물 안 개구리의 편협함과 배타주의에 빠질 수 있다는 말입니다. 개방적인 사제는 교포교회의 편협성을 타파하고, 온 교회와 사회에 "열려진" 공동체가 되도록 스스로 대승적 연대의식이 투철한 분이어야 되겠습니다.

우리는 신분·지역·민족·계급·성별을 초월하여 모든 이에게 "열려진" 마음을 가진 사제, 다시 말해 참으로 보편적인, "가톨릭"적인 사제를 목말라하고 있습니다.

위에서 우리는 교포교회의 신자들이 갈구하는 사제상을 그려보았습니다. 솔직하게 우리의 소원을 말씀드리다 보니 자연히 부정적인 면에 치중하게 되었습니다. 그러나 이것을 몇몇 소수 신자들의 불평을 위한 불평으로 생각지 마시고, 교회를 사랑하는 많은 교포신자들의 공통된 의견으로 받아주시며, 앞으로 교포교회에 파견될 사제들의 교육이나 선별에 충분히 참조해 주시기를 간절히 바라는 마음에서 이 글을 드릴 뿐입니다(이 글의 사본은 미주 지역에서 교포사목에 종사하시는 모든 사제들에게도 보내질 예정입니다).

다시 강조하거니와 교회 안에는 모범적이고 헌신적인 사제들이 더 많을 뿐 아니라, 많은 분들이 막중한 격무에 시달리면서도 더 거룩한 사제가 되고자 항상 노력하고 있음을 우리는 잘 알고 있으며, 그것은 곧 우리 교회의 자랑이기도 합니다. 오직 우리가 사랑하는 예수님의 교회가 그 사명에 더욱 충실하기를 바라면서 이 글을 끝내겠습니다.

주교님들께 주님의 풍성한 축복을 기원합니다.

1992년 1월 1일
미주 교포교회의 앞날을 걱정하는 평신도 일동

죄를 고백하는 교회:
미국교회의 성추문 사건과 그 교훈

미국교회의 성추문 사건

"형제 자매 여러분, 거룩한 미사를 합당하게 봉헌하기 위하여, 우리 죄를 반성합시다."

이것은 천주교 미사의 개회식에서 주례사제가 회중을 향해 하는 말이다. 그리고 회중은 다음과 같이 죄의 고백으로 응답한다.

"전능하신 천주와 형제(자매)들에게 고백하오니, 과연 생각과 말과 행위로 많은 죄를 지었으며, 또한 자주 의무를 소홀히했나이다."

죄의 고백과 용서는 그리스도 신앙의 본질에 속한다. 그러기에 천주교회는 오래 전부터 죄에 대한 참회, 고백 그리고 용서의 과정을 하나의 성사로서 수용해 왔다. 또 복음 성서는 많은 죄를 짓고도 순수한 척하는 위선자들에 대한 예수님의 분노와 스스로의 죄를 참회하고 고백하는 이들에 대한 하느님의 무한한 자비와 용서를 이야기하고 있다. 그리고 이러한 참회·고백 그리고 용서의 생활이 무릇 모든 신자들의 생활이요 의무인 것은 사실이겠지만, 이 점에 있어서 교회의 공직을 수행하고 있는 사목자들의 솔선수범이 특별히 요청되는 것임은 말할 것도 없을 것이다.

지난 몇 년 동안 미국의 일반 홍보매체에 자주 거론된 사건 가운데 많은 천주교 신자들을 당황하게 만든 것이 있었다면, 그것은 바로 미성년 아동들에 대한 많은 신부들의 성적 추행 사건이었을 것이다. 지난 삼십여 년 동안 4백여 명의 신부들이 이러한 사건에 연루되어 그 결과로 미국의 천주교회는 모두 합쳐 거의 5억 달러에 달하는 막대한 손해배상을 지불하게 되었음이 밝혀진 것이다. 예를 들어 미국에서 가장 오래된 교구의 하나인 뉴멕시코의 싼타페 대교구는 지난 삼십여 년에 걸쳐 45명의 교구 사제들이 2백여 명의 아동들을 성적으로 학대한 사건으로 말미암아 35건의 소송을 당하고 있고, 그 보상액은 5천만 달러에 이른다고 한다. 그리하여 그곳 대주교는 각 본당에 특별 헌금을 호소하면서 대교구의 재정이 파산의 위기에 직면하고 있음을 우려하고 있다.

또 미국의 가장 큰 교구 중 하나인 시카고 대교구는 1993년에 거의 4백5십만 달러의 적자를 내었지만 그런 가운데서도 2백8십만 달러의 보상을 물게 되어 예산 절감을 위해 비록 많은 학교와 본당을 폐쇄했음에도 파산의 위험에 당면하고 있는 것으로 보도되었다. 루이지애나 주의 라파이에트 교구도 얼마 전에 5백만 달러 이상의 보상을 지불했고, 지난 3년 사이에 뉴저지 주의 캠든 교구도 9명의 교구사제들이 19명의 남자와 여자들에 대한 성적 학대 소송에 연루되어 3백2십만 달러의 보상을 지불했다고 한다. 그 이외에도 이와 비슷한 사건에 관련되어 엄청난 보상을 지불하게 된 교구들이 허다하게 계속 늘어나고 있다.

그리고 이러한 재정상·명예상의 막대한 손실에 직면하여 크게 각성한 많은 교구들은 이제는 과거와는 달리 피해자들의 불평을 묵살하거나 관련 사제들을 다른 곳으로 전근시킴으로써 사건을 은폐하려 하지 않고, 처음부터 솔직하게 공개적으로 추문의 진상을 밝힘으로써 교회의 윤리적이며 재정적인 타격을 최소화시키려고 노력하고 있다.

금년초 샬로트의 교구장으로 임명된 컬린 주교는 임명 후 최초의 기자회견에서, 성적 학대 사건이 발생할 경우 진상이 밝혀질 때까지 관련 사제를 직무정지 처분하고 사직 당국에 보고하여 유죄가 확정된 사제들은 다시는 사제직에 종사하지 못하게 하는 등 강경한 조치를 취할 것을 경고했고, 미국 주교회의와 교종청도 그러한 사제들을 사제직에서 해임하는 절차를 간소화하기로 결정했으며, 얼마 전 미국 주교회의 의장을 지낸 바 있는 오하이오 주 영스타운의 멀론 주교는 사제·수녀 그리고 평신도를 포함하여 교구에서 종사하는 모든 이들에게 과거에 한번도 어느 형태의 아동학대에도 관련된 적이 없다는 서약에 서명할 것을 지시한 적이 있다. 다른 많은 교구들도 그 나름대로 적극적이고 공개적인 대책을 강구하고 있는 것으로 알려지고 있다.

많은 사제, 주교 그리고 때로는 대주교들의 성적 추문과 엄청난 보상으로 인한 교회의 재정적 손실에 대한 보도를 들을 때마다 천주교 신자들의 심경은 우울하고 착잡하다. 사회적으로 크게 존경받고 특히 천주교 신자들로부터는 거의 절대적 존경과 신뢰의 대상인 성직자들이, 그것도 그렇게 많은 이들이, 그러한 추문에 관련되었음은 많은 신자를 실망에 빠지게 할 뿐 아니라, 신자들의 땀과 피의 결실인 교회의 재정을 사제들의 무책임한 행동에 대한 보상으로 허비하도록 사제 관리에 소홀했던 교회 당국자들에 대한 불신과 분노를 또한 일으키고 있다 할 것이다.

성추문 사건의 교훈

지금이나마 많은 교회 당국자들이 크게 각성하여 이러한 추문과 손실이 되풀이되지 않도록 유효하고 적절한 조치를 취하고 있음은 퍽 다행한 일이다. 그러나 이러한 사건들은 교회의 명예 실추나 재정적 손실의 차원을 넘어 교회 내 공직자들의 권위행사와 책임추궁이라는 일반적인 문제에까지 시사하는 바 많다고 생각하여 여기에 그 몇 가지 교훈을 지적할까 한다.

(1) 많은 교구의 지도자들이 자기 교구의 관련 사제들의 잘못을 인정하고 피해자들에게 용서를 청했다는 사실은 교회의 지도자들이 이제는 교회 내의 공직자들의 잘못을 은폐하려 하지 않고 공적으로 고백하는 것을 두려워하지 않는 겸손의 발로라는 의미에서 크게 환영해야 될 일이다. 이것은 근래에 와서 교회의 최고 책임자들이 과거에 교회가 저질렀던 잘못에 대해 공개적으로 고백과 사과를 서슴지 않는 사례와 관련하여 또한 의미있는 일이라 하겠다. 1992년, 교종 요한 바오로 2세는 17세기에 갈릴레오에게 내렸던 파문 결정을 정식으로 철회함으로써 교회 판결의 잘못을 인정했고, 1993년에 김수환 추기경은 과거 안중근 의사에 대한 교회 당국의 태도가 잘못이었음을 고백했으며, 몇 년 전에 미국의 인디언 부락을 방문한 예수회 총장신부는 수백 년 동안 그들을 차별하고 착취했던 교회의 선교정책에 대해 그들 앞에 공적으로 사과했다.

또 한 가지 예를 들어보자. 로스앤젤레스 대교구에는 인구 1천2백 가족의 토마스 아퀴나스 본당이 있다. 그 중 절대다수인 840 가족은 라틴 계통의 신자들이고 고작 20 가족 정도가 중국계 신자다. 그런데 1994년 2월에 대교구장 머호니 추기경은 이 본당을 중국인 선교의 중심지로 삼을 목적으로 스페인어를 구사하는 본당신부를 중국말 할 줄 아는 두 명의 신부로 대체하고 그 본당에 중국 학교와 중국 공동체 회관을 세울 계획을 발표한 바 있다. 그 지역의 교우들과 한마디 상의도 없이 세워지고 발표된 이 계획이 많은 신자들의 불평과 분노를 샀을 것은 너무나 당연한 일이었다. 많은 신자들이 추기경과의 면담을 신청했어도 교회는 민주주의가 아니라는 핀잔만 듣고 거절당한 것이었다. 그런데 한 달이 채 못 되어 추기경은 그 본당에 직접 나타나 스페인어를 하는 신부의 전근 발령 취소와 앞으로의 중국인 선교문제에 관해 본당 신자들과 상의할 것을 발표하고 다음과 같이 부언했다. "우리들은 우리들이 잘못을 범했을 때에는 그것을 인정하고 겸손한 마음으로 잘못을 시정할 용의가 있어야 합니다. 다시 한번 나의 계획으로 말미암아 여러분의 본당 공동체가 느꼈던 아픔과 고통에 대해 사과하는 바입니다."

고백성사의 중요성을 항상 강조하는 교회의 공직자들이 이처럼 공개적으로 고백하고 사과한다는 것은 한편으로는 대단히 당연한 일이라고 생각되면서도 또 한편으로는 그러한 교회의 신자라는 사실에 다시 한번 긍지를 느끼게 만드는 것이기도 하다.

(2) 교회를 일컬어 "거룩한 교회"라고 한다. 그러나 교회가 거룩하다는 것은 그리스도를 통해 교회를 세우시고 성령을 통해 항상 교회를 새롭게 하시는 삼위일체이신 하느님이 거룩하시다는 뜻이며, 신도들이나 사목자들이 죄를 모르는 거룩한 집단이라는 뜻은 절대로 아니다. 특히 복음을 전달하고 성사를 집전하는 "성"聖직자라고 하여 죄를 짓지 않는 것이 아니라는 사실은 교회의 역사가 너무나 극명하게 증언하고 있다 할 것이다. 그러기에 교회는 아우구스티누스 성인 이후로 성직자의 성성聖性에 관계없이, 즉 성직자가 아무리 죄인이더라도, 미사나 성사는 유효하다고 가르쳐왔다. 성사의 진정한 집전자는 사목자들이 아니요 예수 그리스도이기 때문이다. 교회 내의 비리가 발생할 때마다 교회 당국자들의 본능적인 경향은 그것을 은폐하려고 하는 것인데 이러한 경향의 배후에

는 사목자들을 예수님과 동일시하여 마치 그들은 죄를 지을 수 없는 존재로 생각하는 자기우상화의 경향과 또 그렇게 은폐하는 것이 마치 교회에 도움이 되는 것처럼 착각하는 경향이 있지 않나 극히 우려된다. 최근 일련의 성적 추문 사건은 교회의 공직자들도 죄 많은 인간임을 드러내었고, 따라서 스스로에 대해 겸손할 것을 가르쳐 주었으며, 또 은폐의 결과는 영원한 망각이 아니요 언젠가는 발각되어 온 교회에 막중한 해독을 끼칠 수 있다는 사실을 증명해 준 것이다. 교회의 공직자들은 마땅히 스스로의 잘못을 고백하는 데 겸손하고 과감해야 할 것이다.

(3) 사제들의 성적 추문 사건은 오늘날의 새로운 문제가 아니요 이미 30여 년 전부터 축적되어 오던 사건들이 지금 와서 법정소송을 통해 폭발한 것뿐이다. 만일 사건이 발생했을 당시 교회의 공직자들이 사제들도 죄를 지을 수 있다는 겸손한 마음으로 또 평신도에 대한 존경심을 가지고 피해자들의 얘기를 묵살하지 않고 경청하면서 사건의 진상을 조사하고 공개했더라면 지금과 같은 엄청난 윤리적·재정적 타격을 미리 방지했을 수도 있었을 것이다. 공직자들의 오만은 온 교회의 명예를 실추시키고, 그 재정적인 손실은 결국 평신도의 부담이 되고 마는 것이다. 일반사회의 주식회사에서 관리자들의 관리 소홀로 말미암아 회사가 파산의 지경에 이른다면 그러한 관리자들은 주주총회에서 해임당하고도 남음이 있을 것이다. 비록 교회가 주식회사와는 다르더라도 교회를 관리하는 사목자들도 온 교회에, 특히 평신도에게 책임을 지고 그들의 의견을 경청할 줄 알아야 할 것이다. 사목자들의 무책임한 교회 관리에 대한 평신도의 인내에도 한계가 있다.

(4) 교회는 일반적으로 스스로의 잘못을 고백하고 사과하는 데 느리고 인색하다. 오죽하면 갈릴레오에 대한 파문을 철회하는 데 삼백 년이 넘게 걸렸고, 그리스 정교와의 상호파문을 철회하는 데는 거의 천 년이 걸렸을까? 성적 추문 사건과 특히 그 재정적인 손실을 통해 교회는 잘못을 은폐하지 않고 빨리 고백하는 것이 더 유익하다는 것을 배우고 있는 것 같다. 그리고 이것은 은폐를 다반사로 하던 과거에 비하면 크나큰 발전임에 틀림없다. 그러나 문제는 과거의

잘못을 지금에 와서 고백하고 사과하느냐 하는 것보다도, 인간으로 구성된 교회가 과거에 잘못했던 것처럼 현재에도 잘못할 수 있음을 원칙적으로 인정하고 따라서 여론의 비판이 있을 때 그것을 묵살하거나 또는 구차스럽게 변명하거나 하지 않고 겸손한 마음으로 자기반성의 기회로 수용할 줄 아느냐 하는 것이라 하겠다. 교회의 잘못은 과거에만 국한된 것이 아니요 현재에도 있을 수 있는 것이며, 따라서 과거의 잘못에 대한 비판은 조심스럽게나마 허용하면서 현재 교회의 잘못에 대한 비판은 수용하기를 어려워하는 것은 크게 모순이라고 할 수 있다. 오직 현대교회의 비판도 수용하면서 스스로의 잘못을 인정하고 회개할 때 교회는 진정으로 고백하는 교회요 참회하는 교회라 할 수 있을 것이다.

(5) 위의 몇 가지 교훈은 특히 미주 한인 천주교 공동체에도 적용된다 할 수 있을 것이다. 이것은 한인 천주교 공동체 내에서도 미국교회에서처럼 빈번하게 아동들에 대한 성적 학대 사건이 일어나고 있다는 의미에서가 아니다. 물론 한인 공동체 내에서도 그러한 일이 일어날 수 있는 가능성은 항상 존재할 뿐 아니라, 실제로 한 공동체에서는 그러한 사건으로 말미암아 한 신부가 본국으로 소환된 일도 있고, 교회 당국에서는 아직도 피해자가 납득할 수 있는 해결책이나 보상도 없이 문제를 은폐하려고 하는 것 같아 유감스러운 마음을 금할 수 없다. 동시에 이러한 성적 추문에 못지않게 한인 공동체에는 다른 여러 가지 추문도 존재해 왔음을 솔직하게 고백하고 인정하면서 그것에 대한 대책을 강구하는 일은 참으로 중요하다 할 것이다. 적지 않은 사제들의 독재주의적 경향, 사목회의와 평신도의 의견에 대한 완전한 무시, 강론대와 주보를 통한 비판자들에 대한 인신공격, 상습적 월권행위, 교회 재정의 비공개 및 사물화, 편파적인 인사정책과 공동체 분열 조장 등의 현상은 어느 한두 공동체에 국한된 일이 아니요 많은 공동체들이 공통적으로 겪어온 현상들이며, 따라서 교회의 공직자들은 이러한 문제들을 은폐함으로써 미국교회에서의 성적 추문의 문제처럼 언젠가는 폭발하도록 방치할 것이 아니라, 사목자들도 죄인일 수 있다는 겸손한 마음으로 그러한 사실들을 고백하고 인정하면서 다시는 그런 일들이 재발하지 않도록 전국적 차원에서 확고한 대책을 수립해야 할 것이다. 그리고 평신도가

이러한 문제들을 제기할 때에는 구차스럽게 변명하거나 강론대에서 그들을 공격하는 유치와 오만을 범하지 말고 솔직하게 저들의 의견을 경청하는 겸허와 개방의 모범을 보여야 할 것이다. 평신도보고는 자주 죄를 고백하라고 종용하는 사제들이 공동체에 상처를 입히는 자기들의 죄를 고백하는 데 솔선수범하는 것은 신학적으로도 마땅한 일일 뿐더러, 그것은 저들의 체모를 깎아내리는 일이 아니요 오히려 평신도의 존경을 살 수 있는 첩경이라는 사실을 명심해야 할 것이다.

미국 이민 공동체의 숫자가 늘어나고 한국에서의 사제수가 증가함에 따라 교포사목을 목적으로 도미하는 사제들의 숫자도 늘어나고 있다. 그들이 미주 교포사목에 종사하는 몇 년 동안 그들이 맡고 있는 공동체의 사목에 헌신하는 것은 물론 중요하다. 그러나 그에 못지않게 좁은 공동체의 울타리를 넘어 자기들이 속해 있는 미국 교구, 미국교회 그리고 미국사회의 동향도 살피면서 미국인들의 민주주의적 사고방식, 저들의 개방성과 솔직성을 배우는 것도 또한 중요하다 하겠다. 그렇지 않고 좁은 한인 공동체 내에서 한인 신자들과만 접촉하고 고작해야 다른 한국 신부들과만 접촉한다면 그것은 자칫하면 우물 안 개구리의 편협과 폐쇄를 더욱 강화하고 그것이 마치 열심한 신앙인 것처럼 착각할 수 있는 위험을 지니고 있다 하겠다. 많은 교포사목 사제들이 미국에서 사목하는 동안 미국교회의 개방성과 진취성을 체득하고 귀국함으로써 한국교회의 전통적 편협과 권위주의를 타파하는 데 크게 기여하기를 바라는 마음 간절할 뿐이다.

평신도는 각성하자

항상 회개하고 반성하는 생활, 이것은 우리의 신앙의 본질이요 모든 종교의 핵심이기도 하다. 불교적 관점에서 본다면 인간의 삶이란 취생몽사, 즉 술에 취해 살고 꿈을 꾸면서 죽는, 다시 말해 의식 없는 도피적 삶이라고 할 것이다. 그래서 불교는 삶과 만물의 진실을 깨우쳐 허황된 생각을 끊어버리고 항상 눈을 뜨고 깨어 있는 삶을 살 것을 강조하고 있다. 모든 무지, 환상 그리고 탐욕에서 해방된다면 지금 이곳에서도 열반을 누릴 수 있다는 것이다.

예수님은 공생활을 시작하심에 있어서 제일 먼저 "때가 차서 하느님 나라가 다가왔습니다. 회개하고 복음을 믿으시오"(마르 1,15)라고 말씀하셨다. 이미 이 세상에 다가오고 있는 그 하늘나라에 참여하기 위해 첫째로 해야 할 것은 바로 회개하는 것이다. 회개란 우리 삶의 방향을 근본적으로 바꾸어 옳은 길로 돌아서는 것을 의미한다. 그리고 신약성서는 이 회개의 방법과 내용을 우리에게 가르쳐주고 있다.

반성하고 회개하고 그리하여 삶을 개선하는 것은 그리스도적 신앙과 삶의 가장 핵심적인 요소라고 할 것이다. 그리고 이것은 신자 개개인에도 단체로서의 교회에도 똑같이 적용되는 요구라 할 수 있다. 그래서 16세기 종교개혁 당시부터 "교회는 항상 개혁되어야 한다"ecclesia semper reformanda고 했고, 제2차 바티칸 공의회도 「교회 헌장」에서 "죄인을 가슴에 품고 있는 교회는 거룩함과 동시에 항상 정화되어야 하며, 끊임없이 회개와 쇄신의 길을 걸어야 한다"(8)고 강조하고 있다.

미주 교포교회의 쇄신에 일조하기 위해 창설된 미주 한인 가톨릭 평신도 연합과 「만민의 빛」은 그동안 사목자들의 쇄신과 조직으로서의 교포 공동체 일반의 쇄신을 위해 여러 가지 제안과 충고를 제시한 바 있다. 사목자 쇄신에 먼저 관심을 돌린 것은 사목자들에게만 쇄신이 필요하거나 사목자들의 쇄신이 가장 많이 필요하기 때문이 아니었다. 교회 내에서 차지하고 있는 교회법상 위치를 보아서 공직자로서의 그분들의 쇄신이 시기적으로 가장 절박하다고 판단했기 때문이다. 교회 내에서 그분들이 거의 절대적 권력을 거의 독점하고 있다는 사실은, 첫째로 공동체의 운명이 사목자 한 사람의 됨됨이에 따라 좌우될 수 있음을 말하는 것이요, 둘째로는 실제로 지난 4반세기 미주 한인 공동체들의 역사를 살펴볼 때 적지 않은 공동체들이 사목자 개인의 결함으로 말미암아 큰 고통을 겪어왔고 어떤 공동체들은 지금도 겪고 있음을 쉽게 설명해 주는 것이라 할 수 있다(이것은 물론 공동체의 모든 문제들에 대한 책임이 사목자들에게만 있다는 말은 결코 아니다). 사제들의 교회 내에서의 공권이 복음과 법과 양식의 한계 내에서 행사되고 있느냐의 문제는 교회의 공동선의 문제요 이것은 하느님의 백성에 속한 이에게는 누구에게나 관심의 대상이 아닐 수 없다.

"잠자는 교회도, 깨어난 교회도 평신도가 만든다"

그러나 교회 내에서 쇄신을 가장 많이 필요로 하는 부류가 있다면 그것은 단연코 평신도라고 할 수 있을 것이다. 첫째로 평신도에게는 쇄신의 기회가 많이 주어져 있지 않다. 수도자들이나 사목자들은 숫자도 적고 특수한 목적에로 뽑힌 사람들이며, 구조적으로 배움과 쇄신의 기회를 항상 충분히 누리고 있다. 거기에 비해 교회의 대부분인 평신도에게는 배우고 깨우치고 기도함으로써 쇄신할 수 있는 기회가 극히 제한되어 있고, 따라서 그만큼 쇄신을 더 필요로 한다고 할 수 있다.

둘째로, 교회의 절대다수가 평신도라는 사실은 평신도의 쇄신 없이 교회의 쇄신을 말할 수 없고, 특히 세상에서 복음을 실천하고 하느님 나라를 증거하며 이 세상을 거룩하게 하는 교회의 사명을 수행함에 있어서 평신도의 자각과 쇄신은 절대불가결의 요소라 할 수 있을 것이다. 교회는 교회 자체를 위해 존재하지 않고 세상의 구원과 해방을 위해 존재한다. 그리고 평신도의 특수성은 바로 이 세상 안에서 하느님 나라를 추구하고 교회의 사명을 실천하는 "세속성"
에 있다고 「교회 헌장」은 가르치고 있다(31). 교회가 이 세상에서 어느 정도 빛
과 누룩의 역할을 하고 있느냐 하는 것은 거의 전적으로 평신도의 자질과 노력
에 달려 있다 해도 과언이 아니다.

셋째로, 교회 내적인 문제에 있어서도 평신도의 책임은 절대적이라 할 수 있
다. 공동체의 살림이 질서있고 활력있게 꾸려지고 있느냐 하는 것은 사목자의
지도력도 문제려니와 공동체의 활동에 적극적으로 참여하고 협력하려는 평신도
의 의지와 자질에 크게 좌우된다 할 것이다. 아무리 박력있는 사목자라도 평신
도의 적극적 응답이 없다면 실망에 빠지지 않을 수 없다. 그와 반대로 아무리
독재적인 사목자라도 신자들이 의식과 책임을 가지고 교회 일에 때로는 제안도
하고 때로는 항의도 한다면 감히 독재를 할 수 없을 것이다. 훌륭한 사목자를
격려할 수 있는 것도, 또는 실망시키는 것도, 그렇지 못한 사목자들의 공권 남
용을 방지하는 것도, 또는 조장하는 것도, 그리고 무엇보다도 공동체 자체를
살아 있는 공동체로 만드는 것도 또는 죽은 공동체로 만드는 것도 궁극적으로
는 평신도에게 달려 있다. 국민들의 질보다 더 나은 대통령이 있을 수 없다는
말이 있다. 그 국민에 그 대통령이라는 말이다. 사목자들의 질도 공동체의 분
위기도 결국은 평신도의 책임이다. 신태민 선생의 말대로 "잠자는 교회도, 깨
어난 교회도 평신도가 만든다"(「만민의 빛」, 1994년호, 82쪽).

평신도 쇄신의 지침으로 다음의 다섯 가지를 제안하고자 한다. 첫째는 평등
의식을 함양할 것, 둘째는 교회 내에서 책임과 권리 행사에 적극적일 것, 셋째
는 책임과 권리에 상응하는 지식을 습득할 것, 넷째는 성숙한 신앙을 기를 것,
다섯째는 양식있게 행동할 것 등이다.

그리스도 안에 우리는 모두 평등하다

첫째로, 평신도 쇄신에 가장 근본적으로 요구되는 것은 평등의식이라 할 것
이다. 다시 말해 교회 안에서는 사목자나 평신도나 "평등"하다는 사실을 깊이
인식해야 할 것이다. 오랫동안에 걸친 교회의 전통적 가르침과 한국적 권위주

의 문화의 영향으로 평신도는 "성직자"들보다 더 낮고 비천한 존재로 스스로를 평가해 왔고, 그 결과로 교회 내의 모든 결정과 책임과 권한을 사목자들에게 맡기게 되었으며, 그 반대로 평신도는 완전히 피동적인 존재로 전락하고 말았다. 따라서 평신도가 교회 내에서 능동성을 되찾고 맡은 바 책임과 권리를 행사하기 위해서는 무엇보다도 평등의식을 길러야 할 것이다. 마치 민주국가의 시민으로서의 첫째 조건이 모든 국민은 법 앞에 평등하다는 것을 인식하는 것이듯, 하느님의 백성으로서의 첫째 조건은 하느님 앞에, 그리스도 안에서, 교회의 모든 구성원은 직분이나 기능의 상이성에 관계없이 품위와 사명의 평등성을 누린다는 사실을 의식하는 것이라 할 것이다.

모든 신자들은 사목자건 평신도건 성령의 능력으로 예수 그리스도의 죽으심과 부활에 참여하여 그분과 한 몸이 되고, 아들이신 그분 안에서 하느님 "아버지"의 아들딸로서 새로운 삶을 살도록 불림을 받은 사람들이며, 이것이 곧 세례성사의 의미이다. 세례를 통해 삼위일체적인 삶에로 초대받은 신자들에게는 따라서 "유대인이나 그리스인이나 종이나 자유인이나 남자나 여자나" 또 성직자나 평신자나 "아무런 차별이 없습니다. 예수 그리스도 안에서 여러분은 모두 한 몸을 이루었기 때문입니다"(갈라 3.28). 이러한 평등성은 직분이나 역할의 차이를 논하기 전에 교회 안의 모든 이들(평신도, 사제, 주교, 교종, 수도자 등)에게 해당되는 것임을 특별히 명심해야 할 것이다. 서품되었다고 또는 수도서원을 했다고 평신도보다 더 "거룩한" 존재가 되는 것이 아니다. 오직 평등한 품위와 공통의 사명 안에서 교회를 위한 특수한 역할과 직분을 받는 것이다. 그리고 평신도도 성령의 은사를 통해 주님으로부터 직접 사도직에로 불림을 받았음을 잊어서는 안된다.

늦게나마 이것을 다시 깨우치게 된 제2차 바티칸 공의회는 하느님의 백성으로서의 모든 이들의 품위와 사명의 평등성을 강조하기 위해 「교회 헌장」에서 삼위일체 신비의 한 부분으로서의 교회(제1장)와 삼위일체적 삶에로 불린 하느님 백성 모두의 예언직·사제직·왕직 등을 먼저 다루고(제2장), 그 다음에서야 교계제도·평신도·수도자 등을 다루었으며, 교회 안의 직분과 역할의 다양성을 논하면서도 그것이 결코 품위의 고하를 의미하는 것이 아님을 지적하면서, 모든 이들이 교회의 사명에 "똑같이"(30) 책임감을 가지고 참여하기를 강조하고 있다. 교회의 모든 공직은 공직자들의 사익이나 지배욕을 만족시키기 위해 존재하는 것이 아니고 오직 교회의 "공동선"을 위해 존재하며(18), 교회의 모든 구조는 교회에 생명을 주시고 그리스도의 몸을 성장시켜 주시는 성령께 "봉사"하는 데(8) 그 목적이 있다. 사목자들의 역할은 교회의 모든 사명을 독점하는 것이 아니고 모든 신자들이 스스로의 은사를 인식하고 교회의 "공동과제"에 한마음 한뜻으로 참여하도록 깨우치고 조정하는 것이다(30). 모든 하느님의 백성이 한 분의 주님, 하나의 신앙, 하나의 세례를 소유하듯이, 그 모든 구성원들 사이에는 직분의 차이에 관계없이 "공통의 품위", "공통의 은총" 그리고 완전성에로의 "공통의 소명"이 있을 뿐이다(32). 거기에는 신앙의 "평등한 특전"이 있고, 품위와 교회 사명 참여에 있어서 "진정한 평등"이 존재한다(32). "모든" 신자들은 "차별없이"(40) 누구나 그리스도적 생활의 완덕에로 불림을 받았으며 오직 그 방법이 다를 뿐이다(41). 그리고 교회법 208조도 이러한 평등성을 재확인하고 있다.

모든 신자가 사목자나 평신도라는 직분의 차이에 관계없이 그리스도 안에서 평등한 품위를 누리고 교회 사명 완수에도 똑같이 책임을 져야 한다는 것은 신약성서의 기본적인 가르침이요, 이것을 다시 발견하고 깨우친 것이 제2차 바티칸 공의회의 특별한 공헌이라고 할 수 있다. 이것은 바로 하느님 앞에 누구나 평등한 존재라는 그리스도교의 혁명적인 교리에로 복귀하는 것이다. 교회 내에 직분이나 역할의 차이는 있어도 봉건주의적인 계급의 차이는 있을 수 없으며, 상호존중은 있어도 어느 특정한 직분에 대한 신격화나 우상화는 있을 수 없다. 모든 신격화나 계급주의적인 관행이나 사고는 교회 안에서 추방되어야 한다.

노예해방의 가장 큰 적은 노예들이라고 한다. 오랫동안의 노예생활을 통해 노예생활을 당연한 것으로 생각하는 노예들 자신들이 노예해방의 큰 걸림돌이라는 말이다. 평신도 해방의 가장 큰 걸림돌도 우리들 평신도 자신들일지 모른다. 오랫동안 교회 내의 성직주의 문화와 한국의 권위주의 문화에 젖어온 우리들은 우리들의 지위를 스스로 비하하고 우리들의 책임을 과소평가하는 데 익숙해 왔다. 그래서 평등사상이 비록 성서의 가르침이요 현대교회의 최고 권위인 제2차 바티칸 공의회의 가르침이라고 강조해도 많은 평신도는 그것을 오히려 이단인 듯 착각하고 스스로의 평등한 품위와 책임을 거절하는, 또 때로는 성직자들보다도 더 성직중심주의적인, 대단히 유감스런 현상이 현재 한국 평신도의 의식을 지배하고 있다고 할 것이다. 그리고 여기에는 모든 하느님 백성의 평등성을 문헌에는 적었으면서도 실제 강론이나 교리교육을 통해 적극적으로 홍보하거나 또 교회적 관행의 혁명을 통해 실천의 모습을 보여주지 않은 교회 당국자들의 책임이 절대적임은 아무도 부인할 수 없을 것이다.

교회쇄신은 하느님 백성의 절대다수인 평신도의 쇄신 없이 있을 수 없고, 평신도의 쇄신은 품위와 책임의 평등성에 대한 의식의 개혁으로부터 시작되어야 할 것이다. 모든 평신도는 그리스도 안에 사목자들과 함께 "평등한" 품위를 지니고 있을 뿐 아니라 교회 사명 완수에 있어서도 사목자들에 못지않은 책임이 있음을 인식하고 행동해야 할 것이다. 하느님과 예수님 앞에 우리 자신을 비하하는 것은 당연하다. 그러나 사목자들 앞에 우리를 비하하는 것은 봉건주의적 비굴은 될지언정 그리스도적 겸손은 아니다. 우리는 사목자들을 존중하면서도 그들을 신격화하지 않고, 그들을 신격화하지 않으면서도 그들을 존경하며, 겸손하면서도 우리 자신의 평등한 품위와 책임을 의식할 줄 아는 성숙한 평신도가 되어야 할 것이다. 우리는 사목자들의 "동반자"들이지 "종"이 아니다. 바울로 사도의 말대로 우리는 모두 그리스도 안에 "동업자"들(로마 16.3.9.21)이다.

적극적으로 책임과 권리를 행사하자

둘째로, 평신도의 평등의식은 공동체 생활에 있어서 더 적극적인 권리행사와 책임완수로서 실천되고 구체화되어야 한다. 공동체는 사목자들만의 것이 아니다. 오히려 사목자들은 공동체의 "종"이요 공복이다. 공동체의 대다수인 평신도는 공동체의 손님이나 방관자가 아니고, 사목자와 함께 공동체에 똑같이 책임을 지는 주인이요 주체라고 할 수 있다. 교회가 따로 있는 것이 아니고 "우리가 교회다"we are the church라는 의식을 가지고 공동체에 적극적으로 참여해야 한다. 모든 것을 사목자에게 일임하고, 무슨 일을 하려면 사목자의 눈치만 살피는 타율적이고 피동적인 자세는 하루속히 척결되어야 한다.

제2차 바티칸 공의회 이후로 교회 내에서의 평신도의 발언권이 크게 신장되었어도 한국 공동체들에게는 이 기쁜 소식이 아직 알려지지 않고 있음은 크게 유감이 아닐 수 없다. 공의회는 사목자들에게 평신도의 품위와 책임을 인정하고 촉진할 것, 평신도의 제안과 권고를 기쁘게 받아들일 것, 교회의 봉사를 위해 신뢰를 가지고 그들에게 직분을 맡길 것, 자율적으로 행동할 수 있는 자유와 여지를 줄 것, 그들의 고유한 은사·경험 그리고 자격을 인정하고 교회의 공동선을 위해 사용할 수 있는 기회를 줄 것, 그리고 그들의 시민적 자유를 철저하게 존중할 것 등을 강조하고(교회 37: 사제 9), 또 평신도에게는 사목자들에게 저들의 의견과 희망사항을 자유롭게 개진할 수 있는 권리가 있음을 말하고 있다(교회 37). 현 교회법은 이러한 공의회의 가르침을 명문화하여 212조에서는 신앙과 윤리에 어긋나지 않고 사목자들에 대한 존경심, 공동선과 인격의 존엄성을 해치지 않는 범위 내에서, 교회 당국자들과 다른 신자들에게 교회문제에 관해 의견을 나눌 수 있는 언론의 자유를 인정하고 있고, 215조는 "가톨릭"이라는 공식 명칭을 사용하지 않는 한(이 명칭을 쓰려면 교회 관할권자의 명시적 또는 묵시적 동의를 얻어야 한다) 종교적인 목적으로 모임을 만들고 회의를 할 수 있는 결사의 자유를 명시하고 있다.

미국교회에서는 이러한 공의회의 가르침에 힘입어 본당과 교구 차원에서 사목협의회가 활발하게 운영되고 있고, 많은 평신도가 적극적으로 공동체 일에 참여하고 발언함으로써 그들의 권리와 책임을 행사하고 있다. 또 전국적 차원에서 많은 평신도의 자율적 단체들이 적극적으로 활동하고 있고, 평신도가 발간하는 다수의 주간지들도 교회 내의 여론 조성에 크게 공헌하고 있음은 널리 알려진 사실이다. 평신도가 사제나 주교들을 비판한다고 하여 이상스럽게 생각하거나 주제넘다고 생각하지 않는다. 주교들도 그러한 비판을 당연한 것으로 받아들이고 있으며, 그러한 비판을 교구 신문에 싣는 것도 주저하지 않는다.

한국 공동체에도 평신도의 자발적 권리행사와 책임완수를 고무하고, 언론과 결사의 자유를 통해 평신도를 활성화하는 분위기와 풍토가 하루속히 조성되어야 하며, 이러한 풍토 조성에 평신도 스스로가 앞장서야 될 것은 물론이다. 평신도는 스스로의 권리를 행사할 줄 알아야 되고 스스로의 책임을 이행할 줄 알아야 한다. 모든 일에 본당신부의 동의나 허락에 의존하는 의타적이고 유아적인 사고방식을 청산하고, 정당한 절차를 통해 결정된 사목적 결정 이외에는 스스로 판단하고, 스스로 제안하고, 스스로 협력하며, 스스로 행동하는 자율적이고 능동적인 모습을 보여야 한다.

열심히 배우자

셋째로, 교회 내에서 평신도가 사목자들과 평등하게 책임과 권리를 행사하려면, 그 책임과 권리에 상응하는 지식을 습득해야 한다. 교회생활은 그 나름대로의 지식을 요구한다. 그동안 사목자들의 권위가 거의 절대적이었던 것은 신품성사에 대한 권위주의적 해석에도 기인한 바 있지만, 교회에 대한 지식을 사목자들이 독점하고 평신도에게는 문답 암기식의 최소한의 지식만을 전달했던 것에도 크게 기인한다. 지식의 독점은 권력의 독점이나 마찬가지다. 지식은 곧 힘이기 때문이다. 교회에 대한 지식은 교리·성서·윤리·성사·예절·교회법·교회사·교회 조직·교회 전통 등 특수한 지식을 포함하며, 이러한 지식은 사회나 일반 학교에서 습득할 수 있는 것이 아니다. 그동안 이러한 지식은 신학교에서나 가르쳤고, 따라서 사목자들만이 습득할 수 있는 그런 지식이었다. 비록 근래에 와서 여러 연수회나 교회 출판물의 보급을 통해 평신도도 그런 지식에 접할 기회가 많아졌다 하더라도, 아직도 그런 지식이 사목자들에 의해 거의 독점되고 있음이 사실이라 할 것이다. 그렇기 때문에 아무리 사회적으로 전문인의 지식을 가졌어도 일단 교회 안에 들어오면 모든 것을 사목자들에게 의존하는 유아적 형태를 보이게 된다.

따라서 평신도가 교회의 사명 완수에 사목자들과 평등하게 책임과 권리를 행사하려면 우선 교회생활에 필요한 지식부터 습득하는 데 적극적이어야 할 것이다. 아무것도 모르면서 권리를 주장하는 것처럼 우스운 것도 없다. 그런 주장은 근거 없는 엉뚱한 주장이 되기 쉽고, 그런 주장들끼리 부딪치면 필요없는 충돌을 낳아 공동체를 혼란에 빠뜨릴 수도 있다. 일반사회의 교육수준의 향상과 함께 평신도의 교육수준도 많이 향상되었고, 고등학교 졸업은 물론 대학 졸업자들도 흔할 뿐 아니라 대학원 교육을 마친 전문인들의 수도 급속도로 팽창하고 있다. 평신도도 자기의 사회적 교육수준에 맞게 교회생활에 대한 지식도 습득하여 자율적이고 능동적인 평신도의 모습을 보여야 할 것이다. 오직 올바른 지식에 기초한 권리 행사만이 공동체 생활에 대한 책임있는 참여가 될 것이다. 품위와 사명의 평등화는 지식의 평등화 없이 불가능하다. 특히 독신 사목자들의 수가 줄어들고 평신도가 교회의 사목활동에 적극적으로 참여해야 할 시대적 요구가 점증함에 따라, 교회의 사목적 지도자로서 활동하는 데 필요한 기본 지식을 습득한 훈련된 평신도의 필요성은 참으로 절박하다 할 것이다.

평신도도 이제는 사목자들에 의한 지식의 독점을 불평할 때가 지났음을 알아야 한다. 자율적인 평신도는 누가 가르쳐주기 전에 스스로 배우려 노력해야 되고, 그럴 의지가 있는 평신도에게는 그동안 교회 내의 출판사업의 활성화로 말미암아 유익한 서적과 잡지들이 얼마든지 있음을 기쁘게 여겨야 될 것이다. 『신학전망』, 『사목』 등 정기 간행물에서부터 공의회 문서, 교회법, 「가톨릭 교회 교리서」에 이르기까지 교회생활에 대한 기본 지식을 습득하는 데 필요한 책들이 한국말로 번역되고 또는 씌어지고 있다. 이제 기회가 없다고 탓할 시기는 지났다. 게다가 미국에 살면서 영어를 할 줄 아는 평신도에게는 얼마나 많은 신문, 잡지, 서적, 비디오 들이 그들을 기다리고 있는지 알아야 할 것이다. 우리는 경제적 풍요뿐 아니라 지식의 풍요의 시대에 살고 있다. 필요한 것은 배우고자 하는 의지와 왕성한 식욕이다. 먹고 배울 것은 너무나 많다.

성숙한 신앙을 함양하자

넷째로, 평신도 쇄신의 필수조건으로 성숙한 신앙의 함양을 들지 않을 수 없다. 성숙한 신앙은 무엇일까?

(1) 성숙한 신앙은 외형적·형식주의적 신앙이 아니다. 외형적 신앙은 겉으로 본명을 부르거나 묵주신공의 횟수가 많다거나 성모상을 모신다거나 하는 등 형식적인 것에 집착한다. 또 집안에 신부, 수녀가 많다고 자신의 신앙이 돈독한 것처럼 착각한다.

(2) 성숙한 신앙은 우물 안 개구리 식의 폐쇄된 신앙이 아니다. 폐쇄된 신앙은 우리들 "끼리끼리"만의 신앙으로 만족하고, "우리" 본당, "우리" 교구, "우리" 교회에만 집착하고, "남"의 교회나 세상일에는 무관심하다.

(3) 성숙한 신앙은 유아적 어린아이의 신앙이 아니다. 유아적 신앙은 하느님에 대한 신뢰가 부족하여 항상 불안하기 때문에 늘 기적에만 집착하고 교회의 성사생활을 미신에로 전락시킨다. 그런 신앙은 기적보다는 십자가를 지고 하느님께 신뢰하는 꾸준한 신앙과는 너무나 거리가 멀다.

(4) 성숙한 신앙은 의타적 신앙이 아니다. 의타적 신앙은 모든 결정을 신부나 수녀들에게 의존한다. 그리고 그렇게 하는 것이 마치 열심한 신앙인 것처럼 착각한다. 스스로 결정하고 판단할 줄 모른다.

(5) 성숙한 신앙은 말과 기도만의 신앙이 아니다. 기도는 열심히 하면서, 또 말끝마다 "주님, 주님" 하면서 하느님의 "뜻"을 실천하지는 않는다. 기본 사고방식이나 삶의 바뀜이 없는 입만의 신앙이다. 그런 신앙은 가정이나 사회에서 크게 나쁜 짓을 하고도 아무런 가책을 느끼지 않는다.

(6) 성숙한 신앙은 교회중심적 신앙이 아니다. 교회중심적 신앙은 교회일에만 몰두하고 집착하여 교회 자체가 사회와 세상의 구원과 해방을 위해 존재한다는 것을 잊고 있다. 교회 자체가 목적이 되고 만다. 교회 안에서 모든 시간을 보내는 것이 마치 열심한 신앙인의 자세로 착각한다.

성숙한 신앙은 외형적인 것에 집착하지 않고 복음정신과 그 실천에 충실한 신앙이요, 우리끼리만의 신앙이 아닌 "남"에게 열려진 신앙이며, 어린아이의 신앙이 아닌 어른의 신앙이고, 의타적 신앙이 아닌 자율적 신앙이며, 입만의 신앙이 아닌 실천의 신앙이며, 교회중심적 신앙이 아니고 세상에 열려진, 그리고 세상에서 역사하고 계신 하느님 나라 중심의 신앙이다.

양식에 어긋나는 언동을 삼가자

다섯째로, 평신도 쇄신의 필수조건으로 양식의 함양을 들고 싶다. 양식이란 무엇인가? 양식이란 신앙 이전에 한 인간으로서 갖추어야 할 기본 자질로서 이치에 맞게 생각하고 판단하고 행동할 수 있는 능력을 말한다. 아무리 깊고 뜨거운 것 같은 신앙도 양식이 없으면 광신과 미신으로 전락한다. 건전한 신앙을 위해서도 양식은 매우 필요하다. 그런데 우리는 공동체 안에서 양식을 결여한 언동과 그로 인한 분란을 너무나 자주 목격하곤 한다. 몇 가지 예를 들어보자.

미주 공동체치고 내분을 겪지 않은 공동체는 없을 것이다. 그리고 내분 자체를 탓하고 싶은 생각은 없다. 인간이 사는 곳이면 그것이 가정이든 교회든 정당이든 학교든 어느 곳이고 내분이 없을 수는 없기 때문이다. 문제는 공동체의 내적 분열이 어느 정도 양식에 맞는 방법으로 처리되었는가라고 할 수 있다. 그런데 유감스럽게도 양식에 어긋나는 일들이 너무나 자주 벌어지고 있음은 부인할 수 없는 사실이다. 내분이 생기면 제일 먼저 상대방을 욕하고 인신공격을 일삼으며, 심지어는 상대방을 "악의 세력"이란 극단적인 용어로서 공격하고 "주먹"까지 동원하여 패싸움이 벌어지며, 공동체의 공기인 주보까지 동원하여 상대방과의 전쟁에 이용한다. 참으로 어처구니없고 양식에 어긋난 일이다.

아무리 상대방이 잘못했다 생각되더라도 욕이나 인신공격은 삼가야 된다. 상대방에 대한 존중은 모든 단체생활의 기본이며, 교회에서는 더욱 그렇다. 비록 "사랑"까지는 못하더라도 욕이나 인신공격으로 상대방을 모독하는 것만은 삼가야 할 것이다. 특히 언젠가는 그들과 함께 미사에 참여하여 같은 식탁과 같은 잔에서 주님의 몸과 피를 영하게 될 것이 아닌가? 많은 공동체들이 인신공격으로 말미암아 치유될 수 없는 영원한 분열에 빠지고 있는 것은 참으로 슬픈 일이다.

"악의 세력"이란 말처럼 극단적이고 위선적인 표현도 다시 없다. 악의 세력이란 보통 잘못한 사람들이 아니고 악마에 가까울 정도로 극단적인 죄악을 저지른 세력을 말하는 것이고, 또 "나"는 "선의 세력"인데 상대방은 극악무도한 죄인들이라는 뜻이다. 그런데 과연 "악의 세력"이라고 부를 정도로 상대방은 나쁜 이들이라고 단정할 수 있을까? 또 "나"나 "우리들"은 모두 "선의 세력"이

라고 자신할 수 있을까? 우리는 과연 남들에게 먼저 돌맹이를 던질 수 있을 정
도로 무죄한 무리들인가? 남을 미워하는 것도 좋지 않지만, 설령 미워하더라도
적어도 남을 "악의 세력"이라고 부르는 것만은 삼가야 될 것이다. 그것은 신학
적으로도 극단적인 표현이요, 또 너무나 위선적인 표현이기 때문이다.

　공동체의 일을 처리하는 데 몸싸움이 벌어지고 "주먹"이 동원된다는 것은 양
식에 어긋나도 크게 어긋나는 일이다. 교회 내의 일은 정당한 절차를 통해 해
결되어야 한다. 그리고 우리 모두가 절차를 존중하는 것을 배우는 것은 참으로
절박한 일이요 사회적 양식의 첫걸음이라 하겠다. 공동체 내에 문제가 생기면
우선적으로 사목회의를 통해 해결하도록 노력해야 되고, 그것이 안되면 사목
책임자와의 대화를 통하여, 또 안되면 주교청에의 상소를 통하여, 그리고 그것
도 안되면 교종청에 상소하는 방법으로 해결하도록 노력하고, 경우에 따라 여
론에 호소하는 등 다른 방법을 사용한다 하더라도, 몸싸움이나 "주먹"을 동원
한다는 것은 일반 단체에도 있을 수 없는 일이며, 하물며 교회 안에서 있어서
는 절대로 안될 일이다. 신성한 공동체가 이승만 시대의 국회로, 전두환 시대
의 정보부 지하실로 전락해서는 안된다.

　공동체 내에도 건전한 여론과 제안과 비판의 통로가 있어야 한다. 그리고 이
러한 통로를 만들어 사목자들과 일반 신자들과의 대화를 항상 가능케 하는 것은
바로 평신도 사목회장과 사목위원들의 가장 중요한 책임 중 하나라고 할 수 있
다. 동시에 공동체 내에서의 모든 제안과 비판은 사목자나 사목위원들의 공적
행동이나 결정에 국한되어야 하고, 그들의 사생활에 대한 인신공격이 되어서는
절대로 아니되며, 그러한 제안이나 비판도 중요한 사안에 국한되어야 하고 사소
한 일로 공동체를 시끄럽게 하는 것은 삼가야 될 것이다. 그리고 공동체의 여론
을 참작하고 정당한 절차를 거쳐 결정된 사항은 모두가 존중하고 지킬 줄 아는
양식이 필요하다. 사목자의 의견이라고 무조건 따르는 것도 양식에 어긋나거니
와 순전히 감정적인 이유로 사사건건 사목자들을 헐뜯고 무조건 반항하는 것도
양식에 어긋난다. 공동체에 대한 모든 제안과 비판은 사안에 대한 심사숙고를
거쳐 해당자들에 대한 존경을 해치지 않는 방법으로 표현되어야 한다.

사목자들의 양심성찰

평신도의 이러한 쇄신은 첫째로 평신도에게 달려 있다. 그러나 가톨릭 교회, 그것도 한국의 가톨릭 교회처럼 모든 실권이 사목자들의 수중에 집중되어 있는 상황에서는 사목자들의 협력과 반성 없이 평신도만의 쇄신이란 불가능하다 아니할 수 없을 것이다. 이러한 의미에서 우리는 사목자들에게도 다음과 같은 양심성찰을 권고하고 싶다.

첫째, 사목자들은 과연 얼마나 강론이나 교리시간에 사목자와 평신도의 평등성을 강조했는가? 오히려 사제직과 수도생활의 거룩함만을 말함으로써 평신도의 열등의식을 조장하고, 또 (죄송한 얘기지만) 그러한 열등의식을 속으로 즐거워하지는 않았는가? 또 사제직과 수도생활에 대한 성소는 강조하면서도 그에 못지않게 평신도 성소의 중요성도 강조했다고 말할 수 있을까? 교회 내에는 또 평신도, 수도자, 사목자를 의식적으로 차별하여 하느님 백성의 기본적 평등성을 실제적으로 부정하는 경우가 너무 많다. 예를 들어 명동성당에서 무슨 행사가 있으면 성직자석, 수도자석, 평신도석이 따로 마련된다. 왜 평등한 하느님의 백성이면서 따로따로 앉아야 되는가? 함께 앉으면 품위가 손상되나? 성사나 미사 집전 등 직분상의 필요한 구별을 제외하고는 모든 외형적인 특혜나 차별은 과감하게 철폐되어야 할 것이다. 그것은 그리스도 신앙을 거스르는 봉건적 귀족주의의 잔재이기 때문이다.

둘째, 사목자들은 평신도가 스스로의 권리와 책임을 행사하려고 했을 때 그것을 고무하고 격려했는가, 혹은 자기들의 권위에 대한 도전으로 오히려 위협을 느끼고 방해하려고 하지는 않았는가? 과연 어느 정도 평신도에게 스스로 활동할 수 있는 자유와 설자리를 마련해 주었는가? 이 점에 있어서 교회 내에는 시정되어야 할 관행이 너무 많다. 예를 들어 피정에 참여하는 데도 본당신부의 서명이 필요하고, 모든 단체에는 지도신부가 있어야 한다. 도대체 피정 가는 것까지 본당신부의 허락을 받아야 하나? 또 지도신부가 없으면 평신도가 나쁜 짓을 할까봐 걱정이 되는가? 본당신부의 동의가 없으면 본당 밖에서 시행되는 강연이나 모임에도 참석을 못할까? 이제는 공동체의 운영상 극히 필요한 결정

사항을 제외하고는 모든 것을 평신도의 자율에 맡기고 그들을 성인으로 취급해야 한다.

셋째, 본당·교구 또는 전국 차원에서 평신도 교육을 위한 기회를 어느 정도 마련했는가? 여기서 말하는 교육이란 순명만을 강조하는 그런 교육이 아니고 평신도의 의식을 일깨워주고 그들의 책임과 권리행사에 필요한 성숙한 교육을 의미한다. 옛날에 안중근 의사가 민 대주교에게 학교를 지어 평신도를 교육할 것을 제안한 바 있었다. 그랬더니 민 대주교는 평신도가 교육을 받으면 교만해지고 순명을 안한다고 그 제안을 거절했다고 한다. 지금의 사목자들도 민 대주교처럼 교육받은 평신도가 두려워 평신도에 대한 적극적 교육을 게을리하는 것은 아닌가? 순명을 강조하는 피정의 기회는 많아도 평신도의 평등성을 깨우쳐주고 저들로 하여금 성숙하고 자율적인 신앙을 가지게 하는 넓고 수준있는 교육의 기회는 적어도 이민교회에서는 거의 전무한 것은 무슨 이유 때문일까? 사목자들은 강론이나 교리교육을 통해 신앙을 가르침에 있어서 과연 성숙하고 자립적인 신앙을 가르치는가? 혹은 형식적·폐쇄적·의타적·유아적 신앙, 다시 말해 그릇된 신앙을 가르치지는 않고 있는가?

평신도의 참된 성장과 쇄신은 사목자들의 쇄신과 반성 없이는 불가능하다. 평신도의 각성과 사목자들의 각성은 병행되어야 한다. 그리스도 안에 "형제들"로서 또 하느님 사업의 "동업자들"로서 사목자들도 평신도와 함께 스스로의 쇄신에 적극적이어야 한다.

성직자의 권위주의와 그 초극

대희년을 맞이하여 한국교회의 쇄신을 위해 가장 시급한 것이 무엇이냐는 질문에 정의구현 사제단의 김승훈 신부는 다음과 같이 대답했다. "나를 포함한 대부분의 성직자들이 앞세우는 권위주의가 하루빨리 사라지기를 바랍니다."[1] 한국 천주교회 사목자들의 권위주의는 어제 오늘의 문제가 아니다. 신자들에게 반말을 하는 것에서부터 본당을 독재적으로 관리하고 일반적으로 모든 분야에서 신자들을 통제하려는 데 이르기까지 사목자들의 권위주의는 한국 천주교회의 적폐積弊요 숙제라 할 수 있다. 이 점은 이미 1960년대 말에 시행되었던 한국 천주교회 종교사회 조사에서도 지적된 바 있다.[2] 사목자들의 권위주의는 예사 문제가 아니다. 그것은 평신도의 소극적·피동적 자세 문제요, 그러한 자세를 유도하는 사목자들의 권위주의로부터 평신도를 해방시키는 문제이며, 평신도의 해방과 활성화 없이 현대세계에서 그 역할을 완수할 수 없는 교회의 사명 문제이기도 하다.

따라서 필자는 교회의 권위주의의 문제를 다음의 순서로 토론해 볼까 한다. 제일 먼저 권위와 권위주의의 차이점과 교회 내에서의 정당한 권위의 조건과 한계를 명시하고, 두번째로 필자가 가장 잘 알고 있는 미주 교포교회에서의 권위주의의 현상과 폐단을 분석한 다음, 세번째로 가톨릭 전통 자체 속에 깊이 뿌리박고 있는 권위주의 풍토를 지적하고, 마지막으로 권위주의의 초극과 평신도 활성화를 위한 몇 가지 제안을 제시하면서 끝을 맺을까 한다.

---

[1] 『경향잡지』, 1999년 7월호, 64쪽.

[2] 필자가 집필한 이 종교사회 조사의 제1부는 「한국 천주교회의 정신 풍토」라는 제목으로 서강대학교 사회조사연구소에서 1971년에 출판되었고, 정주성 신부 은경축 기념문집 『보라 이 사람을!』(가톨릭출판사 1984), 349-443쪽에 전재되었다. 교회의 권위주의와 이에 관련된 문제들에 대한 토의는 이 기념문집, 422-43(「한국 천주교에 대한 결론적 성찰」) 참조.

교회 내에서 정당한 권위의 조건과 한계

사회과학자들은 권력power과 권위authority를 구별한다. 권력은 남들의 사고나 행위에 변화를 가져올 수 있는 모든 능력을 의미하고, 권위는 이러한 능력 중에서 합법적이거나 윤리적으로 정당성을 지닌 능력을 의미한다. 능력이라고 모두 합법성이나 정당성을 지니는 것은 아니다. 총을 든 강도는, 그것이 개인이든 쿠데타 군이든, 우리에게 손을 들어올리도록 할 권력은 있지만, 그렇게 만들 권위는 없다. 합법성이나 윤리적 정당성이 없기 때문이다.

그러면 권위와 권위주의는 어떻게 구별할까? 권위주의는 어떻게 정의할 수 있을까? 모든 사회생활에 있어서 권위는 본질적이요 필수적이다. 누군가는 단체의 행동을 결정할 수 있는 능력이 있어야 되겠기 때문이다. 문제는 어떤 조건 밑에서 그러한 능력이 합법성이나 윤리적 정당성을 가지는 권위가 될 수 있는가이다. 필자는 여기서 정당한 권위의 조건으로 네 가지를 지적하고 싶다. 그리고 이것은 정당한 권위의 한계이기도 하다.

첫째로, 모든 권위는 공동체의 재산이요 따라서 공동체의 이익, 즉 공동선을 위해 행사되어야 한다. 권위는 권위자의 사유재산이 아니요 따라서 권위자의 사적 이익을 위한 도구로 전락해서는 안된다. 권위자의 권위 자체를 절대화해서는 안된다. 이것은 교회 내의 모든 권위자가 특별히 염두에 두어야 할 조건이다. 교회 내의 모든 권위는, 그것이 교종이나 주교의 권위이든 신부들의 권위이든 사목회장의 권위이든, 권위자 개인이 자의적으로 행사할 수 있는 사유재산이 아니요 하느님의 백성인 교회 공동체의 공동선을 위해 행사하도록 하느님께 받은 거룩한 선물이요 공공재산이다. 교회의 공직자들은, 이미 언급한 바와같이, 교회 "위"에 군림하는 지배계급이 아니고, 오직 "하느님의 백성"이요 "그리스도의 몸"이며 "성령의 궁전"인 교회의 한 부분이며, 교계의 모든 권위는 모든 신자로 구성되는 교회 전체의 공통성과 그 사명에 봉사하는 데 그 목적이 있고, 그 존재 이유가 있다. 직무의 차이에 관계없이, 세례와 견진을 통해 그리스도 안에 다시 태어난 모든 신자는 그리스도의 복음을 선포하는 "예언직"과, 삶의 모든 것을 성화하고 하느님께 제물로 바치는 "사제직" 그리고 그

렇게 함으로써 온 세계를 하느님의 뜻과 통치에 종속시키는 "왕직"에 부름받았
고, 이 사명을 수행하는 데 있어서 모든 신자가 동등한 품위와 책임을 누린다.
교계의 "사제권"·"교도권"·"치교권"은 이러한 하느님 백성 전체의 사제직·
예언직·왕직의 전부가 아니고 그 한 부분이요 표현이며, 거기에 봉사하기 위
한 도구이다. 교계의 권위는 바로 모든 신자들이 각자의 사명과 책임을 이행하
는 데 도움이 되기 위해 설정된 것이다. 이 점을 강조하여「가톨릭 교회 교리
서」는 "직무적 사제직은 공통사제직에 봉사하기 위해 존재하고, 모든 그리스도
신자들의 세례적 은총을 만발시키는 데 그 목적이 있다"(1547)고 지적한다. 따라
서 교회의 권위는 교회의 공동선에 봉사하는 도구라 할 수 있다. 사회의 공동
선을 어기는 국가권력이 하나의 폭력이듯이, 교회의 공동선을 어기는 권위의
행사는 하느님의 이름을 빙자한 권력의 횡포요 독성이다. 교계가 교회를 위해
존재하는 것이지, 교회가 교계를 위해 존재하는 것은 아니다. 교회는 성직자들
의 사유재산도 영토도 또 종의 집단도 아니기 때문이다. 교계는 평등한 모든
신자들의 공동선에 봉사할 때 그 정당성을 지닌다. 자의적으로 또는 사익을 위
해 행사되는 모든 권한은 원칙적으로 복종의 의무를 배제한다.

　둘째로, 모든 권위에는 한계가 있고 오직 그 한계 내에서만 행사되어야 한다.
한계 없는 권위는 오직 하느님의 것이요, 유한한 인간의 모든 권위에는, 교회의
모든 권위를 포함하여, 공동선이 요구하는 바에 따라 법과 양식에 의해 부과된
한계가 있다. 한계 없는, 무조건적인, 절대적인 권위는 있을 수 없고 있어서도
안된다. 무엇보다도, 교회의 모든 권한은 "교회의 모든 생활의 항구적 원리"(교
회 20)인 복음의 가르침과 정신대로 사용되어야 한다. 비복음적으로 사용되는 권
한은 신권의 남용이요 독성이다. 그리고 모든 권한은 교회의 정통적 가르침의
한계 내에서 행사되어야 한다. 그렇지 않은 권한은 교회의 일치를 어기는 것이
다. 또, 모든 권한은 교회법의 한계 내에서, 따라서 주어진 임무와 관할권의 한
계 내에서 행사되어야 하며, 이 한계를 어기는 권한의 행사는 불법적 행사요 권
한의 도용이다. 마지막으로, 모든 권한은 양식과 이성의 한계 내에서 행사되어
야 하며, 그렇지 않은 권한은 비인간적 권력으로 전락한다. 특히 율법주의적 사

고방식은 지양되어야 한다. 모든 권력은, 특히 하느님의 이름으로 행사되는 권력은 스스로를 절대화하려는 경향을 가지고 있고, 그러한 경향은 그 권력을 부여하고 정당화하는 법률(교회법) 자체를 절대화하려는 경향으로 구체화된다. 그러나 교회 안의 모든 권위가 오직 성령에 봉사하는 도구요 그 자체가 목적이 아니라면, 그것은 모든 율법주의적 사고방식을 떠나서 복음의 정신, 교회의 정통적 가르침 그리고 양식의 판단에 따라 사용됨이 마땅하다. 그렇지 않고 교회법상의 권위만을 고집하는 것은 반그리스도적·폭력적 권위주의이며, 예수께서 가장 증오하신 바리사이적 율법주의에 지나지 않을 것이다.

셋째로, 모든 인간적 권위는 권위자들의 인간적 죄악성과 지적 한계성을 스스로 인식하고 겸허하게 행사되어야 하며, 이것은 곧 한편으로는 권위행사에 대한 비판을 기꺼이 수용하는 것을 의미하고, 다른 한편으로는 대화를 통해 온 공동체의 지식과 지혜를 수렴하여 최종 결정에 반영하는 것을 의미한다. 교회의 권위를 포함하는 모든 권위자들도 다른 인간들과 마찬가지로 타락한 인간들이요 무지한 인간들이다. 그런 인간들의 결정에는 독선, 아집, 편협의 위험이 항존하고 또 공동선을 침해할 위험이 항존한다. 건전한 여론의 비판을 통해 독선을 예방하고 온 공동체의 지혜를 수렴함으로써 판단의 옹졸함과 편협을 지양하여 되도록 공동체의 참된 공익에 부합하는 결정을 내리는 것은 겸허한 권위의 필수적 조건이다. 여론의 견제 없는 권위는 절대권력으로 타락한다. 교회의 모든 권위는 따라서 "협의적으로" 또 "대화적으로" 사용되어야 한다. 교회의 권위가 오직 교회의 공동목적에 봉사하는 수단이라면, 이 공동목표를 현대사회에서 실현하는 데는 현대사회에 대한 지식과 현실사회에서 어떻게 가장 효율적으로 복음을 구체화할 수 있는가 하는 데 대한 판단력이 요구된다. 이 점에 있어서 교종이나 주교나 사제들의 지식이나 경험만으로 부족하다는 것은 부인할 수 없을 것이다. 일반적으로 그들의 교육적 배경이나 생활 환경이 현실세계에서 유리되어 있음은 잘 알려진 사실일 뿐더러, 신품성사 자체가 현실세계에 대한 모든 필요한 지식이나 현명한 판단력까지 자동적으로 부여하는 것은 아니다. 사목자라고 하여, 또 사목자들만이 모든 것을 다 안다고 생각할 때는 이미 지났다. 나아가서 일반사회의 교육수준의 향상과 함께 평신도의 수준도 현저하게 높아지고 있다. 지식·신앙 그리고 경험 면에서 평신도도 크게 성숙했고, 전통적으로 성직자들의 독점 분야였던 신학·성서·영성 면에서도 많은 평신도가 활동하고 있다. 이러한 역사적 현실을 고려할 때, 교회의 권위가 최종 결정을 내리기에 앞서 평신도의 의견을 널리 수렴하고 저들과 협의하고 대화한다는 것은 모든 신자들이 교회의 공동사명에 함께 참여하라는 신학적 요구요 또한 양식의 요구이며 시대의 요청이기도 하다. 오직 이러한 협의와 대화를 통해서만 "시대의 징조를 읽을 수"(사제 9) 있고, 온 교회의 공통사명을 수행할 수 있기 때문에, 공의회는 평신도의 능력과 지식과 경험을 교회의 결정 과정에 반영시킬 것을 요구하고 있다.

> 평신도와 사목자들의 이러한 친밀한 대화에서 많은 이득을 기대할 수 있다. 평신도에게는 개인적인 책임감을 강화하고 열성을 북돋우며 더욱 기쁜 마음으로 사목자들의 사업을 돕는 데 능력을 사용하도록 노력하게 할 것이며, 사목자들로서는 평신도의 경험의 도움을 받아 정신적인 일과 세속적인 일에 대해 더 적절한 결정을 내릴 수 있다. 이렇게 함으로써 온 교회는 그 구성원 모두에 힘입어 세상의 생명을 위한 그 사명을 좀더 효과적으로 실천할 수 있다(교회 37).

교회 안의 권위는 독재주의적·독선적 권위가 아니고 스스로의 인간적 약점과 한계성을 겸허하게 인식하고 따라서 "신자들의 의견에 경청하기를 거부하지 않는"(교회 27) "협의적"·"대화적" 권위이다.

넷째로, 모든 권위, 특히 교회 내의 권위는 해방적으로 행사되어야 한다. 인간은 누구나 그 존엄성에 해당하는 능력을 가지고 태어났고 그러한 능력의 개발을 통해 스스로를 완성하고 공동체에 기여하는 자유와 권리와 책임을 가지고 있다. 모든 권위는 공동체의 모든 성원이 하느님으로부터 받은 능력과 은사를 스스로 개발함으로써 공동체에 봉사할 수 있도록 그들을 해방해야 하며, 모든 자유와 권리와 책임을 독점함으로써 하느님으로부터 받은 그들의 은사의 개발을 억압해서는 안된다(교회 30). 교회의 권위가 평등한 모든 신자 공통의 사명을 수행하기 위한 도구라면, 그 권위는 모든 신자의 평등한 품위를 존중하는 방법으로 사용되어야 하고, 또 모든 신자가 교회의 권위로부터가 아니고 하느님으로부터 직접 받은 고유의 은사를 살려 적극적으로 온 교회의 구원 사명에 참여할 수 있도록 고무적으로 또 건설적으로 행사되어야 한다. 따라서 교회 내의 모든 권위는 군주주의적·억압적 권위가 아니고, 오히려 모든 신자가 자기의 은사와 책임을 스스로 자각하고 적극적으로 개발하여 교회의 사명에 능동적으로 참여할 수 있도록 유도하고 고무하는 "해방적" 권위이며, 이것은 오늘날 특히 절실히 요청되는 바라고 하겠다. 교회의 인류 구원 사명은 교회의 극소수인 사목자들에게만 맡겨진 사명이 아니요, 교회의 절대다수인 평신도를 포함한 온 교회에 맡겨진 사명이다. 교회는 스스로를 위해 존재하는 것이 아니고, 온 세상의 구원을 위해 존재하는 것이며, 따라서 교회의 사명은 교회 내에서의 가르침·성사생활 그리고 그 관리에 국한되지 않고, 오히려 온 세상에 그리스도의 복음을 전파하고 성령을 통해 현세 질서를 거룩하게 하며, 그렇게 함으로써 온 누리를 하느님의 뜻에 종속시키는 궁극 목적에 봉사하는 데 있다. 따라서 과거에 그랬던 것처럼, 교회의 사명을 교회 내의 성사생활에 국한시키지 않고, 특히 「사목 헌장」과 1988년의 평신도에 관한 바오로 2세의 사도적 권고의 가르침대로, 온 세상의 해방과 구원으로 넓게 해석한다면, 교회의 압도적 다수이면서 현실세계에서 살고 있는 평신도의 교회적 사명이 얼마나 막중한 것임은 자명하다. 평신도는 복음과 세상을 연결하는 교량이요, 비오 12세의 표현대로 "교회생활의 최전방"[3]에서 활동하고 있으며, 따라서 평신도의 자발적이고 적극적인 참여 없이 교회의 사명을 수행할 수 없음도 또한 확실하다. 특히 현대사회는 교회의 권위를 인정하지 않는 다원주의 사회이며, 권위의 절대화를 배격하는 민주주의의 사회이다. 그리고 그 사회는 전통적 신학 지식의 한계를 넘어 많은 영역의 전문지식을 요구하는 극도로 복잡한 사회이기도 하다. 그런 사회에서 빈부의 갈등, 전쟁과 평

---

[3] 비오 12세, *AAS* 38 (1946), 149; 「가톨릭 교회 교리서」, 899항.

화, 생명과 인권의 보호, 환경문제 등 절박한 문제들을 복음적 관점에서 해결하고 그 사회의 질서를 하느님의 통치에 복종시키는 일은 평신도의 활성화 없이는 전혀 불가능하다 할 것이다. 교회의 모든 권위는 마땅히 평신도의 모든 잠재력을 억압하지 말고 해방시켜 교회의 공통사명을 위해 능동적으로 사용될 수 있도록 "해방적으로" 행사되어야 할 것이다.[4]

위의 네 가지 조건 중에서 하나라도 결여될 때 권위는 정당성을 상실하고 정당성 없는 권력, 즉 폭력으로 타락한다. 공동선을 침해하는, 사익私益의 도구로서의 이기적 권위, 법과 양식에 의해 부과된 한계를 무시하는 절대적 권위, 여론을 무시하는 독선적 권위, 성원들의 공동체에 대한 봉사의 능력과 은사를 억누르는 억압적 권위, 이 모든 것들은 권위가 아니요 폭력이다.

교권을 행사하는 교회의 공직자들은 이 점을 특별히 명심할 필요가 있다. 첫째로, 교권을 행사하는 교회의 공직자들도 누구나 평신도 못지않게 원죄에 물든 나약한 인간들이며, 다른 인간들과 마찬가지로 교만과 탐욕의 유혹을 받고, 따라서 그들도 교회의 공권을 남용할 수 있는 가능성을 지니고 있음은 엄연한 역사적 사실이다. 둘째로, 교권은 인간의 이름으로 인간적 목적을 위해 행사되는 세속적 권력과는 달리, 그리스도의 이름으로 하느님의 목적을 위해 행사되는 신권의 특징을 가지고 있다. 인간적인 권력도 스스로를 절대화하려는 경향이 있다면, 하물며 그리스도의 이름으로 행사되는 교권을 신격화하고 우상화하려는 유혹은 따라서 더욱더 크다고 아니할 수 없다. 그러한 유혹은 교회 역사상 항상 존재했고, 앞으로도 존재할 것이다. 세속사회의 공권을 악용하는 것이 죄라면, 교회의 신권을 남용하는 것은 신성모독 죄에 속한다. 셋째로, 역사적으로 볼 때, 11세기의 그레고리오 7세 교종 이후 교회 내에는 교계의 권위, 특히 로마 주교의 권한을 점진적으로 절대화했고, 또 교권의 절대성과 교권에 대한 절대적이고 때에 따라서는 맹목적 순명을 강조하면서도, 교권의 한계에 관해서는 별로 언급하지 않았던 것이 가톨릭 전통의 숨길 수 없는 하나의 측면이

---

[4] 요한 바오로 2세, *Christifideles Laici*, 3, 4, 5, 6, 참조.

라 할 수 있다. 따라서 교회의 공직자들이 자신의 권한의 조건과 한계성을 특별히 명심하는 것은 평신도가 교계의 정당한 권한을 인정하고 거기에 복종하는 것 못지않게 중요한 일이라 할 것이다. 옛 로마의 격언대로 "가장 좋은 것의 부패는 가장 악한 것"*Corruptio optimi pessima*이며, 영국의 가톨릭 사학자 액턴Acton 경의 경고대로, "권력은 부패하기 마련이고, 절대적 권력은 절대로 부패"할 수 있는 가능성을 항상 가지고 있기 때문이다.

바로 이런 이유로 복음 성서는 억압과 지배의 수단으로 사용되는 이방인들의 권위와는 달리, 교회 안의 모든 권위는 그리스도를 본받아 "모든 이의 종"이 되고 모든 이를 "섬기는" 계기로 사용되어야 함을 강조했고(마르 10,44-45), 또 공의회도 기회 있을 때마다 권위는 곧 봉사*diakonia*임을 상기시키고 있다. 교회 내의 "직무는 엄밀한 의미에서 봉사직*diakonia*"(교회 24)이며, 직무에 따르는 권한을 행사할 때는 항상 "지도자는 종처럼 되어야 한다는 것을 잊어서는 안된다"(교회 27; 참조: 교회 22, 26). 사목자들도 모든 신자들과 함께 주의 "제자들"이며, "형제들 중의 형제들"임을 잊지 말고, "봉사받으러 오시지 않고 봉사하러 오신" 주의 모범을 따라 지도력을 행사해야 한다(사제 9). 주교나 사제를 막론하고 사목자들은 평신도 위에 군림하는 "지배자"나 "왕"이 아니고, 평신도의 "형제들"(교회 32)이며, "형제들의 종들"(교회 18)이다. 사목자나 평신도의 관계는, 사목자는 평신도에게 "봉사"하고, 평신도는 사목자들과 "협력"하는(교회 33) 형제들의 관계이지, 왕과 신하의 주종관계가 아니다. 「가톨릭 교회 교리서」도 "교회의 직무는 그 성사적 본성상 봉사의 특성을 가지고 있다"(876)고 선언한다.

모든 권위자들은 따라서 바울로 사도의 권고대로 항상 "두려움과 떨리는 마음으로"(필립 2,12) 권위의 행사에 임해야 할 것이다. 이것은 교회 내에서 그리스도의 이름으로 권한을 행사하는 모든 이들에게 특별히 해당되는 말이다. 스스로를 신격화하여 그리스도와 동일시하고, 그리스도의 이름으로 그리스도의 몸인 공동체를 위해 행사해야 할 권위를 마치 자신의 사유재산으로 착각하며, 독선과 자기 절대화에 빠져 여론을 무시하고 억압적으로 권력을 행사할 위험과 유혹이 너무나 크기 때문이다. 이 점에 있어서 바울로 사도의 태도는 교회 내의 모든 공직자들의 좌우명이 되어야 할 것이다. "우리는 자신이 아니라 예수 그리스도를 주님으로 선포하고, 우리 자신은 예수를 위한 여러분의 종으로 선포합니다"(2고린 4.5). 사도행전에 의하면 리스트라에서 앉은뱅이를 고쳐준 다음 사람들이 바울로와 바르나바를 하늘에서 내려온 신神들이라고 부르면서 그들에게 제사를 지내려고 했을 때, 두 사도들은 옷을 찢으면서 군중들을 꾸짖었다: "왜들 이런 짓을 합니까? 우리도 여러분과 같은 사람입니다"(사도 14.15). 오늘의 성직자들도 그들을 신격화하는 신자들에게 이렇게 꾸짖을 수 있어야 할 것이다. 같은 정신과 같은 맥락에서 「가톨릭 교회 교리서」는 "성직자들이 직분상 맡고 있는 말씀과 은총은 그들의 것이 아니라 다른 이들을 위해서 그리스도께서 그들에게 맡기신 것이므로, 그들은 스스로 모든 사람들의 종이 되어야 한다"(876)고 선언한다.

그런데 어떤 권위자가 어쩌다가, 또는 많은 권위자들이 가끔씩, 정당한 권위의 조건을 무시함으로써 권위를 폭력으로 타락시킨다면 그것은 곧 권위의 남용이요 오용이지만, 그렇다고 그것을 곧 "권위주의"라고 비판하기에는 그 빈도나 규모에 있어서 너무 작지 않은가 생각된다. 적어도 한국사회나 교회 내에서 권위주의를 말할 때는 이보다 훨씬 심각한, 사회적으로 습관화된, 하나의 삶의 방식 또는 "문화"로서의 권위 남용을 의미하는 것이 아닐까, 또 그렇게 사용되어야 하지 않을까 생각한다. 교회 내의 권위주의는 교회 내의 권위주의자들이 거의 상습적으로 교회의 공동선보다는 권위자들의 이익 위주로 권위를 행사하고, 법과 양식에 의해 주어진 한계를 무시하며, 모든 비판이나 대화를 거부하고, 교회 내의 모든 권한이나 기회를 독점함으로써 교회 내의 다른 집단들을 억압하는 것을 의미하며, 이것은 동시에 권위자들이 그들 나름대로의 특수 집단·계층 또는 계급을 형성함을 전제로 한다.

미주 교포교회 내에서의 성직자들의 권위주의

1999년 3월 28일자 미주판 「평화신문」에 의하면 북미주에는 현재 148개의 공동체에 8만 6천 명의 한인 천주교 신자들이 있는 것으로 집계되었다. 1968년 UCLA에서의 이종순 신부의 사목활동으로 시작되었다는 미주 교포교회는 이제 만 30세를 넘어 장년기를 향해 나아가고 있다. 30년의 연륜을 거듭하는 동안 성장의 진통을 겪지 않은 공동체는 하나도 없었고, 그 진통의 가장 큰 부분이 바로 교회 내의 권위주의요 권위주의적 풍토였다고 해도 지나친 말은 아닐 것이다. 공동체의 문제는, 다른 어느 집단에서와 마찬가지로, 누가 무엇을 어떻게 결정하느냐에 달려 있고, 이것은 바로 공동체 내에서의 권위의 분배, 권위의 행사, 권위의 한계의 문제와 직결되어 있기 때문이다.

그러면 미주 교포교회에서는 성직자들의 권위주의가 어떻게 나타나고 어떤 폐단을 일으키고 있는지 간단히 살펴보자. 첫째로, 사목자들은 자신의 개인적 이익이나 편의보다 공동체의 이익과 앞날을 얼마나 더 생각하는가? 사목자가 과연 공동체를 위해 존재하는가, 그렇지 않으면 공동체가 사목자를 위해 존재하는가? 어떤 사목자는 필자에게 솔직하게 이렇게 얘기한 적이 있다. 마치 성서에 많은 신자들이 예수님을 섬겼듯이 지금도 평신자들은 사제를 예수님처럼 섬겨야 한다고. 사목자가 피정 지도차 또는 그저 주일미사차 공동체를 방문하면 온 공동체가 사제의 숙소, 식사, 푸짐한 사례비, 관광, 골프칠 기회 마련에 요란스럽다. 주교가 방문한다면 더욱 말할 것도 없다. 사목자 개인의 영명축일, 생일 그리고 서품기념일 축하는 으레 공동체 전체의 공적 행사가 되어버린다. 마치 공사의 구별도 없이, 왕의 생일 축하가 곧 온 국가의 잔치가 되는 군주주의에서처럼. 어떤 주교들은 교포사목을 국내에서 문제 있는 신부들을 처치할 수 있는 좋은 기회 정도로 삼는 것 같고, 많은 사제들도 안식년에 휴양이나 할 수 있는 기회로 생각하는 경향이 있다. 또 공동체의 신자들이 어떤 신부들의 횡포에 질려 한국 교구에 불평하면 다음부터는 신부 안 보내주겠다고 대답하는 교구도 있다. 조용하고 평화스럽던 공동체가 어느 사목자가 부임한 다음부터 충성파와 역적파로 나뉘어 그리스도의 몸은 만신창이가 되어가기 몇 년을 거듭해도 어떤 주교들은 사목자를 소환하지 않는다. 신자들에게는 주교들이 공동체의 공동선보다 사목자의 체면 유지를 더 중요시하는 것으로밖에는 보이지 않는다. 또 어떤 사목자들은 신성한 강론대, 공동체의 주보 그리고 교회의 신문까지도 동원하여 그들의 권위 남용을 비판하는 평신도를 인신공격하는 데 사용하고 있다. 때로는 교회에 들어온 지 얼마 안되는 젊은이들을 조직하여 비판적 평신도를 물리적으로 위협하기도 하고, 모든 반대자들을 "악의 세력"으로 매도하는 것도 서슴지 않는다. 공동체의 앞날보다는 사목자의 이해가 더 중요한 것이다. 들리는 바에 의하면 일년에 한 번 모이는 사제협의회에서도 때로는 평신도를 공격하는 데, 또 평신도를 다루는 방법에 대한 서로의 정보를 교환하는 데 많은 시간을 보낸다고 한다.

둘째로, 사목자들은 자기 권위의 한계성을 얼마나 인정하는가? 단순히 사제라는 이유로 마치 교회 내에서 전권을 가진 것처럼 행세하지는 않는가? 안식년 일년 동안 특수사목으로 파견된 사제가 버젓이 교회법상의 "본당신부"(519조)로 자처하는가 하면, 사목회장도 모르게 교회 건물 구입에 깊이 관여하여 물의를 일으키기도 한다. 어떤 신부는 공동체에 부임하자마자 이민교회의 사정을 겸허한 마음으로 연구하기도 전에 모든 것을 한국식으로 바꾸어 버린다. 대영광송 때 서 있는 미국 관습을 없애고 한국식으로 모두 앉게 만들고, 주일헌금으로 이행되는 교회 헌금을 한국식으로 주일헌금과 교무금의 두 가지 형태로 나누어 부과하며, 이것이 곧 교회법이라고 명령한다. 신부가 교회법이라고 선언하니 누가 감히 이의를 제기할 수 있을까?(그러나 교회법 1262조는 신자들이 교회를 재정적으로 부조할 것을 말했을 뿐, 그 방법은 각국의 주교회의에 일임하고 있다). 어떤 사목자는 본당 신자들이 세속법에 의해 상호부조를 목적으로 세운 단체의 운영과 선거에까지 본당의 여러 홍보매체를 동원하여 간섭하려다가 공동체만 만신창이를 만들고 그만둔 적이 있다. 어느 교구에서는 교구장의 허락 아래 사목자의 권한을 성사집행·미사·교리교육·가정방문 등에 국한하고 공동체의 모든 관리를 사목위원회에 맡긴 적이 있었다. 이것은 평신도의 자발적 참여를 유도하고 1,2년의 단기 사목을 목적으로 부임하는 사제들에게 진정으로 영적 사목에만 전념할 수 있게 하기 위함이었다. 그러나 이 제도는 교구장의 엄격한 지시에도 불구하고 사목자들에 의해 완전히 무시되었다.

셋째로, 미국 교포교회의 사목자들은 자기의 권위를 행사함에 있어서 어느 정도 비판과 대화를 수용하는가? 또 결정의 과정을 어느 정도 공개하는가? 공동체마다 사목평의회는 조직되어 있지만 진정으로 자유롭고 책임있는 토론의 장인지는 극히 의심이 가지 않을 수 없다. 오히려 이미 결정된 사목자들의 지시사항만 듣고 집행하는 도구라는 것이 의식있는 신자들의 공통된 의견이다. 또 사목평의회의 구성도 완전히 사목자의 전권과 자의에 달렸고, 따라서 사목자의 뜻에 순응적인 평신도로 구성되기가 십상이다(한국의 어느 본당에서는 사목위원들에게 본당신부에 대한 순명을 선서시킨다고 한다). 편파적 인사정책이나 재정의 비공개를 비판하고 나서면 곧 역적으로 낙인찍히고, 성직자 비판은 독성으로 간주되며, 더욱이 공개적으로 사제들의 비위를 지적하고 시정을 요구하면 "불법단체"를 구성했다고, 또 개신교의 영향을 받아 신부들에게 순명치 않는다고, "악의 세력"이라는, 또 심지어는 얼토당토 않게 "이단"이라는 인신공격도 서슴지 않는다. 마치 맹종만이 천주교 신자들의 특권인 듯싶다.

넷째로, 교포교회의 사목자들은 어느 정도 평신도가 스스로의 은사를 개발하여 자발적으로 공동체에 봉사할 수 있는 자유와 기회와 권리를 허락하고 고무하는가? 그렇지 않으면 모든 권리를 독점함으로써 평신도의 자각과 개발의 기회를 억압하는 것은 아닌가? 교포 공동체에도 한국에서와 마찬가지로 많은 활동단체와 신심단체가 있다. 그러나 어느 단체가 공동체 안에서 활력있는 단체로 성장할지는 전혀 사목자의 개인적 성향에 달려 있다. 전교회적으로 인정받은 단체이면 사목자 개인의 취향을 떠나서 공평하게 인정하고 격려하는 것이 아니고, 사목자 개인의 관심과 취향에 따라 어떤 단체는 편애되고 어떤 단체는 탄압을 받는다. 「가톨릭 21」 같은 평신도의 자율적 언론이나 "북미주 한인 가톨릭 평신도 연합" 같은 평신도의 자율적 활동단체가 생기면 성숙한 평신도의 자발적 헌신으로 축하하고 고무하는 것이 아니라, "불법단체"로 낙인을 찍고 그들의 모임에는 아무도 못 가도록, 때로는 강론대에서까지, 금지하고 공격한다. 또 그러한 모임에 대한 광고도 교회 신문에 실리지 못하도록 조치한다. 미주 교포 공동체에도 이제는 많은 종류의 강습회가 열리고 있다. 그러나 그 대부분은 개인 신심이나 순명만을 강조하는 영성을 다루고 있고, 평신도의 신학적 의식을 넓혀 제2차 바티칸 공의회의 정신대로 스스로의 은사를 자각하고 자율적으로 교회와 세상에 봉사하는 적극적 평신도 교육의 기회는 많지 않다고 해도 과언이 아니다. 많은 사제들은 자각한 평신도를 경계한다. 1992년 1월 1일자로 북미주 교회의 평신도 70인은 한국의 주교들께 교포교회의 문제점들에 대한 진정서를 보낸 적이 있다. 그것은 의식있는 평신도의 교회에 대한 관심과 애정의 표현이었다. 그러나 유감스럽게도 그러한 관심과 애정에 대한 감사는커녕 진정서를 받았다는 답장을 어느 주교로부터도 받지 못했다. 평신도의 의견은 그들에게는 별로 중요하지 않은 모양이다.

미주 교포 공동체의 사목자들과 평신도의 갈등에 대한 사목자들의 시각이 가끔 「가톨릭신문」이나 「평화신문」에 게재되는데 사목자들은 거의 모두가 그런 갈등의 주요 원인으로 평신도의 욕구불만을 들고 있다. 다시 말해 많은 신자들이 언어와 문화의 장벽으로 말미암아 미 주류사회에서 받을 수 없는 인정과 명예를 교포 공동체 안에서 경쟁적으로 찾고자 하기 때문에 그러한 인정을 못 받을 경우에 사목자들과의 갈등도, 공동체의 분열도 생긴다는 것이다. 필자도 이러한 심리적·사회적 분석에 옳은 부분이 많음을 인정한다. 교포 공동체는 실제로 미 주류사회에서 표현할 수 없는 교포들의 맺히고 맺힌 한恨·욕망·관심·걱정 들이 집중적으로 분출되는 곳이요, 그러한 한은 신자들을 조그마한 문제에도 지나치게 민감하게 대처하고 사건의 중대성을 과장하게 만들어, 보통 일에도 언성을 높이고 심지어 대결과 분쟁을 일삼게 만들 수도 있다. 이런 의미에서 신자들에게 공동체 이외에서도 만족을 찾고 특히 주류사회의 여러 문제점들에 관심을 가지고 참여함으로써 공동체로부터 어느 정도의 심정적 거리를 유지하게 하는 것이 사목적으로 필요하다고 생각된다. 조그마한 공동체 안에서 모든 삶의 욕구를 만족코자 하는 것은 참으로 불건전한 현상임에 틀림없다.

그러나 사목자들과 평신도의 갈등을 교포 신자들의 욕구불만에서만 찾는 것은 너무도 일방적인 분석이다. 많은 신자들이 이민교회 공동체 안에서 욕구해소를 기대한다는 것은 이민사회의 하나의 특징임에 틀림없다. 그러나 거기에는 또 다른 특징들도 있다. 그것은 첫째로 이민자들의 특성상 교포교회의 신자들의 교육수준이 한국 신자들의 수준보다 평균적으로 높을 수 있고, 둘째로 많은 신자들의 비판의식이 미 주류사회의 자유언론과 민주주의적 평등의식에 오랫동안 접함으로써 본국 신자들의 그것보다 더욱 고조되었을 수도 있다는 것이다. 따라서 많은 교포 신자들이 한국에서처럼 귀족적으로 행세하고 독재적으로 일을 처리하는 적지 않은 사목자들의 권위주의에 더욱 민감하게 또 비판적으로 대응한다는 것은 너무도 당연한 일이다. 많은 사제들이 이 점은 간과하고 모든 것을 신자들의 욕구불만으로 매도하는 것은 너무나도 부분적인 분석이요 시각이라 아니할 수 없다. 많은 의식있는 신자들이 사목자들의 지나친 권위주의적 행태로 말미암아 원래 소속된 공동체에 더 이상 참여하지 못하고 미국인 공동체로 옮기거나 개신교 공동체로 개종하거나 아예 교회로부터 발길을 끊는 일이 많이 있음은 참으로 가슴 아픈 일이다.

교포교회의 앞날은 대단히 불투명하다. 앞으로 30년 내지 40년이면 이민 1세대의 교회는 완전히 끝나고 미국에서 태어나서 미국에서 교육받은 새로운 의식의 2세대가 뒤를 이을 것이다. 문제는 2세대들이 과연 독립적 이민 공동체를 유지할 정도로 우리말을 이해하고 민족의식을 가지게 될 것일까 하는 것이다. 그리고 그렇지 않으리라는 것이 가장 안전한 가정일 것이다. 언어와 문화에 있어서 미국 주류사회에 거의 동화될 2세대들이 독립적 이민 공동체를 형성하고 유지하려 하지는 않을 것이기 때문이다. 지금도 이미 고등학교와 대학교를 이곳에서 졸업한 2세대들이 점점 늘어가고 있다. 그들은 주일날 성당에 나와도 말이 통하지 않는다. 그들을 위한 교육 프로그램은 그렇게 많지 않은 편이다. 그들은 이미 가정에서도 1세대 부모들의 권위주의에 반발하고 있다. 그들이 공동체의 다수가 되었을 경우 사제들의 권위주의에 반발할 것은 명약관화한 일이다. 그들마저 완전히 공동체를 떠나기 전에 이민교회는 크게 달라져야 한다.

위의 문제점들이 미주 교포교회의 모든 사목자나 모든 본당에 똑같이 해당된다는 말은 물론 아니다. 다행히도 미주교회에는 신자들 위에 군림하려 하지 않고 종으로서의 사목자답게 책임있고 겸손하고 대화적이며 해방적으로 권위를 행사하는 사목자도 많다. 참으로 감사할 일이다. 그러나 유감스럽게도 사목자들의 권위주의는 그 빈도나 공동체에 끼치는 영향에 있어서 많은 뜻있는 이들이 크게 우려할 정도임을 또한 지적하지 않을 수 없다. 미주 교포교회에서 신자들과 사목자들의 관계는 위기의 수준에 와 있다 해도 과언이 아니다. 그리고 그 위기의 내용은 위에 적은 바와 같다. 일년에 한 번 소집되는 미주 사제협의회에서도 이러한 내용을 토론하고, 마치 평신도는 평신도대로의 양심성찰 목록이 있듯이, 위에 지적한 정당한 권위의 네 가지 조건을 사제들의 집단적 양심성찰의 목록으로 삼아 사목생활을 반성하고, 반성할 것이 없다면 적어도 왜 그처럼 많은 신자들이 그렇게 느끼지 않으면 안되는지를 토의하여 사목적 실천에 반영한다면 얼마나 좋을까? 사목자들도 평신도의 비판을 반성직주의라거나 반교회적이라고 생각하지 말고, 우리가 모두 사랑하는 교회의 공동선을 위한 정성어린 제안으로 받아들여 집단적 자기성찰의 기회로 삼을 줄 아는 성숙을 보여야 한다.

가톨릭의 권위주의적 전통

필자가 보기에는 비록 상황의 차이와 특수성은 있을지라도 미주 이민교회의 권위주의는 본질적으로 한국 천주교회의 권위주의적 풍토의 반영이며, 따라서 한국 천주교회의 권위주의적 풍토에 근본적 변화가 없는 한, 또 이민교회의 사목자가 주로 한국에서 파견되는 한, 이민교회의 권위주의적 풍토에는 큰 변화가 없으리라 생각된다. 그런데 한국 천주교회의 권위주의도 복합적인 것임에 틀림없다. 그것은 한국적 전통, 특히 유교 문화에 내재한 양반 귀족의 신분적 권위주의와 천주교적 전통 자체에 내재하고 있는 성직자들의 신분적 권위주의의 복합이라고 볼 수 있다. 천주교가 처음으로 이 땅에 도래했을 때 유교와 크게 충돌했던 것도 사실이지만, 그 이면에는 유교와 상통하는 점도 많았다. 특히 양반·선비 등 귀족적·신분적 권위에 대한 절대적 존중은 성직자의 신분적·계급적 권위에 대한 존경과 일치했고, 따라서 많은 이들이 천주교로 개종했을 때 그들에게 필요한 것은 신분적 권위에 대한 존경의 대상을 양반에서 성직자로 바꾸는 것이었고 권위주의 자체를 타파하는 것은 아니었다. 필자는 나머지 부분에서 이러한 유교의 권위주의적 전통은 차치하고 가톨릭의 권위주의적 전통에 관해 간단하게 언급하고자 한다.

가톨릭 성직자들의 권위주의는 오랫동안 거의 온 교회적으로 지지되어 왔다고 할 수 있다. 제2차 바티칸 공의회 이후 새로운 교회론의 영향으로 성직자들의 권위주의가 많은 비판의 대상이 되었던 것도 사실이지만, 근본적인 의미에서, 특히 한국 천주교회에서는, 공의회 전후의 권위주의 양상에 큰 차이가 있다고는 말할 수 없을 것 같다. 지금이나 예나 성직자들의 권위주의는 교의신학적으로, 교회조직적으로, 또 예전생활과 언어생활에 있어서 강력하게 지원을 받으면서 활력있게 유지되고 있다.

전통적·교의신학적 입장에서 볼 때 교회 내의 모든 권위는 성직자들에게 국한·집중되어 있다. 다스리는 권한, 가르치는 권한, 성화聖化하는 권한이 모두 군주주의적으로 개념된 교종직·주교직·본당신부직에 위임되어 있다. 그리고 이들은 각자 관할권 내에서 행정권·입법권·사법권을 모두 독점하고 있다. 성사 중심의 가톨릭 전통에서 응급시의 세례성사와 혼배성사 외에 모든 성사의 집행권은 사제들에게 유보되어 있다. 최근에 이르러 사목평의회를 통해 평신도도 교회의 관리에 참여한다고는 하지만, 그것은 어디까지나 자문 역할에 지나지 않고 그나마도 형식적으로 행사되거나 거의 없는 경우도 허다하다. 또 신학적으로 신자들의 "신앙 감각"(sensus fidei, sensus fidelium; 교회 12)이 교회 가르침의 한 기준이 된다고 하지만 그 개념 자체가 명확치 않기 때문에 역사적으로 신자들의 교도권 참여에 크게 실질적인 역할은 못했던 것도 당연한 일이다. 결국 무엇이 진실로 신자들의 감각인지 아닌지를 식별하는 권한 자체도 성직자들에게 유보되어 있다. 가톨릭 교회는 모든 권한을 성직자들에게 집중시키고 평신도에게는 전혀 아무 권한도 주지 않는다. 성직자들은 평신도에게 아무것도 묻지 않고 사제직·예언직·사목직의 모든 것을 다 할 수 있다. 그러나 평신도는 이 모든 면에 있어서 — 삶의 모든 차원을 규제하는 윤리적 가르침에서부터 교회 공동체 안에서의 모든 행동강령과 성사생활에 이르기까지 — 성직자들에게 절대로 의존한다. 천주교회는 이런 의미에서 평신도의 설자리가 없는 곳이다. 1906년에 발표된 비오 10세의 회칙 *Vehementer Nos*의 말대로 "교회는 본질적으로 불평등한 사회이다. 다시 말하면, 교회는 두 가지 부류의

사람들로 구성되어 있는데, 그 하나는 교계의 여러 등급에 속하는 사목자들이
요, 다른 하나는 신자들의 무리들이다. 이 두 부류의 차이는 명확하여, 교회의
목적을 촉진하고 그 목적에로 모든 구성원들을 인도하는 데 필요한 권리와 권
한은 오직 사목자들에게 속하고, 신자들의 무리들의 유일한 의무는 사목자들
의 지도를 받고 순한 양들처럼 저들을 따르는 것이다.” 이 말은 공의회 이후의
한국교회에도 그대로 적중되는 이야기이다.

　이러한 교의신학상의 군주주의적 성직주의는 교회의 구체적 제도, 조직, 생
활 면에 그대로 반영되어 왔다. (초대 몇 세기 동안 평신도도 주교 임명 과정
에 참여했던 전례가 있지만) 중세 이후의 교회에서는 교종, 주교, 본당신부의
임명 과정에 평신도의 음성은 전혀 배제되었고, 주교가 잘하든 못하든, 본당신
부가 강론 준비를 하든 말든 평신도는 비판할 자격이 없었고, 혹 비판하는 평
신도는 순명정신이 부족하다고 책망을 받았다. 그 반면에 평신도는 주일날 노
동하는 관면에서부터 금요일에 고기 먹을 수 있는 허락에 이르기까지 신부들의
허가와 지도를 받아야 되었다. 교구에서는 주교가 전권을 가진 하나의 군주였
듯이 본당에서는 주임신부가 하나의 군주였다. 신부가 행정권, 입법권, 사법권
을 독점하고 있으니 신부가 크게 잘못하더라도 하소연할 곳이 없다. 주교청에
상소하더라도 주교가 공정하게 경우에 따라서는 신자들의 편도 든다는 이야기
는 별로 듣지 못했다. 교회에 관한 지식(신학, 교회법, 예전 등)은 성직자들에
의해 독점되었고, 평신도는 으레 무지한 것으로, 또 무지해야만 되는 것으로
생각되었다. 신부가 강론대에서 미사에 한 번 빠지면 대죄라고 가르쳐도 신자
들은 계시된 진리로 받아들여야 했고, 마치 고백성사가 죄의 사함을 받는 유일
한 수단인 것처럼 강조됨으로써 신자들은 필요 이상으로 신부 앞에 무릎을 꿇
고 저들의 권위에 스스로를 종속시키는 관습에 젖게 되었다. 교회 안에 성직자
들의 가르침·지시사항 그리고 그들의 동정을 알리는 관보는 있었어도, 하느님
의 백성 모두가 교회의 현실과 앞날을 함께 고민하고 토론하는 여론은 아무데
도 없었다. 그리고 지금도 없다. 명동성당에서 무슨 특별 행사가 있으면 성직
자석, 수도자석, 평신도석이 따로 지정된다.

성사와 예전 중심의 교회인 천주교회에서 신앙생활의 초점은 주일미사라고 할 수 있다. 그런데 공의회 이전의 미사가 그 구조나 언어에 있어서 100% 성직자 중심이었던 것은 나이든 평신도라면 누구나 다 아는 일이다. 공의회 이전의 미사에서 평신도가 참여할 수 있는 것은 문자 그대로 아무것도 없었고, 저들은 완전히 관람자에 지나지 않았으며, 미사는 사제의 일인극이었다. 공의회 이후의 많은 개혁은 평신도에게 참여의 폭을 넓혀주었다. 언어가 라틴어에서 본국어로 바뀐 것에서부터 시작 예식, 말씀 전례 그리고 영성체 예식에 이르기까지 평신도의 역할도 크게 늘었다. 사제와의 응답은 물론 참회의 기도, 대영광송, 성서 낭독, 신앙고백 그리고 보편지향 기도에 평신도도 참여하게 되었다. 공의회 이전에 비하면 크나큰 발전임에 틀림없다. 그러나 유감스럽게도 모든 다른 부분에서는 하느님 백성의 대부분인 평신도와 역할 분담을 하면서도 미사의 가장 중요한 부분인 성찬의 전례, 특히 감사기도 부분에서는 간단한 응답을 제외하고는 사제가 모든 역할을 독점하고 있다. 다른 부분이 하느님 백성 전체의 전례라면, 감사기도는 완전히 주례 성직자 한 사람의 일인극이다. 다른 모든 것은 평신도와 분담해도 예전의 가장 중요한 부분인 감사기도만큼은 사제가 독점해야 성직자로서의 특수한 위엄과 권위를 지킬 수 있다는 것 같다. 신학적으로 볼 때 사제는 하나의 도구요, 미사의 진정한 주례자는 첫째로 그리스도요 다음으로 그리스도의 몸인 하느님의 백성 전체이며 사제는 하느님 백성의 대표로서 예전을 주재하는 것이라면, 감사기도라고 해서 사제가 모든 역할을 독점하는 것은 마치 사제 자신이 미사의 진정한 주체인 듯한, 또 사제가 하느님의 백성 위에 군림하는 듯한, 신학적으로 대단히 위험한 인상을 주고도 남는 것이다. 이런 의미에서 성직주의의 잔재는 공의회 이후의 예전에도 아직 살아 있다고 할 수 있다. 감사기도에서도 평신도의 참여가 실질적으로 확대될 때 미사는 참으로 하느님 백성 전체의 미사라고 할 수 있을 것이다.

마지막으로 성직주의의 전통은 교회 내의 언어생활에도 크게 반영되어 있다. 예를 들어 "그리스도의 대리자"란 칭호를 들어보자. 원래는 초대교회에서 주교들에게 적용되었던 칭호가 중세기에 들어와서 로마의 주교에게 한정되었던 것이 한국교회에서는 사제들에게도 적용되어 1999년 1월 31일자 「평화신문」은 그 사설에서 새로 서품받은 신부들에게 "그리스도의 대리자" 운운하면서 그들의 앞날을 축하한 적이 있다. "그리스도의 대리자"는 모든 성직자들의 칭호가 되어버렸다. 그런데 이 칭호처럼 성직자의 권위를 절대화하는 칭호가 어디에 있을까? 또 사제들은 "목자" 그리고 "신부"神父(영적 아버지)라고 불린다. 결국 사제들이 "목자"라면 평신도는 (무지한) "양"에 불과하고, 사제들이 "아버지"라면 평신도는 "아이들"에 불과하다. 누구나 "그리스도의 대리자"의 권위에 복종해야 되듯, "양"들은 "목자"를 따라야 하고 "아이들"은 "아버지"의 말씀에 순종해야 한다. 이처럼 교회의 언어생활 자체가 성직자들의 권위주의와 평신도의 자기비하를 부추기고 있다.

그러나 어느 인간도, 교종을 포함하여, 그리스도의 대리자라고 부르는 것은 신학적으로 대단히 위험하다. 어느 단체에서 회장의 유고시 부회장이 대리하듯, 남을 대리한다는 것은 수준이나 능력이 비슷할 때 가능하다. 그런데 그리스도의 능력과 모든 인간의 능력 사이에는 본질적인 차이가 있다. 어느 유한한 인간도 그리스도의 구원사업을 대리할 수 없다. 우리는 그리스도를 통해 구원을 받는 것이지 교종이나 주교나 신부를 통해 구원을 받는 것은 결코 아니다. 그리스도 앞에서는 그들도 다른 어느 인간들과 마찬가지로 그리스도의 구원의 대상이요, 목자이신 그리스도 앞에서는 그들도 다른 죄많은 인간들과 마찬가지로 양들에 불과하며, 하느님 아버지 앞에서는 그들도 평신도와 함께 아이들에 불과하다. 성직자들을 평신도나 다른 인간들로부터 전혀 종류가 다른 집단으로 분리시키고 무엇보다도 성직자들을 신격화하는 우상숭배적 언어는 교회 내에서 사라져야 한다. 그러한 칭호를 오랫동안 들으면서 살다보면 많은 성직자들이 진실로 자기들이 그리스도요, 목자요, 아버지인 것처럼 착각하고 또 그렇게 행동하기 쉽기 때문이다. 이것은 교회의 역사가 증명하고도 남음이 있다(호칭의 신학적 의미에 대한 자세한 토의는 7장 참조).

천주교회의 성직자들은 그들 나름의 계급을 형성하고 있다. 그들은 교회 내의 오랜 전통과 가르침에 따라 교회 내의 모든 권위와 기회와 지식을 독점해 왔고, 그런 권위를 여론의 제재 없이, 법적 또는 양식에 의한 한계에 구애받음이 없이 무제한적으로 행사해 왔으며, 교회 하면 곧 교회의 권위자들과 동일시할 정도로 그들의 권위행사 자체가 교회의 공동선과 일치되는 것으로 여겨졌다. 그들은 교회의 모든 권위를 독점하면서 다른 집단에 대해 권위를 보존해야 할 공통의 이해가 있고, 교회조직 내에서의 한정된 사회생활과 독신제도라는 공통의 삶의 방식이 있으며, 폐쇄된 신학교 교육과 교회적 전통에 기초한 공통의 문화를 가지고 있다. 그들은 그들 나름대로의 이러한 공통된 생활방식, 이해관계 그리고 문화를 형성하면서 평신도와는 다른 신분상의 특수계층 또는 계급을 만들어왔다. 교회 내의 권위주의는 바로 교회의 오랜 전통에 기초를 두고 자기들 나름의 계급을 만들어왔던 성직자들의 성직주의를 일컫는다 할 것이다. 따라서 성직자들의 권위주의는 어느 특정 성직자의 우발적 과오가 아니고 교회 내의 특수계급으로 모든 권한을 독점하게 만든 전통적 성직제도 자체에 기인한다고 보아야 할 것이다. 비록 제2차 바티칸 공의회 이후로 새로운 일치의 교회론에 힘입어 특수계급으로서의 성직 개념과 위계집단으로서의 교회관이 많이 바뀌었을지는 몰라도, 교회의 전통 속에 깊이 박혀 있는 성직주의의 문화를 흔들어놓기에는 그 영향이 너무나 미소하지 않았는가 우려된다. 하루속히 성직제도의 권위주의적 전통이 무너지고 더 복음적이고 더 봉사적인 새로운 성직제도가 나타나야 할 것이다.

앞날을 위한 몇 가지 제안

그러면 가톨릭의 전통적 권위주의 또는 성직주의를 어떻게 타파할 것인가? 이 점에 있어서 가장 큰 전제는 제2차 바티칸 공의회의 새로운 교회론에 대한 정확한 이해다. 교회 내의 모든 개혁은 올바른 신학에서 출발해야 한다. 성직주의의 초극은 올바른 교회론을 전제로 한다. 가톨릭의 성직주의는 그 자체가 교회중심적이고, 제도주의적이고, 성사주의적인 공의회 이전의 교회론에 의해 정당화되었고, 따라서 공의회 이후의 새로운 교회론에 비추어 전통적 권위주의를 조명하고 비판하는 것은 가장 절박한 과제라고 할 수 있다.

간단히 말해 친교의 교회론이라 불리는 제2차 바티칸 공의회의 교회론은 이미 6장과 7장에서 검토한 바와같이 세 가지 면에서 혁명적 의미가 있다. 첫째로「교회 헌장」은 교계제도에 관한 토의를 제3장으로 미룬 채, 제1장에서 모든 인류의 일치와 친교를 원하시는 삼위일체이신 하느님의 구원의 신비를 제일 먼저 다루면서, 교회 내의 모든 조직과 권위체계의 의미를 구원의 신비에 종속시킴으로써 제도로서의 교회를 삼위일체의 신비에 봉사하는 수단으로 상대화시켰다. 교회 내의 모든 제도는 수단으로서 중요하지 그 자체가 목적으로 중요한 것은 아니다. 둘째로「교회 헌장」은 교회 구성원들의 상이성과 차별성을 제3장 이후로 미루고, 제2장에서 하느님 백성의 구성원으로서 모든 신자들의 품위의 평등성과 사명의 공통성을 확인하면서, 교회 내의 모든 차별성은 오직 직분과 역할의 차이이며 계급이나 신분의 차이가 아님을 밝힘으로써, 교회 내 직분의 차이와 교계제도의 의미를 상대화시켰다. 모든 교계제도는 하느님 백성의 평등성과 공통성에 봉사해야 하고 하느님 백성 위에 군림해서는 안된다. 셋째로「교회 헌장」은 삼위일체이신 하느님과의 결합을 교회의 본질과 사명으로 여기고 교회는 그 자체가 목적이 아니요 오직 이 세상에서 하느님 왕국의 도래에 봉사하는 도구로 정의함으로써 교회중심주의와 성사중심주의를 상대화시키고 하느님 왕국 중심주의를 선택했다. 교회 내의 모든 권위를 독점하는 하나의 특수계급으로서의 성직자들의 권위주의에 대한 모든 신학적 정당성은「교회 헌장」의 세 가지 상대화의 논리에 따라 사라지고 만 것이다.

필자는 이러한 친교의 교회론을 토대로 교회 내의 권위주의적 풍토의 제거를 위해 다음의 다섯 가지를 제안하고자 한다.

첫째, 지금까지 성직자들에게 집중된 교회 내의 모든 권위를 분산하여 평신도에게 참여의 기회를 넓혀야 한다. 이 점에서 사목평의회의 역할을 보장하고 또 확대해야 한다. 본당마다 사목협의회가 설치되기는 했어도, 그 활동이 본당 신부 개인의 자의적 결정에 따라 때로는 활발하고 때로는 미진한 경우도 많다. 그리고 사목위원과 사목회장을 어떤 곳에서는 공동체에서 선거하고 어떤 곳에서는 본당신부가 임명한다. 평신도의 교회참여를 활성화하기 위한 제도로 고안된 사목협의회가 본당신부의 임의에 따라 좌우된다면, 그 의미를 축소하는 것이요, 평신도의 교회참여에 대한 책임과 권리를 무의미하게 만드는 것이나 다름없다. 본당신부의 개인적 판단이나 자의적 취향에 관계없이, 사목협의회가 그 사명을 다할 수 있도록 제도적으로 보장되어야 하며, 또 평신도의 자율적 참여를 진정으로 촉진하기 위해서는 사목위원과 회장은 본당신부가 일방적으로 임명하지 말고 공동체가 선출해야 한다(선출 방법은 공동체의 특성에 따라 여러 가지가 있을 수 있다). 또 공의회 이후 평신도가 교회의 결정 과정에 참여할 수 있는 유일한 기회로 제정된 사목평의회는 현재에는 아직 본당 차원에서만 활동하고 있으나 미국에서처럼 교구 차원, 그리고 주교회의 차원에까지 확대하여 평신도의 의견이 수렴될 수 있도록 조치되어야 하고, 그 역할도 현재의 자문 역에서 2/3 이상의 지원을 받은 시책에 대해서는 주임신부도 거부권을 행사하지 못하거나 행사할 경우에는 사목회의가 교구장에게 상소할 수 있는 권한을 부여함으로써 사목평의회의 역할을 실질적으로 제고해야 한다. 또 전국 차원의 사목평의회 회원들이 주교회의의 안건 토의에도 참여하고, 또 주교회의 회담에도 투표권은 없으나 발언할 수 있는 참관자로서 참가할 수 있다면 교회 내의 권력 분산에 크게 도움이 되리라 생각된다. 본당이나 교구에서 평신도의 참여가 허용되고 요청된다면, 전국 차원이나 온 교회 차원에서 평신도의 참여를 거부할 아무런 신학적 이유도 있을 수 없다. 오히려 문제가 더욱 복잡한 전국 차원이나 온 교회 차원에서 평신도의 지식과 경험을 반영한다는 것은 더욱 필요할지도 모른다. 요한 바오로 2세도 전국 주교회의에 평신도가 참여하는 방법을 모색할 것을 권고하고 있다.[5] 이러한 권력 분산을 통해 한편으로는 완전히 피동적 존재였던 평신도의 발언 기회를 넓혀주고, 또 한편으로는 교회 내의 여러 집단간의 장벽과 거리를 좁혀 친교를 도모함으로써 "지배계급"으로서의 성직자들의 인상을 조금이나마 완화할 수 있을 것이다. 언젠가는 여러 수준의 모든 사목평의회가 자문기관이 아닌 결정기관으로 자리잡고, 주교회의·주교와

---

[5] 요한 바오로 2세, *Christifideles Laici*, 25.

교종 선출 그리고 온 교회적 공의회에도 평신도 대표들이 투표권자로 참석하여 명실공히 하느님 백성의 평등한 성원으로서 교회의 앞날을 결정하는 데 공통의 책임을 완수할 수 있기를 바란다. 누가 교종이 되고 누가 주교가 되느냐의 문제는 추기경들이나 로마 교종청 혹은 교구 참사회만의 관심이나 책임이 아니요 평신도를 포함한 온 교회의 관심이요 책임이다.

둘째로, 이러한 미래가 하루속히 도래하기 위해서는 평신도를 통제하는 모든 장치를 철폐하여 평신도가 스스로의 능력과 은사를 개발하여 교회에 봉사할 수 있도록 그들을 해방해야 한다. 이 점에 있어서 구체적인 예로 본당신부 추천서 제도 폐지, 본당신부 허락제 폐지, 교구의 단체인가권 폐지 그리고 지도신부제 폐지 등을 들 수 있다. 평신도가 교회 안에서 무엇을 하려면 본당신부의 허락이나 추천서를 요구하고, 단체를 만들려면 교구의 인가를 받아야 하고, 모든 단체에는 지도신부가 있어 성직자들의 지배를 받아야 한다. 이 모든 통제나 제한을 과감히 철폐하여 평신도에게도 숨돌릴 수 있는 자유를 줄 수 없을까? 평신도도 이제는 교육도 받을 만큼 받았고 많은 분야에서 성직자들보다도 더 교육을 받았을 수도 있다. 또 많은 평신도도 성직자들보다 더 신심이 깊을 수 있고 더 성숙할 수도 있다. 도대체 전국 평신도협의회나 가톨릭 교수협의회에 왜 지도신부가 필요할까? 왜 수녀원마다 지도신부가 있어야 하나? 평신도가 자율적으로 세운 단체들도 격려하고 고무할 수 없을까? 그들의 한恨과 분노에도 겸손하게 귀를 기울이고 그들과 대화할 수 없을까? 유신독재 시대에서처럼 그들을 "불법단체"로 낙인을 찍고 그들의 강습회에는 신자들에게 참여도 못하게 압력을 가하는 것이 과연 복음적일까? 모든 신자 단체들의 활동을 인준해야 하고, 모든 초청 강사들을 허가해야 하며, 이런 활동들이 교회 신문이나 방송에 광고하는 것까지 사전에 검열·확인해야 한다면, 이것은 교회 내의 평신도의 모든 자발적 단체활동을 철저히 질식시키고, 교회 내에서 권위자들의 생각과 다른 하느님 백성의 모든 음성을 완전히 침묵시키겠다는 것밖에는 아무것도 아니다. 이것이 과연 그리스도의 몸인 교회의 공동선을 위하는 것인지, 그렇지 않으면 "자유를 위해 우리를 해방하신"(갈라 5,1) 그리스도의 몸을 전체주의의 사슬로 다시 결박하고, 하느님 백성 전체의 교회를 성직자들만의 교회로 축소시키며, 교회 내의 다양성 속의 일치와 평화를 공동묘지의 침묵으로 착각하는 것인지는 알 만한 사람들은 누구나 알 것이다. 성직자들만이 모든 지식을 독점했고 신자들의 교육수준이 일반적으로 매우 낮았던 몇 백년 전의 유물인 평신도 통제장치는 이제 모두 과감하게 철폐되어야 한다.

셋째로, 직분 수행상 필요한 차별을 제외하고 성직자와 평신도의 모든 "계급적" 차별행위나 관습은 타파되어야 한다. 성사집행이나 교회의 대표로서의 공무수행을 제외한 모든 영역에서 계속 성직자와 평신도를 분리하는 것은 결국 두 개의 계급을 유지하는 것이다. 필요 이외의 차별행위는 종식되어야 한다. 예를 들어보자. 명동성당에서는 많은 행사가 벌어진다. 서품식에서부터 정의를 위한 기도회에 이르기까지 다양한 행사가 치러진다. 그리고 많은 경우에 성직자석, 수도자석, 평신도석이 따로 배정된다. 꼭 그래야만 할까? 평등한 하느님의 백성으로서 함께 앉으면 품위에 손상이 갈까? 한국 천주교회의 대표적 상징인 명동성당에는 아직도 제대와 평신도를 갈라놓는 영성체 난간이 그대로 있다. 공의회 이후 거의 사라지다시피 한 성속 이분 시대의 유물인 이 난간이 아직도 존재한다는 것은 한국 천주교회의 성격에 대해 시사하는 바가 많지 않을까? 신학교도 과감하게 개방하여 한편으로는 평신도에게도 신학교육의 기회를 부여하고 다른 한편으로는 신학생들의 평신도로부터의 지나친 고립과 불건전한 선민의식의 배양을 막아야 할 것이다. 신학교 교육에 대한 토의와 자문에도 신학교 교수신부와 주교들만 참석하지 말고 평신도도 참여시켜 평신도의 관점에서 현행 신학교 교육의 문제점들도 지적될 수 있어야 할 것이다. 교리교사로서의 교육을 마친 평신도에게는 우선적으로 교회에 봉사할 수 있는 기회를 보장해야 한다. 또 교구청의 모든 직위에도 자격 있는 평신도에게 봉사할 수 있는 기회를 개방해야 한다. 예를 들어 교구청에 종교교육국이 있다면 종교교육을 전공한 평신도가 종교교육 국장으로 봉사 못할 이유가 전혀 없다. 미국에서는 상서국장, 총대리까지 평신도·수도자들에게 개방되어 있다. 사제들도 평신도와 동격에서 또는 평신도 밑에서 봉사할 줄 아는 겸손과 관행이 필요하다. 또 교회의 언어는 언제나 서열의식을 반영하고 있다. 교회의 여러 집단을 나열할 때 언제나 성직자를 먼저 부르고 평신도는 마지막이다. "성직자, 수도자, 평신도"의 서열을 흩뜨려서 때로는 "평신도, 수도자, 성직자"로 쓰기도 하고 때로는 "수도자, 평신도, 성직자"로 쓰는 것도 좋지 않을까? 가끔 첫째가 말째가 되는 것도 크게 교육적일 수 있다. 또 무슨 운동을 하더라도 사제들은 사제들대로(정의구현 사제단), 수녀들은 수녀들대로, 평신도는 평신도대로 따로 할 것이 아니라 서로 함께 섞여서 하는 관습을 길러야 할 것이다. 미국의 교회개혁 운동의 대표적 단체인 Call to Action의 대표는 평신도이지만 그 회원들은 수도자, 평신도, 주교, 사제들을 망라하고 있고 그 연례행사에는 3천 명 이상의 회원들이 모여 서로 섞여서 예전과 강연회에 참석한다. 다시 말해 극히 필요한 직무상의 분리와 차별을 빼놓고 모든 면에서 교회 내의 계급적 관습이나 차별은 타파되어야 한다.

넷째로, 교회 내의 성직주의의 타파는 모든 피차별 집단들의 자각, 교육 그리고 조직적 저항을 요청한다. 역사적으로 볼 때 자기 집단의 모든 특혜와 특권을 자발적으로 포기하고 스스로 다른 집단과의 평등의 길을 택한 집단이나 계급은 어느 곳에도 없다. 유감스럽지만 교회의 성직자들도 마찬가지다. 성직자들에게 기존의 모든 특권을 스스로 포기하고 스스로 정화하는 움직임을 기대하는 것은 비현실적이다. 역사의 모든 변혁이 그렇듯이 성직주의의 초극은 외부로부터의 압력을 요구한다. 이 점에 있어서 평신도의 자각, 신학교육 그리고 조직적 저항은 필수적이다. 또 차별면에 있어서 평신도와 같은 입장에 있는 수녀들의 자각, 교육 그리고 평신도와의 연대를 통한 조직적 저항도 못지않게 중요하다 할 수 있다. 교회 내에서의 위치나 조직면에서 집합된 비판세력으로서의 수녀들의 힘은 어느 집단의 힘보다도 클 수 있다. 문제의 핵심은 평신도, 수도자, 성직자를 망라한 모든 교회 내의 집단들을 어떻게 교육시키고 어떻게 비판세력으로 조직하여 교회의 권위주의를 타파하고 진정한 봉사적 권위를 쇄신하는 데 서로 연대할 수 있도록 하느냐 하는 것이다. 교회 내에는 오랫동안 한국사회의 정의구현에 혁혁한 공로를 세운, 한국 천주교회의 자랑인 정의구현 전국 사제단이라는 단체가 있다. 이제는 한국사회도 제도적인 면에서 많이 민주화되었고, 많은 시민단체들이 민주화를 위한 지속적 투쟁에 참여하고 있으며, 일반 시민들의 민주의식도 크게 제고되었다. 정의구현 사제단도 이제는 사회의 정의구현에서 교회 내의 정의구현에 눈을 돌려 평신도의 해방과 사목자들의 권위주의 타파에 앞장서 주기를 바란다면 그것은 공허한 기대일까?

다섯째로, 성직주의의 초극에 필요한 것은 성직주의의 문제점들을 부각하고, 평신도·수녀들의 의식을 깨우치며, 교회 내의 모든 개혁세력의 연대를 추진할 수 있는 독립된 홍보매체라고 할 수 있다. 한국 천주교회 안에는 그 나름대로 많은 신문들과 정기 간행물들이 출판되고 있다. 그러나 그 중 얼마가 과연 교회 내의 다양한 의견들을 자유롭게 수렴하고 교회 내의 여러 사안들에 대해 독립적 비판과 제안을 제공해 왔는지는 의문이 아닐 수 없다. 많은 신문들은 교회 기관지의 성격을 띠고 있고, 따라서 교회 최고 권위들의 의견과 이해를 반영하지 않을 수 없을 것이다. 이 점에 있어서 교회의 권위로부터 자유로우면서 독립적으로 또 객관적으로 교회 내의 문제점들을 토론하고 여론을 형성해 온 미국의 평신도 잡지 *National Catholic Reporter*나 *Commonweal*과 비슷한 성격과 수준의 여론지가 뜻있는 수도자나 성직자들의 지지 아래 평신도에 의해 출판될 수 있다면 성직주의 타파에 크게 기여하리라 확신한다.

마지막으로, 한국에서의 성직주의의 초극은 교회 내에 건전한 비판문화의 발전을 요구한다. 독점적 권위주의는 권위에 대한 여하한 비판에도 민감하고 모든 비판을 금지한다. 독점적 성직주의는 모든 성직자 비판을 교회 자체에 대한 비판으로 생각하고 그렇게 비판하는 이들을 "반교회적"이라고 매도한다. 과거 독재시대에 정권을 비판하면 반국가적이라고 매도하던 것과 아주 비슷하다. 그러나 봉사적 권위는 이래서는 안된다. 성직자는 교회 자체가 아니다. 교회는 하나의 삼위일체적 신비이다. 성직자는 하느님 백성의 전부도 아니다. 하느님 백성의 공적 대표로서 성직은 중요하다. 그러나 하느님 백성의 절대다수는 평신도이다. 평신도도 세례와 견진을 통하여, 하느님으로부터 직접 받은 많은 은사를 통하여, 교회의 사명 완수에 주체적으로 참여하고 교회의 공동선에 책임과 관심을 보이도록 불림을 받았다. 평신도도 동역자로서 교회의 공동관심사에 관해 발언

할 수 있는 책임과 권리가 있다. 봉사적 성직자는 평신도의 의견과 비판에 스스로를 개방하고, 그들의 제안과 비판에 경청할 수 있는 겸손을 보여야 한다. 성직자는 하느님도 예수님도 교회 자체도 아니다. 오직 하느님의 백성에 대한 봉사를 통해 하느님과 예수님께 봉사하는, 교회의 중요한 한 부분이다. 이제는 성직자들도 봉건시대의 유물인 권위주의를 버리고 비판에 대한 개방과 겸손을 통해 교회 내의 건전한 비판문화의 창달에 협조해야 한다. 인간이 비판당하는 것은 당연하다. 공직자가 공직 수행에 대해 비판당하는 것도 당연하다. 오직 스스로를 신격화하는 권위만이 비판을 금기시한다.

현대교회의 많은 성직자들이 권위에 대한 비판에 대단히 예민한 것과는 대조적으로 그리스도 신앙의 규범인 성서는 당대 교회의 지도자들을 묘사함에 있어 그들의 인간적 약점, 실패, 추문 등을 있는 그대로, 아무런 사과 없이 자연스럽게 기술하고 있다. 그들을 신격화하거나, 그들의 권위의 신성성에 집념하지 않고, 그러한 묘사를 아주 당연한 것으로 취급하고 있다. 예를 들어보자. 초대교회의 가장 큰 기둥 중 하나인 바울로 사도는 할례를 주장하는 사람들이 무서워 할례문제에 대해 애매한 입장을 취하고 있다고 천주교회에서 최초의 교종이라고 믿는 베드로 사도를 "사람들 앞에서 면박을 주었다"(갈라 2.11)고 말하고 있다. 그런가 하면 사도행전은 마르코라는 요한을 선교여행에 데리고 갈 것이냐의 문제로 "격렬한 언쟁" 끝에 바울로와 바르나바가 서로 헤어진 것을 자연스럽게 기술하고 있다(사도 15.38-39). 신약성서 중에서 초대교회의 지도자들인, 천주교회에서 최초의 주교들로 일컫는 사도들에 대해 가장 강력하게, 거의 의도적으로 비판을 가한 것은 마르코 복음이다. 제자들은 때로는 겁이 많고 믿음이 없는 것으로(4.40), "마음의 문이 닫혀" 기적의 뜻을 이해하지 못하는 것으로(6.52), 많은 기적을 보고도 아직도 깨닫지 못하는 아둔한 사람들로(8.17), 수난의 뜻도 모르는 이들로(9.32), 예루살렘으로 가는 것에 대해 겁을 집어먹고 어리둥절한 사람들로(10.32) 묘사되었고, 때로는 명예욕에 사로잡혀 서로 자리다툼하는 이들로(9.34; 10.41), 그리고 예수를 배반하고(14.10-11.31), 예수가 잡힐 때 "모두 달아난" 이들로(14.50), 어떤 젊은 제자는 "삼베를 버리고 알몸으로 달아난" 것으로(14,51-52), 그리고 마음이 완고하여 예수의 부활을 믿지 않은 제자들로(16,11-13) 또한 묘사되었다. 특히 예수님이 베드로 사도를 "하느님의 일은 생각하지 않고 사람의 일만 생각"한다고, "사탄"이라는 극단의 칭호를 사용하여 책망했다고 기록한 것은(8,33) 현대교회의 신자들로서는 상상도 할 수 없는 파격적인 베드로 비판이라 할 수 있다. 미소한 비판도 지극히 예민하게 받아들이고, 모든 조직된 비판은 전혀 금기시하는 현대 (한국)교회의 풍토와는 놀랄 만큼 차이가 있다. 이제는 권위에 대한 지나친 집착을 버리고 봉사적 권위답게 교회 안에서도 건전한 비판문화를 허용해야 할 것이다.[6]

위의 제안 중 어떤 것은 교회의 근래의 관습에 비추어볼 때 당돌한 제안으로 들릴지도 모른다. 그러나 그것은 오히려 교회의 가장 오래된 전통인 신약의 전통과 교부시대의 전통으로 되돌아가는 것을 의미할 뿐이다. 사도행전에 보면, 유다스의 후임자 선출에 있어서 베드로가 혼자서 결정하거나 사도들만이 그 결정에 참여하지 않고, 온 교회가 그 결정에 참여했으며(1,26), 후에 "부제들"이라고 잘못 알려진 봉사자들의 선출에도 온 공동체가 참여했다고 적혀 있다(6,1-6). 1세기말에 씌어진 클레멘트의 첫째 편지(44)에는 주교 임명에 있어서 "온 교회의 동의"를 전제로 하고 있으며, 또 1세기말 내지 2세기초에 씌어진 것으로 알려진 『열두 사도들의 가르침』*Didache*(15)에는 신자들이 주교들*episkopoi*과 봉사자들*diakonoi*을 직접 선거하는 것으로 되어 있고, 3세기초에 씌어진 히뽈리뚜스의 『사도전승』(2)은 온 회중의 선택과 동의에 의해 주교로 서품되는 절차를 기술하고 있다. 그러나 초대교회에 있어서, 신자들의 교회 결정 과정에의 참여는 이러한 사목자들의 선출 과정에서뿐 아니라, 다른 중요한 문제의 심의·결정 과정에서도 볼 수 있다. 예를 들어, 신약의 교회에 있어서 가장 심각한 문제였던 이방인 신도들의 모세의 율법, 특히 할례의 준수 여부를 결정하는 과정에 예루살렘의 사도들과 원로들뿐 아니라 "모든 회중"(사도 15,22)이 참여했다고 기록되

---

[6] 이 점에서 중세기에 이르기까지 많은 성인들과 신학자들이 교회를 "깨끗한 창녀"(casta meretrix)라고 부르기를 서슴지 않았다는 사실은 참으로 특기할 일이다. Hans Urs von Balthasar, *Explorations in Theology II: Spouse of the Word* (San Francisco: Ignatius Press, 1991; 독일어 원본 *Sponsa Verbi*는 1961년에 Johannes Verlag에 의해 출판되었음), 193-288 참조.

어 있다. 또 최초의 공의회인 니케아 공의회는 로마의 주교가 소집한 것이 아니고 평신도인 콘스탄티노 황제가 소집하고 개회식의 사회를 보았으며, 최근의 제2차 바티칸 공의회에는 주교가 아닌 수도원장들도 투표권을 가지고 참여했다. 바울로 사도가 개척한 공동체(예: 고린토 교회)는 바울로 사도의 지도 아래 평신도에 의해 자치적으로 운영되었고, 지금도 평신도가 교종청의 평신도 위원회 차관에서부터 상주 사제가 없는 본당의 관리까지 맡아 성사 집행을 제외한 모든 일에 있어서 본당신부의 교회법적 모든 권한을 행사하고 있다. 다시 말해, 역사적으로 또는 신학적으로 교회의 공직자들의 선출 과정이나 중요한 시책 결정 과정에 평신도의 참여를 원칙적으로 배제할 아무런 이유가 없으며, 오직 그 방법과 제도의 문제가 남아 있을 뿐이다. 현재의 공직자 선출 과정이나 시책 결정 과정은 역사적 상황의 산물이요, 따라서 상황의 변천에 따라 변경될 수 있는 사안이다.[7] 요한 바오로 2세도 말한 바와같이, 신품을 요구하지 않는 모든 직분이나 역할은 평신도도 맡을 수 있는 것이다.[8]

19세기 이탈리아 철학자 안토니오 로스미니Antonio Rosmini 신부는 1832년에 쓴 『교회의 다섯 가지 상처』라는 책에서 예전에서의 신자들과 성직자들의 분리, 성직자들의 교육 부족, 주교들간의 권력과 재물을 둘러싼 싸움, 세속 정권의 주교 지명권 그리고 교회의 재산 사용에 대한 여러 가지 제한들을 중세 이후 천주교회의 다섯 가지 가장 큰 문제점으로 꼽았다. 특히 로스미니 신부는 성직자들이 자기들만의 이해·법률·관습을 가진 특수 선민계급으로 신자들로

---

[7] Hans Küng, *Reforming the Church Today* (New York: Crossroad, 1990), 75-94 ("On the Way to a New Church Order: A Theological Case for Shared Decision-Making by the Laity")와 Karl Rahner, *Theological Investigations*, XX (New York: Crossroad, 1981), 115-32 ("Structural Change in the Church of the Future") 참조. 교회 내의 여러 가지 직무(ministry, office)의 발달과 변화 과정에 대해서는 Kenan B. Osborne, OFM, *Priesthood: A History of the Ordained Ministry in the Roman Catholic Church* (Mahwah, NJ: Paulist, 1988) and *idem, Ministry: Lay Ministry in the Roman Catholic Church: Its History and Theology* (Mahwah, NJ: Paulist, 1993); Herve-Marie Legrand, "The Presidency of the Eucharist according to the Ancient Tradition", *Worship* 53 (1979), 413- 참조. 주교 선출 방법의 변천 과정에 대해서는 Peter Huizing and Knut Walf (eds.), *Electing Our Own Bishops* (New York: Seabury Press, 1980) 참조.

[8] 요한 바오로 2세, *Christifideles Laici*, 23.

부터 유리되는 것을 크게 걱정했다. 천주교 성직자, 특히 한국 성직자들의 선민의식·귀족의식·계급의식은 어제 오늘의 문제가 아닌, 대단히 지구적인 문제라 할 수 있다. 어떻게 보면 성직자들의 권위주의는 봉건주의 사회나 일반 신자들의 교육수준이 낮은 근대사회 초기에는 불가피한 현상이었는지도 모른다. 그러나 지금 세계는 급변하고 있고 평신도의 의식과 교육수준은 급속도로 높아지고 있다. 과거의 유물인 성직자들의 권위주의를 평신도가 얼마나 더 용납할지 두고 볼 일이다. 성직주의는 필연코 반성직주의를 요청한다. 구라파의 극단적 성직주의는 결국 프랑스 혁명의 반성직주의를 야기하는 참극을 겪었다. 미국교회의 성직주의도 지난 몇 년 동안 성직자 성추문 사건을 통해 겸손을 배우지 않을 수 없었다. 한국의 성직주의는 무슨 참극을 겪어야 달라질까?

다행히 한국에는 성직자들의 권위주의를 걱정하는 자기비판적·예언자적 성직자들도 적지 않다. 저들의 소리가 하나로 합쳐져서 온 교회에 우렁차게 울리는 날이 빨리 오기를 기대해 본다. 언젠가는 명동성당에서 권위주의 추방 전국 사제단의 기도회가 열렸다는 기사를 가톨릭 신문에서 읽을 수 있기를 기다려 본다. 온 교회의 집단적 자기반성을 촉구하는 요한 바오로 2세의 「제삼천년기」의 권고대로 한국 천주교 중앙협의회의 사목연구소는 여섯 가지의 주제를 가지고 한국교회의 자기반성을 위한 대희년 심포지엄을 준비하고 있다. 그 주제란 서양 선박 요청 사건과 교회, 서구의 팽창과 교회의 관계, 한국 전통문화와 교회의 충돌, 한국 전통사회와 교회의 충돌, 민족운동과 교회, 식민지 정권과 교회이다. 이왕 반성하는 김에 성직자들의 권위주의 문제도 하나의 주제로 첨가하면 얼마나 좋을까?[9] 이 글 처음에 인용한 대로 대희년을 맞이하여 한국교회의 쇄신을 위해 가장 시급한 것이 무엇이냐는 질문에 정의구현 사제단의 김승훈 신부는 다음과 같이 대답했다. "나를 포함한 대부분의 성직자들이 앞세우는 권위주의가 하루빨리 사라지기를 바랍니다."[10] 아멘. 아멘. 아멘.

---

[9] 김종수, "대희년과 역사 성찰", 『경향잡지』, 1999년 7월호, 51쪽.
[10] 『경향잡지』, 1999년 7월호, 64쪽.

교회는 세상의 해방과 구원을 위하여 교회중심주의로부터 해방되어야 한다

교회의 사회교리와 신앙인의 과제

천주교의 사회교리social doctrine는 경제·정치 문화 등 사회생활 모든 영역에서 마땅히 준수되어야 할 기본질서와 원리 및 인간의 임무에 관한 교회의 가르침을 말한다. 교종 요한 바오로 2세는 사회교리를 윤리신학의 일부로 보고 있다.

지난 200년 동안 인류는 산업혁명과 정치혁명의 소용돌이 속에서 허다한 인간 문제의 발생을 경험해 왔다. 점증하는 빈부 격차와 부의 편재, 정경유착, 대다수 노동자·농민의 착취와 인권탄압 등은 비록 나라와 지역의 차이는 있을지라도 현대 세계 공통의 현상이라 할 수 있다. 특히 아프리카·남아메리카·아시아에서 10억의 인간들이 공복과 빈곤과 질병에 시달리며 죽어가고 있음은 현대에 있어서 인간 고통의 규모와 절박성이 얼마나 심각한가를 말해주고 있다. 헐벗고 굶주리고 질병에 시달리고, 그래서 살아보기도 전에 죽어야 하는 그들, 최소한도의 인간다운 삶을 위해 투쟁하다 이성을 잃은 공권력에 매맞고 체포되고 고문당하는 노동자와 농민들, 그리고 그들의 고통에 동참하다 함께 감옥에서 죽어가는 인권투사들과 시대의 예언자들, 이 모든 이도 신앙의 입장에서 볼 때 분명히 하느님의 자녀요 그리스도의 형제자매들이다. 이러한 세계적 규모의 고통과 절박한 인권의 위기에 처하여 조금이라도 양심이 살아 있고 참된 신앙을 가졌다면 그리스도의 기쁜 소식 전파자로 자처하는 교회와 신자들이 어떻게 저 거창한 위기와 요구에 응답해야 될 것인가 하는 질문은 필연적이라 하겠다.

신자들의 정치의식

그러나 유감스럽게도 대부분 신자·성직자들의 반응은 냉담과 무관심이라 해도 과언이 아니다. 사회문제에 대한 신자들의 태도는 크게 세 가지로 나눌 수 있다.

　첫째는 정치·경제 문제에 대한 안일무사주의적 무관심이다. 성령 세미나, 치유 예절, 건축 헌금, 성지순례 같은 것에는 적극적이고 열광적이면서도 사회 정의, 세계평화, 인권탄압 같은 정치문제에 관해서는 알려고도 들으려고도 주려고도 하지 않는다. 나만 잘 먹고 나만 자유를 누리고 나만 하느님의 은총을 받으면 그만이라는 태도다.

　둘째는 정치·경제 문제 일반에 걸쳐 적극적인 관심은 가지되 그 관심의 관점이 비신앙적·현실주의적 관점이거나 그 관찰이 피상적·표면적인 경우다. 신앙과 정의의 입장에서 누가 옳고 그른가를 가리기보다 누가 힘이 더 센가를 따지는 데 열을 올리고 기성체제면 무조건 무비판적으로 옹호하려고 한다. 권력이 제일이라는 신앙과는 정반대되는 현실주의적 사고방식이다. 또 한편으로는 정치 현상을 관찰함에 있어서 신문보도를 그대로 맹신하고, 보도 이면의 진실이나 사건의 궁극 원인을 따지지 않고 표면만을 관찰하는 데 만족한다. 과거에 그처럼 속아왔음에도 불구하고 집권층의 입장만을 대변하는 제도언론에 대해 조금도 비판적 태도를 취하지 않을 뿐 아니라 시위, 파업, 휴교 같은 사건이 보도되면 사건의 원인이 되는 사회의 부조리, 정치권력의 횡포, 부의 편중은 탓하지 않고 오히려 그 희생자인 학생이나 노동자들을 탓함으로써 집권층의 이익만을 옹호하려고 한다.

　셋째는 정치·경제 문제에 관한 한 숙명론적인 태도를 취하는 것이다. 정의·평화 문제에 관해 나 혼자 관심을 가져보았자 별수 있나? 모든 일이 권력과 재력을 가지고 있는 지배층에 의해 결정되는 것이 아닌가? 하는 소극적·개인주의적 숙명론이다. 개인의 무기력을 빙자하여 정의를 위한 어떠한 단체적 노력에도 참여하기를 거부하고 결과적으로는 모든 것을 권력의 횡포와 자의에 맡겨버리는 것이다.

신앙과 사회생활의 괴리

　이러한 신자들의 태도에는 물론 여러 가지 복잡한 원인이 있을 것이다. 그리고 그 중에서 가장 중요한 원인 하나를 말하라면 신앙과 사회생활을 분리시키는 안일하고 그릇된 신앙관을 들 수 있다. 이러한 신앙과 사회생활의 괴리는 오랫동안에 걸친 과거의 교회 가르침에도 큰 책임이 있음을 부인할 수 없을 것이다. 서구의 교회는 그리스 철학의 영향 밑에 이원론적 또는 이분법적 사고방식을 가르쳐 왔다. 하느님과 인간, 영혼과 육신, 개인과 사회, 정신적인 것과 물질적인 것, 저 세상과 이 세상, 다시 말해 성聖과 속俗을 엄격히 분리시켰고, 모든 좋은 것은 전자에, 모든 나쁜 것은 후자에 있는 듯이 생각해 왔다. 따라서 물질과 관계되는 경제생활이나 사회적 인간관계를 규제하는 정치생활은 가치가 없는 것으로, 오직 하느님과 나의 영혼의 관계에만 구원이 있는 것으로 여기게 되었다. 이러한 이원론적 사고방식은 교회의 예언자적 비판기능을 위축시켰고, 따라서 실제로는 기성체제의 유지와 옹호에 협력하는 이데올로기로 이용되어 왔다는 사실은 교회 내외에서 많은 이들이 지적해 온 바와 같다.

그러나 적어도 19세기 말엽부터 교회는 절박한 사회문제에 눈을 돌리지 않을 수 없는 객관적 상황에서 점진적으로 그리고 강력하게 사회적 불의와 인간적 고통에 항거하는 예언자적 기능을 행사하려고 노력해 왔다. 그 결과 레오 13세의 「노동의 조건」(1891), 비오 11세의 「사회재건의 원리」(1931), 요한 23세의 「지상의 평화」(1963), 바오로 6세의 「민족들의 발전」(1967), 요한 바오로 2세의 「노동하는 인간」(1981)과 「교회의 사회적 관심」(1987) 등 교종들의 사회회칙, 제2차 바티칸 공의회의 「사목 헌장」(1964), 그리고 「세상의 정의」 같은 세계 주교 대의원회의 성명(1971) 등을 통해 교회는 복음적·신학적 입장에서 사회질서의 기본원리와 신자들의 사회참여를 부르짖어 왔다. 그리고 사회교리도 신학의 한 부분으로 정립되고 성숙되어 가고 있다.

사회교리의 역사성

교회의 사회교리는 신앙의 원리와 역사적 상황의 상호작용의 소산이라 할 수 있다. 신앙의 관점에서 절박한 시대적 상황을 조명하고 시대적 상황이 가져다주는 압력과 관점을 통해 신앙의 내용을 재조명하는 변증법적 관계의 결과다. 따라서 모든 신학이 그렇지만 특히 교회의 사회교리는 변화하는 역사적 상황과 더욱 밀접한 연관성이 있고 적어도 그 적용면에서 변화하는 상황과 함께 변화하게 마련이다. 바티칸 공의회 이후 많은 신학자들이 인정하듯이 교의敎義에도 "발전"(development of dogma)이 있다면 사회교리는 더욱더 그러하다 하겠다.

그 구체적인 예로 레오 13세는 노동자들의 파업권을 인정하지 않은 반면에 요한 23세 이후의 모든 교종들은 최후의 방편으로 공동선을 침해하지 않는 한도 내에서의 노동자들의 파업권을 인정해 왔고 특히 요한 바오로 2세는 뒤늦게나마 착취에 대한 19세기 노동자들의 저항은 정당한 것이었다고 말하고 있다. 또 레오 13세는 각자가 자기 생활과 신분에 필요한 모든 것을 쓰고 남은 재산에서 남을 도와주라고 했지만, 요한 23세 이후의 교종들은 각자 생활에 필요한 것까지도 빈곤한 이웃과 나눌 의무가 있음을 강조해 왔다. 레오 13세는 사유재산권의 옹호에 중점을 두었는 데 반하여, 그후의 교종들은 점진적으로 또 강력하게 사유재산권의 사회적 책임과 공동선의 요구에 따라 사유재산권을 제한할 수 있는 국가의 권리를 강조하고 있다.

그리고 사회주의에 대한 교회의 태도도 시대적 상황의 변화와 사회주의 운동 자체 내의 분열과 변화에 따라 많이 바뀌었다. 레오 13세와 비오 11세가 사회주의를 무조건 거부했음에 비해 최근의 교종들은 이념적 요소가 제거된 실용적 정치운동으로서의 사회주의에 대해 신중하게 개방된 자세를 취하고 있다.

다음에는 각 교종들의 사회회칙에 대한 개별적 고찰을 떠나서 현대 사회교리의 가장 중요한 공통점을 고찰해 보기로 한다. 모든 회칙은 시대의 문제적 상황에 대한 분석과 원인 규명, 그 해결책으로서의 그리스도적 사회윤리에 대한 가르침, 이 사회윤리의 실천을 위한 접근방법의 제시 그리고 이 사회참여의 신학적 의미 해설 등 네 부분으로 구성되어 있다.

자유방임적 자본주의의 비판

첫째로, 교종들의 상황 분석에 의하면 문제의 핵심은 자유방임적 자본주의의 횡포에 있다. 극렬한 자유경쟁 속에서 개인의 이윤추구를 절대화하고 윤리적 의무를 무시하며 그로 말미암아 노동자들의 기본 인권을 억압하게 되고, 사회의 부는 일부 소수의 기업에 독점되어 국민 대다수는 절대적 혹은 상대적 빈곤에 빠지게 된다. 소수 특혜층은 자기네들의 기득권과 지위를 보호하고 확대하기 위해 정권과 긴밀하게 유착하게 되고 이러한 부의 편재와 정경유착은 부자와 빈자의 두 계급을 낳고 두 계급간의 충돌을 야기한다. 특히 근래에 와서 이러한 사회의 양분화는 다국적기업과 이들을 정치적·군사적으로 지원하는 열강들의 신식민주의·신제국주의의 영향 아래 전세계로 확산되어 지구촌은 잘사는 이북과 못사는 이남으로 갈라지게 되었다. 동서 양대 진영의 정치적·이념적·군사적 대립은 제3세계에까지 확대되어 못사는 작은 나라들도 초강국들의 경쟁속에 말려들어 그들을 위한 대리전쟁을 싸우게 되고, 과장된 안보 이념과 지나친 군비경쟁은 한편으로는 인권 억압, 다른 한편으로는 빈곤퇴치에 필요한 재화의 엄청난 낭비를 유발하게 된다.

이러한 현대세계의 부조리는 아무의 책임도 없이 그저 저절로 일어나는 자연적 현상이 아니요, 인간이 책임을 져야 하는 죄의 결과요 소산이다. 그것은 특히 이윤에 대한 탐욕과 권력에 대한 갈증을 절대화하고 사람됨being보다는 물질의 소유having를 더 중시하는 저열한 유물론적 사고방식·경제지상주의·소비주의에 기인하며, 이것이 행동화함으로써 "악의 구조"를 낳고 악의 구조는 눈덩이처럼 점점 커져 다른 죄악을 낳고 개인만의 행동이나 능력으로는 당할 수 없는 위력을 행사하게 되며, 그 결과 개인뿐 아니라 국가나 온 지역까지도 악의 구조의 희생자가 된다. 이러한 악의 구조로서 요한 바오로 2세는 현대 초강국들의 경제적·정치적·군사적 "제국주의"를 들고 있다. 모든 형태의 제국주의는 궁극적으로 재물, 이념, 계급 그리고 기술을 절대시하는 현대판 우상숭배의 산물임을 강조하고 있다.

교종들은 자본주의에 대한 비판과 아울러 동시에 폭력혁명과 계급투쟁을 역사적 필연으로 절대화하고, 사유재산을 근본적으로 부정하는 집단주의적 사회주의도 배격해 왔다. 그러나 이러한 집단주의도 시대의 변천에 따라 폭력혁명과 사유재산의 전면 부정을 특색으로 하는 동구권의 공산주의와 사유재산의 부분적 긍정과 의회주의를 특색으로 하는 서구권의 사회주의로 분열됨에 따라 교회의 사회주의에 대한 태도도 변화해 왔다. 요한 23세는 철학이론으로서의 사회주의와 정치운동으로서의 사회주의를, 바오로 6세는 인간적 삶의 이상으로서의 사회주의, 정치운동으로서의 사회주의 그리고 하나의 세계관적 이념으로서의 사회주의를 구분하고, 이념적 사회주의는 배격하되 삶의 이상(예: 평등주의)이나 실천적·정치적 정치운동으로서의 사회주의에 대해서는 조심스러운 협력의 가능성을 시사했다.

그리스도교적 사회윤리

둘째로, 그리스도교적 사회관의 골자는 인간의 초월적 품위, 그 품위에서 유래하는 기본 인권, 기본권의 총체로서의 공동선 그리고 공동선 내에서의 사유재산권의 목적과 사용에 관한 가르침으로 요약될 수 있다. 모든 인간은 지성과 자유의지를 지닌 인격체요 영과 육의 단일체일 뿐 아니라, 무엇보다도 하느님 아버지에 의해 그 아드님의 모상대로 창조되고 성령을 통해 하느님 아버지의 영원한 사랑에 참여하도록 불렸으며, 모든 인류는 하나의 공동체로서 하느님의 사랑 속에 서로서로의 일치를 이룩하도록 창조되었다.

모든 것을 초월하는 삼위일체이신 하느님과의 이러한 관계로 말미암아 인간의 삶은 물건이나 객체로 취급될 수 없는 숭고한 품위를 지니게 된다. 이 점에서 인간은 누구나 기본적으로 평등하다.

그리스도교적 인간관은 사회적 신분·종족·성별·직업·연령·권력·재력 또는 상품적 가치로서 인간을 판단하지 않고, 하느님과의 관계에서 인간을 평가하는 초월적 휴머니즘이요, 인간의 물질적인 면과 정신적인 면을 분리하지 않고 인간을 하나의 전체로서 보는 포괄적 또는 전체론적 휴머니즘이며, 또 모든 역사적·성적·종교적·경제적·종족적 장벽을 넘어서 온 인류의 존엄과 평등을 강조하는 보편적 휴머니즘이라 하겠다.

모든 인격체의 이러한 신학적 고귀성으로 말미암아 인간은 누구도 자의로 빼앗아갈 수 없는 인간으로서의 기본적 권리를 소유하며 권리는 사회적으로 인정되고 보호되어야 한다. 가톨릭의 사회교리에서 강조하는 기본권은 소위 자유민주주의에서 인정하는 신체의 자유, 사고와 표현의 자유, 양심의 자유, 집회와 결사의 자유, 거주 이전의 자유, 참정권, 공정한 재판의 보호를 받을 수 있는 권리, 사유재산권 등의 시민적·정치적 권리뿐 아니라 자유민주주의가 항상 반대해 왔던 경제적 권리, 즉 삶에 필요한 의·식·주, 휴식, 의료, 기본 교육, 노동 불능시의 생계 보장, 필요한 사회봉사, 인간 품위에 합당한 적정 임금과 노동조건 등에 대한 권리도 포함되며, 사유재산권에는 본질적으로 사회적 의무가 내재함을 강조하고 있다. 이러한 기본권을 포함하여 인격적 품위에 맞게 살아가는 데 필요한 사회적 조건의 총체를 공동선이라고 부르며, 이 공동선의 추구가 바로 모든 사회·정치 조직의 존재 이유이며 목적이다. 비오 12세의 말대로 모든 사회구조의 원천이며 주체요 목적은 다름아닌 인간이기 때문이다. 따라서 국민의 기본 인권을 유린하고 사회정의를 위배하는 정부는 그만큼 정통성을 상실하고 국민에게 명령할 수 있는 윤리적 권위를 잃게 되는 것이다. 성 아우구스티누스는 불의한 정부는 정부가 아니요 강도의 집단에 불과하다고 말했고, 바오로 6세와 신앙교리성의 라찡거 추기경도 인간의 기본권과 공동선을 심하게 유린하는 명확하고 지속적인 폭정에 대해서는 최후의 수단으로서 무장혁명의 정당성도 인정했다.

공동선 개념은 가톨릭 사회교리에 있어서 가장 핵심적이기 때문에 특히 경제 분야와 이 분야에 있어서의 정부의 역할과 관련하여 간단히라도 고찰할 필요가 있다. 바로 이 점에 있어서 교회의 가르침은 자유방임적 자본주의와 전체주의의 공산주의의 입장과 크게 대조되기 때문이다.

역사적으로 볼 때 자유방임적 자본주의는 항상 개인의 사유재산권을 절대시했고, 사유재산권의 행사에 있어서 어떠한 윤리적 제한이나 정부의 간섭도 배격했으며, 초윤리적 행동의 영역으로서 소위 "자유시장"을 신성시해 왔다. 이러한 사고방식의 이면에는 개인을 완전히 자기로서 충분한 존재로서 간주하는 형이상학적 개인주의와 실업, 경기침체, 공황 등 자유시장의 상승기복을 숙명론적 현상으로 생각하는 비윤리적 집단주의가 도사리고 있다. 그 반면에 전체주의적 공산주의는 개인이나 사기업의 자발성을 전혀 무시하고 모든 것을 정권을 쥐고 있는 소수의 지도자들이 결정하는 "전체"의 요구에 종속시키고 국유화하려고 한다. 그 이면에는 개인의 존엄성이나 주체성을 부인하는 형이상학적 전체주의가 작용하고 있다고 하겠다.

이와 대조적으로 현대교회는 인간의 개인성과 사회성을 함께 인정하면서 인격의 존엄성, 공동선의 개념 그리고 "보조의 원리"principle of subsidiarity를 통해 개인주의적 자본주의와 전체주의적 공산주의를 모두 배격해 왔다. 인간은 날 때부터 사회적인 존재요, 상호의존 속에서 삶의 의미를 실현하게 마련이다. 이 세상의 모든 재화는 하느님께서 온 인류를 위해 창조한 것이고, 어느 특정한 개인·단체 또는 국가의 독점물이 될 수 없다. 그뿐 아니라 사회의 부는 모든 노동자들의 상호의존적 공동노력의 산물이요, 어느 특정한 개인이나 기업만의 노력으로 성취된 것이 아니다. 따라서 모든 사유재산권의 행사는 사회의 공동선을 촉진하거나 적어도 그것을 저해하지 않을 사회적 의무를 필연적으로 내포하고 있다. 따라서 사유재산권은 무조건적이거나 절대적이 아님을 현대교회는 강조하고 있고, 공동선이 요구할 경우에 정부는 사유재산권을 제한할 수도, 기업을 국유화할 수도, 또 사회의 균형있는 개발을 위해 계획경제를 채택할 수도 있다. 그 반면에 인간은 누구나 인격적·주체적 존재이기 때문에 경제정책을 시행함에 있어서 개인의 주체성이나 자발성을 무시하고 개인 스스로 할 수 있는 사항까지 정부의 중앙집권적 권력에 종속시킨다면 이는 "보조의 원리"에 어긋나는 것이다. 보조의 원리에 의하면 정부의 역할은 개인의 역할을 빼앗아가는 것이 아니고 개인이나 사기업이나 사회의 여러 중개적 단체들이 스스로 할 수 있는 일을 더욱 쉽게 할 수 있도록 "보조"하면서 동시에 국가만이 할 수 있는 일은 국가가 맡아야 할 의무와 책임을 지는 것이다.

따라서 가톨릭의 국가관은 자유방임적 자본주의도 아니요, 전체주의적 공산주의도 아니다. 체계가 항상 변화하고 다양한 체제가 공존하는 역사 속에서 교회는 어느 특정한 체제도 절대시하지 않고 오직 윤리적 입장에서 비판하고 평가한다. 그렇다고 모든 체제가 윤리적으로 동등하다는 것은 아니다. 오히려 현대교회의 사회윤리를 종합적으로 볼 때 교회의 정치이상은 사회민주주의 또는 민주적 사회주의에 가깝다고 말할 수 있을 것이다. 인간의 시민적·정치적 기본권을 중시하는 점에서 민주주의에 가깝고, 인간의 경제적 기본권과 이 기본권의 실현을 위한 정부의 역할을 강조하는 점에서 사회주의에 가깝다. 이것은 정부의 구조와 역할에 국한되는 관찰이며 민주주의나 사회주의의 이면에 있는 광범위한 의미에서의 인생관이나 세계관까지 그리스도교적 입장과 흡사하다는 얘기는 아니다.

사회개혁의 접근방법

셋째로, 교회가 제시하는 사회개혁의 접근방법을 특히 요한 바오로 2세의 회칙, 「교회의 사회적 관심」(1987)에 의거하여 고찰해 보기로 하자.

사회개혁의 접근방법은 크게 의식(태도)의 개혁과 제도(구조)의 개혁으로 나눌 수 있다.

태도의 개혁이란 사회악의 근본이 되는 재물욕과 권력욕 등 이기주의적 관점을 초월하여 인간은 누구나 먼 곳에 있는 인간과도 경제적·정치적·문화적 그리고 종교적인 면에서까지 상호의존하는 존재임을 깊이 인식하고, 멀리 떨어진 국가에서 자행되는 억압과 빈곤에 대해서도 개인적으로 책임감을 느낄 수 있는 온 인류와의 연대의식을 기르는 것이다. 행동과 태도의 회개를 요구하는 이러한 연대성의 의식을 요한 바오로 2세는 "연대의 덕"이란 말로 표현하고 있다.

전통적으로 덕을 논할 때 동서양을 불문하고 주로 개인생활의 한계 내에서 개인적 인격의 함양과 도야를 중시했음에 반하여, 연대의 덕은 우리의 의식 범위를 개인생활을 넘어서 온 인류에게까지 확대하고, 모든 인간을 나의 이웃이며 생의 성찬에 나와 똑같이 평등하게 참여하기로 부름받은 존재로 보고, 인류 전체의 공동선에 대해 책임을 느끼는 전인류적 공동운명체 의식으로서, 모든 면에 있어서 지구촌의 상호의존성을 뼈저리게 경험하는 현대의 가장 절박하게 요청되는 사회적 덕행이라 할 수 있다.

따라서 연대의 덕은 그리스도교적 사랑의 사회적 표현이라고 할 수 있다. 진정한 연대의식은 스스로를 초월하여 다른 이들에게 대가 없이 봉사하고 그들을 용서하고 그들과 화해하며 그들을 하느님 아버지의 살아 있는 모상이요, 성자 예수 그리스도의 피로써 구원되고 성령의 교제 속에 성화되고 있는 이웃으로 여기게 된다. 모든 인류는 같은 하느님 아버지의 피조물이요 그리스도 안에서 모두가 형제임을 알게 되며, 이것은 곧 삼위일체이신 하느님의 내적 일치를 반영하고 거기에 참여하는 것이다. 교회는 바로 이 일치의 성사요 도구로서 그 사명을 위임받고 있다. 현대에 있어서 이러한 사랑과 연대의 덕은 구체적으로 "가난한 이들에 대한 우선적 사랑"을 요구한다. 몇 나라의 상류계급이나 중산층을 제외하고 대부분의 인류가 기아, 질병, 빈곤 그리고 절망 속에서 허덕이고 있는 현대에 있어서 진정한 사랑과 공동운명체 의식은 가장 버림받은 그들의 처지에 대해 "특별한" 그리고 "우선적인" 배려를 내포하기 때문이다.

현대의 빈곤과 억압의 문제는 참으로 거창한 문제요, 어느 한 개인의 능력으로 해결할 수 없는 전세계적인 도전이다. 그러기에 많은 이들이 이에 대해 절망하고 비관할 뿐 아니라 무관심에 빠지게 된다. 그러나 요한 바오로 2세는 바로 같은 이유로 오직 많은 이들의 연대적 행동을 통해서만 문제의 해결이 가능함을 강조하면서, 우리는 개인주의적 이기심을 통해서뿐 아니라 두려움·우유부단 그리고 행동의 결핍을 통해서도 죄를 지을 수 있음을 경고하고 있다.

우리는 너나 할 것 없이 모두가 시국의 절박성을 절감하고 연대의식과 연대적 행동을 통해 현대의 도전에 응답하기로 불림을 받고 있다. 우리는 우리의 재화를 사용함에 있어서, 시민으로서의 활동에 있어서, 사회의 정치적·경제적 결정에 참여함에 있어서 그리고 국가적 또는 국제적 사업에 기여함에 있어서, 항상 가난한 이들에 대한 우선적 사랑을 기준으로 판단하고 행동해야 한다.

연대의식과 연대적 행동은 또한 제도와 구조의 개혁을 목표로 하지 않으면 안된다. 진정한 연대의식은 의식만의 개혁에 그치지 않고 탐욕과 지배욕이라고 하는 죄의 결과요 인류의 일치와 연대성을 저해하는 모든 "악의 구조"를 개혁하는 연대적 행동으로 구체화되어야 한다. 회개의 필요성은 개인생활에만 해당되는 것이 아니고 개인의 회개를 어렵게 만들고 무엇보다도 하느님께서 주신 인간의 존엄성을 억압하는 악의 구조와 "제도화된 폭력"에도 해당된다.

강한 자와 부요한 자는 약하고 가난한 이들과 나누어가져야 되고, 중산층은 자기네들만의 특수한 권익만을 주장해서는 안되며, 가난한 이들은 수동적 자세를 버리고 공동선을 파괴하지 않는 한도 내에서 서로 단결하고 서로 도우며 억압적 정권에 대항하여 평화적 방법으로 그들의 정당한 요구와 권리를 공적으로 시위할 수 있으며, 교회는 이 점에 있어서 그들의 요구의 정당성을 식별하고 저들 편에 서서 그들의 요구를 만족시키는 데 도와주어야 할 의무를 가지고 있다.

특히 국제문제에 있어서 부유한 국가들의 의무는 참으로 중대하다 할 것이다. 그들은 하느님께서 창조한 모든 재물이 어느 특정한 국가의 독점물이 아니요, 모든 인류의 인간다운 삶을 위해 주어졌음을 명심하고 가난한 나라의 이익과 발전에도 책임이 있음을 느껴야 하며, 모든 민족들의 평등성과 다양성에 기초를 둔 국제적 질서를 수립하는 데 앞장서야 될 것이다. 진영간의 대립이나 정치적·경제적·군사적 등 모든 형태의 제국주의를 지양하고 상호불신을 떠나 서로 협조하는 자세, 즉 연대성의 정치적·국제적 구체화만이 곧 평화의 길임을 알아야 한다.

좀더 구체적으로 요한 바오로 2세는 제3세계의 저렴한 원료와 노동의 착취를 조장하는 국제 무역구조의 시정, 환율과 이자율의 극심한 변동 그리고 무역 적자의 거창한 부채의 원인이 되는 국제 금융구조의 개혁, 발전도상 국가들에게 불리한 과학기술 이전 구조의 개혁 그리고 새로운 국제질서에 필요한 국제기구의 개편 등을 요구하고 있다. 또 발전도상국들은 주체적으로 자립의 길을 모색해야 하며 부패하고 권위주의적인 정치구조는 민주적이고 참여적인 방향으로 개혁해야 하고 또 상호간의 단결과 지역적 협조체제를 갖춤으로써 부유한 국가들에 대한 의존을 피하도록 노력해야 한다.

사회참여의 신학적 의미

마지막으로 정의와 평화를 위한 사회참여의 신학적 의미를 고찰해 보자. 그리스도교 신앙에 의하면 하느님은 성부·성자·성령의 상호 사랑 속에서 완전한 나눔과 일치를 이루는 사랑의 공동체이며, 모든 인류는 상호일치 속에서 삼위일체이신 하느님의 사랑에 참여하도록 부름받고 태어난다. 그러나 물질에 대한 탐욕과 이웃에 대한 지배욕 등 온갖 죄악으로 말미암아 인류는 서로 착취하고 분열되고 따라서 하느님과 다른 인간들로부터 소외되어 왔다. 이러한 죄악은 마음속에만 남아 있지 않고 행동을 통해 사회적으로 구체화되고 악의 구조, 악의 제도를 형성하여 그로 말미암아 많은 이웃들이 억압·착취·빈곤·질병 속에서 인간 이하의 생활을 강요당하고 있다. 그렇기 때문에 그리스도교 신자들이 주님이요 구세주로 믿는 나자렛의 예수는 "가난한 이들에게 복음을 전하고 사로잡힌 이들에게 해방을, 눈먼 이들에게 눈뜰 것을 선포하며 억눌린 이들을 풀어보내고 주님의 은혜로운 해를 선포"(루가 4,18-19)하는 것을 자신의 소명으로 삼았고, 많은 비유·설교 그리고 행동을 통하여, 한편으로는 사회에서 가장 버림받은 이들의 고통에 동참하고 다른 한편으로는 권력과 재력을 독점하고 있던 당대의 지배계층에 대해 예언자적 비판과 회개의 요구를 서슴지 않았다.

그 결과로 예수는 정치범, 국가 보안사범으로 구속되고 십자가형이라는 가장 치욕적인 형벌을 통해 일생을 마쳤다. 바로 이러한 생애를 통해 예수는 사랑과 정의와 평화의 나라인 하느님 왕국의 도래를 선포했고, 그 생애는 부활의 승리를 통해 하느님 아버지로부터 인정받고 확인된 것이다. 또 예수의 모친 마리아는 구세주의 어머니로 선택된 데 감사드리면서 "권세 부리는 자들은 권좌에서 내치시고 비천한 이들은 들어올리셨으며 굶주린 이들은 좋은 것으로 채워주시고 부요한 자들은 빈손으로 떠나보내신"(루가 1,52-53) 정의의 하느님을 찬미했다.

따라서 권력과 재력에 의한 인간의 상호착취가 사라지고 모든 인간이 하느님의 모상답게 품위있게 생활할 수 있는 사회구조의 건설을 목표로 하는 정의·평화 운동은 곧 하느님의 왕국을 "반영"하고 "예기"하며 또 "준비"하는 행동으로서, 곧 하느님의 창조와 구원사업에 참여하는 것이며 주 예수 그리스도를 따르는 것이다. 그러기에 1971년의 세계 주교 대의원회는 "정의를 위한 행동과 세계변혁에의 참여는 복음전파, 즉 모든 인류를 구원하고 모든 억압적 상황에서 인류를 해방시키고자 하는 교회 사명의 구성적 차원"이라고 설명했고, 요한 바오로 2세도 교회의 사회교리는 복음전파와 예언자적 기능의 한 부분이라고 역설하고 있다.

모든 인류의 상호간의 일치와 하느님과의 일치의 성사요 도구로 자처하는 교회가 인간의 존엄과 상호일치를 저해하는 모든 사회적 불의에 적극적으로 관심을 가지고 참여한다는 것은, 오직 그 본질적 사명에 충실하는 것에 지나지 않는다.

이 점에서 현대의 모든 교종은 이구동성으로 평신도가 신앙과 행동을 통해 하느님의 사랑과 정의를 증거하고 실천함으로써 하느님 왕국의 도래를 준비하고 현세의 질서를 복음적 가치로서 쇄신해야 한다고 가르치고 있다. 가난한 이들에게 기쁜 소식을 전하러 오신 예수를 따르는 그리스도교 신자들은 사회참여에 있어서 남의 모범이 되고 안내자가 되어야 할 특별한 사명을 지니고 있다.

그러나 유감스럽게도 신자들 사이에는 아직도 신앙생활과 정의·평화를 위한 사회참여를 엄격히 분리시켜 신앙생활을 오직 개인생활에 국한시키고 사회악의 범람이나 악의 구조 밑에 신음하는 많은 형제 자매들의 고통에는 무관심한 것이 지배적 경향이며, 이 점에 있어서 많은 사목자들의 태도도 별로 다른 점이 없다 하겠다. 그러나 이와 같은 이분법적 사고방식이 교종들이나 공의회의 가르침에 위배됨은 의심의 여지가 없이 분명하다. 이미 1937년의 「무신론적 공산주의」에 관한 회칙에서 비오 11세는 신자들의 사회적 의무를 강조하면서 "그들의 종교적 의무를 이행하는 데는 대단히 철저한 것같이 보이는 신자들이 노동, 산업, 전문생활, 상업 또는 공공적 의무에 관한 한 다른 양심을 가지고 정의와 그리스도교적 사랑의 원리에 위배되는 행동을 일삼고 있는 이율배반을 신자들의 생활에서 추방할 것"을 호소했고, 바로 이러한 행동이 반교회자들에게 교회 공격의 구실을 주고 있음을 개탄했다(76).

그뿐 아니라 1964년의 「사목 헌장」은 신자들의 이분법적 행동과 사고를 비판하면서 다음과 같이 선언했다.

우리가 현세에 영원한 거처가 없고 미래의 도읍을 기다린다는 이유로 현세적 책임을 피해도 된다고 생각하는 것은 잘못이다. 그것은 신앙 자체가 우리로 하여금 각자 고유의 소명에 따라 이 책임을 이행할 의무를 부과하고 있다는 사실을 망각하는 것이다. 또 종교는 예배행위와 몇 가지 윤리적 의무만을 수행하는 것으로 충분하다고 생각하고 세속사에서는 그것이 마치 종교생활과 전혀 유리된 것처럼 아무렇게나 행동해도 좋다고 생각하는 것도 똑같이 틀린 생각이다. 우리가 고백하는 신앙과 우리의 일상생활과의 이러한 괴리는 우리 시대의 보다 심각한 오류의 하나로 보지 않을 수 없다. 오래 전에 구약의 예언자들은 이러한 악한 표양을 통렬히 공박했고 더욱이 신약에서 예수 그리스도 자신은 그것에 대해 큰 징벌이 따를 것이라고 경고했다. 따라서 우리의 전문적·사회적 활동과 종교생활을 그릇되게 대립시켜서는 안된다. 자기의 현세적 의무를 소홀히하는 그리스도교 신자들은 곧 자기의 이웃과 심지어는 하느님에 대한 의무를 소홀히하는 것이고 그것은 자기들의 영원한 구원을 위태롭게 하는 것이다(43).

또 1984년의 해방신학에 관한 훈령은 다음과 같이 온 교회에 호소하고 있다.

자비의 복음과 인류에 대한 사랑의 인도하에 교회는 정의를 요구하는 울부짖음에 귀를 기울이며 그 외침에 모든 힘을 다해 응답하려고 한다. 따라서 온 교회에 크게 호소하노니, 과감하고 용기있게, 원시안적 시각을 가지고 신중하게, 열성과 강한 정신으로 그리고 가난한 이들에 대한 희생적 사랑으로 사목자들은 이미 많은 사목자들이 하듯이 이 호소에 대한 응답을 최우선적 안건으로 보아야 할 것이다(xi. 1. 2).

교회와 신자들의 양심성찰

이상에서 편자는 현재 가톨릭 사회교리의 배경, 내용 그리고 그 요구하는 바를 간단하게나마 고찰했다. 이하에서는 사회교리의 이론적 문제점은 차치하고 실천적인 면에서 몇 가지 문제점을 지적하고자 한다.

첫째로, 교회는 교회 자신의 사회교리를 어느 정도 실천했는가 하는 자기비판과 자기반성의 필요성이다. 가난하고 억압받는 민중들이 평화적 시위를 통해 그들의 정당한 요구를 주장할 때, 교회는 요한 바오로 2세의 말대로 "그들의 편에 서서" 그들 요구의 정당성을 옹호하는가? 그렇지 않으면 침묵을 지키거나 오히려 한 걸음 더 나아가서 정의·평화 운동에 관여하는 행동가들을 비방하지는 않는가? 또 요한 바오로 2세는 「교회의 사회적 관심」에서 "사람들의 빈곤을 무시하고 하느님 예배행위를 위해 필요 이상의 교회 장식품이나 값비싼 기물을 사서는 안된다. 오히려 그것을 팔아서 없는 이들에게 음식, 음료, 의복 그리고 주거를 제공하는 것이 의무일 경우도 있다"(31)고 지적했다. 현대의 많은 교회들이 과연 이 의무를 실천하고 있는가? 그렇지 않으면 오히려 필요 이상의 교회 건축이나 치장에 몰두하는 것은 아닌가?

둘째로, 교회의 최고 교도권이 가르쳐온 사회교리가 과연 교회 내에서 어느 정도 홍보되고 있는지 묻지 않을 수 없다. 이 점은 참으로 아이러니컬한 현상이다. 가톨릭 교회처럼 위계주의적인 교회도 없고 교종과 공의회의 교도권처럼 절대적인 것도 없다. 교종이 어느 곳을 방문한다 하면 몇 십만, 몇 백만의 신자들이 모여든다. 그 반면에 사회정의에 관한 한 교종들의 가르침은 대부분의 신자들에게 있어서 알려지지도 않고 아무 영향력도 없다고 보아도 그리 지나친 관찰은 아닐 것이다. 그렇다면 이에 대한 책임은 누가 져야 될 것인가? 일반 신자들이 일년에 몇 번이나 사회교리에 대한 강론을 듣는가? 적어도 몇 번이라도 적절한 축일(예를 들어 1월 1일, 세계평화의 날 겸 천주의 성모 마리아 대축일 등)에 사회교리에 대한 강론을 통해 현대의 가장 절실한 빈곤과 억압의 문제에 대해 교회의 입장을 홍보하는 것이 사목자들의 의무가 아닐까? 그렇지 않으면 교도권의 심각한 직무유기가 아니고 무엇일까?

셋째로, 한국 신자들의 대부분은 이미 중산층에 속한다고 볼 수 있다. 가장 절실한 의식주 문제는 해결된 것이다. 그렇다면 이제는 "나"나 "나의 가족"의 이익을 떠나서 참으로 신자답게 이웃의 고통, 빈곤, 억압 등 사회정의의 문제에도 관심을 돌릴 때도 되지 않았는가? 직접 정의평화 운동에 참여하지는 못하더라도 적어도 성지순례, 미사 예물, 교회 건축, 각종 축하연에 소비하는 만큼 고통받는 이웃과 그들의 권익을 위해 투쟁하는 많은 기관과 예언자들에게도 헌금함으로써 그들의 고통에 동참해야 할 때가 오지 않았는가? 그러나 유감스럽게도 교회 내에는 중산층의 소시민적 안일주의와 이기주의적 기복신앙 현상이 지배적임을 부인할 수 없을 것이다. 그 많은 성령 세미나, 꾸르실료, 치유 예절 등에서 얼마만큼이나 사회적 영성을 강조하는가? 혹은 개인의 이익이나 구원에만 치중하는 것은 아닌가? 혹시 종교의 이름으로 이기주의를 조장하는 것은 아닌가? 혹시 십자가 없는 그리스도를 설교하는 것은 아닌가?

바오로 6세는 1967년의 「민족들의 발전」에서 현재의 빈부의 격차가 시정되지 않는 한 "하느님의 심판과 가난한 이들의 분노를 불러내리고 그 결과는 아무도 예측할 수 없을 것"(49)이라고 경고한 바 있다. 가난하고 억압받는 이들의 더 참을 수 없는 분노가 폭발되어 때로는 폭력적 사태와 혁명적 상황으로 발전될 때 이것은 곧 잘사는 이들의 죄악과 무관심에 대한 하느님의 심판이요 징벌이라는 뜻이 암시되어 있다. 신자라면, 특히 권력층의 신자들은 마땅히 느끼는 바가 있어야 할 것이다.

⑬

한국 천주교회와 지역감정

꿈속에 그려본 교회

사순절 첫 주일을 맞이하여 대구 계산동 대주교좌 성당에서는 큰 행사가 벌어졌다. 지역감정에 대한 회개와 지역간의 화해를 위한 미사였다. 전국의 모든 교구장들과 많은 평신도, 수녀 그리고 사제 들이 모였다. 복음 낭독이 끝나고 강론시간이 되자 대구, 부산, 마산, 안동의 교구장들이 함께 강론대에 나와 성명서를 낭독했다. "우리는 영남 지역의 교구장들로서"로 시작되는 이 성명서는 영남 지역, 특히 대구가 박정희 정권으로부터 유래하는 지역주의의 온상이었음을 인정하고 정권과 지역의 유착에서 오는 모든 특혜, 타지역 특히 호남 지역에 대한 차별과 억압, 그리고 나아가서 민족 분열을 조장하거나 적어도 방관했던 지난 30여 년간의 모든 죄악에 대해 하느님과 민족 앞에 회개하며 용서를 빈다고 엄숙하게 선언했다. 계속하여 앞으로는 지역감정을 조장하는 영남 지역의 모든 정치인들을 강경하게 단죄할 것, 회개의 실천적 상징으로 영남 지역의 모든 교구가 협력하여 지역차별의 희생자들인 고아, 무의탁 노인, 무숙자 그리고 실업자들을 위한 "화해의 집"을 광주에 설치하고 30년 동안 운영할 것, 그리고 또 30년 동안 영남 지역의 각 교구에서 신부 한 사람씩 호남 지역에 회개와 화해의 사절로 보내 사목하게 할 것, 그리고 앞으로는 모든 입교자를 위한 준비 교육 과정에 지역주의의 죄악을 부각시킬 것 등을 약속했다. 그러자 참석자들로부터 우레 같은 박수가 쏟아지고 호남 지역 참석자들의 눈에서는 눈물이 흘러내렸다.

곧이어 호남 지역 교구장들이 강론대로 나아가 영남 지역 교구장들을 포용하고, 이러한 화해의 기회를 주신 하느님과 회개의 몸짓으로 친교의 손길을 내미는 영남 교구장들에게 감사한다는 말과 30여 년 동안의 차별의 한을 화해와 사랑으로 녹이도록 모든 사목적 노력을 기울일 것이라고 화답했다. 다음에는 서울 대교구장을 비롯한 모든 다른 교구장들이 강론대에 모여 30여 년 동안 정책적 지역주의의 죄악을 방관한 데 대한 죄악을 고백하고 하느님과 민족 앞에 용서를 빌었다. 그러고는 주교회의 의장인 제주 교구장이 지역주의 타파를 위한 주교회의의 결정사항을 다음과 같이 천명했다.

첫째, 각 교구마다 본당 단위로 대림절과 사순절에 특별 강론 또는 교육을 통해 지역주의의 죄악성을 크게 부각시킨다.

둘째, 지역감정 타파를 위한 주교회의 소위원회의 세부 지침에 따라 각 교구 사제의 10%는 다른 교구에서 봉사함으로써 다른 지역교회와의 친교를 촉진한다.

셋째, 모든 신학생들은 신학교 교육 동안의 3년을 다른 교구 신학교에서 수학한다.

넷째, 서울·대구·부산·인천의 부요한 교구는 교구 재정의 5%를 가난한 교구에 지원한다.

다섯째, 각종 선거에 즈음하여 주교단과 전국 평협은 지역주의 추방을 위한 전국적 운동을 전개하고 이 운동을 항시적으로 추진할 수 있는 지역주의 추방 공동위원회를 상설기관으로 설치한다.

모든 선언이 끝나고 성찬의 전례가 시작되었다. 온갖 증오와 분열로 만신창이가 된 인류의 화해를 위해 십자가에 죽으시고 부활하신 그리스도의 몸과 피를 나눔으로써 성부께 찬미와 감사를 드리고 성령의 친교와 사랑을 만끽하는 축제였다. "주의 교회가 드리는 이 제물을 굽어보시고 화해의 제물로 받아들이시어, 성자의 성체와 성혈을 받아 모시는 우리로 하여금 성령을 충만히 받아, 그리스도 안에서 몸과 마음이 하나가 되게 하소서"(제3양식) 하는 대목에 이르러서는 모두가 신앙의 뜨거운 일치를 느꼈다. 모두가 손에 손을 잡고 모두의 아버지이신 주님의 기도를 노래한 다음 평화의 인사가 시작되자 남한 모든 지역에서 내려온 신자들이 서로 얼싸안고 동서 화해와 민족 화합을 약속했다. 그리스도 안에는 유대인도 없고 이방인도 없다는 그리스도적 신앙과 세례의 의미가 극적으로 느껴지는 순간이었다. 모두가 가톨릭 신앙을 가지고 있음에 긍지와 보람과 감사를 느끼지 않을 수 없었다.

위에 적은 이야기는 물론 실제로 있었던 사건은 아니다. 그러나 그것은 앞으로, 특히 대희년인 2000년에 있을 수도 있고, 있기를 바라고, 또 있어야 되는 사건이다. 마땅히 그랬으면 하는 교회의 모습을 그려본 것이다. 서울 명동이 정의의 상징이고 광주 망월동이 저항의 상징이라면 대구 계산동이 민족 화해의 상징이 되는 것도 있을 법한 일이다.

한국사회와 지역주의

지역주의는 한국적 질병 중의 질병이다. 박정희 정권 이후 지역주의는 모든 정권들의 정권 유지 수단으로 이용되면서 더욱 심화되고, 특히 지난 대통령 선거와 6·4 지방선거에서 선거 무용론을 일으킬 정도로 그 위세를 떨쳤다. 과거의 실정으로 패배가 확실한 정당과 정치인들의 최후의 피난처는 지역주의였고, 같은 선거구 안에서도 지역에 따라 지지가 달라질 정도로 지역주의는 극성을 부렸으며, 지역감정을 자극하는 소위 정치 지도자들의 연설이나 그런 연설에 박수를 치는 국민들을 보면서 정치에 대해 환멸을 느끼지 않거나 대한민국 국민임에 수치를 느끼지 않은 사람도 많지 않았을 것이다. 한심스럽고 부끄러운 일이다. 지역주의에 영합하는 정치인들을 모두 포박하여 TV의 생중계 속에 김홍신 의원의 표현대로 공업용 미싱으로 그들의 입을 봉합해 주고 싶을 뿐 아니라 그런 정치인들에게 표를 던지는 사람들에게도 따끔하고 속시원하게 한마디 해주고 싶은 심정을 금할 수 없다. 그런 수준의 국민들에게 그런 수준의 정치인들은 마땅하다고, 그런 국민들이 뽑은 정치인들이 IMF 사태를 초래하여 국가를 망쳐놓은 것도 어떻게 보면 당연한 한국인들의 팔자라고 내뱉고 싶다. 그러나 그러한 정치적 냉소주의와 허무주의에 우리는 동의할 수 없다. 그러기에는 지역주의의 해독을 인식하고 타파하려는 양심적 시민들, 지식인들, 언론인들 그리고 정치인들이 너무 많기 때문이다. 한국에는 아직도 가능성이 있고 희망이 있다. 그리고 여기에는 바로 이 땅의 교회에 성령께서 말씀하고 계시는 시대적 과업이 모든 신자들을 기다리고 있다.

한국 민족의 인간성을 모독하고 민족의 일치를 파괴하는 독소 같은 전통은 창피스럽게도 너무나 많다. 아내요 엄마요 딸이며 동료인 여성들을 여성이기에 오랫동안 억압하고 차별해 온 것이 그 하나요, 혈통의 고하와 출신 학교의 우열에 따라 결혼과 사회생활에서 자기와 수준이 다른 "남"들을 배척하는 집단적 배타주의가 다른 하나이며, 출신 지역이 다르다고 멀리하고 차별하고 억압하는 것이 또 하나이다. 그리고 이러한 집단적 이기주의와 "끼리끼리"만 상종하고 "남"들을 제외하려는 동일성의 체제에는 세 가지 공통점이 있다. 첫째는 인간성의 모독이요, 둘째는 공권 횡령에 의한 공동선의 파괴이며, 셋째는 민족의 분열이다.

첫째로, 인간성의 모독을 이야기해 보자. 인간은 누구나 먹어야 하고 입어야 하고 살 곳이 있어야 하며 아플 때 치료를 받을 수 있어야 한다. 그러기 위해서는 직업이 필요하다. 그뿐 아니라 인간은 누구나 남에 대해 비굴함이 없이 떳떳하고 자유롭고 평등하게 살고 대우받기를 원한다. 또 그뿐 아니라 이러한 경제적·정치적 안정 위에서 "보람있는", 의미있는 문화적 삶을 누리고자 한다. 그런데 문화와 정치의 기본은 경제다. 직장 없이 정치적 평등도, 문화적 보람도 기대할 수 없다. 역사적으로 얼마나 많은 우리의 조상들이 "입"이 원수라고, 기본적인 삶을 지탱하기 위해 "있는" 자들로부터, "배운 자"들로부터, 총칼을 든 자들로부터 그 많은 억압과 차별을 견디어내는 "한"의 삶을 살아왔던가? 그런데 지금도 지역이 다르다고 직장을 얻을 수 없고, 얻은 직장에서는 승진할 수가 없으며, 고향에서는 산업시설이 적어 다른 지방으로 이사를 가야 하고, 다른 지방에서는 가장 못난 사람으로 천대를 받고, 심지어는 연속극에서도 특정 지역 사람들이 천한 직종의 대표로 묘사된다면, 그것은 바로 인간의 기본권의 위반이요 인간적 품위에 대한 횡포이며 현대판 "한"의 계속이라 아니할 수 없을 것이다. 인간의 보편적 품위와 평등을 사랑하는 모든 휴머니스트들은 지역주의의 횡포에 마땅히 분노와 수치를 느껴야 할 것이다. 인간의 기본적 품위가 유린되는 모든 곳에는 "우리 모두"의 인간적 품위가 손상되는 것이기 때문이다.

그뿐 아니라 지역감정의 해독은 개인이나 민간 차원에서 그치지 않고 국가 공권력의 독점과 남용에로 이어진다. 정부 요직에서부터 중요 기업에 이르기까지 같은 지방 출신의 사람들끼리 권력과 재력을 나눈다. 전국민을 위해 존재하고 전국민의 세금으로 운영되며 전국민의 이름으로 행사되는 정부의 공권력이 특정 지방 사람들에 의해 독점되고 특정 지방 사람들을 위해 존재하며 특정 지방 사람들에 의해 찬탈된다. 공권력은 이미 공권이 아니고 특정 지방의 사물로 전락한다. 온 국민이 특정 지역의 이익을 위해 노예가 되고 도구가 된다. 그것은 군부에 의한 쿠데타 못지않은 특정 지역의 쿠데타이며 또한 그에 못지않게 윤리적 합법성을 결여한다. 전국민의 공동선을 위한 정부가 특정 지역의 이익을 위한 하수인이 된다. 개인이나 민간 차원에서도 충분히 해독을 끼치고 있는 지역주의는 국가의 공권력을 장악함으로써 한편으로는 실정법의 보호를 받고 다른 한편으로는 정부의 모든 권력을 도구화함으로써 더욱 가공할 범죄가 되어 간다.

개인과 민간 차원에서도 민족을 분열시키는 지역주의가 공권을 강탈하고 독점함으로써 국가와 민족을 더욱더 분열시키고 파편화시키는 것은 두말할 필요도 없다. 그리고 그러한 분열이 세계화와 남북통일 시대를 맞이하고 있는 우리 민족에게 큰 시련이 될 것임은 분명하다. 앞으로 자본주의 시장의 세계화를 통해 국제적 경쟁은 더욱더 치열해질 것이다. IMF 사태를 통해 우리는 이미 이것을 경험하고 있다. 온 민족이 단합해도 국제적 생존 경쟁에서 살아남는다는 것은 어려운 일이다. 하물며 동서가 지금처럼 분열된 상태에서는 더욱더 어려워질 것이다. 게다가 우리는 비교적 가까운 장래에 남북통일이 이루어질 수 있는 전망을 가지고 있다. 이것은 원시적으로 볼 때 분명히 경하할 일이다. 그러나 근시적으로 볼 때 그것은 반가운 일만도 아니다. 왜냐하면 남한이라는 좁은 땅에서도 동과 서로 분열되는 우리가 남북통일이 될 경우 잘사는 남쪽과 못사는 북쪽의 지역 분열이 엄청난 사회문제를 야기할 것은 틀림없기 때문이다. 지역주의의 초극은 국제경쟁 시대와 남북통일 시대에 살고 있는 현 세대들에게 하나의 지상 명령이며, 지역주의를 조장하는 모든 행동은 옛날의 친일파적 행동에 못지않은 반민족적·반국가적 행동으로 단죄되어야 한다. 지역주의의 악마는 필연코 쫓아내어야 한다.

지역주의의 악마를 쫓아내기 위해 취할 수 있는 방법에는 여러 가지가 있다. 첫째로는, 지역감정을 유발하고 지역혐오를 조장하는 모든 행동이나 발언을 적당한 한계 내에서 범죄화하는 것이다. 현재 미국에서는 인종혐오를 범죄화하고 있다. 어느 민족을 혐오하는 발언은 바로 소추의 대상이 된다. 지역감정의 깊이와 사회적 해독의 크기를 생각할 때 지역혐오를 범죄화하는 것은 비록 기술적 문제가 있더라도 전혀 당연한 것이라고 생각된다. 둘째로는, 모든 공공생활에서 기회균등을 보장하는 것이다. 예를 들어 정부, 공공기관, 학교, 기업 등의 인사 채용에 있어서 전국을 몇 지역으로 나누어 어느 특정 지역 인사가 25%를 초월하지 못하게 법제화할 수 있다(물론 이것도 신중하게 해야 함은 물론이요 또 많은 예외 규정이 있을 수도 있을 것이다. 예를 들어 지방 대학 교수진의 대다수가 그곳 출신인 것은 당연한 일이다. 그러나 서울에 있는 대학의 교수진 대부분이 서울 출신일 필요는 없을 것이다). 셋째로, 모든 지역의 경제 기회의 균등을 보장하기 위해 (또 서울에 집중된 인구의 지방 분산을 위해서도) 새로운 산업시설의 건설에는 낙후된 지역에 대한 우선적 배려가 있어야 한다. 그리고 이러한 우선적 배려는 각 지역간의 형평이 이루어질 때까지 계속되어야 한다. 지역주의 자체도 나쁘지만 그것이 경제적·정치적 불평등으로 구체화될 때 그 해독은 더욱 커지고 민족의 분열은 심화된다. 경제적·정치적 불평등의 초극은 지역주의의 초극의 가장 구체적이고 절박한 방법이다.

지역주의와 교회의 사명

교회는 일반 사회단체의 기준에서 볼 때 참으로 이상스런 집단이다. 교회를 제외한 모든 인간적 집단에는 엄격한 회원 자격이 있고 그 자격에 미달되는 모든 이에게는 문을 열지 않는다. 학교라는 단체의 구성원이 되려면 입학시험에 통과해야 하고 또는 교사로서의 자격을 갖추어야 한다. 기업의 회원이 되려면 기업이 요구하는 학력과 기술이 필요하고 어느 연령에 다다르면 은퇴해야 한다. 정당에 가입하려면 그 정당의 정강에 찬성하는 성인이어야 하고 다른 여건도 갖추어야 한다. 국가생활에 완전히 참여하려면 시민권이 있어야 하고, 임명직·관리직·선거직에 참여하려면 다른 많은 조건을 충족시켜야 한다. 골프 회원이 되려면 골프에 대한 취미와 비싼 회비를 납부할 수 있는 재력이 있어야 한다. 동문회의 회원이 되려면 같은 학교를 졸업해야 되고, 종친회의 회원이 되려면 같은 가문이어야 되며, 향우회의 회원이 되려면 같은 지역 출신이어야 한다. 인간적 집단의 대부분은 이처럼 특정한 정체성을 가지고 있고 그 정체성을 유지하기 위해 엄격한 회원 자격을 요구하고 있다. 인간의 활동과 취미와 관심이 다양할수록 집단도 다양해지고 그 집단의 특수성을 유지하기 위한 입회 요건도 다양하면서 특수성을 지닌다. 인간적 집단 대부분은 따라서 그 활동, 취미, 관심의 특수성에 따라 본질적으로 차별적이며 배타적이다. 아무나 회원이 될 수 있는 단체는 없다.

그런데 바로 이 점에서 교회는 특수한 집단이다. 교회의 회원이 되기 위해서는 남자일 필요도 여자일 필요도, 부자일 필요도 가난한 자일 필요도, 어느 국가의 시민일 필요도, 어느 학교의 동문일 필요도, 어느 가문 출신일 필요도, 어느 정당 회원일 필요도 모두 없다. 어느 민족이나 지역 출신일 필요도 없다. 교회의 문은 성별, 지역, 종족, 국가, 가문, 학벌, 연령, 빈부의 차별 없이 모든 이에게 개방되어 있다. 교회가 요구하는 것은 오직 만민의 구원자로서의 예수 그리스도에 대한 신앙과 그 신앙이 요구하는 삶이다. 그리고 그 신앙과 삶은 누구에게나 보편적으로 해당된다. 누구에게는 조건을 낮추고 누구에게는 조건을 높이지 않는다. 우리는 고향이 같기 때문에, 또는 같은 직업이기 때문에, 또는 같은 정당인이기 때문에 교회에 모인 것이 아니다. 이런 의미에서 교회는 본질적으로 인간적 집단의 대부분이 요구하는 폐쇄적 정체성의 범위를 초월하는 "남들"의 모임이요 친교요 연대다. 원래 "남들"이 모여 친구가 되고 유대를 가꾸는 곳, 이곳이 바로 교회다. 교회라고 특수성이 없을 수 없다. 그러나 교회의 특수성은 바로 그 보편성에 있으며, 교회의 "폐쇄성"은 바로 그 개방성에 있다. 또 교회라고 차별이 없을 수 없다. 그러나 그 차별은 바로 보편성과 개방성에 저항하는 세력에 대한 차별이요 보편성과 개방성을 지키기 위한 차별이다.

그래서 교회는 제2차 바티칸 공의회 이후로 "모든" 인류와 하느님의 일치의 지표요 도구, 즉 "성사"라고 불렸다. 교회는 모든 인류가 성령의 능력으로 그리스도를 본받아 그리스도 안에서 성부의 아들딸들로서 일치를 이루는 삼위일체이신 하느님의 사랑과 신비의 한 부분이다. 생전의 예수님은 "남"으로서 천대받고 제외되어 온 가난한 이들, 병든 이들, 불구자들, 문둥병자들, 하혈하는 여인들, 세리들 그리고 목자들에게 하느님 나라의 우선적인 사랑과 배려의 기쁜 소식을 선포하면서 폐쇄적이고 차별적인 동일성의 체제에 항거하다 십자가에 못박혀 죽임을 당했고, 구원의 지표로서 착한 사마리아인처럼 지역을 초월한 사랑의 실천과 불쌍한 남들에 대한 사랑과 포용을 강조했다. 바울로 사도에 의하면 그리스도 신자로서 세례를 받는다는 것은 그리스도의 죽음과 부활에 참여하는 것이요 그것은 곧 폐쇄적 동일성의 생활에서 해방되어 "유대인도 그리스인도 없고 종도 자유인도 없으며 남자도 여자도 없이 그리스도 예수 안에 하나가 되는"(갈라 3.28), 모든 인류에게 개방된 삶을 의미한다. 그리스도는 죄악으로 갈라진 모든 인류의 연대의 원천이요 지표 또는 성사이며, 그분 안에 모든 인류를 하나로 결합시키고 화해시키는 것이 바로 하느님의 구세적 신비(에페 1.10)이다. 그분은 모든 분열과 증오의 장벽을 허무셨다(에페 2.14). 성령은 우리가 이러한 그리스도의 모습을 닮아 하느님 어버이의 아들딸로서 하나가 되도록 이끌어준다. 그러기에 성령강림절은 남자와 여자, 젊은이와 노인, 노예와 자유인의 장벽이 허물어지고 모든 인류가 언어와 문화의 차이를 넘어 하나가 되는 인류 화해의 큰 축제다(사도 2장). 따라서 모든 인위적 차별을 떠나 모든 인류를 포용하는 개방성과 보편성은 교회의 본질이요 사명이다.

죄의 본질은 하느님을 비롯한 모든 남들을 자신에게 종속시켜 지배하려는 데 있다. 그러나 인간은 남에게 종속당하거나 지배당하기를 싫어한다. 죄악은 따

라서 필연적으로 저항을 불러일으키고 경쟁, 불화, 투쟁에로 유인한다. 인간
사이에 불화와 분열을 가져오는 요인에는 여러 가지가 있겠으나 경제적 억압이
그 하나요 지역에 대한 차별이 또 하나다. 다른 모든 죄악과 마찬가지로 지역
주의는 그리스도의 몸을 찢어 갈라놓는 것이요 성령을 슬프게 하는 것이며 성
부의 사랑을 거부하는 것이다. 1970년과 1980년대에 정치적·경제적 억압에
대한 저항이 민족의 시대적 사명이었다면, 세계화와 남북통일 시대의 민족적
사명은 바로 지역주의와 지역적 억압의 초극이라 할 수 있으며, 이것에 동참하
는 것이 바로 인류의 일치의 성사인 교회의 시대적 사명이요 역사의 변천 속에
서 하느님의 뜻에 충실해야 하는 모든 신자들의 의무이기도 하다.

모든 지역주의는 반인간적이요 반그리스도적이다
모든 지역주의의 망령은 사라져야 한다
모든 지역차별은 때려부숴야 한다
그리고 모든 인류의 일치의 성사인 교회는 이에 앞장서야 한다.

통일시대의 시민정신과 그리스도교

통일의 딜레마

나는 얼마 전까지도 남북통일은 빠르면 빠를수록 좋다고 생각했다. 통일이 되어야 지금 하나둘씩 죽어가고 있는 이산가족들이 서로 상봉할 수 있고, 통일이 되어야 국제사회의 무한경쟁에서 우리 민족이 살아남을 수 있으며, 통일이 되어야 무엇보다도 분열의 정치적·경제적 그리고 심리적 대가가 없어지기 때문이다. 특히 이 분열의 대가는 막대한 것이다. 남북의 분열은 정치적으로는 남북 모두의 정권 연장의 수단으로 악용되어 건전한 정치 발전의 앞길을 막아 왔고, 경제적으로는 한편으로는 수백억 달러의 필요 없는 군사비 지출을 요구했고, 또 다른 한편으로는 국제사회에서 통일 한국이 누릴 수 있는 이득을 불가능하게 했으며, 심리적으로는 반세기의 장구한 세월을 같은 핏줄끼리 군사적으로 서로 대치하면서 원한과 소외의 관계만을 엄청나게 조장해 왔다. 같은 핏줄끼리, 같은 민족끼리 서로 하나로 합치는 것은 너무나 당연한 일이다. 평양에서 개성으로 들어오는 입구에는 "서울 70km"라는 표지가 걸려 있다. 얼마나 가까운 거리인가? 그러면서도 또한 얼마나 멀고 먼 거리인가? 이 거리는 빨리 좁혀져야 한다. 통일은 빨리 이루어져야 한다.

그런데 1997년 7월에 북녘 조국을 다녀오고 나서 나의 이러한 생각에는 약간의 변화가 생겼다. 거의 2주 동안 북한사회를 관찰하고 판문점과 휴전선의 대치 상황을 보고 나니 남과 북의 정치·경제·문화의 제도적 차이가 얼마나 막중한 것인가. 우리가 극복해야 할 제도와 사상의 차이가 얼마나 큰 것인가. 또 그러한 차이를 극복하려면 얼마나 많은 시일이 걸릴 것인가 질문하지 않을 수 없었다. 제도와 사상의 차이는 전부터 들어왔던 터이지만, 가서 보고 나니 상상보다도, 예상보다도 훨씬 더 큰 것임을 느끼지 않을 수 없었다. 그런데 이러한 체제상의 차이 이외에도 두 가지 걱정이 더 생겼다. 첫째로, 북녘의 자연과 산하는 내가 보기에는 아직도 공해나 상업주의의 폐해에서 자유스러운 아름답고 깨끗한 모습을 간직하고 있었다. 섣부른 통일로 북녘의 아름다운 자연이 파괴되어서는 안되겠다는 걱정이 새로 생겼다. 둘째로, 지금 남녘에는 나라를 망치는 극단의 지역감정이 판을 치고 있다. 남과 북이 통일되면 잘사는 남녘과 못사는 북녘으로 나뉘기 쉽고, 게다가 극도의 지역감정이 개입되어 남과 북의 소외를 더욱 조장한다면, 이것은 분명히 통일 이전의 상황보다 더 비극적인 상황임에 틀림없을 것이다. 북남은 필연코 통일되어야 한다. 그러나 준비 없는 통일로 분단의 상황보다 더 비참한 상황이 전개되어서도 아니된다. 남북은 빨리 통일되어야 한다. 그러나 제도와 사상의 어느 정도의 동질성 회복이나, 자연보호, 지역감정 완화, 극단적 빈부 차이의 제도적 방지책의 준비 없이 너무 빨리 통일되어서도 안될 것이다.

통일은 빨리 그러면서도 천천히 추진되어야 한다. 통일은 절박한 시대의식을 가지고 그러면서도 단계적으로 추진되어야 한다. 통일은 동일 민족의 가장 절실하고 가장 당연한 과업이다. 그리고 그럴수록 통일 준비 과정에 철저해야 한다.

통일에 대한 준비에는 직접적인 것과 간접적인 것 두 가지가 있다. 직접적인 준비란 통일에 필요한, 우리가 비교적 가까운 시일 내에 성취할 수 있는 제도적·정책적 모든 과정을 말하며, 여기에는 상호방문·상호교역 증진·이산가족 상봉·조미朝美수교·휴전협정의 평화협정 대체·군비축소 협상 등이 포함된다. 이러한 과정을 통해 통일의 가장 큰 걸림돌인 적대의식을 제거하고 소외감을 완화함으로써 서로 "하나"가 됨을 준비하는 것이다. 간접적 준비란 통일에 필요하면서도 단시일 내에 성취할 수 없는 사상과 의식의 교육 과정을 말하며, 여기에는 문화인들의 상호교류 및 대화, 사상적 차원에서 민족적 동질성을 회복하기 위한 모든 노력 그리고 통일 조국에서의 공동생활에 필요한 새로운 의식교육이 포함된다.

우리는 지금 통일시대에 살고 있다. 통일시대란 통일에 대한 염원이 막연한 희망의 차원을 넘어 그 현실적 가능성이 점점 대두되고 그로 말미암아 통일에 대한 준비의 절박성이 사회에 전반적으로 인식되며, 통일이 된 후에도 갈등과 모순 속에 서로 적응함으로써 "하나"의 국가로 나아가려는 노력이 의도적으로, 정책적으로 필요한, 모든 시기를 말한다. 남녀관계에 비유한다면 서로 심각하게 만나기 시작한 때부터 결혼하여 서로의 차이와 갈등을 조절하면서 서로가 한 몸이라는 사실이 자연적이고 당연한 것으로 느껴져 더 이상 서로가 "남"이라는 의식이 없어질 때까지의 모든 기간을 의미한다 하겠다. 남과 북이 통일되어 서로 적응하고 화해하려는 정책적 노력이 더 이상 필요없게 되고, 한 국가라는 현실과 의식이 자연스럽고 당연한 것으로 느껴지기까지 얼마나 걸릴지는 아무도 모른다. 현금의 남북관계를 살펴본다면 그것은 잘되어 갈 것 같으면서도 걸림돌이 생기고 그러다가도 또 새로운 돌파구가 생기는 희망과 좌절의 연속선으로서, 이것은 앞으로도 계속될 것으로 생각되며, 따라서 통일대업의 성취는 온 민족의 위대한 인내를 요구함에 틀림없다. 이런 의미에서 1980년대 중반에 시작한 통일시대는 앞으로 30년, 40년은 계속될 것이며, 이 시기에 시간을 허비하지 않고 어떻게 준비를 잘하느냐에 따라 통일조국의 가능성도 크게 달라지리라 여겨진다.

통일시대의 시민정신

나는 이러한 통일시대에 우리에게 가장 절실한 요청으로서 시민정신의 함양을 꼽고 싶다. 여기서 시민정신이란 민주주의 사회의 시민으로서 지녀야 할 자질을 의미한다. 민주주의는 국민들이 투표에 의해 국사를 결정하는 정치제도 또는 정치 형태일 뿐 아니라 그러한 정치제도가 요구하는 삶의 방식 또는 문화 형태이기도 하다. 그러기에 문화로서의 민주주의 없이 제도로서의 민주주의의 건전한 발전이 있을 수 없으며, 이것은 변칙과 변태로 점철된 반세기의 우리의 정치사가 너무나 명확히 증거하는 바이다. 그리고 이러한 민주주의 문화의 한 큰 부분이 바로 민주주의적 시민의식 또는 시민정신이라고 할 수 있다. 시민정신의 내용에는 여러 가지를 담을 수 있겠으나 여기서는 공공의식, 정치의식, 평등의식, 다원주의적 감각 그리고 대화 문화의 다섯 가지 요건을 강조하고자 한다.

첫째로, 시민정신의 가장 큰 요건으로 공공公共의식을 들고자 한다. 인간은 사회적·집단적 존재로서 자기가 속한 공동체 또는 집단으로부터 자신의 정체성을 확보하고자 한다. 그리고 전통적으로 이런 집단들은 "같은" 혈통, "같은" 지역, "같은" 학교, "같은" 종교 등 동일성의 체제들로서 이 체제에 속하지 않는 "남"들은 차별하고 배제하는 폐쇄적·배타적 집단들이다. 그런데 민주주의 사회는 동일성의 체제를 넘어서서 혈통, 지역, 학교, 종교 등이 서로 다른 "남"들이 함께 모여 서로 의존하고 연대하면서 운명 공동체로서 "공동"의 앞날을 함께 결정하는 다양성의 체제이다. 민주사회의 "시민"은 어느 특정한 가문·혈통·지역·동문 또는 종파의 회원이기에 앞서 "남"들의 모임인 국가 공동체의 성원이며, 이 공동체의 앞날을 임금이나 영주들에게 맡기지 않고 성원들이 공동체의 앞날을 함께 책임지고 함께 결정하는 민주사회의 "시민"이다.

민주사회의 앞날은 따라서 시민들이 전혀 새로운 형태의 공동체인 "남"들의 모임으로서의 국가 공동체 안에서 얼마만큼이나 동일성의 체제를 초월하여 같은 시민으로서 "남"들과의 연대의식을 느끼고 그들과 함께 "우리"로서의 공동체 의식에 철저하느냐와, 그러한 공동체의 앞날을 함께 책임지고 토론하고 결정하는 과정에서 얼마나 "남"들을 차별하거나 배제하지 않고, 또 특정 가문·지역·출신 학교 또는 종교의 이익을 앞세우지 않고 오직 공동체의 공동이익 또는 공동선을 위주로 결정하느냐에 달려 있다. "남"들의 운명 공동체로서의 민주국가는 어느 특수집단의 사유재산이 아닌, "우리" 모두에게 속하는 "공공" 재산이다. 국가의 사찰권, 인가권, 세무권, 사법권, 입법권 등은 우리 모두의 "공권"公權이며 특수집단이 자의적으로 악용할 수 있는 사적 권한이 아니다. 시민정신의 기본은 동일성의 체제를 초월하는 "남"들의 공동체로서의 공동체 의식과 그러한 의식에 입각하여 공공이익, 공공질서 그리고 공권을 존중하고 공公과 사私를 분명히 구별할 줄 아는 공공의식에 있다 할 수 있다.

이러한 공공의식이 없을 때 국가의 공권은 사물화私物化하고, 국가의 재산은 특수집단의 사유재산으로 전락하며, 그 반면에 집권자의 동일성의 체제에 속하지 않는 다른 지역·다른 종파·다른 가문에 속하는 "남"들은 가차없이 희생된다. 이것이 바로 우리가 자랑하는 반만년 우리의 역사가 아니었던가? 지난 40년만을 보더라도 "남"들의 집단이며 공공재산인 국가는 특수 집단(군인들)·특수 지역(영남)·특수 계급(재벌들)·특수 종교(주로 기독교)·특수 출신(경기고, 서울대) 들의 사유재산으로 전락했고, 국가의 공권은 "남"들을 차별하고 박해하는 데 얼마나 악용되어 왔던가?

　이런 의미에서 볼 때, 민주주의의 진정한 발전은 모든 폐쇄적 동일성의 체제를 없애고 공공정신 또는 공공의식을 고취하는 데 있다고 할 수 있다. 이 점에 있어서, 우리 문화의 고질이라고 할 수 있는 지역주의나 동문同門주의는 특별히 타파되어야 한다. 얼마 전 신문 발표에 의하면 서울대 교수의 95%와 연세대 교수의 78%가 자기 학교 출신이라고 한다. 이 정도 되면 "끼리끼리"주의도 너무하다 아니할 수 없을 것이다. 그리고 또한 "인간"보다도 "자본"을 중시하는 자본주의의 폐쇄성도 공공정신의 적으로서 항상 크게 경계해야 함은 말할 것도 없다.

　공공의식으로서의 시민정신이 통일시대에 더욱더 절박한 것임은 자명하다. 이러한 시민정신의 함양 없이 통일이 다가온다면 그것은 이미 남녘에서 우리가 익히 겪어온 망국적 자본주의·지역주의·동문주의·종파주의가 북녘까지 연장되는 것에 불과하고, 그렇게 된다면 그런 동일성의 체제에서 배제된 북녘 동포들의 "남"들로서의 소외감과 분노가 얼마나 클 것인가는 상상을 필요로 하지 않는다. 그리고 그러한 통일이 과연 얼마나 오래갈 것인가. 또 그러한 통일이 가치가 있는 것일까 하는 회의도 피할 수 없을 것이다.

　시민정신의 둘째 요건은 정치의식이다. 정치의식이란 역사적 상황들을 공공이익 또는 공동선의 관점에서 식별·분석하고 공동선과 사회정의의 실현을 위해 정치에 참여하고자 하는 의식을 의미한다. 민주사회의 주인은 대통령도, 주석도, 국회의원도, 정당의 총재도 아닌 국민이며, 국민들이 공공의식을 가지고 스스로의 앞날을 결정해야 하고, 이런 의미에서 교육받고 준비된 투표권자의 중요성은 절대적이다. 선거의 중요 쟁점이 무엇인지도 모르고 투표한다면, 또 선거의 중요 쟁점을 공동선의 관점에서 평가할 줄 모른다면, 그런 투표는 무책임한 투표요 민주주의의 타락임에 틀림없다. 무엇이 국민의 공동이익에 기여하는 것이고, 무엇이 특수집단의 사익에 기여하는 것인지 구별할 줄 알고, 공동이익의 신장을 위한 정책과 인물들을 판별·지원하고, 모든 사익집단들의 횡포에 대항할 수 있는 정치의식의 신장 없이 진정한 민주주의는 불가능하다.

　진정한 정치의식과 정치적 관심은 구별되어야 한다. 한국인들의 정치적 관심은 어느 나라 국민들의 그것보다도 높다고 할 수 있다. 그러나 문제는 그러한 정치적 관심의 내용이다. 그런 관심은 주로 두 가지로 나눌 수 있다. 하나는 연극으로서의 정치에 대한 관심이요, 또 하나는 파당적 투쟁으로서의 정치에 대한 관심이다. 한국의 정치는 연극적 요소를 많이 내포하고 있다. 누가 총재가 될까? 누가 대선 후보가 될까? 대선에서는 누가 당선될까? 이번에는 어떤 북풍이 불까? 또 불면 그것은 어떻게 막을까? 이번 사정司正은 어디까지 갈 것인가? 모두 극적이고 흥미진진하다. 그리고 이러한 연극적 요소는 파당적 차원을 넘지 못하고 있다. 옳고 그름의 구별 없이 오직 권력정치의 차원에서 자기편의 정당과 정치인들의 승리를 기원한다. 그리고 이것은 국민들도 언론매체들도 모두 마찬가지이다. 공동선의 입장에서 정책과 인물들을 분석하고 비판하는 진정한 참여적 정치의식은 거의 없고, 오직 권력의 싸움과 향배를 흥미의 대상으로 바라보는 관람자의 관심만이 무성할 뿐이다. 이런 의미에서 한국 국민들은 세 김씨들에게 많은 빚을 지고 있다 해도 과언이 아니다. 지난 30여 년 동안 그들의 정치적 상승기복은 온 국민에게 얼마나 큰 흥미의 대상이었던가? 그들이 없었다면 한국의 정치는 얼마나 "재미"가 없었을까? 그러나 그렇다고 국민들의 진정한 정치의식이 신장되었다고는 말할 수 없을 것이다.

　공동선의 정치는 실종되고 오직 연극적 정치와 파당적 정치가 판을 치는 마당에서 남과 북이 통일이 된들 그저 좋다고만 할 수 있을까? 온 국민의 공동선을 신장하고 모든 사익私益의 정치에 저항하고 비판할 수 있는 건전한 정치의식을 어디서 찾을 수 있을까?

　시민정신의 세번째 요소로 평등의식을 지적하고 싶다. 민주주의 사회는 **평등한** 시민들의 모임이다. 모든 시민들은 법 앞에 평등하다. 민주주의 사회에서는 지역의 차이도, 성별의 차이도, 빈부의 차이도, 신분의 차이도 모두 철폐된

다. 거기에는 양반도 없고 상놈도 없고, 상전도 없고 종도 없다. 모두가 평등
하며 누구도 특권이나 특혜를 누릴 수 없다. 모든 권위주의, 계급주의, 신분주
의는 사라진다. 모든 것은 평등한 시민들이 투표에 의해 결정한 (또는 그들의
대표들이 결정한) 법률에 의해 해결되고, 법은 누구에게도 특권을 허용치 않는
다. 민주주의는 따라서 참된 평등의식의 함양을 전제로 한다.

그런데 우리 한국인들에게는 참된 평등의식은 참으로 생소하다 아니할 수 없
다. 참된 평등의식은 나의 평등한 권리를 주장함과 더불어 남들의 평등한 권리
도 존중하고 모든 특권의식을 포기하는 데 있다. 그러나 우리의 문화는 아직도
권위주의, 신분의식, 특권의식 그리고 이미 이야기한 바 있는 동일성의 체제에
압도되어 진정한 평등의식의 발달을 저해하고 있다. 그래서 문제가 일어나면
모든 것을 특권으로 해결하려 한다. 교통법규를 어겨도 나는 국회의원이니까
괜찮고, 세무서에 문제가 생기면 동문이나 가문의 친지를 동원하여 초법적으로
해결하려 하며, 관공서의 수속이 오래 걸리면 급행료로써 특혜를 누리고자 한
다. 이러한 특혜의식의 가장 큰 원인은 바로 권위의식이라 할 수 있다. 그리고
이러한 권위의식은 사회 여러 곳에서 너무도 많이 발견되고 있다. 명동성당에
서 큰 행사가 있으면 성직자석, 수도자석, 평신도석이 따로 정해진다. 함께 섞
여 앉으면 평등해질까 우려되는지도 모른다. 각료로 임명되면 청와대에서 임명
장 수여식이 거행된다. 그저 신문에 발표만 하는 것은 모자라고 오직 수여식을
통해 누가 임명권자고 누가 피임명권자인지의 서열을 분명히해야 할 필요가 있
는 모양이다.

옛날이나 지금이나 인간은 누구라도 남 앞에서 떳떳하게 살기를 원한다. 민
주사회의 평등주의는 이러한 인간의 보편적 욕구를 충족시키는 제도이다. 동시
에 인간사회의 모든 죄악과 범죄는 어떻게 보면 다른 인간들의 평등한 품위와
권리를 무시하고 저들을 나의 욕망에 종속시키고 지배하려는 데서 파생되었으
며, 남에 대한 이러한 불의不義는 저항과 반란을 유도하고, 따라서 사회적 불안
과 분열의 원인이 된다. 사회의 평화를 원한다면 정의부터 행해야 되고, 정
의 행사는 모든 특권의식이나 동일성의 체제를 넘어서 "남"들의 인간적 평등권

을 존중하고 아끼는 데서 시작해야 한다. 이것은 통일시대에 특별히 해당되는 말이다. 남한에서도 지역적 우월주의나 빈부의 차이로 말미암아 많은 이들이 소외되고 있고 이것이 사회적 불안의 요소가 된다면, 하물며 북과 남이 하나로 통일될 때 지역적 우월주의나 빈부의 차이가 사회적으로 어떤 결과를 가져오게 될지는 아무도 예측할 수 없을 것이다. 특히 이미 사회주의 밑에서 어느 정도 경제적 평등을 누렸던 북녘의 동포들이 경제적·지역적 차별에 어떻게 대응할 지 깊이 성찰해 볼 일이다.

시민정신의 네번째 요소는 다원주의적 감각이다. 민주주의 사회는 같은 혈통 의 모임인 종친회도, 같은 동문의 모임인 동창회도, 같은 고향인들의 모임인 향우회도, 같은 종교인들의 모임인 교회나 법회도 아니고, 서로 다른 "남"들이 모여 동시에 "함께" 살아가는 정치적 운명 공동체다. 같은 이들끼리 모여 함께 산다면, 또 남들은 남들대로 서로 따로 산다면 문제는 비교적 단순할지도 모른 다. 그런데 민주사회는 "남"들이 모여 "함께" 살면서 공동의 운명을 개척하며 "우리"가 되어가는 과정이다. 그러기에 민주사회는 "남"들을 배척하는 아집과 독선을 버리고 "남"들을 존중하면서 서로 대화와 타협을 통해 "공동이익"을 창 조할 수 있는 다원주의적 감각을 특별히 요청한다고 할 수 있다. 이 세상에는 나만의 가문·나만의 학교·나만의 지역·나만의 종교가 있는 것이 아니고, "남"들의 가문·"남"들의 지역·"남"들의 학교·"남"들의 종교도 있으며, 이들 도 모두 원칙적으로 존중받아야 된다. 다원주의적 감각은 사회의 이러한 다원 성을 인정하고 존중하면서, 나만의 모든 것을 넘어서는 새로운 차원의 연대성 을 창조하는 것을 의미한다. 이것은 나 나름대로의 신념을 버리고 무조건 남들 을 따르라거나 또는 무차별적 상대주의에 빠지라는 얘기가 아니다. 그것은 나 의 신념을 견지하면서도 남들의 신념도 존중하고 서로의 대화를 통해 신념과 진리의 영역을 더욱 넓고 깊게 만들어가는 구도의 과정이며 그러한 신념과 진 리 속에 새로운 "우리"를 창조하는 역사적 과정이다.

남북통일 시대에 있어서 다원주의적 감각은 북녘 동포들의 지난 50년간의 떨 어진 삶을 통해 형성된 문화적·심리적·경제적 그리고 지역적 차이점에 대한 특별한 감수성과 존중을 요청한다 하겠다. 그들의 사고방식이 다르다고, 자본주의적 경쟁심과 독립심이 결여되어 있다고, 다시 말해 그들의 문화가 남녘의 그것과 다르다고 깔보거나 무시한다면, 그것은 경쟁사회에서 단련된 남녘 사람들의 이기주의와 물질주의의 탄로는 될지 몰라도 같은 동포로서 하나의 국가를 이루려는 통일시대의 역사적 요청에는 정반대되는 것임을 알아야 한다. 같은 남녘에서도 진정으로 남들의 다양성을 받아들이기는 힘들다. 하물며 통일시대에 북과 남이 서로의 차이점을 존중하면서 새로운 "우리"를 창조하는 과정은 얼마나 더 어려울 것이고, 또 그만큼 얼마나 더 큰 인내가 필요할 것인가? 우리는 지금부터라도 다원주의적 감각을 교육하고 보급해야 한다.

시민정신의 마지막 요건으로 대화정신 또는 대화문화를 들고자 한다. 민주주의 사회는 기본적으로 대화의 사회이다. 왕정이나 봉건주의나 독재주의는 모든 것을 권력이나 권위의 폭력으로 해결코자 한다. 이에 반해 민주사회에서는 대화로서 법을 만들고 모든 것을 법대로 처리한다. 모든 권력이나 권위나 주먹의 폭력을 배제하고 말과 토론과 대화로써 사물을 결정하는 것이 다원주의적 평등사회인 민주주의의 본질이라 할 수 있다. 공사公事를 결정할 때 나만의 결정을 폭력으로 남들에게 부과하지 않고 남들과의 대화를 통해 "함께" 결정하는 것이 민주사회의 절차이다.

그런데 이러한 대화를 타고날 때부터 누구나 다 할 수 있는 것은 아니다. 대화란 남의 뜻을 존중하고 남의 이야기를 충분히 들은 다음에 대응하는 것이기 때문에, 진정한 대화는 나의 의견이나 주장을 절대화하려는 모든 독선·지배욕·자존심을 억제하고, 남의 의견이 나의 의식 속에 진정으로 자리를 잡을 수 있도록 나 자신을 비우는 것을 의미하며, 이것은 많은 교육과 오랜 기간의 훈련, 즉 대화문화의 창출을 요구하는 것이다. 이런 의미에서 정치적 절차로서의 대화는 개인생활에 있어서, 또 가정과 학교에서, 그리고 직장과 교회에서 끊임없는 대화문화의 정립을 요청한다.

특히 민주적 통일시대를 지향하는 한국인들에게 있어서 대화문화의 절박성은 너무도 명확하다. 권위주의, 독재주의 밑에서 살아온 우리들에게는 사실 대화문화의 창출의 기회가 없었다. 가정에서는 부모의 권위, 교회에서는 성직자들의 권위, 학교에서는 선생님들의 권위 그리고 정치에서는 독재자들의 공권의 폭력이 모든 것을 해결했고, 따라서 대화와 토론과 타협으로 현안을 해결하는 방법을 배울 기회가 없었다. 따라서 단체의 공식 모임에서도 차분한 대화의 음성보다는 독선과 독선의 마찰인 함성과 고함이 더 들렸고, 개인과 개인의 문제 해결에서도 대화보다는 주먹의 폭력을 통한 해결책이 더 우세했던 것도 사실이다. 그러나 통일시대를 맞이하여 우리는 더 이상 권위나 주먹의 폭력에 의존할 수 없으며 대화문화의 창출은 참으로 절박하다. 특히 북녘 동포들과의 대화, 토론 그리고 타협은 통일시대의 불가결의 요소이기 때문이다. 우리는 이제 우리 주장대로만 살 수는 없다. 대화와 토론을 통해 남들과 타협할 줄 알아야 한다.

　나는 위에서 통일시대의 시민정신의 요소로서 공공의식, 정치의식, 평등의식, 다원주의적 감각 그리고 대화문화의 다섯 가지를 지적했다. 통일시대란 50년 동안 서로 적대시했던 동포들이 하나의 정치적 민족 공동체로 통일되는 데 필요한 준비의 시기를 말하며, 이 준비의 핵심적 부분으로서 시민정신의 함양을 지적했다. 위에 언급한 시민정신의 보급 없이 성급하게 이루어진 남북의 통일은 빈부의 차별·지역차별·종교차별·권력차별의 심화로 민족의 분열만을 더욱 조장하는 결과를 가져올 것이며, 이를 방지하기 위해서는 다양성 속의 일치를 통한 민족의 일체감 조성이 절박함을 강조했다.

시민정신과 그리스도교

　그러면 마지막으로 시민정신과 그리스도교의 관계에 간단히나마 언급해 보기로 하자. 교회는 과연 어느 정도 국민들의 공공정신, 정치의식, 평등의식, 다원주의적 감각 그리고 대화문화의 창달에 공헌했는가? 혹은 교회의 고질인 성속 이원론의 영향 밑에 정치 일반에 대한 냉소주의를 조장하고, 또 교회 나름의 분파주의·권위주의·독선주의를 통해 진정한 시민정신의 창달에 걸림돌이 되고 상황을 더욱 악화시키지는 않았는가? 모든 교회가 가슴에 손을 얹고 하느님 앞에서 깊이 반성해 볼 일이다.

그리스도교와 시민정신이 동일한 것은 아니다. 그러나 둘 사이에는 긴밀한 관계가 있음을 간과해서도 안될 것이다. 위에 지적한 바와같이 시민정신을 투철하게 실천한다는 것은 쉬운 일이 아니다. 그것은 여러 면에서 "나"와 "나의 집단"에 "죽고" "남"들을 위해 "사는" 것을 의미하기 때문이다. 시민정신의 요건으로서의 공공의식은 "나"의 욕망이나 "나"의 집단의 욕망을 떠나서 "남"들의 모임으로서의 공동체의 이익에 충실하기를 요구하며, 모든 "남"들을 차별없이 같은 공동체의 성원으로 받아들이고 그들과 연대할 것을 요청한다. 정치의식은 모든 남들을 공정하게 취급하기를 요구하며, 평등의식은 나의 모든 이기심과 지배욕을 절제하고 남들을 존중하고 남들도 나와 똑같이 취급할 것을 요구한다. 다원주의적 감각이나 대화문화도 나와 나의 집단의 이기적 시각을 초월하여 나를 "비우고" "남"에게 경청하기를 배울 것을 요청한다. 시민정신은 이처럼 개인적 또는 집단적 이기주의의 포기와 남에 대한 차별없는 정치적 존중과 사랑을 요구한다.

이러한 남에 대한 존중과 사랑이 곧 그리스도교는 아니다. 그러나 그리스도교도 본질적으로 그러한 존중과 사랑을 요구하고 있음은 부인할 수 없을 것이다. 그리스도교의 요체는 무엇인가? 그것은 인간에 대한 하느님의 삼위일체적 사랑이다. 하느님은 모든 인류의 어버이요 창조주이며, 어느 특정한 가문·지역·국가 그리고 종교만의 부족신이 아니다. 그리고 그 하느님은 모든 인류가 아들 그리스도를 닮아 그리스도 안에서 하나가 되고, 하느님의 아들딸로서, 또 서로서로의 형제 자매로서 거듭 태어나, 궁극적으로는 하느님의 영원한 품속에서 삼위일체이신 하느님의 사랑을 누리기를 원하시며, 하느님의 영은 바로 모든 분열의 장벽을 넘어 모든 인류가 그리스도 안에 하나가 되도록 인류의 역사 속에서 화해와 일치를 도모하고 있다. 하느님이 모든 이들의 어버이이듯이, 그리스도는 모든 이들을 위해 죽고 부활하셨으며, 성령은 모든 이들 유대의 고리이시다. 갈라디아서 3장 28절의 말씀대로, "유대인도 그리스인도 없고 종도 자유인도 없으며 남자도 여자도 없습니다. 여러분 모두가 그리스도 예수 안에 하나이기 때문입니다". 모든 폐쇄적 동일성의 체제를 초월한 그리스도 안에서의 모든 "남"들에 대한 사랑, 이것이 바로 그리스도교의 본질이라면 위의 시민정신은 바로 그리스도교의 구체적·정치적 표현이며, 그리스도교는 민주주의의 초월적 정당성을 제시한다고 말할 수 있다.

옛날이나 지금이나 많은 인간들이 고통에 시달리고 있다. 그러나 현대와 과거의 차이점을 말한다면 그것은 과거 인간의 고통이 주로 천재에 의한 것이었음에 비하여 현대의 고통은 인재에 의한 것이라고 할 수 있을 것이다. 옛날이나 지금이나 홍수, 기근, 태풍, 지진 등 천재로 많은 이들이 고통을 당하고 있다. 그러나 현대 특히 20세기에서의 인간의 고통은 천재보다도 인간의 인간 착취, 특히 공권력의 사물화私物化와 남용으로 인한 인재에 의한 것이 훨씬 더 큰 부분을 차지한다고 할 수 있다. 1,2차에 걸친 세계적 전쟁, 한국전쟁, 월남전쟁, 소말리아, 보스니아, 스리랑카, 르완다, 콩고, 팔레스타인, 북아일랜드, 이라크, 코소보 등지에서의 모든 전쟁, 그리고 미국에서의 인종차별, 남아공화국에서의 인종분리 정책, 지난 30년 동안 영남 지역의 패권주의에 의한 호남차별, 실업자 200만 명을 만들어낸 김영삼 정권과 한나라당의 실정과 부패, 이러한 것은 모두 특정한 개인의 잘못이나 실책을 초월하는 국가 공권의 남용에 의한 사회악이며 구조악이라 할 수 있고, 거기에 대한 대응책도 결국은 정치적인 것일 수밖에 없다. 공권의 악용에 의한 인간의 고통은 공권의 사물화를 막고 공권이 오직 공동선을 위해 쓰여질 수 있도록 비판하고 감시하는 시민정신의 발현으로써만 방지될 수 있다. 이런 의미에서 시민정신은 현대에서 그리스도적 사랑을 가장 효과적으로 실천하는 방법이며 참된 시민정신을 떠나서는 참된 그리스도인이 될 수 없다고 해도 지나치지 않을 것이다.

다민족·다문화 사회에서 어떻게 그리스도를 따를까?:
4·29 사태에 대한 신학적 반성

4·29 사태의 도전

우선 여러분께 부활절을 축하드립니다. 할렐루야! 지난 일주일의 성주간 동안 전세계의 모든 그리스도인들은 우리 구원의 신비인 예수님의 죽으심과 부활하심을 성서 낭독, 설교, 찬송 그리고 다른 특수 예절을 통해 특별히 묵상해왔습니다. 신학적으로 또 전례적으로 성탄절보다도 더 중요한, 일년에 가장 의미있는 한 주일을 보낸 것입니다. 예수께서는 당대의 종교 지도자들이며 지배계급인 대사제들과 율법학자들로부터 죄인으로 배척당하시고, 당대의 제국주의적 초강국 로마의 총독으로부터 정치범으로, 국가 보안사범으로 십자가형을 언도받으셨습니다. 충실한 여인들 몇 명이 멀리서 지켜보는 가운데, 모든 남자 제자들의 버림을 받으시고, 그것도 성문 밖에서 큰 소리로 "나의 하느님, 나의 하느님, 왜 나를 버리셨습니까?" 부르짖으면서 숨을 거두셨습니다. 돌아가신 예수께서는 죽은 이들의 세계로 내려가시어 그때까지 구원을 기다리며 죽음의 세계에서 실망과 소외 속에서 신음하던 모든 죽은 이들의 고통에 동참하시고, 그들에게 구원의 기쁨을 가져다주셨습니다. 그리고 하느님께서는 성령의 힘으로 그분을 되살리시어, 우리의 주님이시며 그리스도가 되게 하셨습니다.

예수의 죽으심과 부활의 신비는 우리 신앙의 중심입니다. 바울로 사도의 말대로, "그리스도 예수의 이름으로 세례받은 우리 모두가 그분의 죽음에 참여하는 세례를 받았다는 사실을 모릅니까? 우리는 그분의 죽음에 참여하는 세례를 통해 그분과 함께 묻혔고, 그것은 그리스도께서 아버지의 영광을 통해 죽은 이 가운데서 부활하신 것처럼 우리도 새로운 삶을 살아가기 위해서입니다"(로마 6,3-4). 다시 말해, 세례를 받고 그리스도 신자가 된다는 것은 바로 예수님의 죽으심과 부활에 참여한다는 것을 의미합니다. 그리고 그것은 또한 삶의 결정적 부정과 긍정 속에서, 역사의 한복판에서 삼위일체이신 하느님의 구원과 사랑의 은총에 참여하는 것입니다. 부활절은 바로 이처럼 우리 신앙의 가장 중심적이고 본질적인 면에 관해 다시 한번 생각하게끔 만드는 그런 시기입니다.

앞으로 몇 주가 지나면 4·29 사태의 2주년이 다가옵니다. 이번 모임의 제목도 "4·29 제2주년 기념 신학 세미나"라고 했습니다. 2년 전 그때(1992년) 저는 다른 곳에 있었기 때문에 그 참변의 쓰라림을 직접 겪지는 못했지만, 멀리서나마 TV를 통해 같은 민족으로 그 참변을 지켜보았고, 많은 것을 생각하지 않을 수 없었습니다. 화염에 휩싸인 상점들, 혼란의 틈바구니에서 상품을 훔쳐 달아나는 흑인들과 히스패닉들, 시가전을 방불케 옥상에서 총격전을 벌이고 있는 한국인 젊은이들 그리고 십여 년 동안 온 식구가 모든 즐거움을 희생해 가면서 모아놓은 재산 전부가 하루저녁에 잿더미로 변하는 참변을 당하면서 분노와 허망에 울부짖는 한국인 부인네들, 이 모든 이들의 영상이 아직도 눈에 선하게 느껴집니다. 비록 2년의 시간이 흘렀어도 마음과 재산의 상처는 치유되지 못한 채, 종족과 종족 사이의 갈등, 많은 단체들 사이의 갈등 그리고 나아가서는 이민생활의 궁극적 의미에 대한 질문으로 오래오래 남아 있을 것으로 우려됩니다.

4·29는 우리에게 참으로 많은 질문을 던져주고 있습니다. 과연 그처럼 온 식구가 모든 즐거움과 휴식을 희생하면서까지 부의 축적을 위해 노력하는 것이 좋은 일인가? 우리들은 왜 흑인들로부터, 또 라틴 계통의 사람들로부터 그런 참변을 당해야만 했는가? 백인들은 아무 책임도 없는가? 어떻게 해야만 이 미국사회에서 떳떳하게, 억압당하지 않고 살아갈 수 있을까? 꼭 미국에서 살아야만 되는가? 한국으로 돌아가는 것이 현명하지 않을까? 도대체 산다는 것이 무엇이기에 연속극의 제목처럼 "억새 인생"을 살아야 되는가? 이러한 질문은 누구나 하는 질문입니다. 교포신문, 라디오, TV 등에서도 이미 많이 토의된 바 있습니다. 그리고 박승호 교수, 김진형 목사 그리고 김찬희 교수께서도 4·29 참변의 정치적·경제적 그리고 역사적 측면에 관해 통찰력있는 분석과 조명을 해주셨습니다.

제가 여기서 묻고자 하는 것은 한 걸음 더 나아가서 우리의 신앙, 특히 예수님의 죽으심과 부활에 대한 우리의 신앙과 4·29 참변과의 관계는 무엇인가 하는 것입니다. "4·29"라는 역사적 사건의 신학적 의미는 무엇이겠습니까? 저는 이 질문에 답변하기 위해 세 부분으로 나누어 문제를 토론하고자 합니다. 첫째로 신앙과 역사의 관계를 논하고, 둘째로 4·29의 역사적 의미를 음미하며, 셋째로 그러한 역사의 신학적 의미를 성찰할까 합니다.

첫째로, 신앙과 역사의 관계부터 논하려는 이유는 아직도 많은 신자들과 목회자들이 신앙을 개인적·내면적·초월적 차원에서 "나" 개인의 "영혼"과 "하느님"만의 관계로 해석하고 신앙의 사회성·공공성·정치성, 다시 말해 신앙의 역사성을 망각함으로써 사회의 온갖 부정 부패를 방조하거나 때로는 조장하는 개인주의적·반사회적 신앙에 빠지는가 하면, 그러면서도 마치 그것이 올바른 신앙인 것으로 착각하고 있기 때문입니다. 신앙과 역사의 관계를 논함으로써 역사를 떠나서는 신앙을 논할 수 없고, 또 신앙을 떠나서는 역사를 논할 수 없는 그리스도론적 관점을 제일 먼저 밝히고 확인해야 되겠습니다. 그렇지 않고 4·29라는 역사적 사태의 신학적 의미를 논하는 것은 의미없는 일입니다.

둘째로, 4·29 참변의 역사적 의미를 음미해야겠습니다. 4·29 사태는 그저 2년 전에 일어났던 참사가 아닙니다. 이미 그 이전에 작용하고 있던 사회·역사적 조건들의 변증법적 추세 속에 일어난 사건입니다. 따라서 4·29의 의미는 그것이 있게 만든 사회·역사적 조건, 그 조건들 속에 내포되어 있는 충돌과 변화의 역학, 그러한 역학이 의미하는 앞으로의 역사의 추세 그리고 그러한 추세 속에서 우리에게 요구되는 행동과 삶의 방향의 분석 속에서 찾아야 될 것입니다. 4·29의 의미가 4·29 사건 자체에 있는 것이 아니고, 그것을 초월하면서 동시에 그것에 의미를 부여하는 역사적 조건과 그 추세 속에 있다면, 그 의미는 동시에 그러한 추세 속에 그저 객관적으로 이미 "주어진" 것이 아니고, 그러한 추세에 비판적으로 대응하는 행동과 삶을 통해 주체적으로 "만들어져야" 하는 것이기도 합니다. 역사의 의미는 이미 운명적으로 결정된 것이 아니고, 우리가 집단적으로 어떻게 행동하는가에 따라 좌우될 수도 있기 때문입니다.

셋째로, 이러한 역사적 의미의 신학적 의미는 과연 무엇인지를 물어야 될 것입니다. 신학적 의미란 신앙의 입장에서 본 사건의 의미를 말합니다. 삼위일체이신 하느님께서 온누리를 구원하시려는 역사의 과정 속에 특정 사건이 맡고 있는 역할은 무엇인가? 구원과 해방이라는 구세사의 흐름을 적극적으로 촉진하는가 또는 반동적으로 가로막는가? 우리의 구원과 그 특정 사건은 무슨 관계가 있는가? 그 사건 속에서 예수 그리스도의 죽음과 부활의 신비를 발견할 수 있는가? 이러한 질문들이 바로 신학적 의미에 대한 질문이라고 할 수 있습니다. 4·29를 둘러싼 세계사의 흐름 속에서 인류의 구원과 해방을 원하시는 하느님의 뜻을 읽을 수 있을까? 있다면 그 뜻은 구체적으로 무엇일까? 하느님의 지배는 20세기 말엽 미국이라는 남의 나라에서, 그것도 많고 다양한 민족과 문화간의 치열한 경쟁 속에 살아가는 우리들에게, 우리의 그 많은 교회들에게, 그 많은 신자들에게 무엇을 요구하고 있는가? 우리의 삶과 행동은 어떻게 고쳐져야 되는가? 이것은 바로 역사의 하느님을 신봉하는 모든 그리스도 신자에게 던져진 질문입니다.

신앙과 역사

그렇습니다. 우리의 하느님은 역사의 하느님이요, 우리의 신앙은 역사적 신앙입니다. 20세기의 많은 성서학자들과 신학자들이 주장한 대로, 그리스도적 신앙은 자연 법칙의 영원한 회귀 속에 안주하는 자연적 신앙이나 신비주의적 내면생활에 탐닉하는 신비적 신앙이 아니고, 개인의 내면적 차원이나 자연의 영구성을 초월하여 철저하게 구체적 역사의 변화와 충돌 속에서 하느님의 계시를 발견하고 하느님께 충실하려는 역사적 신앙이요, 예언자적 신앙입니다. 우리의 신앙은 우리의 삶의 현장인 역사의 한복판에서 구체적으로 증거되고 실천되어야 하며, 역사를 떠나서, 역사 "밖"에서 또는 역사 "위"에서 그 의미를 찾고자 할 때, 우리의 신앙은 민중의 아편으로 전락하게 됩니다. 비록 우리의 구원이 궁극적으로는 역사를 초월하는 종말론적 구원이라 하더라도, 그러한 구원은 역사"의" 구원을 요청하고 내포하는 것이지, 역사로"부터"의 구원, 다시 말해 역사로부터의 도피를 의미할 수는 없는 것입니다.

역사란 무엇입니까? 역사는 삶의 현장입니다. 그러면 산다는 것은 무엇입니까? 삶이 무엇이길래 우리는 정든 고향을 떠나 수만 리 떨어진 이곳으로 소수민족으로서의 차별과 모욕을 당하면서 모든 즐거움을 희생하며 외롭고 소외된 삶을 살아야 됩니까? 산다는 것은 크게 나누어 세 가지를 추구하는 것이라고 할 수 있습니다. 첫째는 "풍족한" 삶의 추구입니다. 이것은 삶의 가장 필수조건인 물질적·경제적 여건의 확립을 말하는 것입니다. 전통적·이원론적 신앙이나 주지주의적 신학은 인간의 이러한 풍족한 삶의 추구를 단죄하고 경멸해왔습니다. 그러나 어느 정도의 물질적·경제적 조건이 삶 "전체"의 기초임은 말할 필요도 없습니다. 둘째는 "떳떳한" 삶의 추구입니다. 어느 누구에게도 비굴할 필요 없이, 어느 누구에게도 지배당하거나 억압당함이 없이, 남과의 관계에 있어서 자유스럽고 부끄러울 것 없는 삶을 우리는 추구하고 있습니다. 이것은 "압박과 설움에서 해방된" 삶의 정치적 차원을 의미하는 것입니다. 셋째로, 산다는 것은 "보람있는" 삶을 추구하는 것입니다. 이것은 풍족한 경제생활과 떳떳한 정치생활의 기초 위에서 교육, 철학, 종교, 예술 등 창조적 활동을 통해 삶의 초월적 의미를 발견하고 생산하는 것입니다. 19세기 영국의 철학자 밀의 말대로, "만족한 돼지보다 불만족한 소크라테스가 되기를 더 좋아하는" 인간들에게 있어서 이러한 초월적 의미의 추구는 "풍족한" 삶의 추구나 "떳떳한" 삶의 추구 못지않게 삶의 주요 부분을 차지하고 있습니다.

그러나 이러한 삶의 추구는 어디까지나 사회적 상호의존 속에서만 가능하며, 따라서 거기에는 항상 무자비한 생존경쟁과 비인간적 상호착취의 가능성이 존재하고 있습니다. 우리는 혼자서 풍족한 생활에 필요한 여러 가지 소비물을 생산할 수 없고, 우리는 혼자서 떳떳한 생활에 필요한 정의로운 법체계나 기본인권의 보호기구를 설립할 수 없으며, 우리는 혼자서 보람있는 생활에 필요한 문학·교육·종교·예술 등을 창조할 수 없습니다. 우리는 이 모든 면에 있어서 철저하게 상호의존적인 존재입니다. 그리고 우리는 우리의 의도적·개인적 결장에 관계없이 상호의존적 유대의 전체라고 할 수 있는 특정 사회 속에 이미 던져진 존재들입니다. 이것은 곧 모두가 필요로 하는 삶의 여건을 담보로 남을 지배하고 억압하고 착취하는 상호의존의 부정적 형태의 가능성을 시사하는 것이며, 거기에는 또한 억압적 상호의존을 초극하여 "모든 이의 모든 이에 대한 전쟁"에서 모든 이를 해방하고 상호의존의 긍정적인 형태, 즉 상호연대solidarity의 여러 가지 모습을 구체화하려는 투쟁도 있게 마련입니다. 이미 주어진 특정한 사회적 여건 속에서 많은 다양한 개인들과 집단들이 서로 충돌하고 변화하면서 동시에 덜 억압적이고 더 해방적인 상호의존의 형태를 추구하는 것, 이것이 바로 삶의 현장이요, 이것이 바로 인간의 역사라고 하겠습니다.

지금까지의 인류 역사는 투쟁과 착취의 역사이며, 인류의 대부분인 가난한 이들·여자들·못 배운 이들은 이 역사의 희생자들입니다. 얼마나 많은 여자들이 입에 풀칠하기 위해 식민지 점령군에게 몸을 팔아야 했고, 얼마나 많은 서민들이 지배계급의 법이 무서워 종의 설움을 감수해야 했으며, 얼마나 많은 민족들이 경제적·군사적 식민주의와 제국주의의 철권정치 밑에서 신음했습니까? 지금까지 인류의 절대다수는 역사의 맨 밑바닥에서 압박과 설움 속에 살다가 풀 수 없는 한을 남기고 억울하게 죽어간 사람들입니다. 얼마 전에 많은 이가 애청한 "일출봉" 이야기는 인간들이 인위적으로 만든 계급사회의 악독성을 극명하게 고발함과 동시에, 더 풍족하고 떳떳하며 보람있는 인간다운 사회질서에 대한 열망을 묘사하고 있습니다. 우리가 극소수인 지배계급의 입장에서가 아니고 역사의 절대다수인 희생자들의 입장에서 인류 역사의 변천 과정을 관찰하고 평가한다면, 지금까지의 역사는 참으로 압박과 설움의 역사요, 못 푼 한의 역사이며, 또한 해방에 대한 열망이요 정의에 대한 절규라고 하겠습니다.

이러한 설움의 역사, 해방에 대한 열망 그리고 정의에 대한 절규와 우리의 신앙은 무슨 관계가 있습니까? 그리스도 신앙의 선조들인 이스라엘 사람들은 다음과 같이 그들의 신앙을 고백하고 있습니다:

제 선조는 떠돌며 사는 아람인이었습니다. 그는 얼마 안 되는 사람을 거느리고 에집트로 내려가서 거기에 몸부쳐 살았습니다. 그러나 그는 거기에서 불어나 크고 강대한 민족이 되었습니다. 그래서 에집트인들은 우리를 억누르고 괴롭혔습

니다. 우리를 사정없이 부렸습니다. 우리가 우리 선조들의 하느님 야훼께 부르
짖었더니, 야훼께서는 우리의 아우성을 들으시고 우리가 억눌려 고생하며 착취
당하는 것을 굽어살피셨습니다. 그리고 야훼께서는 억센 손으로 치시며 팔을 뻗
으시어 온갖 표적과 기적을 행하심으로써 모두 두려워 떨게 하시고는 우리를 에
집트에서 구출해 내셨습니다. 그리하여 우리를 이곳으로 데려오시어 젖과 꿀이
흐르는 이 땅을 우리에게 주셨습니다(신명 26,5-9).

이 고백은 민족들의 이동, 이민생활, 경제적 그리고 정치적 성장, 정치·경제
적 압박, 하느님께 대한 종교적 탄식, 정치적·경제적·군사적 이동과 해방 그
리고 새로운 땅에로의 이민과 정복 등 구체적·역사적 사건들을 이야기하고 있
습니다. 다시 말해 이 고백은 정치와 종교를 서로 관계없는 것으로 여기는 우
리의 전통적 이분법적 사고방식과는 정반대로, 당대의 세계사적 추세 속에서,
이민생활의 구체적 환희와 비애 속에서, 정치·경제적 투쟁, 압박 그리고 해방
속에서 종교적 의미, 즉 하느님의 뜻을 식별하려 하고 있습니다. 이스라엘의
신앙은 역사의 한복판에서 생겨나서 그 추세에 민감하고 책임있게 응답하면서
성장하는 그런 신앙이었습니다.

그렇기 때문에 출애굽기의 해방과 가나안 복지에서의 정착 이후에도 그들은
계속적으로 세계사적 또는 민족적 차원에서의 정치·경제 또는 군사적 사건 속
에서 하느님의 구원 의지를 식별하고, 그에 대한 응답 속에서 그들의 종교적 사
명을 발견했습니다. 다윗 왕조의 창립과 그 흥망성쇠 과정, 에집트·아시리아·
바빌로니아·페르샤·헬레네 제국 그리고 로마 제국 등 당대 초강대국들의 제국
주의적 투쟁과 그 성쇠 과정, 예루살렘의 함락·성전의 파괴·바빌로니아에로의
포로생활과 예루살렘에로의 귀환, 공동체 재건 사업, 강요되는 헬레네 문화에
대한 반발과 독립전쟁 등, 이러한 것들은 기원전 천 년 동안 이스라엘 사람들이
그 속에서 하느님의 뜻을 발견하고자 한 굵직한 역사적 사건들입니다.

이스라엘의 신앙은 이러한 역사적 맥락 속에 그 구체성을 유지하면서 동시에
그 역사 속에서 하느님 해방의 의지에 거역하는 모든 것을 고발하는 "예언자

적"신앙으로 발전했습니다. 자기의 부하 우리야 장군을 최전방에 보내어 죽게 하고 그 아내 바쎄바를 자기의 아내로 삼은 다윗 왕을 정면으로 단죄하는 나단 예언자에서부터, 없는 이들에 대한 착취를 일삼는 지배계급의 정치·경제적 부정과 부패를 고발하는 아모스와 이사야, 바빌로니아 포로생활 중 실의에 빠져 있는 동족들에게 해방의 가능성을 시사함으로써 그들에게 희망과 위로를 주는 제2 이사야와 에제키엘, 2세기의 시리아에 대한 독립전쟁 중 동족들을 격려하고 새로운 시대의 도래를 선포하는 다니엘에 이르기까지, 예언자적 신앙은 역사에서 도피하지 않고 철저하게 역사의 모순과 충돌과 긴장 속에서 하느님 야훼의 구원의지를 선포하고 그에 충실하려는 신앙이었습니다.

이스라엘의 신앙은 이와같이 역사의 한복판에서 성장하고 단련된 신앙일 뿐 아니라, 또한 역사의 "밑바닥"underside에서의 신앙이기도 합니다. 다시 말해, 그것은 역사의 모순과 충돌에 희생되어 역사의 맨 밑바닥으로 던져진 역사의 희생자들, 즉 "억눌린 자"·"굶주린 자"·"묶인 자"·"앞 못 보는 자"·거꾸러진 자"(시편 85)·가난한 이·과부·고아·나그네 들의 믿음과 희망을 표현하는 것이기도 합니다. 얼마나 많은 시편들과 예언서들이 "없는 이들"에 대한 "있는 이들"의 억압, 횡포, 착취를 고발하고 있습니까? 얼마나 많은 시편들이 "없는 이들"의 한탄과 "있는 이들"에 대한 저주를 말하고 있습니까? 또 얼마나 많은 시편들과 예언서들이 정의의 궁극적 승리와 새로운 세상의 도래를 노래하고 있습니까? 얼마나 억울했으면 "하느님, 저 피에 주리고 사기치는 자들이 제 목숨 절반도 못 살고 땅 속 깊은 곳에 빠져들게 하소서"(시편 55) 하고 기도했을까요?

이스라엘의 신앙은 이러한 역사적 극한 상황을 통해 하느님을 개념하고 정의합니다. 이스라엘의 하느님 정의는 추상적·철학적 개념에 의한 정의(즉, "전능", "전지", "스스로 존재하는 자", "온전히 정신적인 존재", "어디서나 존재하는 분" 등)가 아니고 역사를 통하여, 특히 그 극한 상황을 통하여 그 밑바닥으로부터 정의된 것입니다. 그러기에 하느님은 항상 "에집트의 노예생활에서 이스라엘을 해방하신 분"으로 기억되었고, "권세 있는 자들의 손아귀에서 약한 사람을, 수탈하는 자들에게서 가난한 이를 구하시는 분"(시편 68)으로, 다시 말해 구체적인 역사의 범주를 통해 온갖 억압으로부터의 이스라엘의 "해방자"로 정의되었습니다.

  이스라엘 신앙의 이러한 역사성은 우리들이 주님이요 그리스도로 고백하는 나자렛의 예수님께도 그대로 적용됩니다. 그분은 이사야서 61장의 말씀을 인용하여, 자기의 사명을 "가난한 이들에게는 기쁜 소식을 전하는" 것으로 정의했습니다. 그것은 "사로잡힌 이들에게 해방을, 눈먼 이들에게 눈뜰 것을 선포하며 억눌린 이들을 풀어 보내고 주님의 은혜로운 해를 선포하는"(루가 4,18-19) 것이었습니다. 예수께서 선포하신 하느님 나라가 가난한 이들에게는 "기쁜" 소식이었지만, 있는 이들에게는 "슬픈" 소식이기도 했습니다. 그분은 당대의 "밑바닥" 인생들, 즉 가난하고 못 배우고 천대받는 많은 이들과 어울렸고, "세리들과 죄인들의 친구"라고 비판을 받았습니다. 그분은 이처럼 말과 삶의 전체를 통해 당대의 지배계급인 대사제들, 율법학자들 그리고 바리사이파 사람들을 고발하고, 심지어는 정치·경제·종교의 중심인 성전에서 상인들을 쫓아냄으로써 지배체제에 정면으로 도전했으며, 그 결과 정치범으로, 특히 국가 보안사범으로 십자가형을 언도받으셨습니다. 그분은 역사 한복판에서 그 역사의 모든 모순과 부정을 어깨에 메시고 수많은 무명의 희생자들과 함께 역사의 희생자로 숨을 거두셨습니다.

  이상에서 고찰한 바를 신학적으로 종합하여 결론을 내린다면, 신앙과 역사의 관계에 대해 다음과 같이 말할 수 있을 것입니다. 첫째로, 우리의 신앙은 성서적으로 보나 또는 철학적 인간학의 입장에서 보나, 역사의 구체적 상황을 떠나서 존재할 수 없으며, 따라서 신비주의적 신앙이나 개인주의적 신앙은 진정한 그리스도적 신앙일 수 없습니다. 역사는 모순과 충돌의 현장이며, 그 모순과 충돌 속에서 우리는 하느님의 구원과 해방의 의지를 식별해야 합니다. 둘째로, 우리는 억압받는 이들의 관점에서 역사의 모순을 분석하고, 더 풍족하고 떳떳하며 보람있는 삶에 대한 그들의 절규와 투쟁 속에서 하느님의 뜻을 발견하고 그에 헌신해야 합니다. 셋째로, 이러한 역사와 삶의 구체적 투쟁에 헌신하는 것이 바로 십자가를 지는 것이요, 예수의 죽으심에 참여하는 것입니다. 예수님의 십자가는 역사의 온갖 모순과 그 모순을 극복하려는 모든 역사적 투쟁의 가장 구체적 상징이며, 종말론적 부활의 역사적 필수조건이기 때문입니다. 우리의 신앙은 역사를 떠나서, 또 역사 속의 십자가를 떠나서 존재할 수 없습니다. 우리의 모든 설교도, 우리의 모든 미사도, 우리의 모든 예배도, 역사를 외면하고 역사의 십자가로부터 도피한다면, 그런 것들은 한갓 "울리는 징과 요란한 꽹과리"에 지나지 않을 것입니다. 우리는 결코 역사에서 도피할 수 없습니다. 우리의 유일한 대안은 역사 한복판에서, 그 투쟁과 모순 속에서, 구원과 해방의 징표를 발견하고 그것에 헌신하는 것입니다.

4·29의 역사적 의미

역사의 구체적 상황 속에서만 신앙의 참 의미를 발견할 수 있다면, 우리는 4·29의 신학적 의미를 논하기 전에 그 역사적 의미부터 음미해야 되겠습니다. 4·29는 그저 우발적인 사건이 아니고 이미 오래 전부터 작용해 오던 여러 가지 역사적 상황과 조건의 폭발적 표현이며, 그것은 또한 우리에게 무엇인가를 요구하고 있습니다. 4·29의 맥락이 되는 역사적 상황이 어떤 것인지, 그런 상황 속에 내포되어 있는 모순은 무엇인지, 또 그런 모순을 해소하는 데 어떤 변화가 요구되는지 등을 규명하는 것이 4·29의 역사적 의미를 캐는 것이라고 할 수 있겠습니다.

첫째로, 가장 겉으로 드러난 역사적 상황부터 말한다면, 4·29는 다민족·다문화 사회의 내적 갈등이 표면화한 것이라고 말할 수 있겠습니다. 세계의 어느 나라나 어느 곳보다도, 또 미국 역사상 그 어느 때보다도 20세기 말엽의 로스 앤젤레스는 인종과 언어와 문화의 세계적 박람회라고 할 수 있을 정도로 많은 민족들과 문화들이 충돌과 오해 속에서 공존을 모색하고 있습니다. 남가주는 다양한 여러 인종들의 공존의 시험대이며, 모든 민족들이 지구촌의 일원들로 서로 섞여가는 세계사의 가장 전초지라고도 할 수 있습니다. 따라서 언어와 문화, 전통과 역사를 달리하는 민족들이 같은 공간에서 서로 작용할 때, 어느 정도의 충돌과 갈등은 하나의 필연이라고 할 수 있을 것입니다.

그리고 이러한 문화적 충돌과 갈등은 우리들에게 어떻게 문화적 다양성을 수용하고 존중하면서 다른 민족들과의 공존("남들의 연대")을 이룩할 수 있는가의 문제와 도전을 던져주고 있다 하겠습니다. 인간은 누구나 자신을 절대화하고 모든 "타자"를 자신에게 종속시키고자 하는 욕망이 있습니다. 이것은 집단에게도 해당되는 말입니다. 모든 집단들도 개인들과 마찬가지로 스스로를 폐쇄시키고 절대화하려는 욕망을 가지고 있습니다. 다른 민족들에게 스스로를 개방하고 그들을 이해하려고 하기보다는 "끼리끼리" 살기를 더 좋아합니다. 특히 "단일민족"의 신화를 굳게 믿고 있는 한국인들에게는, 스스로의 문을 열고 상호존중의 틀 속에서 공존·공영의 길을 모색한다는 것은 커다란 도전이며, 따라서 엄청난 의식개혁을 요구하고 있습니다. 왜냐하면 그것은 우리가 모든 편협하고 옹졸한 민족주의에 "죽고" 타자에게로 열려진 새로운 삶을 "사는 것"이기 때문입니다. 폐쇄적 민족주의는 포기되고 죽어야 합니다. 이것이 4·29의 첫번째 역사적 의미라고 생각됩니다.

둘째로, 4·29의 역사적 상황은 정치·경제적 억압과 투쟁의 상황이요, 따라서 그것은 오직 사회정의의 실천을 통해서만 해소될 수 있는 모순을 내포하는 것이라 하겠습니다. 인종의 다양성은 문화나 언어의 다양성을 내포할 뿐 아니라, 동시에 정치적·경제적 권력의 상이성을 내포하기도 합니다. 인종들간의 차이는 그저 전통이나 종교나 언어의 차이가 아니요 권력의 차이일 수도 있으며, 권력의 차이는 곧 있는 자와 없는 자의 대립과 충돌로 표면화하게 마련입니다. 이 점에 있어서 우리는 다양성의 두 가지를 명확히 구별할 줄 알아야 하겠습니다. 다양성의 한 가지는 권력과 힘의 차이에서 유래하는 것으로, 이러한 다양성은 빈부의 차이, 귀족과 천민의 차이에서 보는 것처럼, 있어서는 안되는 "억압적" 다양성이고, 다른 한 가지는 힘의 차원을 넘어 서로의 삶을 다채롭고 풍요롭게 해줄 수 있는 "해방적"·건설적 다양성이라고 하겠습니다. 현재의 문화적 다양성은 그저 건설적·해방적 다양성이라고만 말할 수는 없습니다. 그것은 많은 경제적·정치적 다양성, 즉 권력의 차이와 권력에 의한 억압을 숨기고 있기도 한 것입니다. 그러나 사회정의를 통한 경제적·정치적 권력의 차이를 제거하지 않고 인종간에 건설적 다양성이 꽃피기를 기대할 수는 없을 것입니다. 한인과 흑인의 충돌은 첫째로 상이한 문화의 충돌이라기보다 없는 자와 있는 자의 경제적 충돌이었으며, 이러한 충돌은 한인이나 흑인 모두가 소수민족들로서 백인 지배의 자본주의 사회에서 공동의 희생자들이라는 것을 고려할 때, 더욱더 안타까운 일임을 알 수 있습니다. 흑인들은 한인들의 적이 아니요 투쟁의 동지들이며, 그들에 대한 사회정의의 확립은 공존·공영의 기본 조건임을 인식해야 할 것입니다.

셋째로, 이러한 문화적 다양성과 정치·경제적 차이성의 세계사적 의미는 무엇인지 물어야겠습니다. 어떻게 하여, 무슨 이유로, 어떤 조건에서 그 많은 인종들이 이곳에 모여 충돌·오해 그리고 차별과 억압까지 마다 않고 같은 공간에서 공존을 모색하고 있습니까? 한인들이 미국에 온 것은 흑인들이 좋아서입니까? 흑인들이 미국에 온 것이 백인들이 좋아서입니까? 또 설혹 서로 좋아한다 하더라도 이백 년 전의 로스앤젤레스로 그 많은 사람들이 서로 모였겠습니까? 아니면 무엇이 그 많은 인종들을 함께 모여 살게 하고 있습니까? 그것은 바로 자본주의와 기술문명의 세계사적 역학의 결과라고 말하고 싶습니다. 흑인들이 미국에 온 것은 스스로 오고 싶어서 온 것이 아니요, 자본주의 경제가 요구한 값싼 노동의 필요에 따라 강제로 끌려온 것임은 잘 알려진 사실입니다. 또 중남미의 많은 라틴 계통 사람들이 이곳에 모인 것도 미국의 자본주의 정책이 지원한 독재자들의 정치적 박해와 경제적 핍박의 결과이며, 다른 민족들의 경우에도 이곳의 자본주의적 노동시장이 저들의 노동을 필요로 하기 때문일 것입니다. 이뿐 아니라 자본주의와 기술문명은 점진적으로 전세계를 기술·시장·자원 등 여러 면에서 상호의존의 유대 속에 "하나"인 세계로 만들고 있으며, 또 비슷한 상업문명의 전파를 통해 "하나"인 문화권을 형성하고 있습니다. 19세기에 칼 마르크스가 이미 말한 바와같이, 자본주의는 이 세상의 "모든 만리장성을 허물고 있다"고 하겠습니다. 남가주의 문화적 다양성과 정치·경제적 갈등의 문제는 바로 자본주의와 기술문명의 영향 밑에서 전세계가 경제·정치·문화 면에서 "하나"로 되어가는 추세의 한 표현이라고 볼 수 있을 것입니다.

싫든 좋든 전세계는 지금 자본주의와 기술문명의 주도하에 "하나"가 되어가고 있습니다. 그것은 모든 지역과 인종들의 점증하는 "상호의존"과 문화적 "동질성"으로 표현되고 있습니다. 그리고 이것은 동시에 우리들에게 두 가지의 도전과 과제를 던져주고 있다 하겠습니다. 자본주의의 "상호의존"은 "주인과 노예"의 상호의존처럼 경제적·정치적 지배와 착취를 수반하고 있으며, 자본주의 문화의 "동질성"은 창조적·건설적 다양성을 파괴하고 있습니다. 전세계가 "하나"의 세계로 되어감은 원칙적으로 긍정적인 현상으로 보아야 하겠습니다. 그러나 우리들은 동시에 이러한 단일화의 과정에서 한편으로는 상호의존의 필연성을 경제적·정치적 착취 없는 상호유대 또는 상호일치의 기회로 발전시키고, 또 한편으로는 강요되는 상업주의의 동질성에 반대하여 창조적 다양성을 보호하고 육성할 수 있는 방법을 모색해야 될 것입니다. 다시 말해, 어떻게 하면 하나가 되어가는 현대사의 추세 속에서 서로의 문화적 다양성을 인정하고 존중하면서 동시에 우리의 상호의존을 인정하고 누구나 풍족하고 떳떳하며 보람있게 살 수 있는 경제질서·정치체제, 그리고 문화제도를 창조하느냐 하는 것이 바로 4·29의 세계사적 의미요 요구라고 하겠습니다.

4·29의 신학적 의미

그러면 이러한 세계사적 추세와 그 요구하는 바의 신학적 의미는 무엇이겠습니까? 우리는 이미 신앙과 역사에 관한 고찰에서 신앙의 역사성을 강조해 왔습니다. 우리는 어디까지나 역사 속에서 하느님의 계시를 찾고, 그 역사의 모순 속에서, 특히 그 모순의 희생자들에 대한 "우선적인 사랑"에서 하느님의 해방적 의지를 발견하며, 그러한 사랑에 헌신하는 것이 모든 그리스도 신자들의 소명이요, 예수님의 십자가와 부활에 참여하는 것이라고 했습니다. 그러나 우리는 여기서 4·29의 신학적 의미를 논하기 전에 우리의 신앙 내용에 대해 좀더 제시할 것이 있습니다. 그것은 우리의 신앙의 본질이 삼위일체이신 하느님에 대한 신앙이라는 것입니다. 하느님께서는 역사를 통하여, 특히 예수님의 죽으심과 부활을 통하여 자기 자신이 삼위일체의 하느님이심을 나타내셨고, 천지창조에서부터 역사의 종말에 이르기까지, 모든 역사는 삼위일체이신 하느님의 지배 속에 있음을 알려주셨습니다.

그러면 삼위일체이신 하느님이 어떤 분이신지, 전통적인 교리와 성서를 통하여, 잠시 묵상해 보기로 하겠습니다. 구원의 구체적 역사 속에 "성부"·"성자" 그리고 "성령"의 세 위격person으로 스스로를 계시하신 하느님은, 영원으로부터 서로 다양하고 상이한 위격체이면서도 그 사이에는 완전한 자기비움kenosis, 완전한 자기나눔koinonia 그리고 완전한 서로의 껴안음perichoresis이 있기 때문에, 세 분의 하느님이라고 하지 않고 하나의 하느님이라고 할 정도로 완전한 다양성 속에서 완전한 일치와 결합을 이루고 계신 사랑의 신비요, 나눔의 신비라고 하겠습니다. 그리고 자신의 이러한 사랑과 나눔의 신비에 참여시키기 위해 창조한 "타자"가 바로 모든 피조물들이요 인간들입니다. 따라서 하느님의 삼위일체적 결합은 모든 인간 공동체의 근원이요 목적이라 하겠습니다.

"성부"께서는 자기의 영원한 "아들"이요 완전한 "형상"eikon이신 그리스도를 통해 만물을 창조하고 구원하십니다. 그리스도는 "모든 피조물의 맏이"(골로 1.15)요 "많은 형제 가운데 맏아들"(로마 8.29)로서 모든 창조의 원형이요 목적이십니다. 모든 인류는 "그 아드님의 친교koinonia에로"(1고린 1.9), "당신 아드님의 모습과 한 모양이 되도록"(로마 8.29), 또 "예수 그리스도를 통해 우리가 당신 아들 자격을 얻도록"(에페 1.5) 부름받았습니다. 다시 말해, 모든 인류와 모든 피조물은 그리스도 안에서 하느님과 또 서로서로 사이에 원초적 연대성을 지닌다 하겠습니다. 마치 죄악과 죽음의 연대로 말미암아 "아담 안에서 모든 이가 죽듯이"(1고린 15.22), 그리스도와의, 또 그리스도 안에서의, 모든 이의 연대성은 삶의 연대요, 또한 부활의 연대이기도 합니다. "죽은 이 가운데서 맏이신 분"(골로 1.18)인 "그리스도 안에서 모든 이가 살아날 것이기"(1고린 15.22) 때문입니다.

나자렛의 예수님은 가장 구체적인 역사적 상황 속에서 정의와 평화와 사랑이 지배하는 하느님 아버지의 나라를 선포하시고, 누구나 율법과 재물과 권력의 구속에서 벗어나 떳떳하고 보람있는 삶을 살 수 있는 새로운 사회의 모습을 제시하셨으며, 그러한 과정 속에서 그분은 당대의 지배계급, 특히 고대세계의 가장 힘센 제국이었던 로마 정치권력에 의해 정치범으로 십자가에서 숨을 거두심으로써 한편으로는 "성부"께 대한 아들로서의 완전한 사랑과 순명을 보이셨고, 또 다른 한편으로는 역사의 맨 밑바닥 인생들에 대한 특별한 사랑을 통해 인류에 대한 연대를 가장 구체적으로 나타내셨다고 할 수 있습니다. 그분은 율법에 의해 처벌받으심으로써 율법주의의 모든 희생자들의 고통에 동참하셨고, 또한 정치권력에 의해 처형되심으로써 모든 억압받는 이들의 고통에 동참하셨으며, 심지어 하느님 "아버지"로부터도 버림을 받으심으로써 인생에 대한 절대적 실망과 소외에 시달리는 모든 희망이 없는 이들의 고통에 동참하셨습니다. 진정으로 그분은 "우리 모두"의 죄의 짐을 지셨고, 우리 죄의 용서를 위하여, 또 모든 죄악으로부터의 해방의 가능성을 보여주시기 위하여 죽고 부활하신 것입니다.

그러나 현대신학자 몰트만이 주장한 대로, 예수님의 십자가 처형은 예수님만의 사건이 아닌, 삼위일체적인 사건입니다. 오직 삼위일체이신 하느님을 통해 십자가의 죽으심을 이해할 수 있고, 또 십자가를 통해서만 삼위일체의 신비를 구체적으로 이해할 수 있기 때문입니다. 아들 예수님의 처형을 통해 아들을 버리시기까지 인류를 사랑하신 성부의 자비, 아들의 고통 속에 동참하신 성부의 사랑, 그리고 아들로 하여금 십자가상에서 자신을 아버지께 바치도록 아버지와 아들을 하나로 묶어주시고, 죽음으로부터 아들을 되살림으로써 모든 이의 부활의 원천이요 징표가 되게 하신 성령 등 삼위일체적인 하느님의 활동에 의해 예수님의 죽으심과 부활은 그 신학적인 의미를 지니게 되고, 또 삼위일체이신 하느님은 바로 역사 한가운데서, 역사 맨 밑바닥에서 역사의 고민과 모순을 어깨에 짊어지신 아드님 예수의 죽음과 부활을 통해 그 구체적 역사성을 얻게 된다 하겠습니다.

예수님의 수태에서부터 십자가에서 돌아가시고 부활하실 때까지 예수님의 "영"으로서 예수님으로 하여금 아버지의 왕국을 위한 구세사업에 헌신케 하신 성령은, 영원한 삼위일체 속에서 성부와 성자의 사랑의 유대인 것처럼 역사 속에서도 모든 인류가 아들이신 예수님을 닮아 예수님의 죽으심과 부활에 참여하고, 예수님 안에 아버지의 아들딸로 거듭남으로써 소외된 인간들이 예수님 안에 하나를 이루고 예수님을 통해 아버님께 찬미와 영광을 드리도록 화해와 일치의 작업을 계속하고 계십니다. 성령께서는 "조문들로 된 계명의 율법을 철폐하고 평화를 이룩하여 당신 안에서 둘을 새로운 하나로 삼으신"(에페 2.14) 예수님을 본받아, 유대인과 이방인의 인종적·종교적 차별, 남과 여의 성적 차별, 자유인과 노예의 경제적·정치적 차별, 할례받은 이와 안 받은 이의 형식적 차별 등(갈라 3.28), 인간의 모든 억압적 요소를 철폐하고 그리스도 안에 하나가 되어 하느님의 아들딸로서 하느님과 화해하고, 그렇게 함으로 아버님께서 "모든 것 안에서 모든 것이 되도록"(1고린 15.28) 역사하고 계십니다. 다시 말해 성령께서는 모든 인류와 피조물들이 역사의 모순, 소외, 억압, 장벽 등을 헐어버리고 삼위일체의 사랑 속에 참여하도록 이끌고 계십니다.

창세기 11장에 나오는 바벨탑 이야기와 사도행전 2장에 나오는 성령강림 설화는 우리에게 많은 시사를 주고 있습니다. 하느님께서 지정해 주신 땅에 살지 않고, 하느님의 뜻을 거역하여 하늘에까지 닿을 수 있는 탑을 쌓아 인간들의 이름을 날리고 또 서로 함께 살도록 인간들이 결정하자, 하느님께서 인간들의 말을 뒤섞어놓아 서로 못 알아듣고, 또 서로 흩어져 살도록 하셨다고 적혀 있습니다. 인간의 문화적·언어적 다양성은 죄의 결과라는 의미입니다. 그리고 실제로 그것은 억압과 차별의 많은 죄악을 생산하는 죄의 원인이기도 했습니다. 이와는 달리 우리들에게 종말론적 새로운 질서를 알려주는 성령강림절의 설화에서는 세계 각국에서 모인 이들이 서로 자기네 말을 하면서도 그것이 상호오해와 차별의 걸림돌이 되지 않고, 오히려 상호소통과 결합의 계기가 되었다는 것을 말하고 있습니다. 성령의 역사를 통해 부정적·억압적 다양성이 지양되어 긍정적·해방적 다양성의 모습을 지니게 됨을 암시하고 있습니다. 어떻게 바벨탑의 현상을 성령강림의 기적으로 변화시키느냐 하는 것이 삼위일체적 삶의 과제라고 할 수 있겠습니다.

현대신학 방법의 하나는 "상관의 방법"method of correlation이라고 합니다. 즉, 그리스도 신앙의 원천인 성서와 전통의 가르침과 현대의 역사적 상황을 "서로 연관시켜" 현대세계에서 우리가 믿고 행할 바를 규명하자는 것입니다. 현대의 역사적 상황과 무관한 가르침은 복고적 신앙이요, 역사의 구체성 속에서의 구원과 해방의 책임을 회피하는 도피적 신앙이라 하겠습니다. 그러나 성서의 가르침이나 전통과 무관한 가르침은 아무리 현대적 상황에 맞는다 하더라도 그리스도적 신학이라고는 할 수 없을 것입니다. 역사적 신앙으로서의 성격에 맞게 신학은 시대성과 전통성을 함께 구비해야 한다는 것이 많은 신학자들의 의견이며, 따라서 전통의 가르침을 현대의 상황 속에서 "다시 읽고" 또 현대의 상황을 성서의 가르침을 통해 조명하여 이 두 가지를 종합해야 한다는 것입니다.

우리는 위에서 4·29의 역사적 상황과 그리스도적 신앙의 내용을 개관해 보았습니다. 4·29의 역사적 상황은 필연적으로 기술문명과 자본주의의 주도하에 많은 종족과 문화들이 상호의존적으로 "하나"가 되어가는 과정에서 상업주의적 동질성에 반대하여 진정한 다양성을 보호·육성하고, 자본주의에서 필연적으로 파생되는 경제적·정치적 억압과 차별을 지양하여 다양성 속에서도 함께 살 수 있는 평등적 정치·경제 질서의 창조를 절실하게 요청하고 있다고 하겠습니다. "하나"가 되어가는 역사의 추세가 억압과 차별에 의한 하나가 아니요, 정의와 연대에 의한 하나가 되도록 유도하는 것이 바로 현대사의 요구요 과제라 했습니다. 또 우리가 개관한 신앙은 역사를 책임지는 신앙으로서, 역사의 모든 인위적 장벽을 허물고, 정의와 화해의 하느님 나라를 선포하시고 실천하시다가 십자가에 처형되시고 부활하신 예수 그리스도를 우리의 현대적 상황에서 본받고 그의 죽으심과 부활하심에 참여함으로써, 삼위일체적 사랑과 그 요구에 응답하는 신앙이라고 말했습니다.

그러면 십자가와 부활을 정점으로 하는 역사적 삼위일체의 관점에서 현대의 역사적 상황이 안고 있는 고민과 모순을 관찰할 때, 또 그러한 모순과 고민의 관점에서 우리의 전통적 신앙을 다시 평가할 때, 우리는 어떠한 결론을 내려야 되겠습니까?

세계의 다양한 인종들과 문화들이 싫든 좋든 경제적으로, 정치적으로 함께 살며 하나가 되는 길을 모색하고 있다는 것은 그것이 비록 자본주의와 기술문명의 구조하에 이루어지는 것이라도, 그것은 궁극적으로 모든 인류들이 예수 그리스도 안에서 하나가 되기를 원하시는 하느님의 섭리와 일치하는 것이라고 생각합니다. 모든 인종들의 상호의존의 세계사적 추세는 동시에 인류의 종말론적 일치에 대한 역사적 준비요, 삼위일체적 신비에의 초대라고 하겠습니다. 그러나 삼위일체적 삶에의 참여가 예수님의 죽으심과 부활에의 참여 없이는 이루어질 수 없듯이, 현대의 역사적 추세가 동시에 종말론적 의미를 지니기 위해서는 십자가의 처형과 부활이 수반되어야 할 것입니다. 다시 말해 모든 인종들이 그리스도 안에서 종말론적 일치를 이루기 위하여는 진정한 일치를 저해하는 모든 역사적 장벽을 허물어야 하고, 이것은 곧 모든 억압적 체제에 대한 도전과 비판을 의미하며, 이것은 필연코 십자가를 의미하지 않을 수 없습니다. 많은 신자들이 구체적 역사의 모순과 충돌 속에서 십자가를 지시고 부활하신 예수를 본받아 사회정의를 선포하고 실천함으로써 삼위일체적 삶을 증거하고 새로운 사회질서의 확립을 통해 많은 억압받는 이들이 새로운 삶을 경험하게 될 때, 삼위일체의 신앙은 역사 속에서 구체화되고, 또 그렇게 하는 것이 바로 4·29의 신학적 의미라 하겠습니다.

4·29의 실천적 과제

예수님의 죽으심과 부활에 참여하여 역사 속에서 삼위일체의 삶을 증거하고 실천한다는 것은 좀더 구체적으로 우리들에게 어떠한 과제를 던지고 있습니까?

저는 이 점에 있어서 한국 민족으로서의 과제와 그리스도 신자들의 교회로서의 과제를 나누어 생각해 보았습니다.

한국 민족으로서의 첫번째 과제는 소수민족으로서의 실력을 배양하고 정당한 권리를 주장하는 것을 배우는 것입니다. 우리는 소수민족으로서 다른 많은 소수민족이 역사적으로 항상 겪었듯이 미국사회의 주류세력들로부터 차별과 억압을 당할 수 있는 가능성을 항상 지니고 있습니다. 이 점에 있어서 20세기 초엽의 한국 이민자들이나 2차 세계대전 중에 일본계 시민들이 가주 지방에서 당했던 여러 가지 억압과 수모를 항상 기억해야 될 것입니다. 사회가 경제적으로 어려워지면 어려워질수록 지배계급들은 그 책임을 전가할 수 있는 희생양을 찾게 되고, 그 희생양을 역사적으로 소수민족들에게서 발견하게 마련입니다. 지금 당장은 우리가 기본 인권의 보호를 받고 있다고 하여 앞으로도 계속 그렇게 되리라고 낙관만은 할 수 없습니다. 미국사회의 흐름과 여론이 언제, 어떻게 달라질지는 아무도 모릅니다. 겉으로는 대단히 공명한 법치주의 국가인 것 같으면서도 경우에 따라서는 국내의 소수민족이나 또는 다른 나라들에 대해 노예제도나 제국주의적 내정 간섭과 같은 점잖지 못한 짓을 능히 하고도 남는 나라가 미국이라 하겠습니다. 이 점에 있어서 우리는 유대 민족들을 본받아 남이 무시 못할 실력을 배양하고, 우리의 권리를 유효하게 주장할 수 있는 법과 홍보의 능력을 키워야 하겠습니다. 백인들의 동정과 자선에 우리의 운명을 맡길 때는 이미 지났습니다. 우리의 정당한 권익은 오직 우리만이 지킬 수 있습니다.

그리고 이러한 정당한 권익의 보호는 바로 우리의 신앙이 요구하는 것이기도 합니다. 우리가 믿는 하느님은 역사의 하느님이시요, 모든 인간들이 떳떳하게 살기를 원하시는 하느님이시기 때문에, 남을 착취하는 세력가들이나 집단들은 특별히 증오하시고 남에게 억압당하는 가난한 이·과부·고아·이방인 들에게는 특별한 사랑을 보이시는 분이시며, 고대 이스라엘 민족들을 에집트의 노예 생활에서 해방하신 분이기도 합니다. 이 점에 있어서 우리 민족이 일제의 억압에서 신음할 때 민족의 독립과 정당한 권익의 확보를 위해 YMCA 같은 단체를 통해 민족운동에 참여했던 교회의 많은 지도자들이나 단체들은 미국에서 살고 있는 우리들에게도 좋은 교훈이 되어야 한다고 생각합니다. 남이 억압할 때 무조건 참는 것만이 좋은 일은 아닙니다.

한국 민족으로서의 두번째 과제는 객관적 자기비판을 통해 우리의 민족적 고질인 폐쇄성을 탈피하여 다른 인종들과 문화들에 대해서도 우리의 마음을 개방하는 것입니다. 우리는 우리 나름대로의 나쁜 점이 많음을 솔직히 인정하고 고칠 줄 아는 민족이 되어야 할 것입니다. 특히 이 점에 있어서 폐쇄적 사고방식은 역사적 추세를 거스르는 것임을 알아야 하겠습니다. 우리는 어려서부터 "단일민족"임을 자랑스럽게 여기도록 교육받아 왔고, 또 유교적 가족주의에 젖어 "나의 가족", "나의 교회", "나의 지방", "나의 가문", "나의 동문" 등 폐쇄적 집단주의에 나도 모르게 사로잡혀 왔습니다. "나"의 집단에 대해서는 친절하고 상냥하면서도, "남"에 대해서는 사정없이 무례하고 무자비할 수 있는 것이 우리 민족이 아닌가 합니다. 그러나 이제 역사의 추세는 이러한 폐쇄적 집단주의를 더 이상 용납하지 않을 것입니다. 그리고 그것은 또한 모든 민족들이 그리스도 안에 "하나"가 되기를 원하시는 하느님의 뜻에도 어긋나는 것이기도 합니다. 예수님께서는 그 어머니와 형제들이 자기를 찾고 있을 때 "누가 내 어머니며 내 형제들입니까?" 반문하시고 "누구든지 하느님 뜻을 받들어 행하는 이런 이가 내 형제요 자매요 어머니입니다"(마르 3.35)라고 대답하셨습니다. 부모 형제들에 대한 마땅한 사랑과 보살핌의 의무를 인정하면서도 가족주의의 편견을 넘어서, 특히 가장 버림받은 "남"을 가장 정성스럽게 보살피라는 것(마태 25장)이 바로 우리 신앙의 핵심이 아니겠습니까? 우리는 더 이상 "나"와 "우리"만을 아는 우물 안 개구리의 편협과 자만에 안주할 수는 없습니다.

세번째의 민족적 과제는 다른 소수민족들, 특히 우리보다 더 불행한 민족인 흑인들과의 연대의식을 촉진하고, 경우에 따라서는 그들과의 연대 행동에 적극적으로 참여하는 것입니다. 이 세상에는 "나"보다도 더 불행한 사람들이 많이 있듯이, "우리"보다도 더 많은 고통을 받는 민족들이 많습니다. 그러나 우리에게는 과거의 한 많은 역사의 결과로 말미암아 종의 심리가 아직도 남아 있어, 우리보다 잘사는 이들에게는 아첨하고 우리보다 못사는 이들에게는 무시와 학대로 대하는 고약한 버릇이 있습니다. 그래서 백인 미국인들은 높이 보고 흑인들은 무시하고 천대하는 경향이 있습니다. 그러나 우리가 조금이라도 객관적 자기비판의 능력이 있다면, 우리 한국인들도 일제시대에는 일본인들로부터, 한국전쟁 당시에는 미국인들로부터 "게으른 민족", "더러운 민족", "도둑질 잘하는 민족"으로 천대를 당하던 시절이 있었다는 사실을 잊어서는 안될 것입니다.

특히 흑인들과의 관계에 있어서 다음의 세 가지를 지적하고 싶습니다. 첫째로, 이 세상의 여러 민족들 중에서 흑인들처럼 압박과 설움 속에 살아온 민족도 많지 않다는 점을 생각하고, 고통중인 그들과의 특별한 연대의식을 가지도록 노력해야 할 것입니다. 17세기 초엽에 노예로서 미국에 끌려온 후 거의 사백 년 동안 그들이 받아온 인간적인 수모는 우리로서는 감히 상상도 할 수 없는 고통이었음을 우리는 이해하고 그들과 "함께 느낄 수" 있도록 노력해야 할 것입니다. 이것은 인간으로서, 또 특히 억압받는 이들의 편에 항상 서 계시는 하느님을 믿는 그리스도 신자들에게 있어서는 너무나 당연한 요청이라 하겠습니다.

둘째로, 우리가 흑인들에게 특별한 동정을 보여야 된다고 하는 것은 우리도 그들의 민권운동의 혜택을 받고 있다는 것을 인정하고, 그들에게 감사하는 것이기도 합니다. 우리는 마치 지금 우리가 누리고 있는 시민으로서의 평등한 권리를 으레 당연한 권리로 생각하고, 그러한 권리를 법문화하고 제도적으로 보장받기 위해 얼마나 많은 흑인들이 감옥에 가고 죽임을 당했는지를 전혀 생각지 않고 있습니다. 불과 삼사십 년 전만 하더라도 직장에서의 차별은 물론 버스, 기차, 극장, 음식점, 공중변소의 사용에 있어서도 모든 유색인종들이 많은 차별을 당했음은 나이가 좀 드신 분들은 모두 기억하고 계실 것입니다. 오늘날에 와서 적어도 법적인 차별이 많이 폐지되었음은 킹 목사를 위시한 수많은 흑인 민권운동가들의 피눈물나는 투쟁의 결과임을 우리는 절대로 잊어서는 안될 것입니다. 우리는 흑인들로부터 많은 은혜를 입고 있다는 사실을 항상 유념해야 하겠습니다.

셋째로, 따라서 우리는 같은 소수민족이요 같은 피압박자인 흑인들은 우리의 "적"이 아니요 "동지"임을 생각하고, 정치 · 경제 · 문화 등 사회의 모든 면에서 그들과 연대하는 데 인색해서는 안될 것입니다. 그들과 연대할 수 있는 분야는 너무나 많습니다. 소수민족들에게 공동의 이익이 되는 법안 지지, 주의원/연방의원 선출, 인권 센터 경영, 소수민족을 무시하는 회사들의 제품에 대한 공동 보이코트, 공동의 문화 행사를 통한 유대 표시, 홍보활동의 상호지원 등 우리가 의지만 있다면 할 수 있고 또 해야 되는 분야가 너무 많다고 하겠습니다. 우리의 연대의식은 집단행동을 통해 구체화되어야 합니다.

다음에는 우리가 그리스도 신자들로서, 교회로서 행해야 할 과제가 무엇인가 고찰해 보겠습니다. 우리의 신앙이 역사로부터 도피하지 않고 역사에 책임을 지는 신앙이라면, 지금의 역사적 상황 속에서 그것은 우리들에게, 그리고 그 많은 교회와 신자들에게 무엇을 요구하고 있는가를 묻지 않을 수 없겠습니다.

　첫째로, 모든 그리스도교 공동체들은 우물 안 개구리의 편협과 환상에서 벗어나 사회와 역사를 책임지는 공동체로 그 모습을 바꾸어야 할 것입니다. 교회의 목적은 그 자체가 아닙니다. 그것은 어디까지나 그리스도의 사랑과 정의와 평화의 복음을 사회에서, 역사 속에서 선포하고 실천하는 것입니다. 다시 말해 교회는 세상의 해방과 구원을 위해 존재하는 것입니다. 그런데 실제로 많은 교회들이 우물 안 개구리들처럼 자기들의 집안 일에만 전념하고 사회의 고민이 무엇인지, 역사의 도전이 무엇인지에 관해서는 전혀 관심을 보이지 않고 있습니다. 예배, 주일학교, 교회 건축, 신자수의 증가, 교우들간의 상호방문/친교, 교회 헌금 등 공동체의 집안 일에 도취되어, 사회는 어떻게 되든 우리 교회와는 관계없다는 식의 사고방식과 행동이 대다수의 공동체 내에서 지배적이지 않은가 우려됩니다. 교회들은 마땅히 우물 안 개구리의 폐쇄성을 과감하게 탈피하여 그 많은 설교와 종교교육의 기회를 통해 위에서 이미 지적한 바 있는 건전한 민족의식, 객관적 비판의식 그리고 다른 민족들에 대한 개방과 연대의식 등을 전파하고 확산하는 데 앞장서야 할 것입니다.

　둘째로, 이러한 의식개조에 가장 큰 걸림돌이 되는 신앙의 이기주의적 개념을 과감히 극복하고, 신앙의 역사성과 정치성을 다시 한번 확인해야 될 것입니다. 인간은 싫든 좋든 사회적 존재요 역사적 존재입니다. 이미 지적한 바와같이 우리는 경제·정치·문화 모든 면에서 서로 의지하면서 살지 않을 수 없고, 그러한 상호의존이 구체화된 것이 사회의 제도요 법이며 조직들입니다. 사회의 모든 구조들은 저절로 생겨난 것이 아니고 집단들의 권력과 이해의 역학 속에서 나타난 것이며, 따라서 그 구조가 건전할 때에는 많은 이들이 그 혜택을 누리게 되지만, 그 구조가 "구조악"으로 전락할 때에는 또한 많은 이들이 고통을 당하게 되는 것입니다. 모든 인종차별과 억압은 바로 구조악의 소산이라 하겠습니다. 사회구조의 선악은 개인만의 행동으로는 결정할 수 없고, 오직 많은 이들의 연대적 행동에 의하여만 가능하며, 공동선을 위한 연대적 행동을 바로 올바른 의미에서 "정치"라고 부르는 것입니다. 민권운동을 통해 모든 이들의 인간으로서의 기본 인권의 보장을 법문화하고 사회보장 제도를 통해 이민온 노인들도 노후의 생계를 보장받게 하는 것은 바로 "정치"의 소산이며, 이런 뜻에서 정치는 우리의 신앙을 역사 속에서 구체화하는 수단이라고 할 수 있습니다. 공동운명체로서 우리가 함께 살고 있는 사회의 추세에 무관심하면서 오직 "나"의 "개인적" 구원만을 기도한다는 것은 사회를 통한 모든 혜택은 누릴 줄 알면서 사회의 공동운명에는 무책임한 "얌체족"들의 이기주의적 심리라고 단죄하지 않을 수 없을 것입니다.

셋째로, 신앙의 역사성과 정치성을 받아들이는 그리스도 교회들에게는 구체적으로 취할 수 있는 행동이나 계획이 너무나 많다고 하겠습니다. 다른 인종들과 설교를 교환한다거나 서로 방문하고 친교를 나누는 일, 흑인들을 위한 장학금을 설치하는 일, 위에서 지적한 다른 민족들과의 여러 가지 연대 행동을 적극적으로 지원하는 일 등 우리가 의지만 있다면 할 수 있는 일이나 해야 될 일은 너무나 많을 뿐입니다. 이런 점에 있어서 다른 교회들이나 특히 한인 여러 단체들과 협조하고 연대하는 일은 참으로 중요하다 하겠습니다.

창세기 10장에 노아의 홍수 이야기가 나옵니다. 홍수가 끝나고 하느님께서는 노아와 그 자손들에게 다시는 홍수로 벌하지 않을 것을 약속하십니다. 그리고 그 약속의 표지로 하늘에 무지개가 나타날 것을 말씀하십니다. 무지개는 여기에서·하느님의 축복과 구원의 징표입니다.

현대의 구원의 징표도 바로 이 무지개에서 찾아야 되지 않을까 생각됩니다. 잭슨Jesse Jackson 목사의 말대로 모든 색깔의 인종들이 "무지개 연합"을 이루어 정의로운 사회의 도래를 위해 연대할 때, 그것은 바로 하느님 왕국의 선포요 실천이며, 역사적 구원의 징표라 할 수 있습니다. 증오의 구름으로 덮여 있는 이 땅 위에 하루 속히 찬란한 희망의 무지개가 나타나기를 기도하면서 이 강연을 마치겠습니다. 감사합니다.